国家社科基金
后期资助项目

金融风险演化
与"稳金融"宏观调控

杨源源 著

社会科学文献出版社
SOCIAL SCIENCES ACADEMIC PRESS (CHINA)

图书在版编目(CIP)数据

金融风险演化与"稳金融"宏观调控/杨源源著. --北京：社会科学文献出版社, 2024.8
国家社科基金后期资助项目
ISBN 978-7-5228-3713-0

Ⅰ.①金… Ⅱ.①杨… Ⅲ.①金融风险-研究-中国 ②金融宏观调控-研究-中国 Ⅳ.①F832.5 ②F832.0

中国国家版本馆 CIP 数据核字（2024）第 109901 号

国家社科基金后期资助项目
金融风险演化与"稳金融"宏观调控

著　　　者 / 杨源源

出 版 人 / 冀祥德
责任编辑 / 冯咏梅
文稿编辑 / 陈丽丽
责任印制 / 王京美

出　　版 / 社会科学文献出版社·经济与管理分社（010）59367226
地址：北京市北三环中路甲 29 号院华龙大厦　邮编：100029
网址：www.ssap.com.cn
发　　行 / 社会科学文献出版社（010）59367028
印　　装 / 三河市龙林印务有限公司
规　　格 / 开本：787mm×1092mm　1/16
印 张：20.25　字 数：318 千字
版　　次 / 2024 年 8 月第 1 版　2024 年 8 月第 1 次印刷
书　　号 / ISBN 978-7-5228-3713-0
定　　价 / 128.00 元

读者服务电话：4008918866

▲ 版权所有 翻印必究

国家社科基金后期资助项目
出版说明

　　后期资助项目是国家社科基金设立的一类重要项目，旨在鼓励广大社科研究者潜心治学，支持基础研究多出优秀成果。它是经过严格评审，从接近完成的科研成果中遴选立项的。为扩大后期资助项目的影响，更好地推动学术发展，促进成果转化，全国哲学社会科学工作办公室按照"统一设计、统一标识、统一版式、形成系列"的总体要求，组织出版国家社科基金后期资助项目成果。

全国哲学社会科学工作办公室

目 录

第一章 导 论 ·· 1
   第一节 选题背景与意义 ·· 1
   第二节 研究内容与研究思路 ··· 2
   第三节 研究方法与研究特色 ··· 6

第二章 金融风险演化与宏观金融稳定调控演变 ····························· 12
   第一节 主要金融风险演化现状 ·· 12
   第二节 金融稳定调控演变现状 ·· 27
   第三节 宏观金融稳定框架建构思路 ·· 29

第三章 金融机构风险溢出与系统重要性测度研究 ························· 32
   第一节 研究背景与文献回顾 ··· 32
   第二节 金融风险溢出的测度模型构建 ··· 37
   第三节 金融机构系统性风险测度分析 ··· 40
   第四节 研究结论与政策建议 ··· 54

第四章 金融杠杆恶化、资产价格波动与金融去杠杆改革研究 ········· 56
   第一节 研究背景与文献回顾 ··· 57
   第二节 开放经济动态随机一般均衡模型的构建 ······························ 59

第三节　金融杠杆影响资产价格波动的数值模拟分析 …………… 64
　　第四节　基于时变参数向量自回归模型的实证检验分析 ………… 68
　　第五节　研究结论与政策建议 …………………………………… 73

第五章　影子银行规模扩张、金融风险承担与风险防范研究 ………… 78
　　第一节　研究背景与文献回顾 …………………………………… 79
　　第二节　影子银行规模扩张对金融风险承担的影响研究：
　　　　　　基于微观视角 …………………………………………… 85
　　第三节　影子银行规模扩张对金融风险承担的影响研究：
　　　　　　基于宏观视角 …………………………………………… 110
　　第四节　研究结论与政策建议 …………………………………… 124

第六章　地方政府债务积聚、风险违约测度与风险管理研究 ………… 128
　　第一节　研究背景与文献回顾 …………………………………… 128
　　第二节　地方政府债务演变现状 ………………………………… 132
　　第三节　地方政府债务风险评估分析 …………………………… 142
　　第四节　研究结论与政策建议 …………………………………… 156

第七章　房地产泡沫风险、房产税调控与宏观审慎政策研究 ………… 159
　　第一节　研究背景与文献综述 …………………………………… 160
　　第二节　新凯恩斯动态随机一般均衡模型的构建 ……………… 166
　　第三节　房产税政策和宏观审慎政策抑制房地产泡沫的
　　　　　　数值模拟分析 …………………………………………… 173
　　第四节　研究结论与政策建议 …………………………………… 184

第八章　低利率风险、宏观经济波动与货币政策选择研究 …………… 186
　　第一节　研究背景与文献回顾 …………………………………… 187

  第二节 含零利率下限约束的动态随机一般均衡模型构建………… 191

  第三节 零利率下限、货币政策调控与宏观经济动态分析………… 196

  第四节 研究结论与政策建议…………………………………………… 207

第九章 宏观金融稳定"双支柱"调控政策的交互关系研究………… 210

  第一节 研究背景与文献回顾…………………………………………… 210

  第二节 宏观审慎政策对货币政策的正向强化效应分析……………… 215

  第三节 宏观审慎政策对货币政策的负向外溢效应分析……………… 218

  第四节 研究结论与政策建议…………………………………………… 224

第十章 金融稳定视角下货币政策与宏观审慎政策协调研究………… 228

  第一节 研究背景与文献回顾…………………………………………… 229

  第二节 金融资产状况指数的构建……………………………………… 234

  第三节 货币政策与宏观审慎政策的金融稳定效应分析……………… 240

  第四节 研究结论与政策建议…………………………………………… 245

第十一章 经济稳定视角下货币政策与财政政策协调研究………… 248

  第一节 研究背景与文献回顾…………………………………………… 249

  第二节 理论机理分析与 DSGE 模型构建……………………………… 253

  第三节 宏观政策协调配合范式识别与参数设定……………………… 258

  第四节 最优财政货币政策协调配合范式选择………………………… 263

  第五节 研究结论与政策建议…………………………………………… 269

第十二章 "稳金融"宏观调控框架建构的政策思路研究…………… 271

参考文献……………………………………………………………………… 286

图 目 录

图 1.1　研究思路 ··· 5
图 2.1　各部门金融杠杆率演变趋势 ······································· 14
图 2.2　金融部门杠杆率演变趋势 ··· 15
图 2.3　2011 年第 1 季度至 2022 年第 4 季度商业银行存贷比
　　　　演变趋势 ··· 15
图 2.4　2011 年第 1 季度至 2022 年第 4 季度商业银行不良贷款率
　　　　演变趋势 ··· 16
图 2.5　2001~2022 年全国财政赤字与财政赤字率 ····················· 19
图 2.6　2001~2022 年地方财政赤字与财政赤字率 ····················· 20
图 2.7　2005~2022 年中央财政债务余额与债务比例 ·················· 21
图 2.8　2009~2022 年地方财政债务余额与债务比例 ·················· 21
图 2.9　2011~2022 年全国百城住宅平均价格演变趋势 ··············· 23
图 2.10　2015~2022 年全国城市二手房出售挂牌价指数 ············· 24
图 2.11　2011~2022 年全国房地产贷款余额季度增长率 ············· 24
图 2.12　全球主要经济体名义利率演变趋势 ···························· 25
图 2.13　中国金融稳定框架 ·· 31
图 3.1　金融行业股票周收益率变动趋势 ································· 45
图 4.1　金融杠杆冲击对房产价格和汇率影响的脉冲响应 ··········· 67
图 4.2　TVP-VAR-SV 模型参数的估计结果 ····························· 71

图 4.3	变量同期关系的时变特征	72
图 4.4	不同随机时点冲击的脉冲响应	74
图 4.5	不同提前期冲击的脉冲响应	75
图 5.1	2011~2021 年中国影子银行规模演变趋势	80
图 5.2	提取公因子特征值的碎石图	115
图 5.3	系统性金融风险指数演变趋势	117
图 5.4	TVP-VAR-SV 模型参数的估计结果	120
图 5.5	基于不同随机时点的脉冲响应结果	122
图 5.6	基于不同提前期的脉冲响应结果	123
图 6.1	全国及中央财政收入占比演变情况	129
图 6.2	地方财政支出占比演变情况	130
图 6.3	2021 年全国 31 个省区市地方政府债务限额	134
图 6.4	2021 年我国东部地区地方政府显性债务与隐性债务余额	135
图 6.5	2021 年我国中部地区地方政府显性债务与隐性债务余额	135
图 6.6	2021 年我国西部地区地方政府显性债务与隐性债务余额	136
图 6.7	2021 年我国东北地区地方政府显性债务与隐性债务余额	137
图 6.8	2021 年全国 31 个省区市财政支出缺口率	140
图 6.9	不同经济区域可偿债收入波动率与增长率比较	146
图 7.1	宏观审慎政策冲击对主要宏观经济变量的影响	177
图 7.2	房产税政策冲击对主要宏观经济变量的影响	179
图 7.3	产出损失同等程度下两类政策冲击对房价及其他变量影响的对比	181
图 8.1	1996~2022 年全球主要经济体利率演变趋势	187
图 8.2	总需求下降冲击对主要宏观经济变量的脉冲响应	199
图 8.3	总供给下降冲击对主要宏观经济变量的脉冲响应	200
图 8.4	名义货币扩张冲击对主要宏观经济变量的脉冲响应	202
图 8.5	名义降息冲击对主要宏观经济变量的脉冲响应	203
图 8.6	主要经济变量长期动态路径模拟	204

图 9.1	宏观审慎政策弥补货币政策调控"结构性缺失"的作用机制	216
图 9.2	宏观审慎政策缓解货币政策信贷投放"脱实向虚"的作用机制	217
图 9.3	宏观审慎政策减缓货币政策调控压力的作用机制	218
图 9.4	债市利率演变趋势	220
图 9.5	宏观审慎政策抑制货币政策宽松效果的作用机制	220
图 9.6	各商业银行资本充足率演变趋势	221
图 9.7	宏观审慎政策导致低利率环境形成的作用机制	223
图 9.8	宏观审慎政策弱化货币政策传导的作用机制	223
图 10.1	各变量 Cholesky 冲击对 CPI 通胀率的累积脉冲响应	238
图 10.2	中国金融资产状况指数演变趋势	239
图 10.3	货币政策与宏观审慎政策的金融稳定效应概率区制	245
图 11.1	财政政策规则概率区制	261
图 11.2	货币政策规则概率区制	262
图 11.3	不同政策搭配组合下利率扰动冲击对主要经济变量的脉冲响应	264
图 11.4	不同政策搭配组合下公共支出冲击对主要经济变量的脉冲响应	264
图 11.5	不同政策搭配组合下总需求冲击对主要经济变量的脉冲响应	266
图 11.6	不同政策搭配组合下总供给冲击对主要经济变量的脉冲响应	267

表 目 录

表 2.1 2011~2022 年中国影子银行体系资产规模及其组成 …… 17

表 3.1 各金融机构与整个金融行业的相关系数 …………………… 43

表 3.2 商业银行分位数回归结果 …………………………………… 46

表 3.3 证券公司分位数回归结果 …………………………………… 47

表 3.4 保险机构分位数回归结果 …………………………………… 49

表 3.5 商业银行 VaR、$CoVaR$ 和 $\Delta CoVaR$ 测度结果 …………… 50

表 3.6 证券公司 VaR、$CoVaR$ 和 $\Delta CoVaR$ 测度结果 …………… 51

表 3.7 保险机构 VaR、$CoVaR$ 和 $\Delta CoVaR$ 测度结果 …………… 52

表 3.8 不同区域金融机构的风险溢出情况 ………………………… 54

表 4.1 参数校准结果 ………………………………………………… 64

表 4.2 待估参数先验分布与后验分布估计结果 …………………… 65

表 4.3 方差分解结果 ………………………………………………… 66

表 4.4 各项冲击的响应乘数 ………………………………………… 66

表 4.5 参数估计结果 ………………………………………………… 70

表 5.1 三期基准模型各经济主体决策行为简述 …………………… 87

表 5.2 变量描述性统计结果 ………………………………………… 94

表 5.3 商业银行影子银行业务扩张对其经营绩效影响的
回归结果（一） …………………………………………… 95

表 5.4 商业银行影子银行业务扩张对其经营绩效影响的
回归结果（二） …………………………………………… 100

表 5.5	商业银行影子银行业务扩张对其风险承担影响的回归结果	105
表 5.6	两阶段最小二乘法（2SLS）回归结果	107
表 5.7	基于单门限面板模型的回归结果	108
表 5.8	基于双门限面板模型的回归结果	110
表 5.9	系统性金融风险指标库	113
表 5.10	KMO 检验和 Bartlett 球形检验结果	114
表 5.11	公因子提取的特征值及解释方差	115
表 5.12	因子载荷矩阵	116
表 5.13	成分得分系数矩阵	116
表 5.14	参数估计结果	119
表 6.1	2021 年全国 31 个省区市地方政府负债率	137
表 6.2	全国 31 个省区市地方政府财政可偿债收入波动率与增长率	145
表 6.3	2022 年东部地区地方政府债务违约风险评价结果（未纳入隐性债务）	147
表 6.4	2022 年中部地区地方政府债务违约风险评价结果（未纳入隐性债务）	147
表 6.5	2022 年西部地区地方政府债务违约风险评价结果（未纳入隐性债务）	148
表 6.6	2022 年东北地区地方政府债务违约风险评价结果（未纳入隐性债务）	148
表 6.7	2022 年东部地区地方政府债务违约风险评价结果（纳入隐性债务）	149
表 6.8	2022 年中部地区地方政府债务违约风险评价结果（纳入隐性债务）	151
表 6.9	2022 年西部地区地方政府债务违约风险评价结果（纳入隐性债务）	153

表 6.10	不同隐性债务承担比例情形下地方政府债务高风险地区概览	155
表 7.1	参数先验分布与后验估计结果	175
表 7.2	房产税和宏观审慎冲击的政策乘数量化（基于 $LossY=-0.1654$ 标准化处理）	183
表 8.1	模型参数贝叶斯先验设定及后验估计结果	197
表 8.2	不同约束情形下央行福利损失分析	206
表 8.3	不同约束情形下货币政策响应乘数分析	206
表 10.1	五大因素变量缺口值的单位根检验结果	236
表 10.2	各子类金融资产变量缺口在 FACI 中的权重	238
表 10.3	金融资产状况指数的 Markov-Switch 参数估计结果	242
表 10.4	金融资产状况指数区制转移概率	243
表 11.1	组合解及其性质	255
表 11.2	财政政策规则 Markov-Switch 参数估计结果	260
表 11.3	货币政策规则 Markov-Switch 参数估计结果	260
表 11.4	各经济冲击下主要经济变量的波动标准差	267
表 11.5	各经济冲击下不同政策组合的社会福利损失比较	268

第一章
导 论

第一节 选题背景与意义

2017年10月，习近平总书记在党的十九大报告中强调，要坚决打好"防范化解重大风险"攻坚战，并明确指出重点是防控金融风险。"防范化解重大风险"自此正式被列为政府经济工作的三大攻坚战之一，"健全金融监管体系，守住不发生系统性金融风险的底线"成为近年来政府宏观金融调控的工作重点。2019年12月，习近平总书记主持中共中央政治局会议，分析研究2020年经济工作，强调要全面做好"六稳"（稳就业、稳金融、稳外贸、稳外资、稳投资、稳预期）工作，"稳金融"被置于仅次于"稳就业"的第二要位。2022年10月，习近平总书记在党的二十大报告中进一步强调，要强化金融稳定保障体系，依法将各类金融活动全部纳入监管，守住不发生系统性风险底线。由此可见，"稳金融"是当前阶段政府宏观经济调控最重要的工作任务之一。有鉴于此，本书构建了分析金融风险演化与"稳金融"宏观调控的系统性研究框架。

从现实来看，自2008年国际金融危机爆发以来，全球经济受到重创，除美国等少数国家实现经济复苏外，世界主要经济体仍然长期处于低迷态势。面临外部需求锐减的状况，中国经济亦难以独善其身，经济增速在短暂回暖后持续下降，前期高速增长态势难以为继。近年来，受国内矛盾多重叠加、国际政治经济格局复杂演变影响，中国经济发展不确定性不断增强、经济增速不断下滑，前期高速增长累积的各种潜在风险不断显性化。具体来看，我国主要面临实体经济部门和金融部门杠杆率持续攀升、影子银行规模急速膨胀、地方政府债务风险不断加剧、房地产泡沫化趋势明显、低利率困境约束渐趋常态化等多重金融风险。客观而言，各类金融风险交织叠加给中国经济高质量发展带来严峻挑战，在相当程度上扭曲了金融服务实体经济的传导机制，同时削弱了金融服务实体经济的效率，不利于中国经济行稳致远。在此背景下，倘若未能及时有效防范化解金融领域的主要风险，单一和局部领域风险的累积、传染、蔓延可能会造成全局性影响，对整个金融体系乃至宏观经济产生严重负面冲击。

有鉴于此，本书以"金融风险演化与'稳金融'宏观调控"为主题，聚焦我国金融领域面临的主要风险以及金融稳定与宏观调控展开系统性研究。本书关注金融杠杆攀升、影子银行规模扩张、地方政府债务风险积聚、房地产泡沫加剧、低利率困境约束等多重金融风险，对认识和理解金融风险演化及其对宏观经济的影响机制具有重要学术意义，有利于丰富学术界关于金融风险与金融稳定领域的研究。另外，本书既涉及不同主要金融风险的具体监管与防控，还对宏观经济与金融"双支柱"调控政策的协调与配合问题展开探讨。就此而言，本书所得出的研究结论与所提出的政策建议对当前科学防范化解重大金融风险以及做好"稳金融"调控工作具有重要的现实应用价值和启示意义。

第二节 研究内容与研究思路

一 研究内容

立足"稳金融"工作重点以及"防范化解金融风险"攻坚战任务，本书重点聚焦中国金融风险演化、宏观金融调控以及金融稳定政策框架建构等内容展开系统性研究，以厘清宏观金融风险演化机制，并为防范避免系统性金融风险提出具体可操作性的政策建议，以有效促进新时代中国金融稳定政策框架建构以及推动中国经济真正实现高质量发展。具体而言，本书主要由十二章的研究内容构成。

第一章为导论。该章节首先阐述选题背景与研究意义，然后论述主要研究内容安排以及研究思路，最后介绍本书拟采用的研究方法以及研究的特色与创新之处，以形成对全书研究的整体框架把握。

第二章为金融风险演化与宏观金融稳定调控演变。该章节具体从金融杠杆高企、影子银行规模扩张、地方政府债务风险积聚、房地产泡沫化演进、低利率困境约束等方面系统梳理主要金融风险演化状况，并总结宏观金融稳定调控政策演变，据此为整体研究奠定坚实的现实基础。

第三章为金融机构风险溢出与系统重要性测度研究。该章节主要基于上市金融机构（包含银行、证券和保险机构）波动数据对整个金融业风险溢出效应进行系统研究，测度各金融机构对整个金融体系的风险溢出影响，并比较不同金融机构的系统性风险贡献程度。

第四章为金融杠杆恶化、资产价格波动与金融去杠杆改革研究。该章节主要立足中国金融杠杆不断攀升的现实，构建开放经济 DSGE 模型和 TVP-VAR-SV 模型探究金融杠杆恶化对资产价格波动的影响，据此探讨实施金融去杠杆改革政策的重要性及优化建议。

第五章为影子银行规模扩张、金融风险承担与风险防范研究。该章节主要立足中国影子银行规模迅速膨胀的现实，首先从微观视角研究商业银行的影子银行业务扩张对其风险承担的影响，然后从宏观视角探究全社会的整体影子银行规模扩张对系统性金融风险的影响，最后提出防范影子银行风险、促进影子银行体系可持续发展的政策建议。

第六章为地方政府债务积聚、风险违约测度与风险管理研究。该章节主要立足中国地方政府债务积聚的现实，构建 KMV 模型分别对东部、中部、西部、东北四大不同区域的地方债务违约风险进行评估和比较分析，并探究纳入隐性债务后的地方债务违约风险情况，最后提出防范债务违约、促进政府债务可持续演进的调控建议。

第七章为房地产泡沫风险、房产税调控与宏观审慎政策研究。该章节主要立足中国房地产价格持续高企的现实，构建 DSGE 模型系统探讨房产税政策和宏观审慎政策抑制房地产泡沫的效果，并比较两类政策实现"房住不炒"长效调控目标的能力。

第八章为低利率风险、宏观经济波动与货币政策选择研究。该章节主要立足中国对内面临历史最低名义利率、对外面临全球超低利率乃至负利率的现实，构建含有利率下限约束的混合型货币政策框架探讨低利率风险困境的影响，并探讨货币调控范式选择。

第九章为宏观金融稳定"双支柱"调控政策的交互关系研究。该章节主要辩证剖析宏观审慎政策与货币政策调控的正向强化效应以及负向外溢效应，以探究加强二者有效协调的必要性及思路。

第十章为金融稳定视角下货币政策与宏观审慎政策协调研究。该章节主要立足中国潜在金融风险不断积聚和逐步显性化的现实，构建马尔可夫区制转移（Markov-Switch）模型探究不同金融周期不同结构性货币政策与宏观审慎政策工具的金融稳定效果，据此探究最优"双支柱"金融调控框架。

第十一章为经济稳定视角下货币政策与财政政策协调研究。该章节主要立足"经济金融共生共荣"的本质，构建 Markov-Switch 模型和 DSGE 模型探究不同财政货币政策组合平抑经济波动的能力，遴选促进经济行稳致远的合意组合，以"经济稳"促"金融稳"。

第十二章为"稳金融"宏观调控框架建构的政策思路研究。该章节主要立足中国金融风险演化现状，根据第二章至第十一章的研究发现为建构完善的"稳金融"宏观调控框架提出系统性的政策建议，致力于有效防范化解金融风险，为宏观经济高质量发展保驾护航。

二 研究思路

面临日益复杂严峻的国际国内形势，本书立足政府"稳金融"工作重点以及"防范化解金融风险"攻坚战任务，重点聚焦金融机构风险外溢、金融高杠杆、影子银行规模膨胀、地方政府债务风险积聚、房地产泡沫化演进以及低利率困境约束等主要金融风险演化及防控问题展开系统性研究。

具体而言，本书主要遵循"金融风险现状分析—结构性金融稳定调控—系统性金融稳定调控"的研究思路展开关于"金融风险演化与'稳金融'宏观调控"这一研究主题的全面探究，图 1.1 具体介绍了本书的研究思路。首先，本书梳理近年来中国经济发展面临的主要金融风险以及宏观金融稳定调控实践的演变；其次，分别从金融机构系统性风险外溢、金融杠杆恶化、影子银行规模扩张、地方政府债务风险积聚、房地产泡沫化演进以及低利率困境约束六个方面的金融风险问题展开系统性研究，并分别探究对应金融风险防控问题；再次，立足"经济金融共生共荣"的本质，深入探究致力于实现金融稳定的货币政策与宏观审慎政策"双支柱"宏观金融调控政策协调问题，以及致力于实现经济稳定的货币政策与财政政策"双支柱"宏观经济调控政策协调问题；最后，综合整体研究成果，为"稳金融"宏观调控框架建构提出合宜的政策建议与思路。

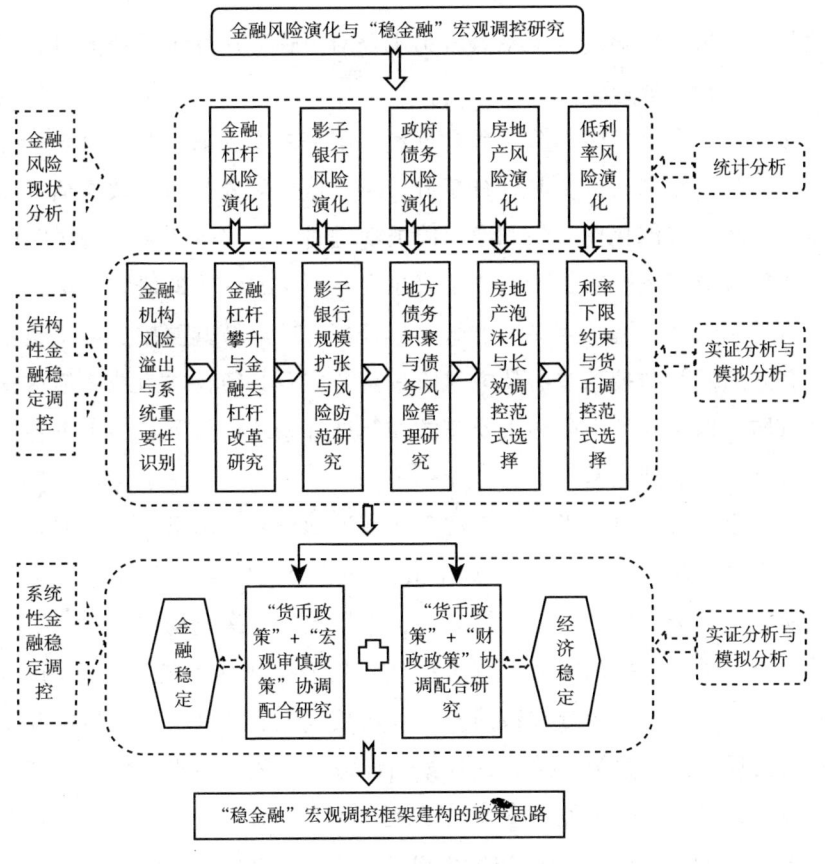

图 1.1 研究思路

第三节 研究方法与研究特色

一 研究方法

本书所涉及的研究方法主要有统计分析法、文献综述法、实证分析法、数值模拟法等。其中,实证分析具体采用基于分位数回归的条件在险价值(QR-CoVaR)模型、包含随机波动的时变参数向量自回归(TVP-VAR-SV)模型、KMV违约预测模型、非线性面板回归模型以及马尔可夫区制转移模型;数值模拟分析则主要采用基于动态随机一般均衡模型(DSGE)所展开的贝叶斯参数估计、脉冲响应分析、乘数效应分析以及社会福利损失分析等。以下结合本书主题对上述方法在主要研究过程中的具体运用进行扼要介绍。

对于主要金融风险的演化现状分析,本书主要采取多维图表统计分析的方法呈现历年来我国金融杠杆攀升、影子银行规模扩张、政府债务风险积聚、房地产泡沫化以及低利率风险的演进过程。对于主要金融风险的宏观经济效应及其风险防控研究,本书主要采取文献综述的研究方法,对国内外有关系统性金融风险测度、金融杠杆攀升效应及其防控、影子银行规模扩张效应及其防控、政府债务风险积聚效应及其防控、房地产泡沫化风险及其防控以及利率下限约束及其防控等展开系统性梳理,为本书各部分研究奠定坚实的理论基础。

对于金融机构风险溢出及系统重要性识别研究,本书主要采取基于分位数回归的CoVaR(也即QR-CoVaR)方法探究银行、证券、保险三大行业所有上市金融机构的系统性风险,度量上市金融机构与金融系统间的风险溢出,之后根据风险溢出程度提出识别金融机构系统重要性的建议。具体而言,首先,采用分位数回归的方法估计 j 金融机构发生风险对 i 金融机构的风险溢出参数;然后,根据估计得到的风险溢出参数,计算基于分位数的无条件风险价值 VaR_q^i 和总风险价值 $CoVaR_q^{ij}$,并根据 $\Delta CoVaR_q^{ij} = CoVaR_q^{ij} - VaR_q^j$ 计算 j 金融机构发生风险对 i 金融机构的风险溢出价值;最后,根据 $\Delta CoVaR_q^{m/i} = CoVaR_q^{m/i} - VaR_q^i$ 计算 i 金融机构对整个金融系统的风险溢出效应，也即系统性金融风险贡献程度。

对于金融杠杆攀升效应及金融去杠杆改革研究，本书主要通过构建具有微观基础的开放经济动态随机一般均衡模型（DSGE）以及包含随机波动的时变参数向量自回归（TVP-VAR-SV）模型展开系统性分析。对于数值模拟分析，本书首先构建包含耐心家庭、非耐心家庭、企业、批发商、零售商、金融中介和中央银行（也即央行）七个部门经济主体的开放经济 DSGE 模型，并进行最优化决策行为方程求导；然后通过参数校准和贝叶斯参数估计的方法对数理模型中涉及的参数值进行设定；最后在 MATLAB 软件环境中调用 dynare 程序对数理模型进行脉冲响应和乘数效应分析。对于实证检验分析，本书首先构建包含金融杠杆、房产价格和汇率三个变量的结构向量自回归模型（$Ay_t = F_1 y_{t-1} + \cdots + F_s y_{t-s} + \mu_t$，$t = s + 1, \cdots, n$），通过对其赋予时变和随机波动特征以得到时变参数向量自回归模型 [$y_t = X_t \beta_t + A_t^{-1} \Sigma_t \varepsilon_t$，$X_t = I_K \otimes (y_{t-1}, \cdots, y_{t-k})$，$t = s + 1, \cdots, n$]，然后运用 OxMetrics 6.2 软件基于 MCMC 算法对模型中涉及的参数进行估计，最后从变量间同期关系、不同随机时点脉冲响应、不同提前期脉冲响应等维度进行实证检验分析。

对于影子银行规模扩张及影子银行风险防范研究，本书主要通过构建三期动态决策理论模型、非线性面板回归模型展开微观视角研究，并主要采用主成分分析方法以及时变参数向量自回归方法展开宏观视角研究。对于影子银行风险的微观视角研究，首先，构建三期动态决策理论模型以深入探讨商业银行从事影子银行活动的动机，并讨论是否会造成商业银行自身风险承担上升，由此根据理论模型推导提出相应的观点；然后，构建影子银行规模扩张对商业银行经营绩效和风险承担影响的非线性面板回归模型，分别从全样本回归、国有大型商业银行分样本回归、全国性股份制商业银行分样本回归、城市商业银行分样本回归等维度全面探究影子银行业务扩张对不同类型商业银行影响的异质性效应。对于影子银行风险的宏观视角研究，首先采用主成分分析方法对七大主要维度的经济金融指标进行信息提取，并加权形成宏观系统性金融风险指数，据此基于现实数据对我国系统性金融风险演化予以合理量化；然后构建时变参数向量自回归模型对全国层面的影子银行规模扩张如何影响宏观系统性金融风险展开具体研究。

对于债务风险积聚与债务风险防控研究，本书主要通过数据统计分析以及 KMV 模型来计算东部、中部、西部以及东北四大地区共 31 个省区市的政府债务违约风险。首先，基于地方政府债务限额、债务余额、负债率、财政收入、财政支出等数据系统剖析地方政府债务演变现状及演化成因。其次，基于 2012~2021 年地方政府 GDP、财政收入等数据进行测算和估计，并将得到的可偿债财政收入增长率与波动率数据引入 KMV 模型，分别测算东部、中部、西部以及东北四大地区的窄口径地方政府债务（不纳入隐性债务）的违约距离与违约概率。再次，假定地方政府依次承担 10%、20%、30%……90%、100% 的隐性债务，通过 KMV 模型分别测算东部、中部、西部以及东北四大地区的宽口径地方政府债务（纳入隐性债务）的违约距离与违约概率。最后，将窄口径地方政府债务违约风险评估结果和宽口径地方政府债务违约风险评估结果进行比较分析。本书所采用的 KMV 模型最初被用于估计借款企业的违约概率，企业是否会发生违约主要与企业资产价值、负债风险和债务偿还能力三个方面有关，通过违约距离即可判断企业是否存在违约风险。在实践中，KMV 模型除用于估计企业向银行借债的违约概率外，还较多应用于地方政府债务风险的评价。基于原 KMV 模型测算原理，以 R_t 表示用于担保目的的地方可偿债财政收入，以 D_t 表示地方政府到期债务额，以 σ 表示地方可偿债财政收入波动率，以 g 表示地方财政收入增长率，由此可计算违约距离 DD 及预期违约概率 p。其计算公式如下：

$$p = N(-DD) = N[-(\ln\frac{R_t}{D_t} + gT - \frac{1}{2}\sigma^2 T)\sigma^{-1}T^{-1/2}]$$

$$DD = (\ln\frac{R_t}{D_t} + gT - \frac{1}{2}\sigma^2 T)\sigma^{-1}T^{-1/2}$$

对于房地产风险防范与长效调控范式选择研究，本书主要通过构建嵌入异质性家庭部门的新凯恩斯动态随机一般均衡模型展开。具体而言，首先，构建同时包含李嘉图家庭、非李嘉图家庭、产品制造商、投资品制造商、财政当局、货币当局以及宏观审慎当局等经济主体在内的多部门动态随机一般均衡模型，并对代表性经济主体决策方程进行最优化求解，从而形成探讨防范化解高房价风险的系统性研究框架。然后，基于中国现实经济数据和代表性文献对模型经济系统所涉及的参数进行设定，对于部分结构性参数和经济变量稳态值，本书主要结合相关代表性文献以及中国实际经济运行情况校准得到；对于其余部分参数，则主要基于季度产出、消费、资本投资、房地产投资、贷款存量、房价、通货膨胀率、名义利率、长期均衡借贷利率等参数估计的观测变量数据，采用贝叶斯方法估计得到。最后，结合模型构建以及参数设定，进一步对宏观审慎和房产税政策的宏观经济效应进行脉冲响应分析以及乘数效应分析，并通过标准化处理以客观比较两种政策抑制房地产泡沫化效应以及实现"房住不炒"的效果。

对于利率下限约束与货币政策调控范式选择研究，本书主要通过构建嵌入零利率不等式约束的新凯恩斯动态随机一般均衡模型展开。首先，基于家庭部门效用函数及预算约束方程进行最优化求解，得到新凯恩斯 IS 曲线方程：$\hat{Y}_t = \gamma_1 E_t \hat{Y}_{t+1} + \gamma_2 \hat{Y}_{t-1} - \gamma_3 \hat{r}_t + \gamma_4 \hat{m}_t + \xi_t^d$，$\xi_t^d = \rho_d \xi_{t-1}^d + \upsilon_t^d$。其次，基于厂商部门利润函数、生产函数进行成本最小化和利润最大化求解，联立粘性定价方程 $P_t^{1-\theta} = \int_0^\omega (P_t^b)^{1-\theta} + \int_\omega^1 (P_t^*)^{1-\theta} = \omega (P_t^b)^{1-\theta} + (1-\omega) \times (P_t^*)^{1-\theta}$，即可得到新凯恩斯菲利普斯曲线方程：$\pi_t = \kappa_1 \pi_{t-1} + (1-\kappa_1) E \pi_{t+1} + \kappa_2 \hat{Y}_t + \xi_t^s$，$\xi_t^s = \rho_s \xi_{t-1}^s + \upsilon_t^s$。再次，构建混合型货币政策调控框架，并引入零利率下限约束，即可得到中央银行在低利率环境下的货币政策行为方程：$\hat{M}_t = \varphi_1 \hat{M}_{t-1} - (1-\varphi_1)(\varphi_2 \pi_t + \varphi_3 \hat{Y}_t) + \xi_t^M$，$\xi_t^M = \rho_3 \xi_{t-1}^M + \upsilon_t^M$；$R_t = \text{Max}\{0, R^* + \theta_1 (R_{t-1} - R^*) + (1-\theta_1)(\theta_2 E_t \hat{\pi}_{t+1} + \theta_3 \hat{Y}_t - \theta_4 \hat{M}_t) + \xi_t^R\}$，$\xi_t^R = \rho_4 \xi_{t-1}^R + \upsilon_t^R$。最后，结合模型构建与参数设定进行脉冲响应分析、社会福利损失分析以及乘数效应分析，据此探究低利率环境下潜在的利率下限约束对实体经济波动的影响，并比较低利率环境下数量型与价格型货币政策调控的有效性。

对于"货币政策"+"宏观审慎政策"两大宏观金融调控政策的协调配合研究，本书一方面系统梳理货币政策与宏观审慎政策的交互关系，另一方面构建马尔可夫区制转移模型以比较不同金融周期不同结构性货币政策与宏观审慎政策工具的调控效果，为在金融稳定视角下"货币政策"+"宏观审慎政策"协调配合提出具有现实指导意义的政策建议。首先，基

于辩证法深入剖析货币政策与宏观审慎政策之间的正向强化效应以及负向外溢效应，借此形成对二者间交互关系的深入认识。其次，参照 Goodhart 和 Hofmann（2000）、高洁超和孟士清（2014）构建金融状况指数（FCI）的思路，构建包含股票、房地产、债券、外汇、大宗商品等金融资产的五因素金融资产状况加权指数（FACI），即 $FACI_t = \omega_1 H\_GAP_t + \omega_2 S\_GAP_t + \omega_3 B\_GAP_t + \omega_4 E\_GAP_t + \omega_5 C\_GAP_t$，其中各变量权重设定遵循如下形式：$\omega_j = \sum_{t=1}^{N} Z_{j,t} / (\sum_{j=1}^{5} |\sum_{t=1}^{N} Z_{j,t}|)$，$\sum_{j=1}^{5} |\omega_j| = 1$。最后，构建具有时变特征的马尔可夫区制转移（Markov-Switch）模型以深入探究资本类和信用类等结构性宏观审慎政策工具以及数量型和价格型等结构性货币政策工具在不同时期抑制金融周期波动的效果，在此基础上综合金融周期特征以及结构性"双支柱"政策工具金融稳定效果，遴选合意的"双支柱"政策协调配合范式，其中 Markov-Switch 模型遵循如下设定形式：$FACI_t = \varphi_{CAR}(s_t) CAR_t + \varphi_{LTV}(s_t) LTV_t + \varphi_M(s_t) M_t + \varphi_R(s_t) R_t + \varepsilon_t$，$s_t = 1, 2$。

对于"货币政策"+"财政政策"两大宏观经济调控政策的协调配合研究，本书通过将具有时变特征的马尔可夫区制转移参数估计嵌入新凯恩斯动态随机一般均衡模型展开，将时变参数估计和数值模拟有效结合以探究经济稳定视角下"货币政策"+"财政政策"协调配合的最优范式选择。首先，构建刻画财政当局和货币当局的马尔可夫区制转移模型，以识别不同时期我国财政货币政策协调搭配属性，其中财政政策时变反应方程和货币政策时变反应方程遵循如下形式：$r\tau_t = l_1(s_t^f) r\tau_{t-1} + l_2(s_t^f) rb_{t-1} + l_3(s_t^f) x_t + l_4(s_t^f) rg_t + \varepsilon_{ft}$；$i_t = k_1(s_t^m) i_{t-1} + k_2(s_t^m) \pi_t + k_3(s_t^m) x_t + \varepsilon_{it}$。其次，构建包含家庭、厂商、财政当局、央行四部门经济主体的新凯恩斯动态随机一般均衡模型，基于此对代表性经济主体的最优化决策行为进行优化求解，以形成分析不同财政货币政策组合经济稳定效应的模拟经济系统。再次，将马尔可夫参数估计结果代入对数线性化处理后的模拟经济方程组，以深入剖析存在唯一理性预期均衡解的两种政策组合（AF-PM 以及 PF-AM）"熨平"外生总需求冲击和总供给冲击所造成经济波动的效果，同时考察不同政策范式组合下利率扰动冲击和政府支出冲击导致的经济波动程度。最后，根据各经济冲击在不同政策组合下对主要经济变量影响的波动标准差以及各经济冲击在不同政策组合下造成的社会福利损失大小,遴选能有效促进宏观经济行稳致远的最优财政货币政策协调配合范式。

二 研究特色

第一,研究内容深入。现有文献对金融风险的讨论俯拾皆是,但大多为局部研究,对我国金融风险的认识尚不具有系统性。本书立足于"稳金融"重要任务,系统剖析金融机构风险溢出、金融杠杆攀升、影子银行风险膨胀、地方政府债务风险积聚、房地产泡沫以及低利率困境约束等多重主要金融风险演化特征,并分别探讨了有效防范和化解主要金融风险的对策建议。

第二,研究视角全面。现有文献对金融稳定的探究要么单纯聚焦于微观金融稳定,要么单纯聚焦于宏观金融稳定,而本书综合探究微观审慎监管以及宏观审慎监管,致力于实现整体金融稳定;现有文献探究金融稳定时将金融与经济割裂开来,忽视"经济金融共生共荣"关系,而本书既探究致力于实现金融稳定的货币政策和宏观审慎政策协调问题,也探究致力于实现经济稳定的货币政策与财政政策协调问题。

第三,研究方法前沿。本书主要采用理论分析与实证分析相结合的研究方法,所使用的 DSGE 数值模拟方法、贝叶斯参数估计方法以及时变参数向量自回归模型、非线性面板回归模型、马尔可夫区制转移模型等非线性实证分析方法均能充分反映当前宏观经济与金融学研究前沿。

第二章
金融风险演化与宏观金融稳定调控演变

立足本书研究主题及研究框架安排，本章扼要概括和总结我国金融风险演化与宏观金融稳定调控演变的现状。具体而言，首先，基于中国现实经济数据，系统厘清当前我国面临的主要金融风险演化情况；其次，立足多年来金融稳定政策实践，梳理我国金融稳定调控框架的历史演变脉络；最后，初步提出未来我国金融稳定调控框架的建构思路和方向。

第一节 主要金融风险演化现状

长期以来，金融监管部门大多聚焦微观审慎监管，侧重于关注个体金融机构或行业的风险偏好。但自2007年美国次贷危机触发全球金融危机以来，学术界和实务界对危机演变展开重新审视和系统反思，普遍认为宏观审慎监管缺失所引致的金融风险不断积聚以及金融风险在不同金融机构与行业间相互传染是导致危机爆发的根本原因。有鉴于此，加强对系统性金融风险的识别和防控成为金融风险防控工作的重点。对于中国而言，为有效应对全球金融危机的负面冲击，政府及时实施"四万亿"财政刺激政策以促进中国经济成功实现"软着陆"，但也带来了风险隐患。从经济运行来看，中国经济仅于2010年、2011年实现回升，而后持续下行，受疫情影响，2022年GDP增速已降至3%。伴随中国经济增速不断下滑以及前期高速扩张引致的"后遗症"影响，长期积聚的金融风险不断凸显。具体而言，当前中国金融领域"灰犀牛"风险主要表现在金融杠杆日益攀升、影子银行风险逐步显性化、地方政府债务风险加速积聚、房地产泡沫化风险持续加剧以及利率日渐逼近下限约束等方面，这也成为现阶段政府打好防范化解金融风险攻坚战的重点环节。

一　金融杠杆日益攀升

伴随 2008 年底开始实施的"四万亿"大规模财政刺激政策，地方财政也借由债务扩张予以大量配套刺激，同时央行不断下调利率和存款准备金率以为市场注入足够流动性。在此背景下，从政府到企业乃至居民部门的负债率日益攀升，而经济的不景气进一步使社会总资产水平相对恶化，以致整个经济社会金融杠杆率日渐攀升。根据国家金融与发展实验室公布的《2022 年度中国杠杆率报告》，整体而言，2022 年中国实体经济金融杠杆率为 273.2%。分部门来看，2022 年中国非金融企业部门杠杆率高达160.9%，居民部门杠杆率为 61.9%，政府部门杠杆率升至 50.4%；依据金融部门资产方统计口径测算的杠杆率为 50.0%，依据金融部门负债方统计口径测算的杠杆率为 64.4%。

图 2.1 具体刻画了 1996 年以来我国各经济部门金融杠杆率演变趋势。不难发现，各经济部门金融杠杆率整体而言呈上升趋势，其中 1996~2003 年呈缓慢上升态势，2004~2008 年保持相对稳定，但在 2008~2016 年上升速度明显加快（如图中左边阴影部分所示）。自 2017 年中国政府强化去杠杆改革后，各经济部门金融杠杆率整体维持高位平稳波动状态，并且 2020 年受新冠疫情冲击影响，金融杠杆率再次出现阶段性攀升（如图中右边阴影部分所示）。从纵向比较来看，2022 年中国实体经济部门金融杠杆率相对于金融危机爆发时的 2008 年上升 93.41 个百分点，而 2008 年中国实体经济部门金融杠杆率相对于 1994 年仅上升 50.37 个百分点（前者约为后者的 1.85 倍）。从非金融企业部门来看，2022 年金融杠杆率相对于 2008 年上升 69.01 个百分点，而 2008 年金融杠杆率相对于 1994 年仅上升 14.56 个百分点（前者约为后者的 4.74 倍）。这表明，伴随 2008 年以来中国经济增速整体不断下滑，各部门金融杠杆率呈现不断恶化态势，这给中国经济高质量发展带来巨大的风险隐患。

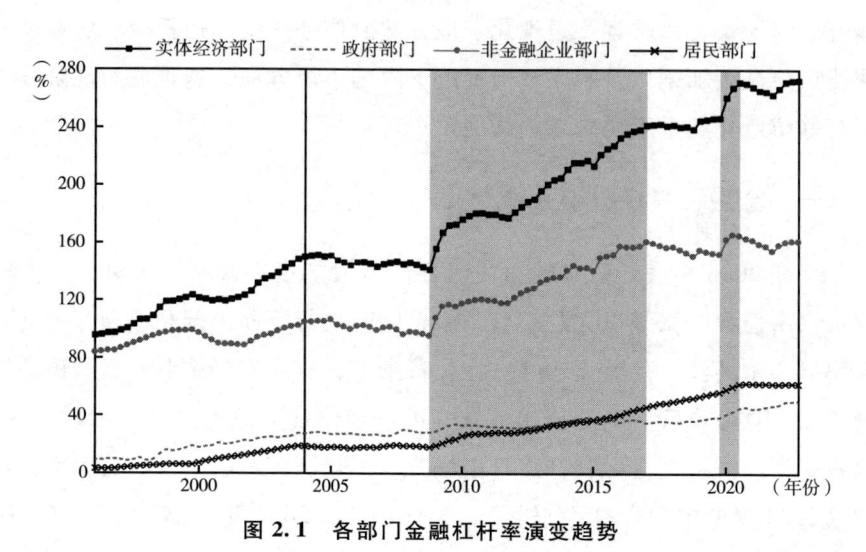

图 2.1 各部门金融杠杆率演变趋势

资料来源：国家金融与发展实验室数据库。

图 2.2 分别根据金融部门资产方和负债方两个统计口径具体刻画了 1996 年以来我国金融部门杠杆率演变趋势。可以发现，基于两种指标测算的金融部门杠杆率演化趋势呈现趋同性。如图 2.2 所示，我国金融部门杠杆率整体呈日益攀升趋势，其中 1996~2003 年呈缓慢上升态势，2004~2008 年保持相对稳定，但从 2008 年底开始增速明显加快（如图中阴影部分所示）。金融部门杠杆率在 2016 年达到历史最高水平，其中依据资产方统计口径测算的杠杆率高达 77.9%（这一数值在危机爆发前的 2007 年仅为 25.6%），依据负债方统计口径测算的杠杆率亦高达 67.4%（2007 年该值仅为 34.0%）。2017 年，中国政府开始全面推行去杠杆改革，以资产方统计口径测算的金融部门杠杆率有所下滑，以负债方统计口径测算的金融杠杆率虽有所企稳但仍处于高位。

与实体经济部门比较发现，金融部门杠杆率与实体经济部门杠杆率走势大体一致，这表明实体经济部门杠杆率攀升会对金融部门产生潜移默化的影响，并最终转化为金融部门高杠杆，由此导致经济社会的金融风险不断积聚。如图 2.3 所示，我国商业银行存贷比不断升高，并于 2019 年第 4 季度开始超过前期规定的 75% 存贷比警戒红线；截至 2022 年第 4 季度末，商业银行存贷比已高达 78.76%。如图 2.4 所示，我国商业银行资产

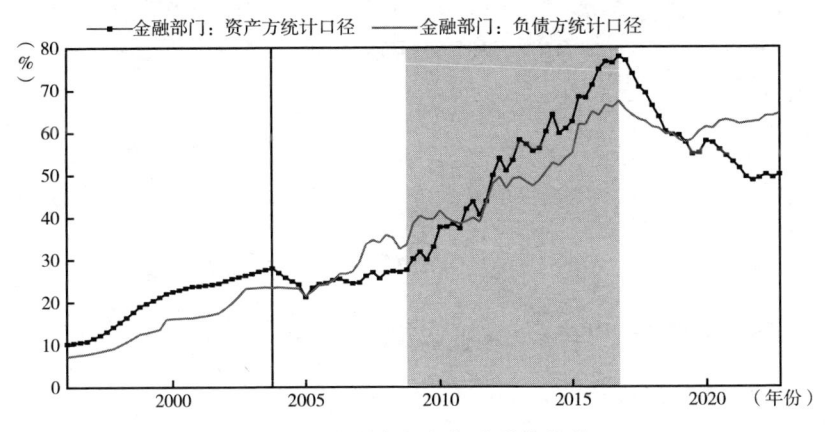

图 2.2　金融部门杠杆率演变趋势

资料来源：国家金融与发展实验室数据库。

质量持续恶化，商业银行整体不良贷款率由 2011 年第 1 季度的 1.10% 上升至 2019 年第 3 季度的 1.96%（增长率高达 78.18%）。其中，城市商业银行和农村商业银行不良贷款恶化情况最为严重，城市商业银行不良贷款率由 2011 年第 1 季度的 0.90% 上升至 2019 年第 3 季度的 2.48%（增长率高达 175.56%），农村商业银行不良贷款率由 2011 年第 1 季度的 1.80% 上升至 2018 年第 1 季度的 4.29%（增长率高达 138.33%）。

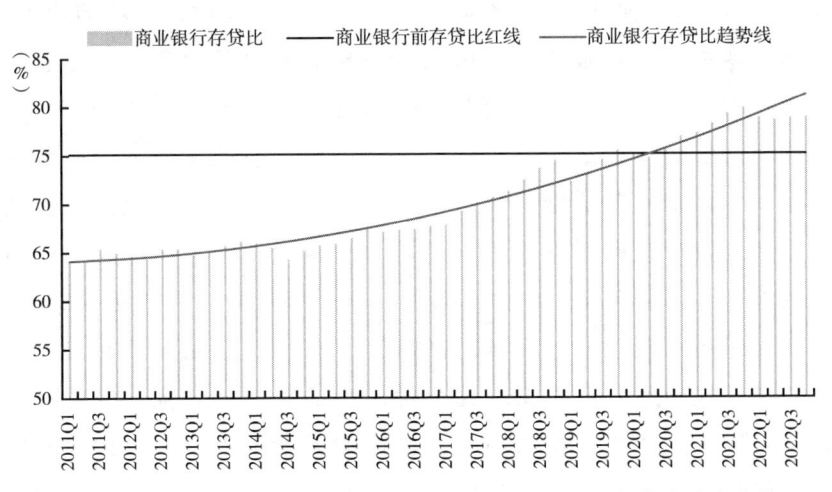

图 2.3　2011 年第 1 季度至 2022 年第 4 季度商业银行存贷比演变趋势

资料来源：Wind 金融资讯数据库。

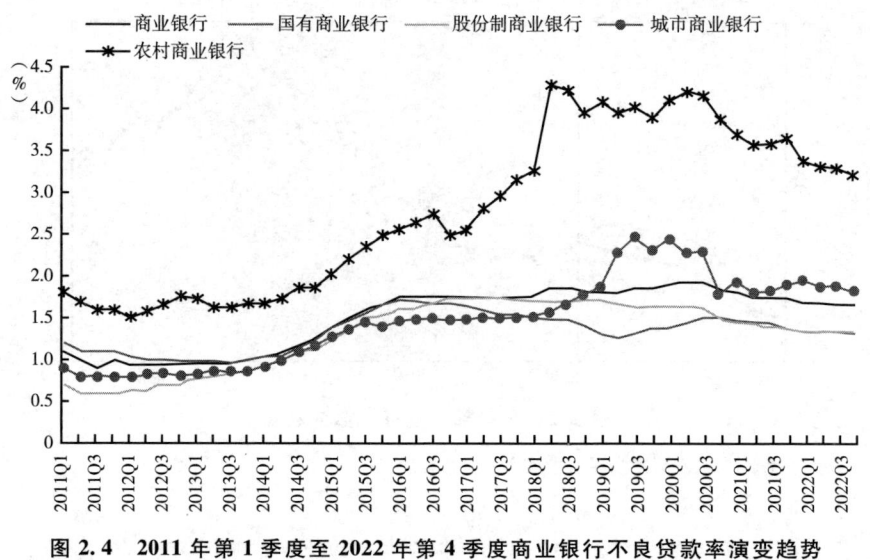

图 2.4　2011 年第 1 季度至 2022 年第 4 季度商业银行不良贷款率演变趋势

资料来源：Wind 金融资讯数据库。

二　影子银行风险逐步显性化

由于金融机构较强的逐利特性，其通常会以提高杠杆率、配置高风险资产等方式提高资产收益率，进而引致相关行业或领域的流动性、资产负债错配以及期限错配等风险。高收益率以及缺乏严格监管等金融特性使得影子银行业务备受金融机构青睐。传统信贷资产的较高收益率为金融机构从事影子银行投资活动提供了直接动机，而监管当局对影子银行活动的弱监管抑或影子银行活动对监管的易规避性，间接助长了影子银行投资爆炸式增长的态势。由此，金融机构对影子银行活动的追捧不可避免会引致信用风险、流动性风险、资产负债错配等，使得金融风险不断积聚，而金融机构间的资产负债相关性和风险传染性等负外部性导致其发生系统性金融风险的可能性增加。受宏观经济持续下行以及互联网金融结构性冲击影响，影子银行业务成为我国金融机构保持高利润的有效渠道。自 2008 年国际金融危机以来，影子银行规模在中国呈现爆发式增长态势（见表 2.1）。

表 2.1　2011~2022 年中国影子银行体系资产规模及其组成

单位：万亿元

年份	委托贷款	信托贷款	未贴现银行承兑汇票	理财产品和资管计划对接资产	财务公司贷款	民间借贷	其他	合计
2011	4.4	1.7	5.1	2.9	0.9	3.4	0.8	19.2
2012	5.2	3.0	6.1	4.0	1.1	3.4	1.3	23.9
2013	7.2	4.9	6.9	6.7	2.2	3.4	1.8	33.1
2014	9.3	5.3	6.8	11.0	2.4	3.4	2.8	40.8
2015	10.9	5.4	5.9	21.6	2.5	3.4	3.8	53.4
2016	13.2	6.3	3.9	30.1	3.0	3.4	4.6	64.5
2017	14.0	8.5	4.4	26.5	3.1	3.4	5.8	65.6
2018	12.4	7.9	3.8	24.4	3.2	3.4	6.3	61.3
2019	11.4	7.4	3.3	23.4	3.3	3.4	6.8	59.0
2020	11.1	6.3	3.5	24.7	3.4	3.4	6.8	59.2
2021	10.9	4.4	3.0	24.0	3.9	3.4	7.5	57.0
2022	11.2	3.8	2.7	21.5	3.8	3.4	7.3	53.7

资料来源：穆迪公司 2012~2023 年《中国影子银行季度监测报告》。

根据国际评级机构穆迪公司公布的 2012~2023 年《中国影子银行季度监测报告》，我国影子银行总体规模从 2011 年的 19.2 万亿元迅速增长至 2017 年 65.6 万亿元的历史高位（净增长 241.7%）。从影子银行体系资产组成来看，委托贷款类影子银行业务规模从 2011 年的 4.4 万亿元增长至 2017 年 14.0 万亿元的历史高位（净增长 218.2%）；信托贷款类影子银行业务规模从 2011 年的 1.7 万亿元增长至 2017 年 8.5 万亿元的历史高位（净增长 400.0%）；理财产品和资管计划对接资产类影子银行业务规模从 2011 年的 2.9 万亿元增长至 2016 年 30.1 万亿元的历史高位（净增长 937.9%）；财务公司贷款类影子银行业务规模从 2011 年的 0.9 万亿元增长至 2021 年 3.9 万亿元的历史高位（净增长 333.3%）；未贴现银行承兑汇票类影子银行业务保持稳中有降的走势；民间借贷持续维持在 3.4 万亿元的水平；其他类影子银行业务规模从 2011 年的 0.8 万亿元增长至 2021 年 7.5 万亿元的历史高位（净增长 837.5%）。从穆迪公司公布的影子银行规模占比指标来看，我国影子银行资产规模占 GDP 比例由 2011 年的 39.3%攀升至 2016 年 87.2%的历史高点，影子银行资产规模占银行总资产比例由 2011 年的 17.2%增长至 2016 年 28.5%的历史高位。进一步从中国银保监会 2020 年公布的首份《中国影子银行报告》数据来看，中国广义影子银行规模在 2017 年初达到历史峰值 100.4 万亿元（占 GDP 比例高达 120.67%），风险较高的狭义影子银行规模达到 51.01 万亿元（占 GDP 比例高达 61.31%）。过度膨胀的影子银行业务使得系统性金融风险隐患不断累积，影子银行风险自此被实务界和学术界视为威胁中国金融安全的主要"灰犀牛"之一。

从微观个体商业银行来看，中国人民银行、中国银保监会针对包商银行出现严重信用风险，于 2019 年 5 月 24 日联合发布公告以对包商银行进行接管，并指定由中国建设银行执行具体托管业务。审视包商银行公布的 2017 年度财务报表，不难发现，发放贷款及垫款、应收账款投资两类款项分别为 2148.14 亿元、1786.78 亿元，分别为其第一、第二大资产。根据 Chen 等（2018）的研究，商业银行财务报表中的发放贷款及垫款列项为银行传统安全资产，满足存贷比（LDR）以及安全贷款监管限制；商业银行财务报表中的应收账款投资即为影子银行风险资产，其监管环境较为宽松，不受存贷比以及安全贷款监管约束。由此可见，包商银行常规信贷资产与影子银行风险资产的比例高达 6∶5，也即存在相当规模的银行资产游离于中国人民银行和中国银保监会监管之外，此为包商银行出现严重信用风险的重要原因之一。毋庸置疑，尽管党的十九大召开后影子银行规模扩张态势有所缓解，但我国金融风险形势依然较为严峻，防范化解影子银行风险依旧是今后金融工作的重点和难点。

三　地方政府债务风险加速积聚

在 1994 年财政分税制改革的背景下，中国财政体系正式进入"财权上移，事权下压"的财政分权模式，财权与事权不匹配冲突的不断演化使得我国地方政府债务风险问题暴露出来。随着中国经济的快速发展和各地区竞争的日益激烈，地方财政收入留成及中央再分配资金难以满足日益增长的地方政府支出需求，地方政府只能通过债务融资获得发展所需要的资金。随着经济发展潜力及空间的不断释放，我国各级政府债务规模亦不断攀升，这在促进地区经济发展的同时，也存在风险违约隐患，也给作为政府债券一级交易商的金融机构带来显著的负面影响。以下部分对全国和地方政府的财政缺口及债务负担进行基本的分析比较，以凸显当前地方政府债务问题的严重性。

根据国家统计局公布的历年财政收入与支出数据，可计算财政赤字以刻画政府财政缺口情况。具体而言，图 2.5、图 2.6 依次描述了 2001~2022 年全国层面以及地方层面的财政赤字及财政赤字率情况。可以发现，财政赤字规模均呈扩大态势，财政赤字占 GDP 比例亦呈上升趋势。从全国层面来看，伴随中国深度改革开放带来的经济持续高速增长，2001~2007 年全国财政赤字规模及财政赤字率整体呈下降态势；而随着 2008 年国际金融危机的外溢影响以及国内多重矛盾的深层次叠加，中国经济高速增长态势难以为继，2008 年以来财政赤字规模以及财政赤字率不断提升，其中 2009 年、2015 年以及 2020 年增长幅度最大，且自 2015 年以来财政赤字率始终超过 3% 的国际警戒线。从地方政府层面来看，2001~2007 年地方财政赤字规模增速与 GDP 规模增速大体一致，地方财政赤字率较为稳定；2008 年以后，地方财政赤字规模及财政赤字率则呈攀升态势，其中 2009 年、2015 年增速最大，截至 2022 年底，地方财政赤字规模占 GDP 比例为 9.6%。综合图 2.5、图 2.6 可以发现，全国层面及地方层面财政缺口均不断扩大，且地方政府面临的财政缺口问题更为严重。

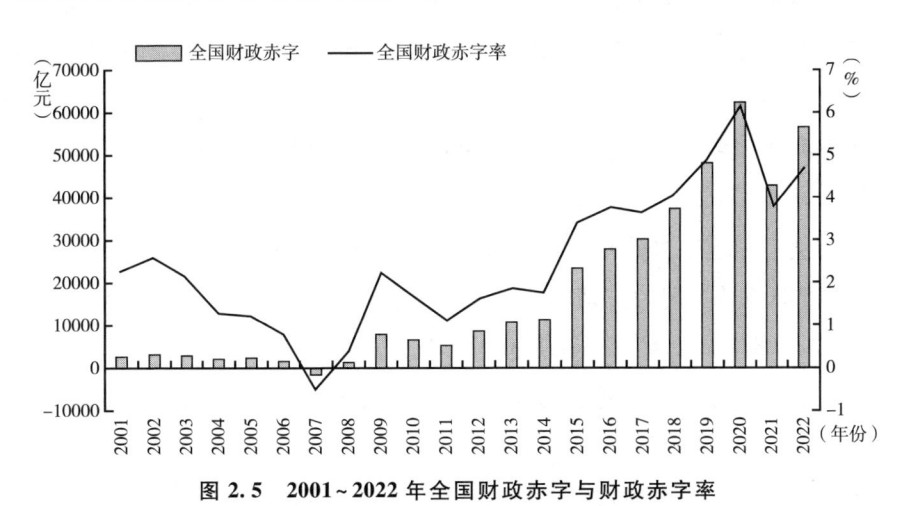

图 2.5 2001~2022 年全国财政赤字与财政赤字率

资料来源：国家统计局官方网站。

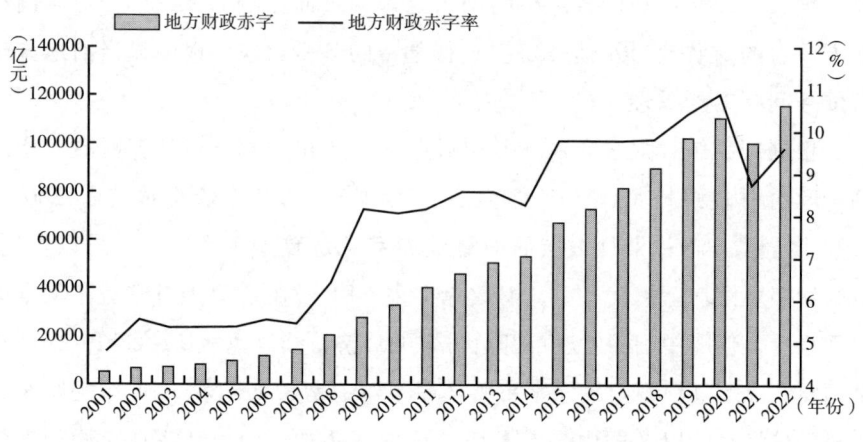

图 2.6　2001~2022 年地方财政赤字与财政赤字率

资料来源：国家统计局官方网站。

在认识全国及地方政府财政缺口的基础上，本节进一步基于财政部公布的数据梳理中央政府及地方政府的显性债务演化情况。囿于数据可得性，中央政府债务相关数据统计区间为 2005~2022 年，地方政府债务相关数据统计区间为 2009~2022 年，具体分别如图 2.7、图 2.8 所示。根据图 2.7 可以发现，中央财政债务余额呈逐年攀升态势，截至 2022 年底显性债务已达 258693 亿元。从中央财政债务余额占 GDP 比例来看，2007~2012 年呈下降态势，2013~2022 年则呈攀升态势，截至 2022 年底中央财政债务比例达到 21.38%。根据图 2.8 可以发现，2009~2014 年地方财政债务余额及债务比例均呈逐年上升趋势，其债务余额由 2000 亿元上升至 11624 亿元（增加了 4.81 倍）。自 2015 年开始，地方财政债务余额呈加速攀升态势，截至 2022 年底已达 348803 亿元（约为 2014 年的 30.01 倍），同时其债务余额占 GDP 比例已由 2014 年的 1.81% 上升至 2022 年的 28.82%。综上所述，从债务负担来看，中央政府和地方政府债务负担均在不断加重，截至 2022 年底单纯中央政府和地方政府的显性债务占比便达到了 50.2%，若加上庞大的隐性债务负担则更为严重。与此同时，无论是从财政缺口还是从债务负担来看，地方政府债务问题更为严重。

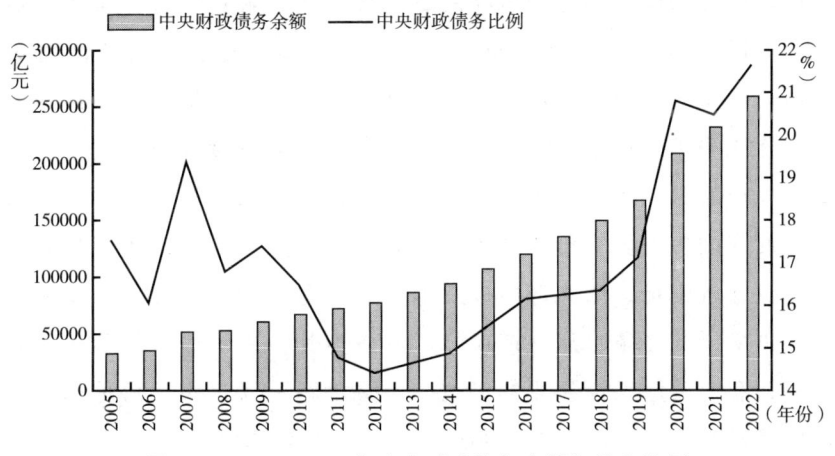

图 2.7　2005~2022 年中央财政债务余额与债务比例

资料来源：Wind 金融资讯数据库。

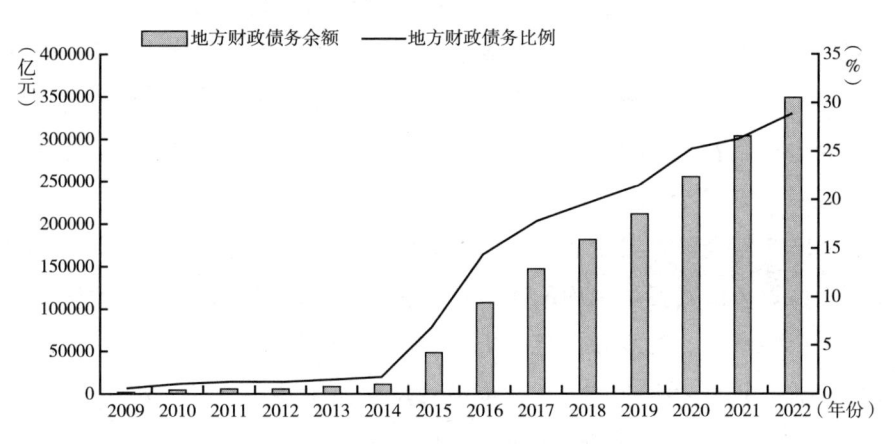

图 2.8　2009~2022 年地方财政债务余额与债务比例

资料来源：Wind 金融资讯数据库。

四　房地产泡沫化风险持续加剧

多重迹象表明，中央政府资金以及地方政府和银行配套资金主要流向基础设施建设，而房地产部门的高收益性吸引了其中大部分资金流向房地产市场，导致房地产价格不断攀升。党的十九大报告明确指出，要坚决打好防范化解重大风险攻坚战，重点是防控金融风险。而从现实来看,房地产是当前我国金融风险的重要源头,金融资源过多集中于房地产部门,以致该部门呈现高价格、高杠杆、高库存、高度金融化等特征,而房价持续高企进一步吸引各种社会资本涌入,加剧房地产市场扭曲和泡沫化演进。房地产泡沫化演进,一方面会直接导致家庭部门房价收入比大幅攀升,制约居民可支配收入和消费需求;另一方面会引致企业部门面临的多类要素价格高企,对企业生产造成压力。鉴于房地产市场波动对金融市场、微观部门以及地方财政等各大经济部门的影响深远且长期以来错综复杂,房地产风险已然成为其他主要经济风险的重要关联因素,有效破解长期积累的房地产风险难题不仅是引导房地产市场长效健康发展的现实要求,更是当前政府防范化解重大风险的重中之重。

自1999年房地产市场化改革以来,全国各大城市房价一路高涨,一线城市房价涨幅高达5倍,二线城市房价上涨3.92倍(Fang et al.,2016)。中国经济增长前沿课题组(2011)指出,房价持续快速上涨导致财富分配不平等加剧以及工商业成本攀升,并使得系统性金融风险不断累积,房地产泡沫化已成为阻碍中国经济持续增长的重大隐患。随着房价持续高企,社会各界普遍认为房价上涨幅度已超出居民收入可承受的合理范围,存在房地产泡沫化风险(张川川等,2016)。图2.9具体刻画了2011~2022年全国百城住宅平均价格演变趋势,可发现一线城市、二线城市、三线城市以及百城平均价格均呈现攀升趋势,一线城市上涨幅度最为明显,二线城市、三线城市自2016年起价格上涨幅度明显增大。从全国平均来看,截至2022年12月,全国百城住宅平均价格为16177元/米^2,相比2011年1月价格上涨幅度高达71.28%。而从结构上来看,一线城市住宅平均价格为43611元/米^2,相比2011年1月价格上涨高达102.31%;二线城市住宅平均价格为14983元/米^2,相比2011年1月价格上涨63.30%;三线城市住宅平均价格为10027元/米^2,相比2011年1月价格上涨48.48%。

图2.10具体刻画了2015~2022年全国城市二手房出售挂牌价指数演变趋势,可发现全国层面、一线城市、二线城市、三线城市以及四线城市均呈现大幅攀升态势。从全国层面来看,二手房出售挂牌价指数在2015年1月至2022年12月的短短8年间上涨高达83.07%。从结构上看,一

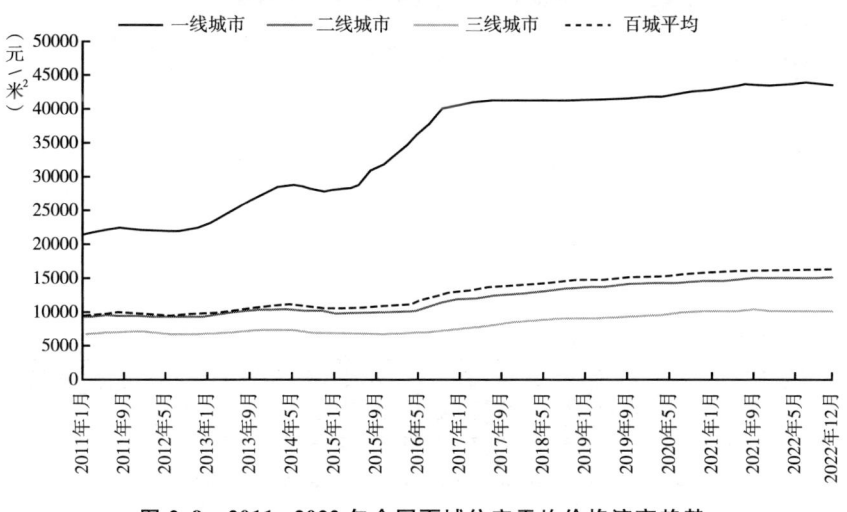

第二章　金融风险演化与宏观金融稳定调控演变

图 2.9　2011~2022 年全国百城住宅平均价格演变趋势

资料来源：Wind 金融资讯数据库。

线城市二手房价格上涨幅度最大，累计上涨幅度高达 127.13%；二线城市二手房价格上涨幅度稍次，累计上涨幅度亦达 77.49%；三线城市二手房价格上涨幅度次之，累计上涨幅度为 65.76%；四线城市二手房价格上涨幅度最小，但累计上涨幅度也有 32.34%。结合图 2.9 和图 2.10 不难发现，无论是住宅价格还是二手房价格，房地产价格均大幅攀升，房地产价格已由一线城市的大幅上涨转化为二、三、四线城市的全面普涨，且二手房价格上涨幅度尤为明显。房地产价格持续高企无疑将进一步吸引各种金融资金和社会资本涌入，加剧房地产市场扭曲和泡沫化演进。

图 2.11 具体刻画了 2011~2022 年房地产贷款演变情况，可发现疫情发生之前房地产贷款余额增速持续保持在高位运行状态，且明显高于对应时期经济增长率，这表明金融资金流向房地产部门的现象较为明显。其中，商业性房地产贷款余额在 2016 年第 4 季度同比增速达到最高，高达 27.0%（当季 GDP 增长率仅为 6.9%）；房地产开发贷款余额在 2018 年第 3 季度同比增速达到最高，高达 24.5%（当季 GDP 增长率仅为 6.7%）；个人住房贷款余额在 2016 年第 4 季度同比增速达到 38.1% 的历史高位。

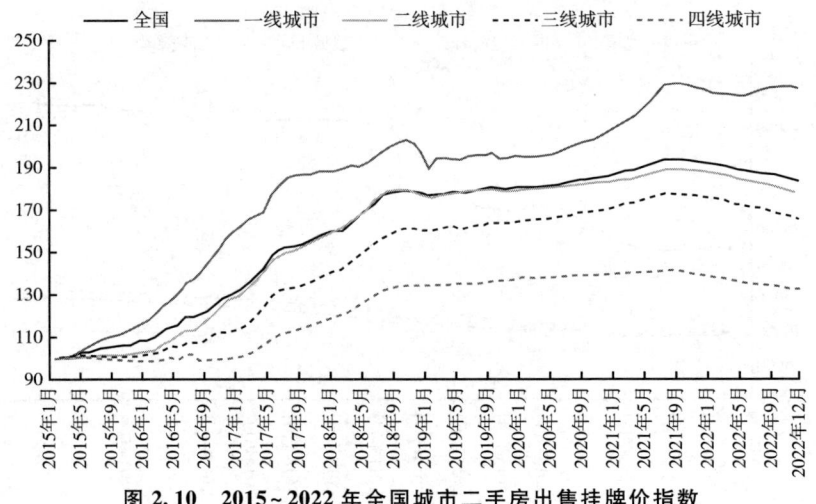

图 2.10　2015~2022 年全国城市二手房出售挂牌价指数

资料来源：Wind 金融资讯数据库。

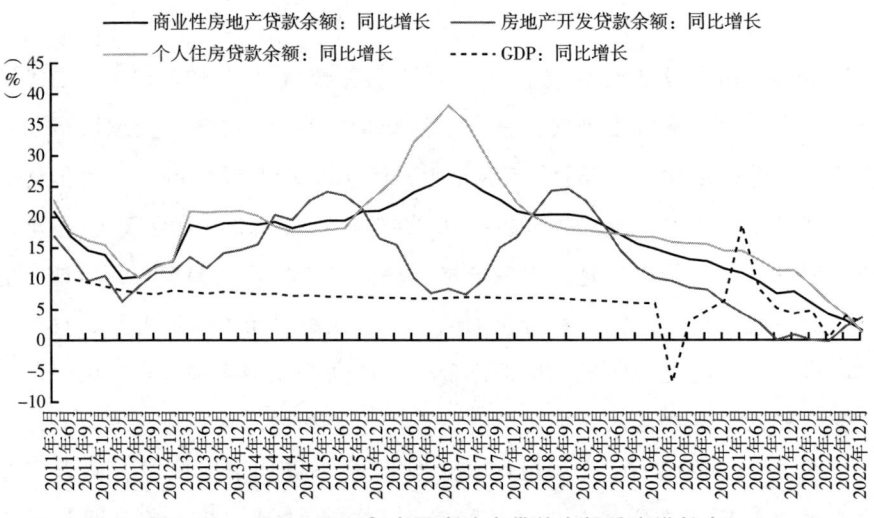

图 2.11　2011~2022 年全国房地产贷款余额季度增长率

资料来源：Wind 金融资讯数据库。

五　利率日渐逼近下限约束

全球利率自 20 世纪 80 年代以来便开始持续下降，肇始于 2008 年国际金融危机、2018 年美国贸易保护主义以及 2020 年新冠疫情等复杂冲击，进一步加剧全球利率下行趋势，低利率已然成为全球经济的新常态。

图 2.12 具体呈现了中国、欧元区、日本、美国、英国等全球主要经济体 1996~2022 年的名义利率演变趋势，可发现 1996 年以来主要经济体名义利率均不断下降，其中名义利率在 2009~2021 年的低位运行态势尤为明显。具体来看，美国联邦基金利率由金融危机前的 5% 逐步降至 2009 年逼近零利率的低位水平，并连续 7 年在略大于零的低位横盘，尽管自 2016 年渐显回升态势，但受中美贸易摩擦和新冠疫情冲击的双重影响，美联储于 2019 年开始接连 5 次下调联邦基金利率目标区间至 0~0.25% 的水平；英国基准利率由金融危机前的 5.5% 左右降至 2009 年 0.5% 的低位水平，并在此低位持续横盘，于 2020 年 3 月进一步降至 0.1%；欧元区的利率水平亦由金融危机前的 5% 左右逐步下降，并于 2013 年正式逼近零利率，又于 2016 年正式突破零利率，转向更低利率的负利率政策；日本于 2009 年再次回归超低利率环境，并于 2016 年突破零利率，转向更低利率的负利率运行区间。与此同时，瑞士、瑞典、丹麦等国亦相继步入负利率环境。对于中国而言，自 2015 年中国人民银行连续 5 次降息后，存款基准利率降至 1.5% 的历史最低水平，且连续 7 年在此水平横盘而未进行调整，这客观凸显出现阶段中国名义利率下行调整存在较强黏性并面临下限约束。

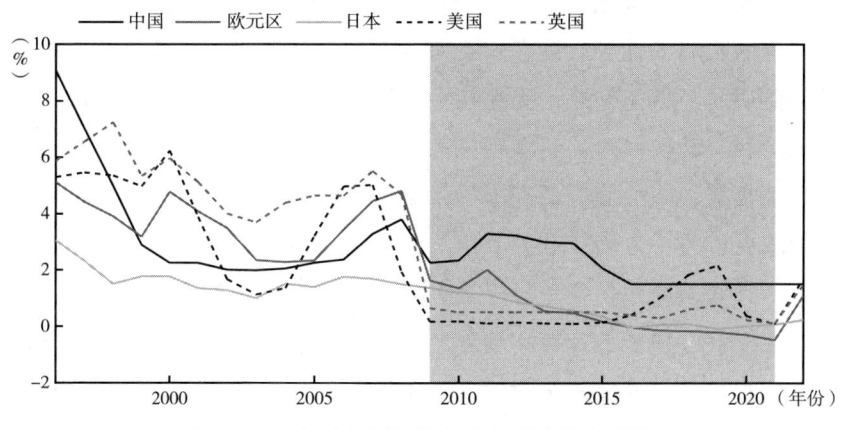

图 2.12　全球主要经济体名义利率演变趋势

资料来源：Wind 金融资讯数据库。

从现实来看，经济增速持续下行、世界政治经济格局深度调整以及全球低利率政策溢出等均给我国利率造成明显下行调整压力。多重迹象表明，央行现阶段对数量型工具的应用越发频繁和灵活，而对价格型工具更显谨慎和保守，货币调控已开始受利率下限约束影响，以调整名义利率为主的价格型货币政策难以发挥应有效力。如央行自2016年开始先后十余次下调存款准备金率，并灵活运用PSL、MLF、TMLF等新型货币投放工具为实体经济匹配合意流动性，而未对名义存贷款基准利率进行调整。这些事实表明，我国名义利率现已处于历史最低水平且存在较大下行调整压力，低利率问题对我国经济发展以及宏观政策调控的影响越发明显。当前主要经济体已然迈入低利率时代，中国正日渐步入低利率环境。但各国现实经济状况表明，低利率政策并非如预期般行之有效，主要经济体仍处于下行阶段抑或底部徘徊阶段。这主要是因为低利率环境下货币政策的名义利率调整存在零下限约束，以致经济下行或面临负面冲击时不能调整利率或不能充分调整利率，陷入名义利率低位而实际利率高企的窘境。名义利率的下行调整不充分，势必会加剧宏观经济波动并导致经济下行越发严重，由此导致经济陷入长期停滞或持续性探底困境。

从宏观层面来看，低利率环境下潜在的零利率下限约束通过限制价格型货币政策下行调整空间，导致实体经济复苏缓慢甚至经济下行风险加剧。而在经济持续恶化环境下，企业资产负债表衰退导致资产价值降低，银行信贷的顺周期性导致商业银行对企业的信贷萎缩，企业经营恶化进一步导致前期债务不能偿还或无法按期偿还，这将导致商业银行面临严重的信用风险和流动性风险。从微观层面来看，低利率环境下商业银行信贷利差会大幅收窄，一方面，低利率导致微观主体存款意愿降低，以致商业银行存款减少；另一方面，利差收窄导致商业银行吸收的存款并不会有效转化为信贷，货币政策信贷传导渠道失效，企业融资难问题加剧。在此背景下，企业经营亏损或破产概率增加，贷款违约可能性增大。低利率环境对商业银行利润乃至社会资金收益产生了巨大的负面冲击，以致金融机构更加偏好于收益率较高的风险资产，资金过多流向影子银行体系抑或房地产部门，进而导致影子银行规模大幅激增和房地产泡沫加剧，金融机构资产质量恶化，金融体系风险因此不断积聚。就此而言，低利率环境会导致经济金融风险不断滋生和积聚，探究并有效甄别应对低利率困境约束的合意货币政策调控范式对促进经济和金融稳定至关重要。

第二节 金融稳定调控演变现状

国际金融危机对全球经济造成的巨大冲击以及对金融体系产生的巨大破坏力使得各国更为重视金融稳定目标，诸多经济体宏观经济调控的目标已由传统的"物价稳定、经济增长、充分就业、国际收支平衡"四大目标转变为"物价稳定、经济增长、充分就业、国际收支平衡、金融稳定"五大目标。在此背景下，宏观调控政策对金融稳定的重视程度大幅提升，宏观审慎监管成为近年来学界和实务界关注的热点。纵观历年金融稳定调控演变，中国金融稳定体系自改革开放以来主要经历了以下三个阶段。

一 以微观审慎监管为主的金融稳定调控：1978~2010年

1984年以前，中国人民银行既行使中央银行职能也承办商业银行业务，彼时中国并没有现代意义上的金融监管。1984年开始，中国人民银行专司中央银行职能，并履行对银行业、证券业、保险业、信托业的综合监管，也即1984~1992年中国金融监管体系主要表现为集中单一的金融监管体制。1992年10月，国务院证券委和中国证监会宣告成立，证券业的监管职能从中国人民银行分离出去，中国证券市场统一监管体制开始形成，中国人民银行主要负责对银行业、保险业、信托业的监管。1998年4月，国务院证券委和中国证监会合并；同年9月，国务院明确中国证监会是全国证券期货市场主管机关。1998年11月18日，中国保监会成立，专司中国保险业监管。2003年4月28日，中国银监会成立，依法对银行、金融资产管理公司、信托公司以及其他存款类机构实施监督管理。2004~2007年，中国银监会结合中国金融实际情况，逐步构建有中国特色的银行业监管框架，初步确立以资本监管为基础的银行业审慎监管制度；健全金融机构治理结构和内部机制，做到合规经营和风险管理；推动中小商业银行改革发展，推动农信社改革，推动农商行、村镇银行等农村金融服务体系建设等。至此，我国金融监管体制由中国人民银行的"大一统"完全转变为"一行三会"分业监管体制。自"一行三会"成立以来，我国基本建立了符合中国国情的现代化金融监管体系，分业监管体制逐步健全，微观审慎和行为监管机制不断强化和完善。

二 "微观审慎+宏观审慎"的金融稳定调控：2011~2016年

我国在次贷危机后陆续出现影子银行快速膨胀、大资管行业迅猛发展等现象，资金池业务、过度杠杆、多层嵌套甚至集资诈骗等行业乱象也日渐凸显，系统性金融风险问题不断积聚，原有的分业监管模式和微观审慎监管体制存在监管漏洞，难以应对新的金融风险问题。2011年4月，中国银监会发布《关于中国银行业实施新监管标准的指导意见》，决定自2012年起陆续推进实施《巴塞尔协议Ⅲ》的各项要求，加强宏观审慎监管。与此同时，中国人民银行吸取国际金融危机教训，于2011年初正式引入差别准备金动态调整机制，将货币信贷和流动性管理的总量调节与宏观审慎政策结合起来，重点考量银行信贷投放与社会经济主要发展目标的偏离程度及具体金融机构对整体偏离的影响、系统重要性程度、稳健状况及执行国家信贷政策情况等。除此之外，为防范和化解金融风险、维护金融稳定，国务院于2015年2月17日发布《存款保险条例》，正式建立和规范存款保险制度，并于2015年5月1日起施行。2015年12月29日，央行宣布从2016年起将现有的差别准备金动态调整和合意贷款管理机制升级为宏观审慎评估体系（Macro Prudential Assessment，MPA），以进一步完善宏观审慎政策框架，更加有效地防范系统性风险，发挥逆周期调节作用。这表明中央将加强对宏观金融风险的评估管理，也预示着以央行为中心建立综合监管体制的方向更加明确。综合而言，2011年以来，我国金融稳定政策框架在原有微观审慎监管框架基础上逐步强化宏观审慎监管，并推动宏观审慎政策框架不断完善。

三 微观审慎、宏观审慎与货币政策的协同调控：2017年至今

2017年7月，国务院金融稳定发展委员会成立，其办公室设在中国人民银行，旨在加强金融监管协调、补齐监管短板。与此同时，2018年第十三届全国人民代表大会第一次会议通过《国务院机构改革方案》，合并中国银监会与中国保监会，成立中国银保监会。2019年，中共中央办

公厅、国务院办公厅公布《中国人民银行职能配置、内设机构和人员编制规定》，明确设立宏观审慎管理局，宏观审慎管理局下设综合处、宏观审慎处、系统重要性金融机构处、金融控股公司处、跨境人民币业务处、货币合作处。宏观审慎管理局牵头建立宏观审慎政策框架和基本制度，以及系统重要性金融机构评估、识别和处置机制；牵头金融控股公司等金融集团和系统重要性金融机构基本规则拟订、监测分析、并表监管；牵头外汇市场宏观审慎管理，研究、评估人民币汇率政策；拟订并实施跨境人民币业务制度，推动人民币跨境及国际使用，实施跨境资金逆周期调节。除此之外，党的十九大报告明确提出，"健全货币政策和宏观审慎政策双支柱调控框架"，通过健全宏观审慎政策框架、加强与货币政策相互配合，充分发挥货币政策与宏观审慎政策的双重逆周期调节作用，更好维护币值稳定和金融稳定，有效防范系统性金融风险。党的二十大报告进一步指出，加强和完善现代金融监管，强化金融稳定保障体系，依法将各类金融活动全部纳入监管，守住不发生系统性风险底线。在党的二十大精神指引下，党的二十届二中全会通过《党和国家机构改革方案》，决定组建国家金融监督管理总局，统一负责除证券业之外的金融业监管，不再保留中国银保监会。至此，中国金融监管框架正式从"一行三会"转变为"一委一行一局一会"的新监管框架。该框架有效解决了中国传统分业监管模式和微观审慎监管体制存在的缺乏协同、沟通效率低下的问题，重点加强了宏观审慎管理和功能监管，有力促进了货币政策与宏观审慎政策的有效协调配合，实现金融监管的统一性、专业性、穿透性和持续性，能更加有效地防范和化解区域性和系统性金融风险。

第三节 宏观金融稳定框架建构思路

金融风险的内在根源主要体现在两个维度：一是宏观经济周期变化和结构演进，二是金融体系内生性风险（郑联盛，2019）。金融风险与经济周期往往相伴而行，经济周期恶化以及结构转型是系统性金融风险产生的首要根源，经济持续下行和经济结构转型容易导致家庭部门和企业部门的资产负债表恶化或衰退，并由此传导至银行体系乃至整个金融市场，进而产生金融风险。金融体系的内生性风险则是系统性金融风险的最直接来源，金融机构内在的高逐利性决定了其往往倾向于借助高杠杆以追逐风险资产和长期资产配置，进而滋生流动性风险、资产负债错配以及期限错配风险。而单个金融机构的风险偏好行为有可能引发集体的合成谬误，最终导致系统性风险不断积聚。2008年国际金融危机后，世界政治经济格局深度调整，欧洲债务危机、英国脱欧、美国贸易保护主义、俄乌冲突等引致的逆全球化浪潮给全球经济蒙上实质性阴影，全球经济陷入长期停滞抑或持续性探底困境。与此同时，国内深层次矛盾不断涌现，我国处在转变发展方式、优化经济结构、转换增长动力的攻关期，结构性、体制性、周期性问题相互交织，"三期叠加"影响持续深化，经济下行压力加大。2021年中央经济工作会议深刻指出，当前我国经济发展面临需求收缩、供给冲击、预期转弱三重压力。在世界政治经济格局复杂演变以及国内矛盾深层次叠加影响下，中国经济高速增长态势难以为继，经济长期高速增长背后潜在的经济风险不断显性化。伴随中国经济由高速增长阶段向高质量发展阶段转型，防范化解重大风险被列为政府经济工作的三大重点攻坚战之一。党的十九大报告明确提出"健全金融监管体系，守住不发生系统性金融风险的底线"，党的二十大报告进一步指出"强化金融稳定保障体系，依法将各类金融活动全部纳入监管，守住不发生系统性风险底线"。

毋庸置疑，"稳金融"已成为当前政府宏观经济调控的重点任务，构建渐趋完善的宏观金融稳定调控体系至关重要。改革开放以来，中国金融体系不断壮大和完善，促使我国成功实现长达40多年的经济高速增长，但金融杠杆日益攀升以及金融创新加速发展也给金融体系埋下了风险隐患。如前所述，当前中国金融体系的风险积聚既来源于金融体系内部固有的风险累积，也有宏观经济周期恶化的深层原因。为此，建构完善的金融稳定体系需要多维度协同监管：首先，切实加强微观审慎监管，不断深化和完善原有分业监管机制，强化机构监管、功能监管以及行为监管，管控单一、局部金融风险；其次，建立宏观审慎监管机制，实施逆周期政策以及跨市场、跨行业的全面监管，防范和避免系统性金融风险；再次，加强宏观审慎政策与货币政策协调，相互补充、相互强化，形成"货币政策+宏观审慎政策"双支柱调控框架；最后，推动财政政策和货币政策协调配合，有效平抑经济波动以促进宏观经济行稳致远，以"经济稳"保障"金融稳"。综上所述，新时代中国金融稳定框架应遵循如图 2.13 所示的调控范式。

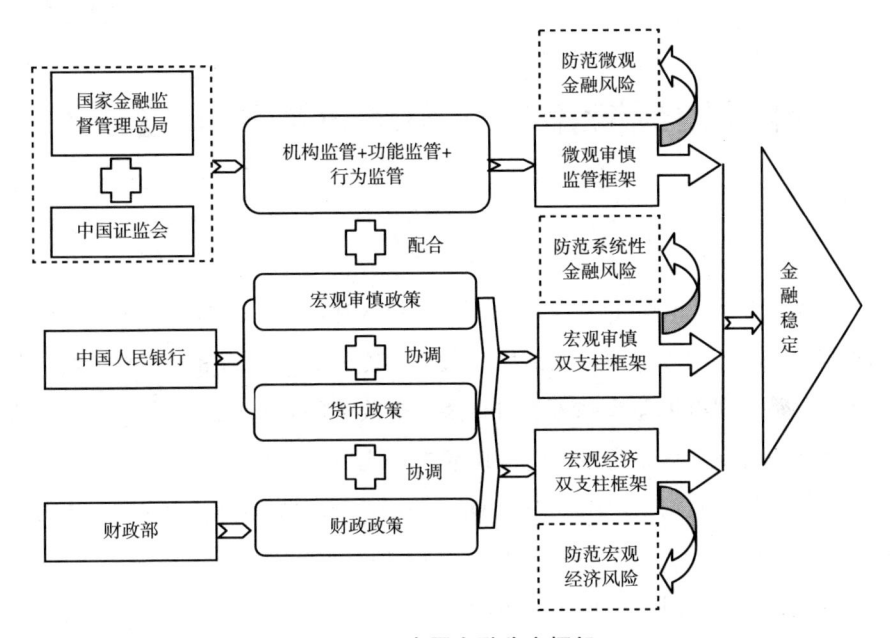

图 2.13 中国金融稳定框架

第三章
金融机构风险溢出与系统重要性测度研究

2008年国际金融危机对全球经济产生巨大冲击，金融系统性风险以及金融机构间风险传染溢出由此受到广泛关注，各国纷纷开始审视自身金融风险状况，并将宏观审慎监管纳入各自金融监管改革的重点内容。考虑到现有文献仅关注银行业金融机构的金融风险状况，本章基于中国现实经济数据，运用基于分位数回归的 CoVaR 方法（QR-CoVaR）系统度量我国96家上市金融机构的系统性风险，定量分析整个金融行业的风险传染以及风险溢出效应。研究发现，整个金融行业的关联度很高，银行、证券、保险等金融机构的平均关联度均高于0.5；风险传染具有普遍性，但实证结果表明，金融系统性风险的传染呈现衰减特性；金融机构的风险溢出与其自身经营风险存在较强关联，并非完全取决于资产规模大小。有鉴于此，本章认为监管部门在致力于微观审慎的同时还应注重宏观审慎，关注金融风险的跨机构、跨市场传染，并应根据系统性风险贡献程度而非规模大小正确确立我国系统重要性金融机构名单，构建渐趋完善的宏观审慎监管框架。本章具体内容安排如下：第一节为研究背景与文献回顾，第二节为金融风险溢出的测度模型构建，第三节为金融机构系统性风险测度分析，第四节为研究结论与政策建议。

第一节 研究背景与文献回顾

一 研究背景

自2008年国际金融危机以来，金融系统性风险的测度和管理已成为人们关注的焦点。各国政府普遍认为金融系统性风险积累和宏观审慎监管缺失是导致金融危机发生的重要原因。随着当前中国经济增速逐步放缓，近年来各类负面因素不断积聚，进而导致金融市场风险屡屡发生。党的十八届五中全会审议通过《中共中央关于制定国民经济和社会发展第十三个五年规划的建议》，正式提出要加强金融宏观审慎管理制度建设，构建货币政策与审慎管理相协调的金融管理体制。2015年12月，中国人民银行宣布从2016年起将现有的差别准备金动态调整和合意贷款管理机制升级为宏观审慎评估体系，以进一步完善宏观审慎政策框架，更加有效地防范系统性风险。与此同时，党的十九大和党的二十大相继强调，要坚决打好防范化解重大风险攻坚战，牢牢守住不发生系统性风险的底线。当前世界政治经济格局波谲云诡，我国正处于全面建设社会主义现代化国家开局起步的关键时期，挑战与发展同在，风险与机遇并存。在此背景下，了解金融系统性风险的形成机制，测度当前金融系统的风险程度，从而建立科学的"稳金融"宏观调控框架，对有效维护我国金融安全以及引领新时代中国经济高质量发展极具重要意义。

  金融机构之间的权益和风险联动本身在正常时期也存在，但金融市场的不完全性和金融摩擦会使得这种联动在危机期间得到进一步加强，由此导致金融风险不断积聚。考察风险在金融体系内如何分布、何种金融机构具有系统重要性以及其对金融体系的风险贡献率，可以为监管机构的监管提供有效依据。就银行而言，银行之间的业务往来、同业拆借等相互关联的行为可能会导致一家银行陷入困境时，单家银行风险会扩散到与其相关联的银行进而危及整个金融体系，即风险溢出。譬如一家金融机构遭受重大损失或某一个市场遭遇困境，会迅速扩散至整个金融体系，系统性风险随之产生。当金融机构风险溢出较大时，它的倒闭将给整个金融体系造成巨大破坏，进而可能引致危机。也就是说，风险溢出效应本质上属于外部性的一个典型表现，容易引致机构之间或市场危机的相互传染。

  宏观审慎监管立足于宏观、系统性层面，并以金融稳定为目标，但监管当局在具体实施审慎监管政策时，需评估单个机构的系统重要性，筛选出易导致宏观不审慎的系统重要性金融机构，并通过厘清影响机构系统重要性的因素以把握各金融机构的系统重要性演变。简而言之，宏观审慎监管是以系统重要性金融机构为重要抓手。目前，中国银行、中国工商银行、中国农业银行以及中国建设银行四家国有大型商业银行均被金融稳定理事会（FSB）列为系统重要性银行名单。人们普遍认为一家金融机构是否具有系统重要性取决于其自身规模大小，规模越大则系统重要性越强。但金融机构规模越大是否就一定意味着其系统性风险贡献程度越高？目前鲜有文献结合我国实际数据展开具体论证和分析。此外，国内现阶段对系统性风险的研究大多局限于银行业，而较少开展对证券、保险等其他金融行业风险溢出的系统研究。近年来，资本市场危机频频提醒我国学界和实务界在关注金融系统性风险时不应仅盯住银行业金融机构。为此，本章尝试在已有文献研究的基础上对中国整个金融业风险溢出效应进行系统研究，测度各金融机构对整个金融体系的风险溢出以及系统性风险贡献程度，并探讨金融机构风险溢出的特点。

二 文献回顾

目前，国外对系统性风险已展开较为丰富的研究，但在国内尚处于起步阶段，这也在一定程度上反映了我国在过去很长一段时期内对系统性风险的重视程度较低。本部分将对系统性风险研究文献进行详细梳理，并阐述深入强化我国金融系统性风险研究的必要性。

（一）系统性风险测度的常用方法

Acerbi 和 Tasche（2002）在期望损失（Expected Shortfall, ES）的基础上提出系统期望损失（Systemic Expected Shortfall, SES）和边际期望损失（Marginal Expected Shortfall, MES）的概念。Acharya 等（2013）将 SES 运用于实证分析，并证实 SES 方法在预测危机方面的有效性。Brownlees 和 Engle（2010）基于 TARCH 模型、DCC-GARCH 模型和非参数尾部估计的 MES 方法度量了金融机构对金融系统的风险贡献度，发现 MES 方法能有效预警部分金融危机。在国内，范小云等（2011）运用 SES 和 MES 方法探讨了我国金融机构的边际风险贡献问题，认为金融机构对金融系统的边际风险贡献具有与金融危机相一致的顺周期性，并提出应降低这种顺周期性。

连接（Copula）函数的思路是将多个随机变量的尾部分布用 Copula

函数联系在一起，形成联合分布，并使用肯德尔（Kendall）和斯皮尔曼（Spearman）系数来描述金融机构之间的相关性。Goodhart 和 Segoviano（2009）使用非参数 Copula 函数方法测度单一银行系统的重要性。在国内，宋群英（2011）运用 Copula 函数方法分析了中国上市银行风险传染效应。Tarashev 等（2009）使用博弈论中的沙普利值（Shapley）概念，将各金融机构 Shapley 值总和作为系统性风险，并将系统性风险分配至各金融机构，作为其系统重要性指标。在国内，张娜娜和陈超（2012）使用 Shapley 值方法实证检验了中国上市银行的系统重要性程度，认为系统重要性和银行规模大小并不存在必然联系。

Adrian 和 Brunnermeier（2016）提出条件风险价值（CoVaR）方法，这一方法在测度银行业系统性风险方面已得到广泛运用。国内学者使用不同方法计算 CoVaR，高国华和潘英丽（2011）采用基于广义自回归条件异方差（GARCH）模型的 CoVaR 方法分析中国上市银行对银行业整体的风险贡献，结果表明，四大国有商业银行在中国银行业中具有明显的系统重要性，并否定了 CoVaR 与 VaR 存在线性相关性。李志辉和樊莉（2011）则采用基于分位数回归的 CoVaR 方法测度中国商业银行系统性风险溢出，也得出了相似结论，并指出基于风险价值（VaR）的现行监管政策亟待改进。而袁曦等（2014）则提出使用 GARCH-Copula-CoVaR 测度中国上市银行系统性风险及其边际风险贡献。Benoit 等（2013）率先对 MES 和 CoVaR 两种方法进行比较，认为这两种方法之间具有很紧密的联系。

（二）测度系统性风险的常用指标

Lo（2009）将监测系统性风险的指标分为七类，认为相互关联带来的系统性风险无法准确评估，而金融机构杠杆率、隐性担保、股票价格联动性、价格敏感度、流动性和风险集中度都能有效测度系统性风险，从而提供早期预警。Patro 等（2013）检验了将金融机构股票收益率作为系统性风险指标的有效性，认为股票日收益率相关系数作为银行系统性风险指标，具有及时、简易等优点。Rodriguez-Moreno 和 Pena（2013）对比分析了基于信用违约互换（CDS）利差、股价和伦敦同业拆借利率（LIBOR）测度系统性风险的方法，并认为使用 CDS 利差优于使用股价和 LIBOR。Zhou（2010）基于不同的系统重要性测度方法，研究金融机构规模和金融机构系统重要性之间的关系，认为"大而不能倒"并不总是正确的。类似地，Thomson（2010）提出依照4C法——传染性（Contagion）、相关性（Correlation）、环境（Condition）、集中度（Concentration）来衡量单个金融机构对整个金融市场的系统重要性贡献程度，亦认为将金融机构规模作为衡量系统重要性机构标准的做法欠妥。

（三）现有测度方法比较

SES、Shapley值、Copula函数和CoVaR方法是目前较为流行的研究银行业系统性风险传染现象的方法。测算SES需要机构杠杆率和MES指标，MES是对期望损失ES的附加条件。但测算MES的相关指标在诸如中国这样的许多发展中国家尚未出现，需用其他指标替代，这在一定程度上削弱了其优势，并由于测算复杂性而在发展中国家风险管理中缺乏操作实践性。Shapley值方法是将包含目标银行的全部银行子系统的效应按照规模进行加权平均，以此作为目标银行的系统性风险贡献度。该方法具有可加性，是分配系统性风险的一般方法之一。但该方法对研究对象有一定要求，当系统重要性和银行规模不具有很紧密的联系时，测算结果会出现偏差。Copula函数方法先对数据进行拟合，将各银行间的尾部相关系数作为风险溢出指标。其缺点在于风险指标间的相依结构往往会随危机阶段的变化而变化，使得到的结果不可靠，并且该方法无法表明风险传染的方向和反馈效应。

相对于以上三种方法，CoVaR方法主要存在三大优势：①能测度各金融机构间的风险溢出，即金融机构间的联系度（当机构i处于困境时，机构j风险增加的程度）；②易同多种其他方法结合运用，具有很强的可扩展性；③操作较为简便，适用于资本市场较不发达以及金融指标相对缺乏的发展中国家。

通过对有关金融机构系统性风险研究的文献进行梳理，不难发现国外学者已对此展开较为丰富的讨论，而国内则相对着墨较少。另外，当前关于系统性风险的研究大多关注银行层面，鲜有涉及证券和保险等金融行业机构。随着混业经营的逐步深化以及居民资产持有形式的多样化，银行、证券、保险等金融机构表现出较高的关联度和传染性，仅关注银行部门的系统性风险显然不能准确把握整个金融体系的系统性风险，因而所得结论及相关政策建议亦存在局限性。为此，本章尝试基于分位数回归的 CoVaR（也即 QR-CoVaR）方法探究涉及银行、证券、保险三大行业所有上市金融机构的系统性风险，度量上市金融机构与金融系统间的风险溢出，并进行比较分析，以为完善我国金融监管体系、强化宏观审慎监管提供现实参考。

第二节　金融风险溢出的测度模型构建

一　CoVaR 方法

VaR 最早由约翰·皮尔庞特·摩根（J. P. Morgan）提出，现已在风险管理中被广泛使用。其含义为，在某一置信水平下，单个金融机构在未来一段时期内可能遭遇的最大风险或损失。本节假设金融机构 i 的各期收益率 X^i 是独立同分布的，将金融机构 i 在第 t 期的风险价值 $VaR^i_{q,t}$ 定义为 i 的收益率 X^i 分布的 q 分位数，即 $Pr(X^i \leq VaR^i_{q,t}) = q$，其中 $0 < q < 1$。

设收益率的分布函数为 $F(x)$，则 $F(VaR^i_{q,t}) = q$。当收益率序列时期足够长时，其分布函数 $F(x)$ 可看作在 $(-\infty, +\infty)$ 上严格单调递增且连续的函数，从而可变形为 $F^{-1}(q) = VaR^i_{q,t}$，其中 $F^{-1}(x)$ 为 $F(x)$ 的反函数。

CoVaR 是由 Adrian 和 Brunnermeier（2016）提出的，其中的"Co"表示条件（Conditional）、传染性（Contagion）和联动效应（Comovement）。一般将 $CoVaR^{i|j}_{q,t}$ 定义为在第 t 期金融机构（或金融系统）j 发生某一事件 $C(X^j)$ 时，金融机构（或金融系统）i 所面临的 VaR 值，即：

$$Pr[X^i \leq CoVaR^{i|j}_{q,t} | C(X^j)] = q \tag{3.1}$$

其中，$C(X^j)$ 表示与金融机构（或金融系统）j 有关的事件，X^j 为 j 的某一指标。式（3.1）表明，CoVaR 是机构（或市场）i 的收益率条件分布的 q 分位数，因此也可表示为：

$$F[CoVaR^{i|j}_{q,t} | C(X^j)] = q \text{ 或 } F^{-1}[q | C(X^j)] = CoVaR^{i|j}_{q,t} \tag{3.2}$$

其中，$F[x|C(X^j)]$ 为机构（或市场）i 的收益率条件分布，$F^{-1}[q|C(X^j)]$ 为 $F[x|C(X^j)]$ 的反函数。

二 分位数回归（Quantile Regression）的 CoVaR（简称 QR-CoVaR）方法

传统的线性回归方法描述了因变量均值受其他相关因素影响的情形，且利用普通最小二乘法估计出来的参数具有最优线性无偏性。然而现实中的金融数据往往服从尖峰厚尾分布且存在显著的异方差，这会导致普通最小二乘法失效。同时，普通最小二乘法仅描述了总体平均信息，不能体现因变量分布各部分的信息。为弥补传统线性回归方法的不足，Koenker 和 Bassett（1978）首先提出分位数回归的思想。分位数回归根据因变量的条件分位数对自变量进行回归，可得到所有分位数下的回归模型。因此，分位数能更全面地反映部分因变量受自变量的影响情况。以下首先介绍分位数的概念。

假设随机变量 X 的分布函数为：

$$F(x) = Pr(X \leq x) \tag{3.3}$$

Y 的 q 分位数 $Q(q)$ 被定义为满足 $F(x) \geq q$ 的最小 y 值：

$$Q(q) = inf[x:F(x) \geq q], 0 < q < 1 \tag{3.4}$$

其中，中位数可以表示为 $Q(0.5)$，对于 Y 的一组随机样本 $\{y_1, y_2, y_3, \cdots, y_n\}$，样本均值回归是使误差平方和最小，即：

$$\min_{\xi \in R} \sum_{t=1}^{n} (y_t - \xi)^2 \tag{3.5}$$

样本中位数回归是使误差绝对值之和最小，即：

$$\min_{\xi \in R} \sum_{t=1}^{n} |y_i - \xi| \tag{3.6}$$

一般样本分位数回归是使加权误差绝对值之和最小，即：

$$\min_{\xi \in R} \left\{ \sum_{i:y_i \geq \xi} q |y_i - \xi| + \sum_{i:y_i \leq \xi} (1-q) |y_i - \xi| \right\} \tag{3.7}$$

对于回归方程 $Y_i = \alpha + \beta X_i + \varepsilon_i$，$i = 1, 2, \cdots, n$，通常采用最小二乘

法对其参数进行估计,即求出使函数 $\sum_{i=1}^{n}(Y_i - \alpha - \beta X_i)^2$ 最小的 α 和 β,然后可得到一条描述总体平均信息的曲线。本节使用分位数回归对回归方程进行估计,分位点函数则为:

$$Q(q \mid X_i) = \alpha + \beta X_i \tag{3.8}$$

在使用分位数回归对参数 α 和 β 进行估计时,一般通过求解式可得到:

$$\min_{\alpha, \beta \in R} \left\{ \sum_{i: Y_i \geq \alpha + \beta X_i} q \mid Y_i - \alpha - \beta X_i \mid + \sum_{i: Y_i \leq \alpha + \beta X_i} (1-q) \mid Y_i - \alpha - \beta X_i \mid \right\} \tag{3.9}$$

从式(3.9)可以容易看出,通过改变 q 就可以得到不同的分位数回归曲线(由 α 和 β 的不同估计值代表)。Q 反映了因变量 Y 的不同水平,如果我们取 $q=0.2$,则分位数回归曲线代表的是 y: $Pr(Y \leq y) = 0.2$ 受自变量 X 的影响程度。在金融风险实践中,通常可以通过选取较小的 q 值(如5%)来考察收益率左尾(代表损失)受其他因素影响的情况。分位数回归技术为全面理解金融风险提供了全新的方法和思想。

三 风险溢出测度模型

为考察金融机构 j 发生风险时对金融机构 i 的风险溢出效应,本节建立如下 q 分位数回归模型:

$$R_q^i = \alpha + \beta R^j + \varepsilon \tag{3.10}$$

其中,R^i 和 R^j 分别代表 i 和 j 的收益率序列。通过前面介绍的方法,可依据求解式得到参数的估计值 $\hat{\alpha}$ 和 $\hat{\beta}$。$\hat{\alpha} + \hat{\beta} R^j$ 即为 R^i 对应的 q 分位数估计值,也就是 R^i 对应的风险价值估计值:

$$\hat{VaR}_q^i = \hat{\alpha} + \hat{\beta} R^j \tag{3.11}$$

根据前文对 $CoVaR_q^{i|j}$ 的定义,可以知道 $CoVaR_q^{i|j}$ 即当 j 收益率处于其 VaR_q^j 水平时 i 的风险价值,结合式(3.11)容易导出:

$$\hat{CoVaR}_q^{i|j} = \hat{\alpha} + \hat{\beta} VaR_q^j \tag{3.12}$$

所以，只要已知 VaR_q^j，即可得到 $CoVaR_q^{i|j}$。其定义包含两方面的含义：第一，$CoVaR_q^{i|j}$ 本质上就是 VaR；第二，j 对 i 的风险溢出效应通过 $CoVaR_q^{i|j}$ 和 VaR_q^j 的相关关系来描述。$CoVaR_q^{i|j}$ 是 i 的总风险价值，包含了无条件风险价值和溢出风险价值。为了更真实地反映 j 的风险事件对 i 的风险溢出效应大小，本节定义溢出风险价值为 $\Delta CoVaR_q^{i|j}$，其表达式为：

$$\Delta CoVaR_q^{i|j} = CoVaR_q^{i|j} - VaR_q^j \qquad (3.13)$$

VaR_q^j 表示 j 的无条件风险价值，而 $CoVaR_q^{i|j}$ 反映的是总风险的大小，两者相减得出的 $\Delta CoVaR_q^{i|j}$ 就可以反映出 j 对 i 的风险溢出效应大小。由此，我们可以定义金融机构 i 对整个金融系统 m 的总风险为 $CoVaR_q^{m|i}$、风险溢出为 $\Delta CoVaR_q^{m|i}$，分别满足 $\widehat{CoVaR}_q^{m|i} = \hat{\alpha} + \hat{\beta} VaR_q^i$、$\Delta CoVaR_q^{m|i} = CoVaR_q^{m|i} - VaR_q^i$。

第三节　金融机构系统性风险测度分析

一　样本与指标选取

本节的研究样本为我国境内所有上市商业银行、证券公司以及保险机构，具体包含上市商业银行 42 家①、上市证券公司 48 家②、上市保险机

---

① 截至 2022 年底，我国境内上市商业银行共有 42 家，其中有大型商业银行有 6 家（中国银行、建设银行、工商银行、交通银行、邮储银行、农业银行），全国性股份制商业银行有 9 家（中信银行、民生银行、华夏银行、平安银行、浦发银行、光大银行、招商银行、兴业银行、浙商银行），城市商业银行有 17 家（苏州银行、西安银行、上海银行、江苏银行、成都银行、贵阳银行、齐鲁银行、兰州银行、青岛银行、郑州银行、重庆银行、长沙银行、杭州银行、厦门银行、北京银行、南京银行、宁波银行），农村商业银行有 10 家（无锡银行、瑞丰银行、苏农银行、青农商行、江阴银行、张家港行、常熟银行、紫金银行、沪农商行、渝农商行）。

② 截至 2022 年底，我国境内上市证券公司共有 48 家，具体为中信证券、海通证券、华泰证券、招商证券、光大证券、国泰君安、广发证券、兴业证券、长江证券、东北证券、山西证券、太平洋、方正证券、东吴证券、国元证券、锦龙股份、国海证券、西南证券、国金证券、西部证券、东方证券、华鑫股份、东兴证券、东方财富、中国银河、华创云信、湘财股份、哈投股份、第一创业、华西证券、长城证券、国信证券、国联证券、华林证券、天风证券、国盛金控、浙商证券、中金公司、南京证券、中原证券、财通证券、红塔证券、中泰证券、财达证券、华安证券、中信建投、申万宏源、中银证券。

构 6 家①。采用公式 $R_t = 100 \times \ln(P_t/P_{t-1})$ 计算各机构股票周收益率，P_t 表示上市金融机构每周最后一个交易日股票收盘价；采用公式 $R_t^{sytem} = \sum \frac{w_t^i}{\sum w_t^i} R_t^i$ 计算代表性金融行业指数收益率，权重 w_t^i 为单个金融机构 i 占所有上市金融机构市值的比重。样本期为 2015 年 1 月 1 日至 2022 年 12 月 31 日，所有数据均来自 CSMAR 数据库。

运用股票收益率测度系统性风险的理论基础如下。①系统性风险管理要求检测指标具有前瞻性，股票收益率相对财务数据包含的信息更具前瞻性。金融机构股价反映市场对未来累积收益的预期，包含其他相关机构对该上市公司的影响；金融机构股票收益率相互关系增强，说明机构间潜在传染性增强，即系统性风险加大（Patro et al.，2013）。②与基本面信息相比，股票风险溢价能更好地反映资产收益率变化的信息（Ammer and Mei，1996）。在有效市场环境下，关于某家机构未来的预期以及新的信息会迅速反映在股票价格上；当机构股票收益率相关性增强时，系统共同风险敞口暴露有趋同趋势，系统性风险由此增加。③股票数据是表征机构违约概率的良好指标。很多研究直接采用股票收益率相关性来研究违约相关性（Hull et al.，2010），其逻辑在于股价是以公司资产为标的资产的看涨期权。Merton（1974）认为，股票收益率的相关性反映了资产收益率的相关性。④与其他检测系统性风险的指标相比，股票收益率较为简单、稳健，不存在模型风险和数据局限性等问题（Patro et al.，2013）。IMF（2009）提出的系统性风险检测方法（网络分析法、违约强度模型等）均采用股价数据。

有鉴于此，本章在研究我国金融机构系统性风险问题时亦采用股票收益率为基础表征指标。参照 Patro 等（2013）的研究，本章运用皮尔逊（Pearson）相关系数度量金融机构股票收益率相关性。对于每家上市金融机构 i，通过分别求出在每个时期其他各金融机构股票收益率与其的相关关系，然后取均值以表示该金融机构与其他上市金融机构的平均相关性，并运用曼-惠特尼（Mann-Whitney）方法检验所测算的指标是否发生显著变化。

---

① 截至 2022 年底，我国境内上市保险机构共有 6 家，具体为中国平安、中国人保、中国人寿、新华保险、中国太平、天茂集团。

二 相关性检验

选取 96 家金融机构股票周收益率与市值加权的行业周收益率进行相关性检验，检验结果如表 3.1 所示。

从相关系数数值大小来看，整个金融体系存在较强的彼此关联度，各金融机构与整个金融行业的相关系数平均值高于 0.5，且商业银行和保险机构与整个金融行业的相关系数平均值高于证券公司。这一方面是因为银行业在我国金融体系中居于核心地位，在我国金融资源配置中持续发挥着举足轻重的作用；另一方面是因为我国保险业近年来发展迅速，近乎指数规模增长，其在金融行业中的地位和规模迅速攀升。此外，仅从总资产规模大小来看，商业银行和保险机构的总资产明显高于证券公司。具体而言，银行业中有华夏银行、光大银行、兴业银行、平安银行、宁波银行、招商银行、民生银行、中信银行、渝农商行、浦发银行、南京银行、北京银行、浙商银行、建设银行、交通银行、中国银行、农业银行、工商银行、邮储银行、厦门银行、长沙银行、沪农银行 22 家商业银行相关系数在 0.5 以上；证券业中有中信证券、华泰证券、广发证券、海通证券、东北证券、招商证券、兴业证券、光大证券、长江证券、西南证券、东吴证券、国金证券、太平洋、山西证券、国海证券、方正证券、国元证券、国泰君安、西部证券、国信证券、中国银河、锦龙股份、东方财富、东方证券、东兴证券 25 家证券公司相关系数在 0.5 以上；保险业中有中国平安、新华保险、中国太保、中国人寿 4 家保险机构相关系数在 0.5 以上。

从相关系数行业极差来看，三大主要行业类别金融机构的相关系数极差值均较大，这客观表明不同金融机构与整个金融体系的关联程度存在显著差异，亦说明准确识别高关联度、高风险溢出的金融机构对维护金融体系整体稳定而言极为必要。具体而言，证券业的极差最大，中信证券与整个金融体系的相关系数高达 0.8309，而申万宏源仅为 0.1671，差别高达 79.89%；银行业的极差次之，华夏银行与整个金融体系的相关系数高达 0.8124，而江阴银行仅为 0.3181，差别高达 60.84%；保险业的极差最小，中国平安与整个金融体系的相关系数高达 0.8361，而中国人保仅有 0.4100，差别亦达到 50.96%。

第三章 金融机构风险溢出与系统重要性测度研究

表 3.1 各金融机构与整个金融行业的相关系数

机构类型	名称	相关系数	排名	机构类型	名称	相关系数	排名
商业银行	华夏银行	0.8124	1	证券公司	中信证券	0.8309	1
	光大银行	0.8043	2		华泰证券	0.7981	2
	兴业银行	0.7920	3		广发证券	0.7976	3
	平安银行	0.7875	4		海通证券	0.7802	4
	宁波银行	0.7726	5		东北证券	0.7726	5
	招商银行	0.7604	6		招商证券	0.7707	6
	民生银行	0.7569	7		兴业证券	0.7530	7
	中信银行	0.7568	8		光大证券	0.7404	8
	渝农商行	0.7502	9		长江证券	0.7292	9
	浦发银行	0.7447	10		西南证券	0.7099	10
	南京银行	0.7414	11		东吴证券	0.7093	11
	北京银行	0.7311	12		国金证券	0.6948	12
	浙商银行	0.7226	13		太平洋	0.6924	13
	建设银行	0.7223	14		山西证券	0.6892	14
	交通银行	0.6991	15		国海证券	0.6791	15
	中国银行	0.6806	16		方正证券	0.6688	16
	农业银行	0.6784	17		国元证券	0.6592	17
	工商银行	0.6320	18		国泰君安	0.6433	18
	邮储银行	0.6198	19		西部证券	0.6336	19
	厦门银行	0.6121	20		国信证券	0.5888	20
	长沙银行	0.6055	21		中国银河	0.5582	21
	沪农银行	0.5456	22		锦龙股份	0.5463	22
	杭州银行	0.4774	23		东方财富	0.5409	23
	郑州银行	0.4701	24		东方证券	0.5405	24
	兰州银行	0.4634	25		东兴证券	0.5217	25
	重庆银行	0.4503	26		长城证券	0.4902	26
	西安银行	0.4296	27		浙商证券	0.4897	27
	常熟银行	0.4137	28		天风证券	0.4738	28
	紫金银行	0.4127	29		哈投股份	0.4643	29
	贵阳港行	0.4110	30		中信建投	0.4586	30
	青岛银行	0.4019	31		华鑫股份	0.4560	31
	青农商行	0.3973	32		财通证券	0.4477	32
	齐鲁银行	0.3935	33		华创云信	0.4432	33
	瑞丰银行	0.3832	34		中原证券	0.4390	34
	上海银行	0.3784	35		中金公司	0.4353	35
	苏州银行	0.3763	36		华林证券	0.4148	36
	无锡银行	0.3744	37		华安证券	0.4102	37
	江苏银行	0.3734	38		中泰证券	0.4051	38
	成都银行	0.3607	39		国联证券	0.4050	39
	张家港行	0.3537	40		第一创业	0.3966	40
	苏农银行	0.3338	41		南京证券	0.3825	41
	江阴银行	0.3181	42		华西证券	0.3806	42

续表

机构类型	名称	相关系数	排名	机构类型	名称	相关系数	排名
保险机构	中国平安	0.8361	1	证券公司	湘财股份	0.3695	43
	新华保险	0.7887	2		国盛金控	0.3499	44
	中国太保	0.7661	3		红塔证券	0.3435	45
	中国人寿	0.7573	4		财达证券	0.2946	46
	天茂集团	0.4649	5		中银证券	0.2707	47
	中国人保	0.4100	6		申万宏源	0.1671	48

三 CoVaR 回归分析

本章在测算 VaR 与 CoVaR 数值前首先对需要用到的样本数据进行正态性检验。通过检验发现，各金融机构收益率序列的雅克－贝拉（Jarque-Bera）统计量 p 值均小于 0.05，拒绝样本数据满足正态分布的原假设，即收益率序列均不呈现正态分布。另外，各金融机构收益率序列的峰度均大于正态分布时的峰度，即存在"尖峰"特征；所有收益率序列均呈现顶端向下弯曲、底部向上翘起的特征，表现为"厚尾"特性。有鉴于此，本章采用分位数回归的方法对 VaR 与 CoVaR 进行估计更为科学。

通过对 42 家上市商业银行、48 家上市证券公司以及 6 家上市保险机构的股票周收益率加权，可得到如图 3.1 所示的 2015~2022 年金融行业股票周收益率变动趋势，可发现金融业股票收益率基本在某一范围区间波动。为避免实证出现伪回归结果，本章在分位数回归之前进一步对 96 家金融机构的收益率序列进行平稳性检验，结果显示，样本金融机构的周收益率序列以及金融行业周收益率序列均为平稳序列。

根据回归模型 $\hat{VaR}_q^i = \hat{\alpha} + \hat{\beta} R^j$、$\hat{CoVaR}_q^{i|j} = \hat{\alpha} + \hat{\beta} VaR_q^j$ 可知，$\hat{\beta}^{m|i}$ 表示上市金融机构收益率每下降一个单位，系统性 VaR 和 CoVaR 下降的量。$\hat{\beta}^{m|i}$ 越大，该上市金融机构对金融体系风险传染的能力越强，进而引致的金融系统性风险越大。表 3.2、表 3.3 和表 3.4 分别为加权所得的金融业股票周收益率序列与单个金融机构周收益率序列间的分位数回归结果，据此可得到如下结论。

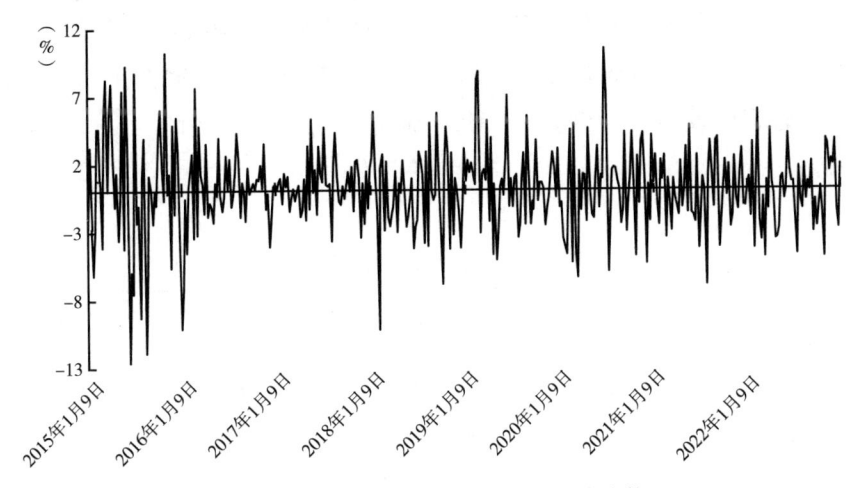

第三章　金融机构风险溢出与系统重要性测度研究

图 3.1　金融行业股票周收益率变动趋势

资料来源：笔者基于 CSMAR 数据库自行测算。

第一，全部参数估计值的 t 统计量均不为 0，表明金融系统的收益率条件分位数与上市金融机构收益率之间存在相关关系。与此同时，$\hat{\beta}^{m|i}$ 估计值基本上大于零，客观表明某一金融机构收益率下降，在某一程度上或多或少会造成整个金融行业系统性风险上升。

第二，各上市金融机构的 $\hat{\beta}^{m|i}$ 估计值呈现显著差异性，且银行业和保险业金融机构的 $\hat{\beta}^{m|i}$ 估计值明显高于证券业金融机构。这意味着商业银行和保险机构的收益率波动，对整个金融系统的溢出波动影响比证券公司更大。这在一定程度上与金融机构规模有关，一般而言，商业银行和保险机构的规模相对较大，证券公司规模相对较小，以致不同行业金融机构的 $\hat{\beta}^{m|i}$ 存在差异，从而对整个金融体系风险的影响程度不同。

第三，分位数回归结果显示，$\hat{\beta}^{m|i}$ 估计值普遍小于 1，这表明上市金融机构的收益率每下降一单位所造成的金融系统性风险不足一单位，即上市金融机构对金融体系的风险传递呈现递减特性。这表明随着金融体系的丰富和完善，整个系统更加趋于平稳，单个金融机构的收益波动对系统性风险的影响越来越小。从平均水平来看，商业银行、保险机构以及证券公

司的 $\hat{\beta}^{m|i}$ 估计平均值均低于 0.4，其中商业银行和保险机构平均值分别为 0.3567、0.3762，而证券公司平均值仅为 0.2288。这表明金融风险溢出在传染过程中发生了急剧衰减，其中证券公司风险传递的衰减效应最为明显。

表 3.2 商业银行分位数回归结果

名称	$\hat{\alpha}^{m|i}$	$\hat{\alpha}^{m|i}$ t统计量	$\hat{\beta}^{m|i}$	$\hat{\beta}^{m|i}$ t统计量
渝农商行	-2.935	-9.42	0.852	6.10
农业银行	-3.789	-8.36	0.833	7.60
民生银行	-3.093	-7.28	0.756	4.97
浙商银行	-2.877	-5.92	0.725	4.64
北京银行	-3.086	-6.33	0.722	5.56
浦发银行	-3.339	-8.57	0.718	7.37
华夏银行	-2.748	-11.02	0.695	10.82
工商银行	-3.767	-10.01	0.685	4.24
兴业银行	-3.011	-9.97	0.670	5.95
光大银行	-2.932	-16.48	0.653	10.87
中国银行	-4.038	-9.44	0.634	3.65
招商银行	-3.408	-10.06	0.624	6.22
建设银行	-3.671	-9.28	0.621	3.86
交通银行	-3.478	-11.97	0.611	6.29
南京银行	-3.869	-17.15	0.575	10.67
沪农银行	-3.437	-5.23	0.574	2.72
宁波银行	-3.610	-12.42	0.549	5.74
中信银行	-3.663	-12.00	0.543	4.68
邮储银行	-3.761	-8.89	0.521	10.86
平安银行	-3.298	-9.48	0.472	6.76
厦门银行	-3.522	-6.70	0.295	2.24
杭州银行	-3.649	-7.77	0.220	1.60
长沙银行	-4.131	-5.47	0.166	0.90
郑州银行	-4.310	-6.94	0.134	0.81
重庆银行	-3.721	-5.58	0.133	0.91
紫金银行	-4.462	-6.86	0.109	1.15
青岛银行	-4.399	-6.24	0.095	0.63
常熟银行	-4.209	-11.41	0.091	1.43
贵阳港行	-4.373	-5.60	0.073	0.30

续表

名称	$\hat{\alpha}^{m\mid i}$	$\hat{\alpha}^{m\mid i}$ t统计量	$\hat{\beta}^{m\mid i}$	$\hat{\beta}^{m\mid i}$ t统计量
张家港行	-4.351	-12.38	0.071	3.07
江阴银行	-4.287	-14.31	0.067	2.75
无锡银行	-4.284	-14.03	0.066	1.69
上海银行	-4.414	-6.47	0.065	0.20
江苏银行	-4.244	-9.32	0.061	0.38
青农商行	-4.625	-6.83	0.058	0.65
兰州银行	-4.689	-6.37	0.052	1.09
齐鲁银行	-4.535	-5.99	0.048	0.37
成都银行	-4.597	-9.84	0.042	0.29
苏农银行	-4.507	-12.02	0.034	0.26
苏州银行	-4.749	-6.80	0.028	0.17
西安银行	-4.725	-7.25	0.025	0.24
瑞丰银行	-4.755	-9.33	0.014	0.08

表 3.3 证券公司分位数回归结果

名称	$\hat{\alpha}^{m\mid i}$	$\hat{\alpha}^{m\mid i}$ t统计量	$\hat{\beta}^{m\mid i}$	$\hat{\beta}^{m\mid i}$ t统计量
海通证券	-3.183	-12.01	0.539	11.73
中信证券	-2.730	-10.80	0.535	10.39
国泰君安	-2.964	-8.79	0.531	5.18
广发证券	-3.081	-12.44	0.515	14.31
华泰证券	-2.944	-11.33	0.471	13.77
长江证券	-3.164	-17.98	0.461	9.20
东北证券	-3.191	-18.86	0.453	8.01
招商证券	-3.410	-11.01	0.435	8.12
兴业证券	-3.467	-12.78	0.409	9.46
太平洋	-3.680	-18.96	0.392	8.00
东吴证券	-3.868	-7.29	0.390	5.47
山西证券	-3.751	-11.36	0.377	9.40
方正证券	-3.787	-10.91	0.372	5.20
西南证券	-3.476	-12.84	0.360	4.26
国元证券	-3.348	-9.82	0.353	9.59
国海证券	-3.432	-11.75	0.344	5.13

续表

名称	$\hat{\alpha}^{m|i}$	$\hat{\alpha}^{m|i}$ t统计量	$\hat{\beta}^{m|i}$	$\hat{\beta}^{m|i}$ t统计量
光大证券	-3.518	-9.69	0.303	5.83
锦龙股份	-4.269	-20.39	0.290	6.20
国金证券	-3.675	-12.77	0.283	4.40
西部证券	-4.061	-10.12	0.259	2.82
东方证券	-3.749	-5.68	0.222	1.82
中国银河	-3.717	-9.07	0.200	2.03
东兴证券	-4.008	-7.69	0.179	1.76
国信证券	-4.428	-6.50	0.171	1.18
华创云信	-4.271	-13.92	0.168	4.12
东方财富	-4.390	-12.27	0.159	2.27
华西证券	-4.146	-5.82	0.153	0.72
华鑫股份	-4.467	-7.59	0.152	3.19
第一创业	-3.900	-10.79	0.142	2.23
哈投股份	-4.333	-11.21	0.139	2.08
天风证券	-4.551	-14.82	0.120	2.34
长城证券	-4.480	-11.07	0.119	2.69
湘财股份	-4.577	-16.75	0.116	2.31
国盛金控	-4.547	-12.16	0.096	2.26
国联证券	-4.269	-8.94	0.096	1.93
华林证券	-4.461	-11.40	0.094	2.43
浙商证券	-4.267	-10.53	0.094	1.13
中金公司	-4.111	-7.56	0.081	0.92
南京证券	-4.703	-13.97	0.075	1.49
中原证券	-4.349	-9.49	0.069	0.80
财通证券	-4.493	-10.32	0.068	1.67
中泰证券	-4.640	-5.96	0.054	0.41
红塔证券	-4.497	-7.96	0.053	1.03
财达证券	-4.575	-6.52	0.047	1.25
华安证券	-4.492	-13.92	0.047	0.57
中信建投	-4.869	-11.64	0.008	0.09
中银证券	-4.983	-12.21	-0.005	-0.12
申万宏源	-4.939	-5.75	-0.005	-0.02

表 3.4　保险机构分位数回归结果

名称	$\hat{\alpha}^{m|i}$	$\hat{\alpha}^{m|i}$ t统计量	$\hat{\beta}^{m|i}$	$\hat{\beta}^{m|i}$ t统计量
中国平安	-2.756	-11.65	0.624	15.04
中国太保	-3.443	-9.67	0.533	7.07
新华保险	-3.134	-16.82	0.487	22.58
中国人寿	-3.518	-10.89	0.421	11.40
天茂集团	-4.460	-10.05	0.148	2.17
中国人保	-4.592	-6.49	0.044	0.36

四　金融体系风险溢出测度

根据 CoVaR 分位数回归结果以及风险溢出测度方程，可以得到各金融机构对金融体系的风险溢出值，结果如表 3.5、表 3.6、表 3.7 所示。通过分析和比较各金融机构对金融体系的风险溢出值，可得到如下结论。

第一，金融机构的 $CoVaR$、$\Delta CoVaR$ 基本上为负值，表明各金融机构对金融体系存在系统性风险溢出，当某一上市金融机构陷入困境时，或多或少会波及整个金融系统，致使金融系统性风险增加。具体来看，商业银行的 $CoVaR$ 值处于 [-7.1922, -4.5176] 区间，$\Delta CoVaR$ 处于 [-4.0474, -0.1134] 区间，兴业银行在样本区间内产生的实际风险溢出效应最大，瑞丰银行在样本区间内产生的实际风险溢出效应最小；证券公司的 $CoVaR$ 值处于 [-6.9553, -4.8278] 区间，$\Delta CoVaR$ 处于 [-3.7958, 0.0619] 区间，广发证券在样本区间内产生的实际风险溢出效应最大，中银证券产生的实际风险溢出效应最小[1]；保险机构的 $CoVaR$ 值处于 [-7.3862, -4.8641] 区间，$\Delta CoVaR$ 处于 [-4.1754, -0.2933] 区间，中国平安在样本区间内产生的实际风险溢出效应最大，中国人保产生的实际风险溢出效应最小。从 $\Delta CoVaR$ 均值来看，商业银行和保险机构的平均风险溢出效应高于证券公司，这再次表明银保机构在整个金融体系中的系统重要性程度更高，这与前文相关性分析以及 $\hat{\beta}^{m|i}$ 的估计结果基本一致。

---

[1] 中银证券和申万宏源的 $CoVaR$ 明显为负值，而 $\Delta CoVaR$ 为微正值，表明两家证券公司造成的金融总风险主要来源于自身，剔除自身影响后所造成的风险外溢并不明显。

表 3.5　商业银行 VaR、CoVaR 和 ΔCoVaR 测度结果

排名	名称	VaR	CoVaR	ΔCoVaR
1	兴业银行	−2.9002	−6.9476	−4.0474
2	招商银行	−3.1945	−7.1922	−3.9977
3	宁波银行	−3.3670	−7.1245	−3.7575
4	光大银行	−2.9029	−6.4257	−3.5228
5	建设银行	−3.6063	−7.0476	−3.4413
6	浦发银行	−3.3301	−6.7634	−3.4333
7	平安银行	−3.2133	−6.4729	−3.2596
8	华夏银行	−2.7648	−6.0131	−3.2483
9	南京银行	−3.6988	−6.9240	−3.2252
10	北京银行	−3.0609	−6.2775	−3.2166
11	工商银行	−3.6926	−6.8455	−3.1529
12	民生银行	−3.1836	−6.2475	−3.0638
13	渝农商行	−3.2033	−6.1361	−2.9328
14	中信银行	−3.6492	−6.5555	−2.9063
15	农业银行	−3.7251	−6.6180	−2.8929
16	浙商银行	−3.0513	−5.8135	−2.7622
17	中国银行	−3.9898	−6.6072	−2.6174
18	沪农商行	−3.6783	−6.1794	−2.5010
19	邮储银行	−3.7434	−6.2208	−2.4774
20	交通银行	−3.4397	−5.9146	−2.4749
21	厦门银行	−3.5102	−5.5810	−2.0709
22	杭州银行	−3.5712	−4.8443	−1.2731
23	长沙银行	−4.1153	−5.1350	−1.0197
24	重庆银行	−3.7513	−4.7531	−1.0018
25	紫金银行	−4.4391	−5.2574	−0.8182
26	郑州银行	−4.3155	−5.0743	−0.7588
27	常熟银行	−4.1725	−4.8039	−0.6314
28	张家港行	−4.3228	−4.9099	−0.5871
29	青岛银行	−4.3861	−4.9337	−0.5476
30	兰州银行	−4.6327	−5.1374	−0.5047
31	江阴银行	−4.2689	−4.7671	−0.4983
32	无锡银行	−4.2629	−4.7240	−0.4611
33	齐鲁银行	−4.5254	−4.9236	−0.3981
34	青农商行	−4.6151	−4.9920	−0.3769
35	贵阳银行	−4.3611	−4.7212	−0.3601

续表

排名	名称	VaR	CoVaR	ΔCoVaR
36	成都银行	-4.5742	-4.8717	-0.2975
37	江苏银行	-4.2279	-4.5176	-0.2897
38	上海银行	-4.4081	-4.6705	-0.2624
39	苏农银行	-4.4993	-4.7278	-0.2284
40	西安银行	-4.7223	-4.8817	-0.1593
41	苏州银行	-4.7435	-4.8773	-0.1338
42	瑞丰银行	-4.7555	-4.8689	-0.1134

表 3.6　证券公司 VaR、CoVaR 和 ΔCoVaR 测度结果

排名	名称	VaR	CoVaR	ΔCoVaR
1	广发证券	-3.0574	-6.8532	-3.7958
2	中信证券	-2.7085	-6.4814	-3.7729
3	海通证券	-3.2419	-6.7570	-3.5150
4	华泰证券	-2.9359	-6.3903	-3.4544
5	兴业证券	-3.4754	-6.9275	-3.4521
6	长江证券	-3.2151	-6.6232	-3.4081
7	国泰君安	-2.9385	-6.1548	-3.2163
8	东北证券	-3.2419	-6.4581	-3.2162
9	招商证券	-3.3978	-6.4741	-3.0763
10	山西证券	-3.7815	-6.8377	-3.0562
11	太平洋	-3.7350	-6.7724	-3.0374
12	方正证券	-3.8045	-6.8238	-3.0193
13	东吴证券	-3.9037	-6.8841	-2.9805
14	国元证券	-3.3728	-6.0667	-2.6939
15	锦龙股份	-4.2632	-6.9553	-2.6920
16	光大证券	-3.5008	-6.0519	-2.5511
17	国海证券	-3.4671	-5.9801	-2.5130
18	西南证券	-3.5180	-5.9137	-2.3957
19	国金证券	-3.6793	-6.0541	-2.3748
20	西部证券	-4.0747	-6.2023	-2.1275
21	东方证券	-3.6865	-5.5496	-1.8630
22	华鑫股份	-4.4133	-6.0666	-1.6532
23	东兴证券	-3.9682	-5.5544	-1.5862
24	东方财富	-4.2783	-5.8578	-1.5795

续表

排名	名称	*VaR*	*CoVaR*	*ΔCoVaR*
25	中国银河	-3.6486	-5.1871	-1.5385
26	华创云信	-4.2629	-5.7389	-1.4760
27	湘财股份	-4.5297	-5.9257	-1.3960
28	哈投股份	-4.3391	-5.6462	-1.3071
29	第一创业	-3.8689	-5.1208	-1.2519
30	华西证券	-4.1308	-5.3083	-1.1775
31	长城证券	-4.4289	-5.5706	-1.1418
32	国信证券	-4.3958	-5.5285	-1.1327
33	国联证券	-4.1496	-5.2219	-1.0723
34	华林证券	-4.3656	-5.3326	-0.9670
35	天风证券	-4.4818	-5.4404	-0.9586
36	国盛金控	-4.5206	-5.3853	-0.8646
37	浙商证券	-4.2297	-5.0358	-0.8061
38	中金公司	-4.0618	-4.8411	-0.7793
39	南京证券	-4.6464	-5.3282	-0.6818
40	中原证券	-4.3333	-4.9240	-0.5907
41	财通证券	-4.4832	-5.0199	-0.5367
42	红塔证券	-4.4517	-4.9426	-0.4909
43	中泰证券	-4.6019	-5.0639	-0.4621
44	财达证券	-4.5085	-4.9402	-0.4317
45	华安证券	-4.4846	-4.8278	-0.3432
46	中信建投	-4.8619	-4.9375	-0.0757
47	申万宏源	-4.9414	-4.9059	0.0354
48	中银证券	-4.9884	-4.9265	0.0619

表 3.7 保险机构 *VaR*、*CoVaR* 和 *ΔCoVaR* 测度结果

排名	名称	*VaR*	*CoVaR*	*ΔCoVaR*
1	中国平安	-2.6359	-6.8113	-4.1754
2	新华保险	-3.1110	-7.2135	-4.1025
3	中国太保	-3.3893	-7.3862	-3.9969
4	中国人寿	-3.4409	-6.8672	-3.4263
5	天茂集团	-4.4352	-5.6157	-1.1804
6	中国人保	-4.5708	-4.8641	-0.2933

第二，金融机构对整个金融体系的风险溢出效应强弱与金融机构资产规模大小相关，但不具有完全协同性，资产规模并不突出的金融机构反而风险溢出排名靠前，部分规模庞大的银行业金融机构对金融体系的风险溢出排名并不像想象中的那么靠前。理解这一逻辑需要进一步剖析风险溢出测度方程：

$$\begin{aligned}\Delta CoVaR_q^{m|i} &= CoVaR_q^{m|i} - \hat{VaR}_q^m \\ &= \hat{\alpha}^{m|i} + \hat{\beta}^{m|i} \hat{VaR}_q^i - (\hat{\alpha}^{m|i} + \hat{\beta}^{m|i} \frac{1}{T}\sum_{t=1}^{T} R_t^i) \\ &= \hat{\beta}^{m|i} (\hat{VaR}_q^i - \frac{1}{T}\sum_{t=1}^{T} R_t^i) \end{aligned} \quad (3.14)$$

根据式（3.14），$\Delta CoVaR$ 不仅取决于 $\hat{\beta}^{m|i}$，亦同各金融机构的 VaR 值和收益率相关。$\hat{VaR}_q^i - \frac{1}{T}\sum_{t=1}^{T} R_t^i$ 即为上市金融机构在险价值减期望收益，反映金融机构在正常情形下自身所面临的风险。大型国有商业银行的 $\hat{\beta}^{m|i}$ 值虽然很大，但由于其收益率和自身无条件风险相差不大，从而其整体风险溢出并不算大。而宁波银行、渝农商行、长江证券、东北证券等中小型金融机构的资产规模虽与大型商业银行和证券公司相去甚远，但因其经营、收益的不确定性导致在险价值偏离期望收益过多，以致对整个金融系统的风险溢出反而要比部分规模庞大的金融机构大。这进一步说明，金融机构对整个金融体系的风险溢出与金融机构经营风险的关联性较强，金融监管部门在进行宏观审慎监管时不应仅关注金融机构的资产规模大小，还应重视金融机构特别是中小金融机构的经营风险。

五 风险溢出的区域差异性

为进一步探究系统性风险溢出是否存在地区的集聚效应，本节按照国家统计局颁布的地域划分标准，将金融机构总部所在地视为该金融机构的主要经营服务范围，以比较金融机构风险溢出的区域差异性。具体而言，本节将96家上市金融机构按照总部所在地进行划分，分为东部、中部、西部和东北地区四个部分，表3.8具体罗列了不同区域金融机构的风险溢出情况。

根据表 3.8 可发现，四个地区的 $\Delta CoVaR$ 均为负值，且绝对值均在 1 以上，表明四个地区金融机构对整个金融体系普遍存在系统性风险外溢影响。另外，东部地区的风险溢出最大，这与东部地区金融市场最发达、金融体系最复杂以及集聚的金融机构最多有关，由此导致该地区风险溢出与传染程度也最高。其次是东北地区，这与东北地区经济表现持续不佳、经济发展缺乏新动能有关，进而对该地区金融机构经营状况产生掣肘效应。有鉴于此，监管部门更应注重东部和东北地区的金融风险，加强对重点区域的金融风险防控。

表 3.8 不同区域金融机构的风险溢出情况

序号	地区	样本数(个)	VaR	CoVaR	$\Delta CoVaR$
1	东部	68	-3.83898	-5.84771	-2.0087
2	东北	3	-2.13806	-5.41163	-1.9731
3	中部	10	-4.03397	-5.38071	-1.7028
4	西部	15	-3.89694	-3.38611	-1.3536

第四节 研究结论与政策建议

金融危机的严重性以及其产生的巨大破坏力使各国政府和居民更加重视系统性风险，本章基于股票周收益率序列数据，运用分位数回归的 CoVaR 方法测度了我国 96 家公开上市的金融机构系统性风险贡献程度。实证结果表明，我国金融行业的关联性很强，银行业和保险业与整个金融行业的关联性较大，证券业金融机构的相关系数相对较小，这主要与各金融机构的资产规模有关。分位数回归结果表明，金融机构风险传染具有普遍性且金融机构规模越大风险传染程度越高，但风险传染均呈现衰减特性。根据风险溢出测度结果，金融机构对整个金融体系的风险溢出效应强弱与金融机构资产规模大小不完全具有协同性，资产规模并不突出的宁波银行、渝农商行、长江证券、东北证券等中小型金融机构反而风险溢出排名靠前，国有大型商业银行系统性风险贡献度并非最高，规模庞大的银行业金融机构对金融体系的风险溢出也并不像想象中那么明显。为此，本章的研究亦提醒学界在探究系统性风险时不应仅盯住大规模的银行业金融机构，还应关注经营波动性较大的保险业和证券业金融机构。据此，本章最后给出如下几点政策建议。

第一，加强金融机构信息披露，完善其风险评估。由于风险传染的普遍性，监管者在监管时不应仅关注金融机构自身层面的微观审慎，还应该更多考虑其风险溢出水平以强化金融行业宏观审慎监管，致力于增强金融机构抵御外来关联风险的能力。

第二，监管部门在金融监管时应加强对金融机构经营绩效、管理能力的监管，并关注各个机构之间的关联度，且不应仅锚定规模较大的金融机构。金融机构系统性风险溢出并非完全取决于其资产规模，在一定程度上还与金融机构自身的经营管理水平存在较强关联。近年来，中小金融机构的扩张较快，经营风险很高，加强对这些中小金融机构的监管有利于维护金融体系的稳定。美国硅谷银行破产倒闭事件所反射出的共同风险敞口以及给金融市场造成的巨大震动，也在一定程度上警醒监管部门加强对中小金融机构外溢风险的监测。

第三，确定我国系统重要性金融机构名单，区分各金融机构系统重要层级，以便构建合理的宏观审慎监管框架，致力于宏观经济行稳致远。在确定系统重要性机构时，综合考虑机构规模、关联度、经营风险等因素，而不单单盯住资产规模抑或其他某一层面；对各个金融机构按相应原则实行差别监管，对系统性风险影响较大的金融机构以及风险外溢较大的区域应该重点监管。

与此同时，美、欧、日等全球主要经济体针对防范金融机构风险溢出以及避免系统性金融风险发生也展开了诸多有益探索。通过系统梳理，笔者认为主要有以下四个方面值得借鉴：一是逐步建立并完善宏观审慎监管框架，加强对系统重要性金融机构、交叉性金融业务等的监督管理；二是强化对金融机构日常经营的监管，结合金融创新不断完善金融监管法规，定期对大型金融机构进行压力测试；三是完善金融市场退出机制，譬如再保险机制、重组监管机制以及破产清算机制，逐步实现基于"优胜劣汰"机制的"动态"金融稳定；四是加强国际金融监管合作，2007年美国次贷危机演变为2008年国际金融危机的惨痛事实深刻体现出国际金融监管合作的必要性。

第四章
金融杠杆恶化、资产价格波动与金融去杠杆改革研究

2007年美国次贷危机以来，我国企业、居民、金融机构乃至政府的债务杠杆日渐攀升，整个社会的金融高杠杆严重威胁着我国经济与金融稳定。在此背景下，我国资产价格大幅波动，突出表现为房地产泡沫化和人民币汇率波动的日益加剧。本章将家庭流动性约束、企业信贷约束和价格粘性等市场摩擦引入开放经济DSGE模型，以系统研究金融杠杆演变对房价和汇率两大资产价格变动的动态影响，并采用TVP-VAR-SV模型进行经验验证。研究发现，金融杠杆是影响我国房价和汇率波动的重要因素，金融杠杆冲击可解释25.07%的房产价格波动和21.97%的汇率波动。本章认为政府在制定房地产调控政策和推行人民币国际化时应充分关注金融杠杆的影响，具体应通过深化金融部门去杠杆改革以消除金融杠杆恶化对房产价格合理运行和汇率稳定造成的不良影响；货币政策调控亦应充分考虑金融杠杆对资产价格波动的影响，避免金融杠杆恶化导致宏观不审慎发生。本章具体安排如下：第一节为研究背景与文献回顾；第二节为多部门经济主体NOEM-DSGE模型构建；第三节对模型相关参数进行校准和估计，并采用脉冲响应分析、方差分解、乘数效应分析来系统探讨金融杠杆对房产价格和汇率波动的动态影响；第四节运用TVP-VAR-SV模型进一步分析金融杠杆、房产价格和汇率之间的数量关系；第五节进行研究总结，基于研究发现以及国际经验提出推动金融去杠杆改革的有效政策建议。

第一节　研究背景与文献回顾

次贷危机的爆发及其产生的巨大破坏力使各国政府普遍认识到资产价格波动的重要性，并开始关注导致资产价格泡沫的原因。不少学者认为，导致资产价格大幅波动进而引起经济危机的正是金融体系杠杆的持续恶化（Smart and Lee，2003；Mayer，2008）。为避免全球金融危机导致中国经济"硬着陆"，我国自2008年底开始实施"四万亿"大规模财政刺激政策，除此之外地方财政亦进行了大量配套刺激，同时央行不断下调利率和存款准备金率以为市场注入足够流动性。由此，从政府到企业乃至居民部门的负债率日益攀升，而经济的不景气进一步使得社会总资产水平相对恶化，以致整个社会金融杠杆率不断上升。近年来，伴随金融体系杠杆率的不断攀升，我国资产价格大幅变动，突出表现为房产价格的迅猛上升。与此同时，人民币汇率①也呈现出大幅震荡的状态，人民币兑美元一改缓慢升值的趋势，"双向波动"幅度日益增大，尤其是近年来人民币贬值压力日益凸显。以房价为代表的对内主要资产价格和以汇率为代表的对外主要资产价格的波动引发学界和实务界普遍担忧。而在我国目前的现实条件下，如何抑制资产价格的进一步膨胀？金融杠杆对房产价格和汇率波动有何影响？金融杠杆影响房产价格和汇率波动的作用机制是什么？把握并认清这些现实问题，对我国有效实现"控房价""稳汇率"的双优目标具有重要现实意义，并可为我国深化金融体系改革提供有益思路。

通过对金融危机爆发的重新审视和反思以及进入新常态以来对中国金融风险持续积累的顾虑，学术界纷纷将目光转向金融冲击，普遍认为源自金融部门的冲击可能导致经济出现剧烈波动（高洁超等，2017；范从来、高洁超，2018）。越来越多的研究亦证实金融冲击是导致经济波动的重要源泉，甚至已经超过技术冲击（Jermann and Quadrini，2012；王国静、田国强，2014）。毋庸置疑，金融杠杆通过刺激投资进而促进了我国经济多年来的高速增长，但也导致了我国以房价和汇率为主的两大资产价格的非

---

① 如无特殊说明，本书的"汇率"一词特指直接标价法下的人民币兑美元的名义汇率。

理性波动。过去近20年的宏观经济运行实践表明，我国金融杠杆的攀升突出表现为房地产及其关联产业部门投资的高杠杆运作，金融杠杆在房地产及其相关部门的集聚效应在相当程度上造就了房地产市场的非理性繁荣，进而使得房地产价格快速上涨。另外，金融杠杆不断累积所导致的社会总信贷增加直接使得广义货币供给不断激增，进而使得通货膨胀不断加剧。根据一价定律，在国外商品价格不变情形下，本国商品价格通胀将直接导致人民币汇率贬值。也即，在人民币对内价格和对外价格均衡压力下，金融杠杆攀升将导致人民币汇率不断趋于贬值。当前我国金融杠杆仍处于较高水平，同时也显现出房价持续高企和较强汇率贬值预期并存的经济格局。有鉴于此，从金融杠杆出发深刻理解和把握我国房地产和汇率两大资产价格的波动之谜更具现实意义。

目前，已有部分学者从金融杠杆的角度尝试探讨导致两大资产价格波动的原因。Bernanke和Gertler（1989）引入融资合约中的代理问题来研究金融市场是如何影响资产价格进而加剧宏观经济波动的。Herring和Wachter（1999）、Krugman（1999）认为，金融体系过度杠杆化是造成房地产泡沫形成的主要原因。Edelstein和Paul（2000）指出，日本房地产泡沫形成的主要原因是信贷利率过低和国际资本流动所导致的金融过度支持。Schularick和Taylor（2012）、Carlin和Soskice（2012）、Geanakoplos和Zame（2014）的研究也表明，金融体系杠杆率（私营部门信贷/GDP）增速是推动包括房产价格在内的所有资产价格波动的关键因素。国内学者也针对中国的现实情况展开讨论，袁志刚和樊潇彦（2003）、谢百三和王巍（2005）、周京奎（2006）指出，金融支持是房产价格迅速上涨的重要原因，他们认为银行信贷在房产价格大幅上涨中发挥了重要作用，使得住宅市场出现了非理性繁荣。马勇等（2009）、陈雨露和马勇（2012）指出，金融杠杆与资产泡沫之间存在显著正相关关系。相对于金融杠杆对房价波动的影响研究，现有文献关于金融杠杆对汇率波动影响的直接研究则较为匮乏。李芳和李秋娟（2014）、袁东等（2015）的研究表明，短期国际资本、房产价格和汇率之间存在紧密的关系。贺力平和马伟（2016）的研究发现，货币流动性扩张使得国内居民部门对外汇的资产偏好增强，由此推动本币持续贬值；管涛（2018）认为，流动性过多难免会造成资产泡沫化隐忧，并对汇率稳定造成一定威胁。

综上所述，国内外学者普遍认为金融杠杆、房产价格和汇率波动之间存在密切的关系，但目前学术界关于中国金融杠杆演化如何影响房价和汇率两大资产价格波动的研究仍缺乏系统性和深入性。一方面，现有研究探讨相关问题时以经验分析为主，考虑多重市场摩擦的一般均衡理论分析的文献较少；另一方面，采用经验分析方法讨论金融杠杆对资产价格影响时鲜有考虑时变因素影响的文献，以致难以真正有效捕捉不同时期金融杠杆波动的演变以及金融杠杆波动对资产价格的时变影响。此外，将理论模型与经验分析相结合，综合论证金融杠杆对两大内外主要资产价格影响的研究更是屈指可数。有鉴于此，本章尝试构建研究金融杠杆影响房价、汇率两大主要资产价格的系统性框架：首先，基于一个引入家庭流动性约束、企业信贷约束、价格粘性等市场摩擦的开放经济动态随机一般均衡模型（NOEM-DSGE）理论框架，模拟分析金融杠杆对房产价格和汇率波动的动态影响；其次，利用TVP-VAR-SV模型并结合我国现实数据展开进一步的实证检验，以较为全面地探讨金融杠杆影响资产价格的具体机制。

第二节 开放经济动态随机一般均衡模型的构建

本节NOEM-DSGE模型的构建主要由耐心家庭、非耐心家庭、企业、批发商、零售商、金融中介和中央银行等经济主体的决策构成。耐心家庭向金融中介提供存款并持有本国或外国债券，金融中介向非耐心家庭和企业提供贷款，非耐心家庭和企业则利用房产作为抵押物以获取贷款。此外，家庭向企业提供劳动以获取工资收入，并选择消费品、闲暇、房产和货币余额以追求自身效用最大化；企业将生产出的中间产品出售给批发商，零售商将批发商的商品组合得到最终消费品，并出售给消费者以获取利润；中央银行根据经济周期变化内生调整货币政策变量，以稳定宏观经济。

一 耐心家庭

耐心家庭的效用函数由消费品 $c_{1,t}$、房产 $h_{1,t}$、劳动 $L_{1,t}$ 和实际货

币余额 $\frac{M_{1,t}}{P_t}$ 构成,耐心家庭在消费品、房产、劳动和实际货币余额之间进行配置以实现效用最大化,其效用函数为:

$$E_0 \sum_{t=0}^{\infty} \beta_1^t \left[\ln(c_{1,t} - bc_{1,t-1}) + j_t \ln h_{1,t} - \frac{(L_{1,t})^\eta}{\eta} + \chi \ln \frac{M_{1,t}}{P_t} \right] \quad (4.1)$$

其中,E_0 是期望算子,β_1 是耐心家庭的贴现因子,b 是消费习惯参数,j_t 是家庭房产需求偏好冲击,η 是提供劳动的负效用参数,χ 是实际货币余额在家庭效用函数中所占比重。假定耐心家庭持有本国债券和外国债券,则耐心家庭的预算约束可设定为:

$$w_{1,t}L_{1,t} + s_t(\frac{R_{t-1}^* b_{t-1}^*}{\pi_t^*}) + \frac{R_{t-1}b_{1,t-1}}{\pi_t} + \frac{M_{1,t}}{P_t} + \Omega_t = c_{1,t} + T_t + \frac{M_{1,t-1}}{P_t} + b_{1,t} + s_t b_t^* + q_{h,t}[h_{1,t} - (1-\delta_h)h_{1,t-1}] \quad (4.2)$$

其中,$w_{1,t}$ 为实际工资,$q_{h,t}$ 是房产的实际价格,δ_h 是房产折旧率,T_t 为政府税收,Ω_t 为转移给耐心家庭的利润,$M_{1,t}$ 为持有的货币量,$b_{1,t}$ 为持有的本国债券量,b_t^* 为持有的外国债券量,R_t 为本国债券名义利率,R_t^* 为外国债券名义利率,s_t 为实际汇率。

假定名义汇率为 $\Gamma_t = \frac{s_t P_t}{P_t^*} \Gamma$,$\hat{\Gamma}_t$ 为名义汇率 Γ_t 偏离其稳态值 Γ 的程度,则非抛补利率平价(UIP)条件对数线性化为:

$$R_t = R_t^* + \hat{\Gamma}_{t+1} - \hat{\Gamma}_t \quad (4.3)$$

二 非耐心家庭

类似于耐心家庭,非耐心家庭选择消费品 $c_{2,t}$、房产 $h_{2,t}$、劳动 $L_{2,t}$ 和实际货币余额 $\frac{M_{2,t}}{P_t}$ 以追求自身效用最大化,其效用函数为:

$$E_0 \sum_{t=0}^{\infty} \beta_2^t \left[\ln(c_{2,t} - bc_{2,t-1}) + j_t \ln h_{2,t} - \frac{(L_{2,t})^\eta}{\eta} + \chi \ln \frac{M_{2,t}}{P_t} \right] \quad (4.4)$$

第四章 金融杠杆恶化、资产价格波动与金融去杠杆改革研究

其中，β_2 是非耐心家庭的贴现因子，$\beta_2 < \beta_1$，非耐心家庭的预算约束和借贷约束分别为：

$$c_{2,t} + q_{h,t}[h_{2,t} - (1-\delta_h)h_{2,t-1}] + \frac{R_{t-1}b_{2,t-1}}{\pi_t} = w_{2,t}L_{2,t} + b_{2,t} - \frac{M_{2,t} - M_{2,t-1}}{P_t} \quad (4.5)$$

$$b_{2,t}R_t \leq mE_t q_{h,t+1}\pi_{t+1}h_{2,t} \quad (4.6)$$

三 企业

将企业的生产函数设定为 $Y_t = A_t k_{t-1}^u h_{t-1}^v (L_{1,t}^\alpha L_{2,t}^{1-\alpha})^{1-u-v}$，其中，$A_t$ 是生产技术水平，k_{t-1} 是生产中投入的资本量，h_{t-1} 是生产中投入的房产量，$L_{1,t}$ 和 $L_{2,t}$ 分别是企业部门雇用耐心家庭和非耐心家庭投入生产的劳动力，企业将生产出的中间产品以 $P_{w,t}$ 价格出售给批发商，δ_k 是资本折旧率，则企业的效用目标函数为：

$$\sum_{t=0}^{\infty} \gamma^t [\ln(c_t^* - bc_{t-1})] \quad (4.7)$$

其中，γ 是企业的贴现因子，$\gamma < \beta_1$，企业的预算约束和借贷约束分别为：

$$c_t + q_{h,t}[h_t - (1-\delta_h)h_{t-1}] + [k_t - (1-\delta_k)k_{t-1}] + \frac{R_{t-1}b_{3,t-1}}{\pi_t} + w_{2,t}L_{2,t} + w_{1,t}L_{1,t}$$

$$= \frac{Y_t}{P_{w,t}} + b_{3,t} \quad (4.8)$$

$$b_{3,t}R_t \leq m_e E_t q_{h,t+1}\pi_{t+1}h_t \quad (4.9)$$

四 批发商

（一）本国商品批发商

本国商品批发商 z_d 以 $P_{w,t}$ 价格从企业购买中间产品 Y_t，然后将其转化为 $Y_{d,t}(z_d)$，每个批发商均按照 Calvo（1983）的设定进行定价，每期调整到商品最优价格 $P_{d,t}$ 的概率为 $1-\theta_d$，Φ 是不同种类本国商品间的替代弹性，则本国商品的最优消费 $Y_{d,t}(z_d) = Y_{d,t}\left[\dfrac{P_{d,t}(z_d)}{P_{d,t}}\right]^{-\Phi}$，其中，$Y_{d,t} =$

$\{\int_0^1 [Y_{d,t}(z_d)]^{\frac{\Phi-1}{\Phi}} dz_d\}^{\frac{\Phi}{\Phi-1}}$ 是本国商品的总需求，$P_{d,t} = \{\int_0^1 [P_{d,t}(z_d)]^{1-\Phi} dz_d\}^{\frac{1}{1-\Phi}}$ 是本国商品的总价格指数，则本国商品的价格方程演化为：

$$P_{d,t} = [(1-\theta_d)(\bar{P}_{d,t})^{1-\Phi} + \theta_d (P_{d,t-1})^{1-\Phi}]^{\frac{\Phi}{1-\Phi}} \quad (4.10)$$

（二）进口商品批发商

进口商品批发商 z_{im} 按照 Calvo（1983）的设定进行定价，每期调整到商品最优价格 $\bar{P}_{im,t}$ 的概率为 $1-\theta_{im}$，ε 是不同种类的进口商品间的替代弹性，则对进口商品的最优消费为 $Y_{im,t}(z_{im}) = Y_{im,t} \left[\frac{P_{im,t}(z_{im})}{P_{im,t}}\right]^{-\varepsilon}$，其中，$Y_{im,t} = \{\int_0^1 [Y_{im,t}(z_{im})]^{\frac{\varepsilon-1}{\varepsilon}} dz_{im}\}^{\frac{\varepsilon}{\varepsilon-1}}$ 是进口商品的总需求，$P_{im,t} = \{\int_0^1 [P_{im,t}(z_{im})]^{1-\varepsilon} dz_{im}\}^{\frac{1}{1-\varepsilon}}$ 是进口商品的总价格指数，则进口商品的价格方程演化为：

$$P_{im,t} = [(1-\theta_{im})(\bar{P}_{im,t})^{1-\varepsilon} + \theta_{im}(P_{im,t-1})^{1-\varepsilon}]^{\frac{\varepsilon}{1-\varepsilon}} \quad (4.11)$$

五 零售商

零售商将本国商品 $Y_{d,t}$ 和进口商品 $Y_{im,t}$ 结合得到最终消费品 Y_t^f，其在完全竞争市场上的 CES 函数为：

$$Y_t^f = [(1-\partial)^{\frac{1}{\varphi}} (Y_{d,t})^{\frac{\varphi-1}{\varphi}} + \partial^{\frac{1}{\varphi}} (Y_{im,t})^{\frac{\varphi-1}{\varphi}}]^{\frac{\varphi}{\varphi-1}} \quad (4.12)$$

其中，∂ 是进口商品所占比重，φ 是本国商品与进口商品之间的替代弹性，则对本国商品的最优需求为 $Y_{d,t} = (1-\partial)\left(\frac{P_{d,t}}{P_t}\right)^{-\varphi} Y_t^f$，对进口商品的最优需求为 $Y_{im,t} = \partial \left(\frac{P_{im,t}}{P_t}\right)^{-\varphi} Y_t^f$，价格总水平为 $P_t = [(1-\partial)(P_{d,t})^{1-\varphi} + \partial (P_{im,t})^{1-\varphi}]^{\frac{1}{1-\varphi}}$。设定 μ_t 是成本冲击，则可得到菲利普斯曲线：

$$\hat{\pi}_t = \beta_1 \hat{\pi}_{t+1} - \frac{(1-\theta)(1-\beta_1\theta)}{\theta} \hat{x} + \mu_t \quad (4.13)$$

六 金融中介

参考 Kwark（2002）和 Berger（2003）的研究，假设金融中介从耐心家庭吸收的存款量为 D_t，向非耐心家庭和企业提供的贷款为 L_t，净资产为 N_t，存款利率为 R_{t+1}^d，贷款利率为 R_{t+1}^l，则其净资产积累方程为：$N_{t+1} = R_{t+1}^l L_t - R_{t+1}^d D_t = (R_{t+1}^l - \frac{R_{t+1}^d}{1-\Xi})L_t + \frac{R_{t+1}^d}{1-\Xi}N_t = (R_{t+1}^l - R_{t+1}^a)L_t + R_{t+1}^a N_t$。其中，$\Xi$ 是金融中介准备金率，$R_{t+1}^a = \frac{R_{t+1}^d}{1-\Xi}$ 是调整后的存款利率。此外，假设 $\Phi_t = 1 + (1-\Xi)\frac{D_t}{N_t}$ 是金融杠杆率，ζ_t 是金融杠杆冲击。金融中介按照以下方式向非耐心家庭和企业提供贷款：$L_t = \zeta_t \Phi_t N_t$。据此，其净资产积累方程可简化为：$N_{t+1} = [(R_{t+1}^l - R_{t+1}^a)\Phi_t + R_{t+1}^a]N_t$。

七 中央银行

中央银行按照泰勒规则通过调整利率 R_t 以稳定产出 Y_t 和通胀 π_t，其反馈形式设定为：

$$R_t = (R_{t-1})^{\rho_R}\left[\left(\frac{\pi_t}{\bar{\pi}}\right)^{k_\pi}\left(\frac{Y_t}{\bar{Y}}\right)^{k_y}\right]^{1-\rho_R} e^{\psi_t} \tag{4.14}$$

其中，ρ_R 表示利率的平滑参数，$\bar{\pi}$ 是稳态时的通胀，$\bar{Y}$ 是稳态时的产出，k_π 和 k_y 分别为对通胀和产出偏离稳态的反应系数，ψ_t 为货币政策冲击。

八 市场出清条件

给定价格 $q_{h,t}$、R_t^*、R_t、$w_{1,t}$、$w_{2,t}$、P_t，H_t 表示房地产的固定供给，则在均衡条件下本国最终产品市场、房地产市场、信贷市场和劳动力市场的出清条件分别为：

$$Y_t = c_{1,t} + c_{2,t} + I_{h,t} + Y_{ex,t}, \quad H_t = h_{1,t} + h_{2,t} + h_t,$$
$$b_{1,t} + b_{2,t} + b_t = 0, \quad L_t = L_{1,t} + L_{2,t} \tag{4.15}$$

假设本章所有冲击均服从 AR（1）过程，即 $X_t = \rho_X X_{t-1} + \Delta_t^X$，$X_t = (j_t, A_t, \mu_t, \psi_t, \zeta_t)$。

第三节 金融杠杆影响资产价格波动的数值模拟分析

一 参数设定

（一）参数校准

借鉴相关文献及结合我国经济实际情况对主要参数进行赋值，参照 Iacoviello（2005）、刘晓星和姚登宝（2016）的研究，设定耐心家庭贴现因子 β_1 为 0.99，非耐心家庭贴现因子 β_2 为 0.95，企业贴现因子 γ 为 0.98；消费习惯参数 b 设为 0.81；θ、η、χ、ε、k_y、k_π 的取值主要参考 Iacoviello（2005）、Justiniano 等（2015）、卞志村和杨源源（2016）、董凯和许承明（2017）的研究，具体参数校准结果如表 4.1 所示。

表 4.1 参数校准结果

参数	含义描述	取值	参数	含义描述	取值
β_1	耐心家庭贴现因子	0.99	ε	进口产品之间的替代弹性	6
β_2	非耐心家庭贴现因子	0.95	φ	本国与进口产品间的替代弹性	3
γ	企业贴现因子	0.98	θ_d	本国产品价格粘性	0.67
j	房产偏好	0.24	θ_{im}	进口产品价格粘性	0.67
b	消费习惯参数	0.81	m	非耐心家庭抵押率	0.79
η	劳动供给弹性的倒数	1.01	m_e	企业抵押率	0.55
χ	实际余额效用偏好	0.15	u	资本收入所占比重	0.29
δ_k	资本折旧率	0.03	α	耐心家庭劳动收入比重	0.54
δ_h	房产折旧率	0.01	k_π	货币政策对通胀的反应系数	1.27
Φ	本国产品间替代弹性	6	k_y	货币政策对产出的反应系数	0.13

（二）参数估计

为使参数的设定更加符合我国经济运行的现实特点，本章采用贝叶斯方法对模型主要考虑的外生冲击进行估计。参考王国静和田国强（2014）的研究，可预先设定各经济冲击平滑参数 ρ 和标准差参数 σ 分别服从于均值为 0.5、标准差为 0.2 的 Beta 分布及均值为 0.01 的逆 Gamma 分布，具体参数估计结果如表 4.2 所示。

表 4.2 待估参数先验分布与后验分布估计结果

参数	冲击描述	先验分布 分布类型	均值	标准差	后验分布 均值	90%置信区间
ρ_j	偏好冲击平滑参数	Beta	0.5	0.2	0.69	[0.5892, 0.7512]
ρ_A	技术冲击平滑参数	Beta	0.5	0.2	0.42	[0.3824, 0.4935]
ρ_μ	成本冲击平滑参数	Beta	0.5	0.2	0.59	[0.4824, 0.6935]
ρ_ψ	货币政策冲击平滑参数	Beta	0.5	0.2	0.54	[0.4856, 0.6931]
ρ_ζ	金融杠杆冲击平滑参数	Beta	0.5	0.2	0.61	[0.5784, 0.6328]
σ_j	偏好冲击标准差	逆 Gamma	0.01	2	0.41	[0.2813, 0.5247]
σ_A	技术冲击标准差	逆 Gamma	0.01	2	0.24	[0.1924, 0.2724]
σ_μ	成本冲击标准差	逆 Gamma	0.01	2	0.17	[0.0924, 0.2024]
σ_ψ	货币政策冲击标准差	逆 Gamma	0.01	2	0.19	[0.0912, 0.2248]
σ_ζ	金融杠杆冲击标准差	逆 Gamma	0.01	2	0.07	[0.0541, 0.1023]

二 数值模拟分析

根据参数的校准和贝叶斯估计结果，下面从方差分解、乘数效应分析和脉冲响应分析三个方面着重分析金融杠杆冲击对房产价格和汇率波动的影响。

（一）方差分解

通过方差分解可得到所有冲击综合作用下产生总偏离方差的贡献份额，从而确定各种冲击对房产价格和汇率波动的影响大小。表 4.3 给出了房产偏好冲击、技术冲击、成本冲击、货币政策冲击和金融杠杆冲击解释房产价格和汇率波动的无条件方差比例。

表 4.3　方差分解结果

单位：%

变量	j_t	A_t	μ_t	ψ_t	ζ_t
房产价格	30.21	10.81	16.54	17.37	25.07
汇率	7.01	32.21	11.32	27.46	21.97

观察表 4.3 可以发现，以上各项冲击对房产价格和汇率波动的影响不尽相同，其中房产价格受房产偏好冲击的影响最大，达到了 30.21%；汇率受技术冲击的影响最大，达到了 32.21%。金融杠杆冲击可以分别解释房产价格和汇率波动的 25.07% 和 21.97%，其对房产价格和汇率波动的重要作用不容忽视。

（二）乘数效应分析

为了深入研究以上各项冲击对房产价格和汇率波动的动态影响，在得出各项冲击对房产价格和汇率波动的解释能力之后，参照 Leeper 等（2010）的研究，通过测算 20 期内各项冲击对房产价格和汇率波动的响应乘数，进一步考察各项冲击对房产价格和汇率波动的冲击效果，结果如表 4.4 所示。

表 4.4　各项冲击的响应乘数

变量	j_t	A_t	μ_t	ψ_t	ζ_t
房产价格累计弹性	0.9270	1.3913	−0.7402	−0.2317	0.8411
汇率累计弹性	0.1213	0.2621	0.3144	0.3463	0.2807

观察表 4.4 可以发现，基于各项冲击响应乘数的分析表明，金融杠杆冲击的房产价格累计弹性和汇率累计弹性分别为 0.8411 和 0.2807。由此可见，其对房产价格和汇率的影响十分重要。

（三）脉冲响应分析

本节进一步运用脉冲响应分析以考察金融杠杆冲击是如何影响房产价格和汇率波动的，图 4.1 给出了房产价格和汇率在给定一个标准差单位的正向冲击下 0~20 期的脉冲响应。

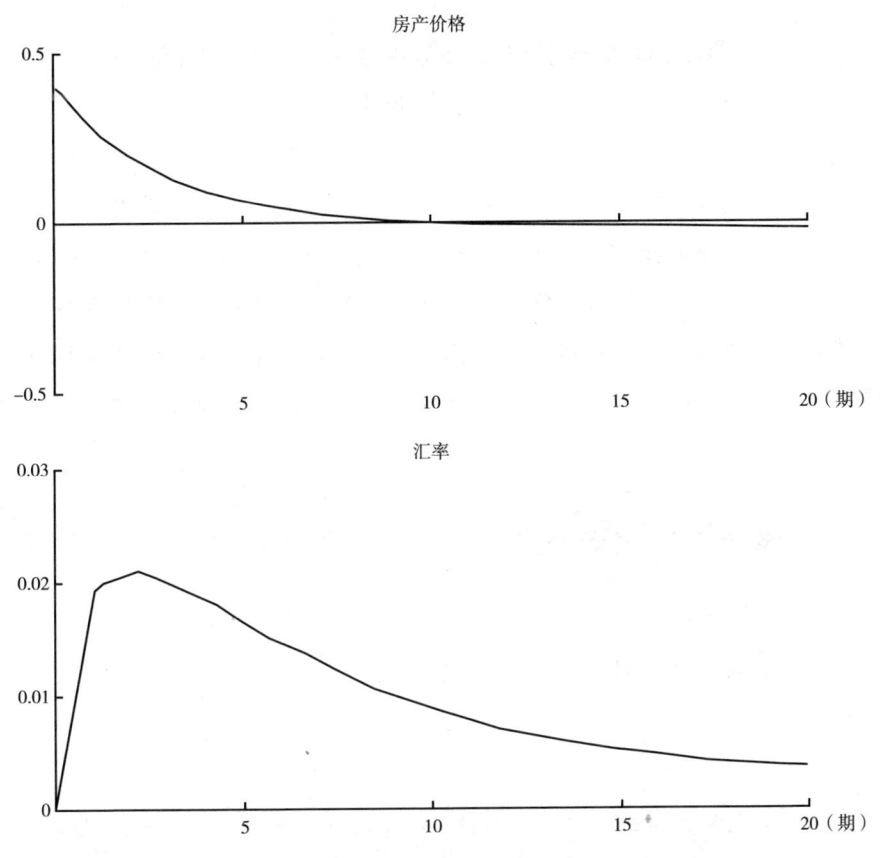

第四章 金融杠杆恶化、资产价格波动与金融去杠杆改革研究

图 4.1 金融杠杆冲击对房产价格和汇率影响的脉冲响应

如图 4.1 所示,一单位正向的金融杠杆冲击使得房产价格当期上升了 0.4%,而汇率则贬值了 0.02%。这是因为:一方面,正向的金融杠杆冲击增加了金融中介部门的贷款供给,进而引致社会总需求的进一步扩张,推高了房产价格;另一方面,正向的金融杠杆冲击带来的信贷扩张使得外汇市场上本币供应增多,进而使得本国货币贬值。

以上理论模型的数值模拟分析结果表明,金融杠杆对房产价格和汇率波动的影响不容忽视,具体表现为:金融杠杆可以分别解释房产价格和汇率波动的 25.07% 和 21.97%,金融杠杆冲击的房产价格累计弹性和汇率累计弹性分别达到 0.8411 和 0.2807,正向的金融杠杆冲击在显著推高房产价格的同时会增加本币贬值的压力。

第四节 基于时变参数向量自回归模型的实证检验分析

上文利用理论模型论证了金融杠杆对房产价格和汇率波动有着不容忽视的影响,本部分我们选用包含随机波动的时变参数向量自回归(TVP-VAR-SV)模型并结合相关数据实证分析三者之间的关系。TVP-VAR-SV模型的系数和协方差处处可变,这样不仅可以有效捕捉经济结构突然或缓慢的变化,还可以估计出所有时间点变量间的脉冲响应路径,更加符合现实经济状态。

一 实证模型和数据说明

(一) 实证模型

定义结构向量自回归(SVAR)模型为:

$$Ay_t = F_1 y_{t-1} + \cdots + F_s y_{t-s} + \mu_t, \ t = s+1, \cdots, n \tag{4.16}$$

y_t是待观测变量的$K \times 1$维向量,A,F_1,$\cdots$,F_s是$K \times K$维系数矩阵,扰动项μ_t是$K \times 1$维结构性冲击,且$\mu_t \sim N(0, \Sigma\Sigma)$,其中,$\Sigma = \begin{pmatrix} \sigma_1 & 0 & \cdots & 0 \\ 0 & \cdots & \cdots & \vdots \\ \vdots & & & 0 \\ 0 & \cdots & 0 & \sigma_k \end{pmatrix}$。

同时假定A为下三角矩阵:$A = \begin{pmatrix} 1 & 0 & \cdots & 0 \\ a_{21} & \cdots & \cdots & \vdots \\ \vdots & & & 0 \\ a_{k1} & \cdots & a_{k,k-1} & 1 \end{pmatrix}$。

则式(4.16)可改写为:

$$y_t = B_1 y_{t-1} + \cdots + B_s y_{t-s} + A^{-1} \Sigma \varepsilon_t, \ \varepsilon_t \sim N(0, I_K) \tag{4.17}$$

其中，$B_i = A^{-1}F_i$，$i = 1, 2, \cdots, s$，将 B_i 中的元素堆叠成 $K^2 \times 1$ 维的列向量 β，且定义 $X_t = I_K \otimes (y_{t-1}, \cdots, y_{t-k})$，$\otimes$ 表示克罗内克积，则有：

$$y_t = X_t\beta_t + A^{-1}\Sigma\varepsilon_t, \quad t = s+1, \cdots, n \tag{4.18}$$

在式（4.18）中，所有的参数都是非时变参数。若将参数转变为时变参数，则该模型可拓展为 TVP-VAR-SV 模型（Primiceri，2005；Nakajima，2011）。

$$y_t = X_t\beta_t + A_t^{-1}\Sigma_t\varepsilon_t, \quad t = s+1, \cdots, n \tag{4.19}$$

其中，β_t，A_t，Σ_t 均为时变参数。

令 $a_t = (a_{21}, a_{31}, a_{32}, a_{41}, \cdots, a_{k, k-1})$，$a_t$ 是下三角矩阵 A_t 的堆叠向量。同时令 $h_t = (h_{1t}, \cdots, h_{kt})$，其中，$h_{jt} = \ln(\sigma_{jt}^2)$，$j = 1, \cdots, k$，$t = s+1, \cdots, n$。假定式（4.19）的参数服从如下随机游走过程：

$$\beta_{t+1} = \beta_t + \mu_{\beta t} \tag{4.20}$$

$$a_{t+1} = a_t + \mu_{at} \tag{4.21}$$

$$h_{t+1} = h_t + \mu_{ht} \tag{4.22}$$

$$\begin{pmatrix} \varepsilon_t \\ \mu_{\beta t} \\ \mu_{at} \\ \mu_{ht} \end{pmatrix} = N\begin{pmatrix} I & 0 & 0 & 0 \\ 0 & \Sigma_\beta & 0 & 0 \\ 0 & 0 & \Sigma_\alpha & 0 \\ 0 & 0 & 0 & \Sigma_h \end{pmatrix}, \quad t = s+1, \cdots, n \tag{4.23}$$

其中，$\beta_{s+1} \sim N(\mu_{\beta_0}, \Sigma_{\beta_0})$，$a_{s+1} \sim N(\mu_{a_0}, \Sigma_{a_0})$，$h_{s+1} \sim N(\mu_{h_0}, \Sigma_{h_0})$。

（二）数据说明

根据国家资产负债表研究中心的测算方法，本章采用金融部门债务总额与名义 GDP 比值来衡量金融杠杆，该指标的数值越大，表示一个国家的金融部门杠杆程度越高。利用国家统计局公布的商品房销售额与商品房销售面积计算出商品房价格并作为房产价格的代理变量，选用人民币兑美元名义汇率作为汇率的代理变量。① 数据主要来源于国家金融与发展实验室数据库、国家统计局数据库和 Wind 金融资讯数据库，样本区间为 2005 年第 1 季度至 2022 年第 4 季度。

---

① 利用 EViews 将金融杠杆、房产价格和汇率变频为季度数据。

二 实证结果分析

（一）参数回归结果分析

将模型的变量顺序设定为金融杠杆（L）、房产价格（HP）和汇率（EX）①，利用 OxMetrics 6.2 软件对 TVP-VAR-SV 模型进行处理，MCMC 抽样为 10000，模型滞后期设为 3。表 4.5 显示的模型参数估计结果表明，无效影响因子最大值为 106.03，Geweke 最小值为 0.098，表明在 5% 的显著性水平下无法拒绝 Geweke 检验的原假设。由此可见，本章运用 MCMC 算法对模型参数的估计是有效的。

表 4.5 参数估计结果

参数	均值	标准差	95%置信区间	Geweke 值	非有效因子
s_{b1}	0.0227	0.0025	[0.0184, 0.0282]	0.805	2.19
s_{b2}	0.0226	0.0025	[0.0182, 0.0282]	0.876	3.30
s_{a1}	0.0839	0.0376	[0.0426, 0.1772]	0.098	59.57
s_{a2}	0.0688	0.0244	[0.0395, 0.1198]	0.805	19.85
s_{h1}	0.2529	0.1550	[0.0792, 0.6613]	0.913	106.03
s_{h2}	0.1782	0.1054	[0.0587, 0.4490]	0.396	85.48

注：s_{bi}、s_{ai}、$s_{hi}(i=1,2)$ 分别表示 Σ_β、Σ_a、Σ_h 的第 i 对角元素。

图 4.2 包含了样本自相关函数、样本取值路径与后验分布的密度函数。剔除预烧期的样本后，样本自相关性平稳下降且取值路径平稳，这表明样本取值方法能有效产生不相关的样本。

（二）时变参数同期特征分析

在 TVP-VAR-SV 模型中，每个参数的估计值都随时间变化而变化，表现在图中就是一条随时间变化的曲线。图 4.3 反映的是金融杠杆对同期房产价格和汇率波动影响关系的时变特征。从图 4.3 中可见，金融杠杆对房价和汇率波动的影响系数 $a_{1t}(L \rightarrow HP)$ 和 $a_{2t}(L \rightarrow EX)$ 在大多数时间区间内为正值，表明当期的金融杠杆攀升会导致当期房产价格和汇率上升。

---

① 为了具有可比性，首先将金融杠杆、房产价格和汇率做取对数处理，其次对其进行平稳性检验。ADF 检验结果表明，三个变量均是一阶单整序列。

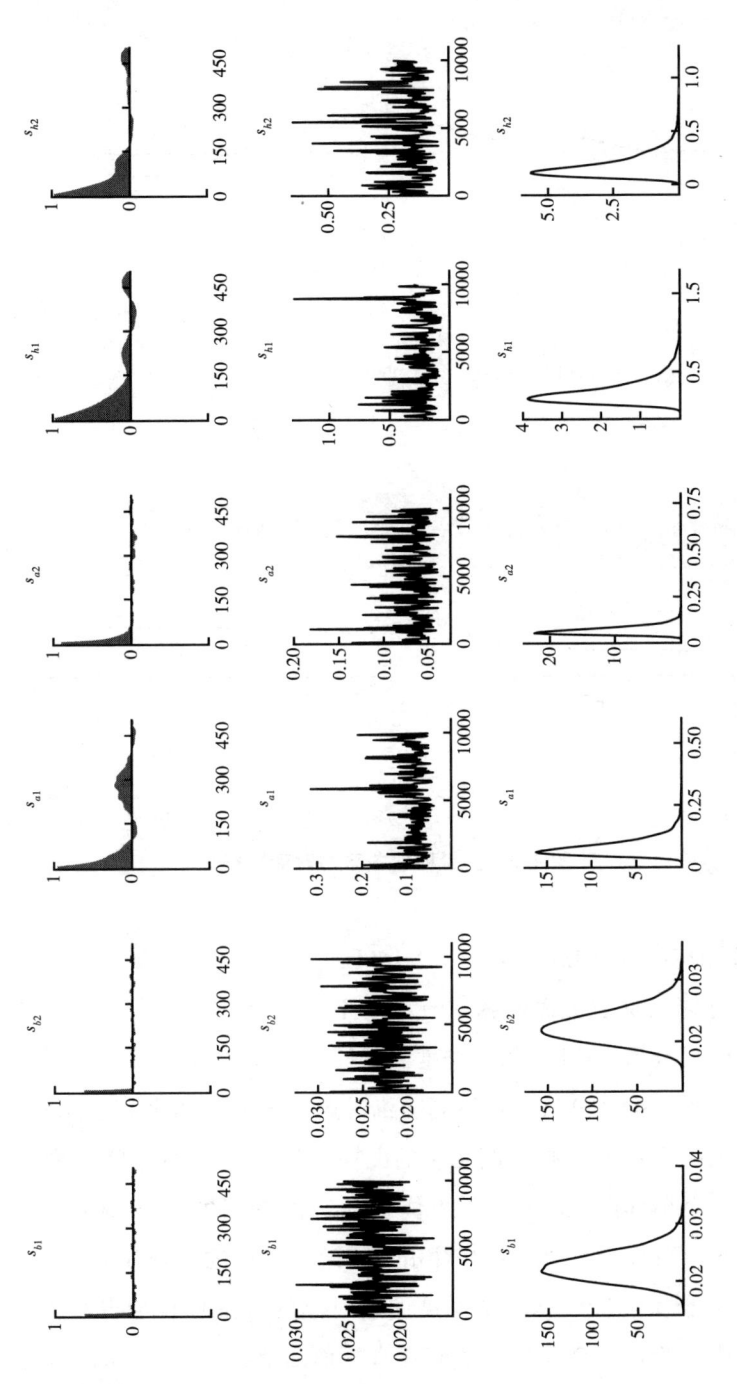

第四章 金融杠杆恶化、资产价格波动与金融去杠杆改革研究

图 4.2 TVP-VAR-SV 模型参数的估计结果

图 4.3 变量同期关系的时变特征

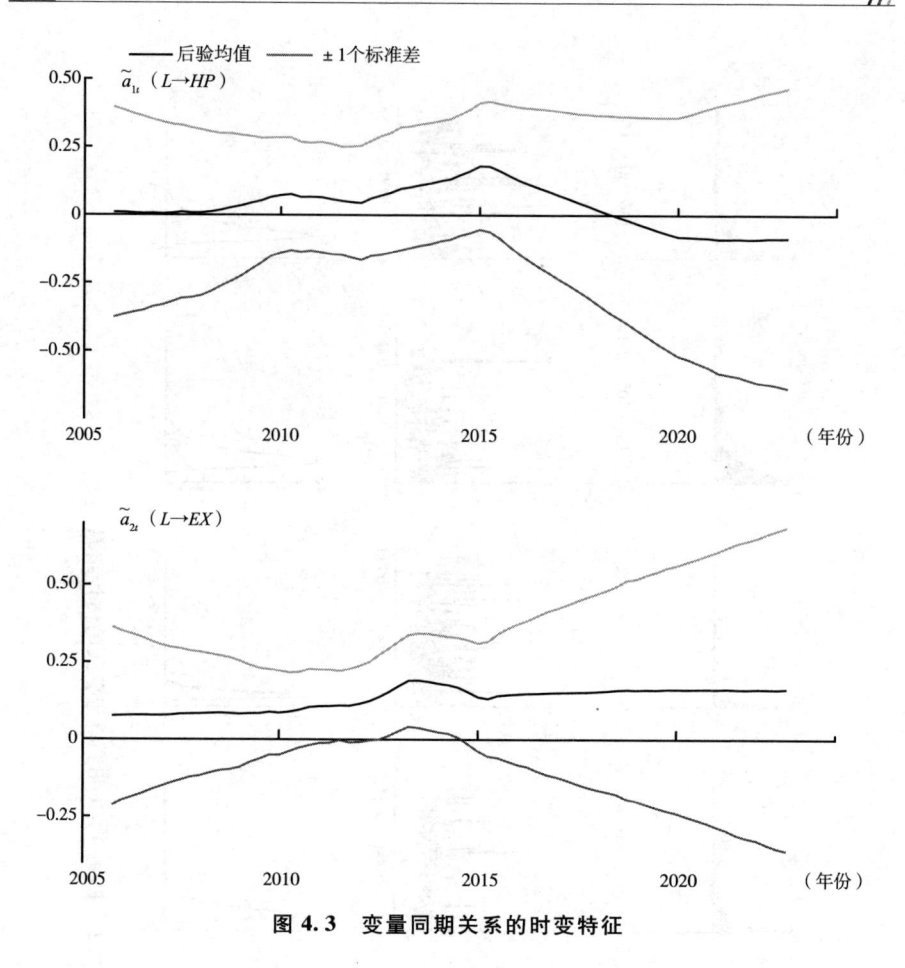

(三) 时变脉冲响应分析

1. 基于不同随机时点的脉冲响应分析

本章随机选取 2014 年第 4 季度、2017 年第 2 季度与 2019 年第 4 季度三个不同时点,据此分析来自不同随机时点的金融杠杆冲击对房地产价格变量以及汇率变量的影响。图 4.4 的上中子图(第一行中间子图)具体刻画了对三个不同随机时点施加单位正向金融杠杆冲击后房地产价格的脉冲响应路径。可发现,金融杠杆冲击对房地产价格的影响基本为正,来自 2014 年第 4 季度、2017 年第 2 季度两个时点的金融杠杆冲击对房地产价格的正向影响约在 5 个季度后达到最大,而后衰减;来自 2019 年第 4 季度的金融杠杆冲击对房地产价格的正向影响约在 6 个季度后达到最大,随后正向效应亦逐渐变弱。图 4.4 的上右子图（第一行最右边子图）具体刻画了对三个不同随机时点施加单位正向金融杠杆冲击后汇率的脉冲响应路径。从中可发现，无论冲击来自哪一随机时点，金融杠杆冲击对汇率的影响始终为正，且该正向效应波动性较强。

2. 基于不同提前期的脉冲响应分析

在上述分析基础上，本章进一步基于不同提前期视角检验金融杠杆冲击对房地产价格以及汇率的时变脉冲响应，脉冲响应结果如图 4.5 所示。图 4.5 的上中子图（第一行中间子图）具体刻画了来自提前 1 期、提前 3 期以及提前 5 期三个不同提前期的金融杠杆冲击对房地产价格的时变脉冲影响。可发现，三个不同提前期的金融杠杆冲击对房地产价格的影响均明显为正，其中提前 1 期冲击的正向影响效应较为稳定；提前 3 期以及提前 5 期的正向影响路径在 2005～2014 年相对稳定，2015 年以来金融杠杆攀升对房地产价格的正向推动作用日益明显。图 4.5 的上右子图（第一行最右边子图）具体刻画了来自提前 1 期、提前 3 期以及提前 5 期三个不同提前期的金融杠杆冲击对汇率的时变脉冲影响。可发现，三个不同提前期的金融杠杆冲击对汇率的影响亦明显为正，该正向影响效应在 2005～2015 年呈总体上升态势，而在 2016 年、2017 年出现锐减，2018～2022 年则保持平稳。

第五节　研究结论与政策建议

近年来，房地产价格的持续非理性上涨和人民币汇率的波动幅度加剧引发学术界和实务界的广泛关注和普遍担忧。本章采用数值模拟和经验分析双重检验方法尝试构建探讨金融杠杆恶化影响两类主要资产价格波动的系统性框架。首先，通过构建包含家庭、企业、零售商、金融中介、中央银行等多部门经济主体的开放经济 DSGE 模型，从方差分解、乘数效应分析、脉冲响应分析等多维度研究了金融杠杆恶化对房产价格和汇率波动的影响；其次，通过利用 TVP-VAR-SV 模型的经验分析进一步讨论了我国金融杠杆波动演变对房地产价格和汇率波动的时变影响。

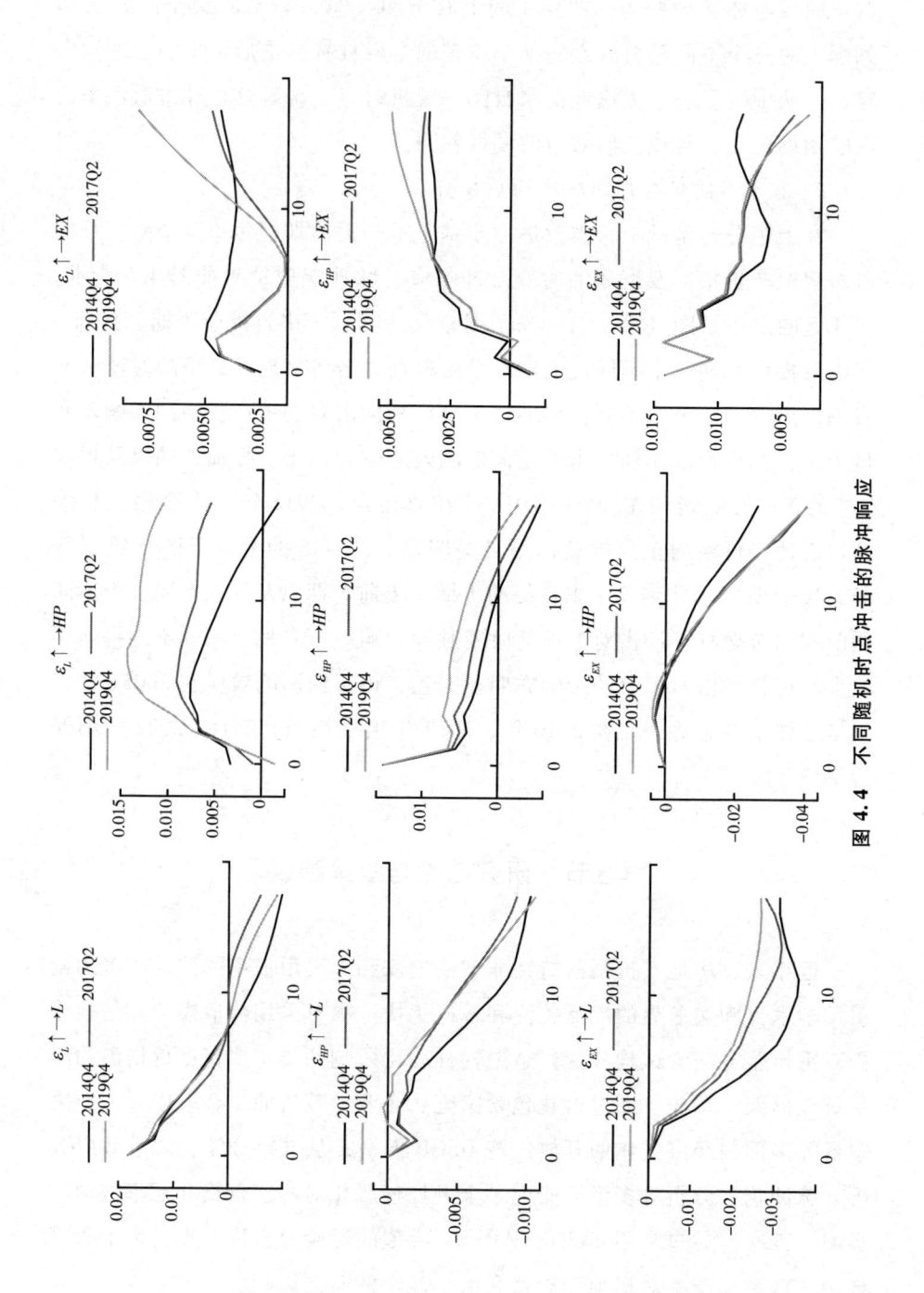

图 4.4 不同随机时点冲击的脉冲响应

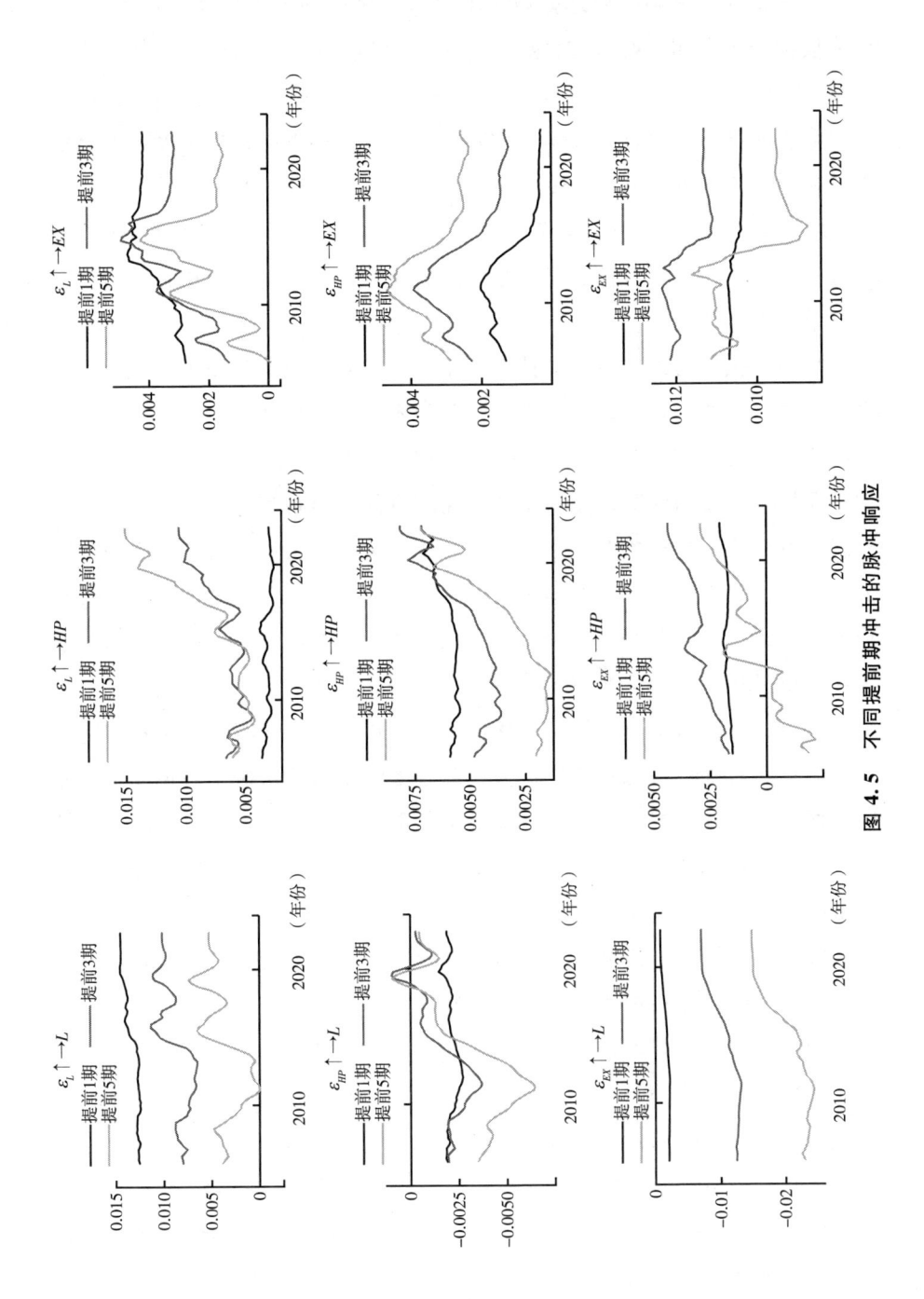

第四章 金融杠杆恶化、资产价格波动与金融去杠杆改革研究

图 4.5 不同提前期冲击的脉冲响应

本章发现，金融杠杆是影响我国房地产价格和汇率波动的重要因素。数值模拟结果表明，金融杠杆恶化冲击分别能解释 25.07% 的房产价格波动和 21.97% 的汇率波动；金融杠杆攀升会显著推高房地产价格和人民币汇率贬值幅度，金融杠杆每增加 1% 将引起房价上涨 0.8411% 以及人民币汇率贬值 0.2807%。进一步的经验分析发现，我国金融杠杆随机波动率自 2010 年开始快速攀升，而基于不同时点和不同提前期的脉冲响应分析结果均稳健。这表明我国金融杠杆攀升显著推高了房地产价格，并增大了人民币汇率贬值压力。

当前，我国房地产价格的持续高企不仅导致居民负债压力增大和生活水平下降，还在一定程度上导致信贷部门不良贷款率恶化，亦不利于中国经济增长方式的转型升级。与此同时，现阶段亦是人民币国际化的关键时期，保持人民币币值稳定至关重要。而本章的多重视角检验表明，近年来我国金融杠杆率持续攀升，金融杠杆恶化正是推动房地产价格高企和加剧人民币贬值的重要原因。有鉴于此，本章认为政府在制定房地产调控政策和推行人民币国际化时应充分考虑金融杠杆的潜在影响，在推行供给侧结构性改革过程中除加强实体经济部门去杠杆外，还应注重深化金融部门去杠杆改革，由此避免金融杠杆恶化给房地产价格合理运行与汇率稳定造成不良影响。另外，考虑到资产价格非理性上涨是造成宏观不审慎的重要原因，而党的十九大报告明确指出要健全货币政策与宏观审慎政策的双支柱调控框架，本章亦认为未来央行货币政策调整应充分关注金融杠杆对资产价格的影响。

针对如何科学、稳健且有效地推动金融去杠杆改革，美国、日本、德国、英国等经济体均拥有多次金融去杠杆的实践经验。通过对各国金融去杠杆的有效性进行深入比较，笔者认为"宽货币+严监管+强改革"的金融去杠杆政策组合值得借鉴。以美国为例，2008 年国际金融危机后美国同时面临经济持续性低迷以及金融风险大规模暴露问题。在此背景下，美联储在 2009 ~ 2014 年持续实施零利率政策和多轮量化宽松政策，但在"宽货币"刺激实体经济的同时还实施了"沃尔克法则"以控制金融杠杆率，对商业银行和房地产金融的监管升级。在这一政策组合搭配下，美国金融去杠杆成效显著，央行释放的货币流动性并未造成房地产金融泡沫进一步加剧，货币资金由过去"脱实向虚"转变为"脱虚向实"，宏观经济在2016年也率先实现复苏。就此而言，货币宽松并非金融杠杆攀升的罪魁祸首，监管缺位和监管放松实际上是导致金融资产泡沫膨胀的重要因素。因此，"宽货币+严监管+强改革"是推动金融有效去杠杆的合意政策组合。

第五章
影子银行规模扩张、金融风险承担与风险防范研究

防范金融风险成为当前经济金融工作重点，影子银行受到广泛关注。本章从微观和宏观双重视角系统探究了影子银行业务扩张如何影响微观主体的金融风险承担以及宏观经济的系统性金融风险演化，并基于研究发现为防范化解影子银行风险、促进影子银行体系可持续演进提出合理建议。在微观研究部分，考虑到中国的影子银行经营模式以商业银行表外资产活动为主（项后军、周雄，2022），本章遴选商业银行作为研究对象以重点探究商业银行的影子银行业务（规模）扩张如何影响其风险承担水平。具体来看，本章首先构建三期动态理论模型，系统分析商业银行从事影子银行活动的全过程，据此剖析商业银行从事影子银行活动的动机，并探究是否会造成风险过度承担问题。在理论分析基础上，本章进一步构建面板回归模型以实证检验商业银行的影子银行业务扩张对其经营绩效以及风险承担的影响。在宏观研究部分，本章首先采用主成分分析方法对七大维度宏观经济金融指标的共同信息进行提取，并通过加权处理得到反映宏观系统性金融风险水平的综合指数，然后在此基础上构建 TVP-VAR-SV 模型以检验全社会的影子银行规模扩张对宏观系统性金融风险演化的影响。本章内容安排如下：第一节为影子银行规模扩张与风险承担的相关研究背景与文献回顾；第二节基于微观视角构建理论与实证模型，探究商业银行的影子银行业务扩张对其经营绩效及风险承担的影响；第三节基于宏观视角构建时变参数模型，探究全社会层面的影子银行规模扩张对系统性金融风险的影响；第四节为研究结论与政策建议。

第五章 影子银行规模扩张、金融风险承担与风险防范研究

第一节 研究背景与文献回顾

一 研究背景

伴随中国经济步入新常态，经济高速增长态势难以为继，经济发展方式逐步向高质量发展转变。与此同时，世界政治经济格局深度调整以及国内矛盾深层次叠加使得中国经济发展不确定性不断增强，导致各类风险亦不断发酵，影子银行规模扩张、地方政府债务积聚、房地产泡沫等各类风险逐步显性化。由于金融机构较强的逐利特性，其常常会通过提高杠杆率、配置高风险资产等方式获取高资产收益率，进而引发相关行业或领域产生流动性隐患、资产负债错配风险抑或期限错配问题。杠杆率攀升以及风险资产的过度配置无疑会对社会流动性产生重大威胁，而流动性本身具有极强的嬗变性，由此容易导致"信用骤停"及"明斯基时刻"出现。具体来看，国企过剩产能、房地产风险、地方政府债务等结构性局部风险不断发酵，正逐步成为一个具有全局冲击力的体系（郑联盛，2019）。而影子银行为这三个领域提供较大规模的信用，同时随着不同金融和经济领域的内在关联性日趋增强，金融监管的分业边界更加模糊，促使金融创新与金融监管、混业经营与分业监管之间常常发生制度性错配。针对各类潜在风险不断交织和深化现象，中共中央政治局于2019年2月专门就完善金融服务、防范金融风险举行集体学习，提出防范化解金融风险特别是防止发生系统性金融风险是金融工作的根本性任务，并明确指出要深刻认识系统性金融风险的本质、根源及重点领域，构建防范化解系统性金融风险的长效机制。与此同时，党的二十大报告进一步强调，要加强和完善现代金融监管，强化金融稳定保障体系，依法将各类金融活动全部纳入监管，守住不发生系统性风险底线。

影子银行风险无疑是当前防范金融风险的重点。自2008年国际金融危机以来，影子银行在中国呈现"野蛮式"发展态势。根据国际评级机构穆迪公司公布的《中国影子银行季度监测报告》，我国影子银行规模从2010年的16.3万亿元迅速增长至2017年的65.6万亿元（增长近302.5%）；从

规模占比来看，我国影子银行资产规模占GDP的比例于2016年达87.2%的历史高点。鉴于前期影子银行活动的爆发式增长，防范和控制影子银行风险逐步成为近年来政府金融工作重点。如图5.1所示，党的十九大以来影子银行规模增长有所放缓，但其占GDP的比例仍处于较高水平，2019年、2020年依旧高达59.8%、58.3%。

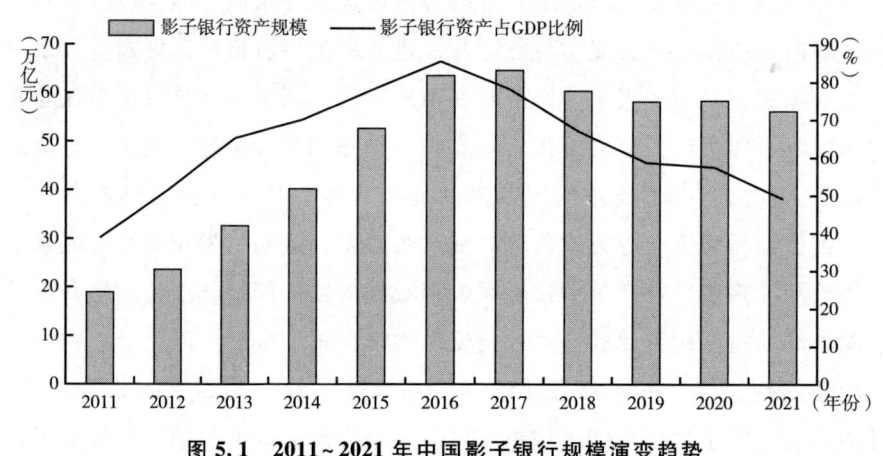

图5.1 2011~2021年中国影子银行规模演变趋势

资料来源：国际评级机构穆迪公司公布的历次《中国影子银行季度监测报告》。

针对当前我国金融机构越发偏好影子银行投资活动以及影子银行风险逐步显性化的演进现实，学术界和金融监管当局对其日益重视。现有研究普遍认为，高收益率以及缺乏严格监管是导致影子银行活动备受青睐的重要原因，传统信贷资产的较高收益率为金融机构从事影子银行投资活动提供了直接动机，而监管当局对影子银行活动的弱监管抑或影子银行活动对监管的易规避性间接助长了我国影子银行投资爆炸式增长的态势。在此背景下，金融机构对影子银行活动的追捧必然也不可避免地引致信用风险、流动性风险、资产负债错配等金融风险的不断积聚，并通过金融机构间的资产负债相关性和风险传染性等负外部性诱发系统性金融风险。综观现有文献，其大多聚焦于影子银行规模测算以及影子银行风险的定性讨论，而基于现实经济数据检验影子银行规模扩张如何影响金融风险承担的研究相对匮乏。有鉴于此，首先，本章从微观视角出发，遴选银行业金融机构为具体研究对象，构建面板数据模型系统探究商业银行的影子银行业务活动扩张对其经营绩效及风险承担的影响；然后，从宏观视角出发，构建非线性时间序列模型深入探究我国影子银行整体规模演变对系统性金融风险的影响；最后，基于微观与宏观视角的研究发现，为防范影子银行风险提出可供参考的政策建议。

二 文献回顾

影子银行作为金融创新的产物，在全球金融发展和金融危机中均扮演着重要角色，已成为金融体系和经济生活不可分割的一部分。尽管影子银行活动存在已久，但直到美国次贷危机的全面爆发才使得影子银行在全球范围受到广泛关注。自此，美国太平洋投资管理公司的执行董事麦卡利在2007年美联储年度会议上首次提出"影子银行"这一名词，并将其定义为非银行投资渠道、工具和结构性产品杠杆化的组合（Mc-Culley，2007；李扬，2011）；2011年，金融稳定理事会（Financial Stability Board，FSB）进一步将影子银行定义为游离于银行监管体系之外、可能引发系统性风险和监管套利等问题的信用中介体系（FSB，2011）；2013年，中国金融稳定报告对影子银行亦做出明确界定，具体指不属于正规银行体系，由具有流动性和信用转换功能，且存在引发系统性风险或监管套利可能的机构和业务构成的信用中介体系。从运营方式来看，国内外影子银行运营主体与投资活动方式存在明显异质性。美国影子银行主要由公私募基金、对冲基金、保险公司、养老金管理公司等非银行金融机构主导，业务形式为资产证券化，具体通过将银行贷款进行资产证券化以将传统银行信贷关系转换为隐藏于证券化过程后的信贷关系。而中国的影子银行主要由商业银行主导，业务形式主要有表外理财、信托贷款、同业理财、P2P网络借贷等，如商业银行通过发行理财产品在向大众募集资金后通过信托、基金、券商等渠道进行"投资"，借此绕过监管限制，与依附于银行体系的其他金融机构共同进行监管套利。也即，商业银行通过将表内业务转为表外业务从而规避金融监管的"监管套利"行为是中国影子银行业务快速扩张的重要因素（高然等，2018）。国内外关于影子银行的定义及经营方式的差异，客观上揭示了研究中国影子银行须以商业银行为主体，为此本章将主要以商业银行为分析主体展开研究。

2010年，英国金融服务管理局时任主席洛德·特纳认为，没有从系统角度考量影子银行在2008年金融危机演进中所扮演的角色，是全球监管者的"根本性失败"之一（Jenkins and Masters，2010）。金融危机后，国外学者从定义、作用机制、宏观效应、风险管控等多个维度对影子银行问题展开丰富研究。具体而言，Geithner（2008）认为，影子银行主要为游离于监管之外的平行银行系统，通过非银行渠道进行短期市场融资，并购买大量高风险、低流动性长期资产，可能引发系统性风险和监管套利等问题；Pozsar等（2012）指出，影子银行是从事期限、信用及流动性转换业务的金融中介机构，不能获得中央银行流动性支持或公共部门信贷担保，成熟发达的美国投行经纪业务使得资本证券化、担保凭证和回购协议等手段成为影子银行业务发展的主要手段；Meeks等（2014）认为，影子银行深化发展对2008年国际金融危机的爆发具有不可忽视的作用，但危机后影子银行活动并未消失，证券化市场仍是信贷供应的重要来源；Barbu等（2016）基于15个欧盟国家的数据发现，影子银行规模与股票市场指数和长期利率之间存在正相关关系，投资者的行为模式在股票市场或利率上升时集中于识别产生更高收益的投资选择，影子银行系统是传统银行业务的补充而非替代；Nelson等（2018）基于美国样本数据研究了货币政策与影子银行之间的关系，发现紧缩性货币政策冲击对商业银行资产存在负面影响，且会增加影子银行和证券化活动的资产。与此同时，不少国外学者也对中国影子银行问题展开探讨，如Dang（2015）通过将2008年以来中国影子银行业务快速增长与20世纪80年代美国影子银行体系兴起进行比较，发现中美两国分别依循隐性担保和金融工程两种不同体制，且中国以商业银行为中心，美国则以资本市场为核心；Elliott等（2015）对中国样本数据的分析发现，影子银行资金有2/3来自商业银行内部，仅有1/3来自其他非银机构；Chen等（2018）研究了中国影子银行体系中最重要的委托贷款（Entrusted Loans）与央行货币政策之间的关系，发现在2009~2015年货币政策紧缩时期，商业银行开展了大规模的委托贷款，从而削减了货币政策的有效性；Allen等（2019）对中国银行体系中的委托贷款列项进行交易层面的分析，发现当官方信贷紧缩时，委托贷款便会增加，以委托贷款为代表的影子银行投资活动成为信贷短缺的替代解决方案。

国内关于影子银行亦展开了不少研究，但主要聚焦于两个维度。一是关于影子银行规模以及信用货币创造的测算。如裴平和印文（2014）测算发现，中国影子银行信用创造规模不断扩大，从2003年的6986.01亿元扩大至2012年的269057.87亿元，扩大近38倍（其中金融机构类影子银行信用创造扩大近67倍，民间融资类影子银行信用创造扩大近20倍）；李文喆（2019）指出，近年来中国由银行表外理财、同业业务、信托贷款、委托贷款、各类资产管理产品等组成的影子银行规模迅速膨胀，交易结构日趋复杂，通过逐项分析影子银行业务，测算得到我国影子银行存量规模于2017年末达到51.1万亿元，为2008年末的7.7倍，年复合增长率为25.5%，同比增速最高超过80%。二是关于影子银行风险及其监管。李若愚（2013）指出，影子银行是金融体系与社会资金链上最脆弱的一环，是系统性风险的重要来源，而银行理财产品、信托产品和民间借贷三大风险点则是重大风险隐患，政府在当前"实体经济增速下行、金融风险上行"的形势下应加强影子银行预防性监管；郑淑霞（2017）基于2007~2017年的季度面板数据，采用系统广义矩估计方法分析影子银行业务规模对银行系统性风险的影响，发现我国影子银行业务规模与银行系统性风险之间呈现非线性U形关系，影子银行规模较小时规模扩大会降低银行系统性风险，而当影子银行规模超过一定水平后将提高银行系统性风险；Wu和Shen（2019）基于2010~2016年59家商业银行数据分析发现，从事影子银行业务的银行往往承担着较大的风险，良好的公司治理有助于减小影子银行对风险承担的影响；纪敏和李宏瑾（2018）指出，我国影子银行体系迅猛发展且结构日渐复杂，不仅加剧市场流动性风险和系统性风险，还对货币政策调控产生了干扰；方意等（2019）构建资产价格传染模型对影子银行系统性风险进行度量，发现样本期间影子银行系统性风险较高且波动剧烈，由此提出防范影子银行风险应注重监测影子金融机构业务风险以及打破影子银行刚性兑付体制。

综上所述，国内外学者对影子银行定义、规模测算、宏观效应、风险管控等已展开丰富研究。不难发现，尽管影子银行是引发2008年国际金融危机的重要因素之一，但危机后影子银行在全球范围内仍呈现蓬勃发展态势，其中在中国的规模增长尤为明显。而由于全球主要经济体名义利率持续走低以致面临零利率下限约束（ZLB），货币政策大幅失效，货币难以有效流入实体经济部门，具有高收益率特性的影子银行体系成为实体经济部门资金的重要来源。钱雪松等（2017）研究发现，影子银行体系可通过缓解中西部地区企业融资约束来对金融发展水平相对落后地区的企业施加"反哺效应"，有利于促进区域经济的均衡发展。在此背景下，我国政府对影子银行的发展持支持态度，强化监管、防范风险、引导影子银行长期可持续发展成为监管当局的工作重点（谭小芬，2019）。Gertler 等（2012）研究发现，商业银行发展影子银行业务可以改善银行信贷约束，达到灵活调节银行资金流动性的目的。不少学者亦认为，尽管影子银行存在一定程度的风险，但不可否定其对传统信贷渠道也形成了有益补充（周荣卫等，2014；王振、曾辉，2014；Allen et al.，2019）。而综观现有文献研究，国内学者普遍聚焦于对影子银行规模的测算、风险监管及其对货币政策效应的影响，忽略了对影子银行投资行为本身、金融机构从事影子银行业务动因以及影子银行活动如何影响金融机构效益的讨论。就此而言，系统厘清和理性认识影子银行活动无疑应立足于对影子银行活动全过程的把握。与此同时，已有文献表明，中美两国的影子银行经营主体和模式存在显著差别，中国以商业银行表外资产活动为主，美国则以资本市场资产证券化活动为主（裘翔、周强龙，2014；祝继高等，2016；项后军、周雄，2022）。此外，现有文献关于影子银行的研究主要局限于经验分析视角，基于完整的理论经济框架探讨影子银行作用机制及其效应的文献寥寥无几。有鉴于此，本章将以商业银行为分析主体，首先构建探讨影子银行活动的简易有效理论框架，以系统刻画影子银行投资行为过程以及影子银行活动如何影响商业银行经营绩效，探讨商业银行影子银行活动是否会造成过度风险承担以及如何进行风险防范等问题，并就此展开实证检验。除从微观视角研究以外，本章还从宏观视角出发，在构建系统性金融风险指数的基础上进一步检验我国影子银行规模整体演变对宏观系统性金融风险的溢出影响，据此形成影子银行影响金融风险的系统性研究框架。

第二节 影子银行规模扩张对金融风险承担的影响研究：基于微观视角

考虑到中国金融体系仍然以间接融资为主，且商业银行是主要载体，本章选择商业银行作为具体研究对象，首先从微观主体层面探究商业银行的影子银行业务活动如何影响商业银行的风险承担。具体而言，本节一方面构建三期动态模型对影子银行规模扩张影响商业银行风险承担展开理论分析，另一方面基于商业银行微观数据构建面板模型实证检验影子银行规模扩张对商业银行风险的影响。

一 影子银行规模扩张影响商业银行风险承担的理论分析

本章通过构建三期动态决策模型具体刻画商业银行的影子银行活动，据此解释商业银行积极参与影子银行活动的原因以及影子银行规模扩张是否会造成商业银行过度风险承担等现实问题。模型中对影子银行活动的刻画参照了Chen等（2018）和Allen等（2019）的研究。这两篇文章均聚焦于中国影子银行体系中的委托贷款以及影子银行活动如何影响商业银行的资产负债表进而影响实体经济。假定模型经济体存在三期（$t=0, 1, 2$）动态决策，主要由总量为1的商业银行以及总量为1的企业两类经济主体的行为决策构成。

（一）含影子银行活动的三期基准模型分析

1. 商业银行经济决策

根据各国经济运行实践，美、欧、日等国外经济体从事影子银行活动的主体主要为非银行金融企业，而中国从事影子银行活动的主体则为商业银行。由于商业银行相对非银行金融企业更具系统重要性特征，且中国银保监会对影子银行活动长期缺乏监管，为此本节立足中国经济现实将影子银行活动引入三期模型以充分描述我国商业银行行为。具体而言，假定商业银行在$t=0$期拥有$e_0=1$单位的初始禀赋，其资本投资具体面向影子银行投资以及安全贷款两大主要路径。银行家在初期会选择$x \in [0, 1]$比例的原始资本进行影子银行投资活动，并以风险资产形式列入该银行资产负债表中，其余 $1-x$ 比例则以安全贷款形式予以存放。这一设定沿用了 Chen 等（2018）对影子银行活动的刻画。如同 Chen 等（2018）的研究，影子银行模型的核心在于刻画其对商业银行资产负债表的影响及其风险属性。

假定商业银行 $t=0$ 期的单位风险投资活动在 $t=1$ 期产生大小为 $\tilde{A}\in[0,+\infty)$ 的毛收益，且 $\tilde{A}$ 服从连续可差分分布的密度函数 $g(\tilde{A})$，并有 $E[\tilde{A}]>1$。为不失一般性，本章假定商业银行以安全贷款形式存放的资本毛收益为 1。据此，商业银行在 $t=1$ 期的银行资本即为：

$$e = \tilde{A}x + (1-x) \tag{5.1}$$

另外，商业银行在 $t=1$ 期会以大小为 r 的毛利率吸收规模为 d 的存款，并以大小为 R 的毛利率贷给企业规模为 k 的常规信用贷款。在此条件下，商业银行的常规信用贷款满足如下约束条件：

$$k \leqslant d + e \tag{5.2}$$

据此，商业银行在 $t=2$ 期获得的利润遵循如下线性函数形式：

$$\pi^b = Rk - rd \tag{5.3}$$

2. 企业经济决策

参照 Mendoza（2010）的研究，本章假定模型中的代表性企业为复合型企业，兼具厂商和居民属性，亦即满足既生产又消费、既存款又贷款的特征。假定代表性企业出现在 $t=1$ 期，并持有足够多的初始禀赋 m。企业在初始禀赋基础上以大小为 r 的毛利率将规模为 d 的资本存入商业银行，其余部分以大小为 1 的总回报率予以存储。假定企业满足新古典特征，并在 $t=2$ 期遵循如下生产函数形式进行生产：

$$f(k) = Ak^{\alpha}, \alpha \in (0, 1/2] \tag{5.4}$$

其中，$f(k)$ 为产出水平；A 刻画了企业生产所使用的技术；k 为企业生产所使用的资本水平，本章假定该资金必须通过向商业银行贷款获取。此外，考虑到长期以来中国人口众多，劳动要素相对资本要素更为丰富，本章令资本要素份额满足 $\alpha \in (0, 1/2]$。

第五章　影子银行规模扩张、金融风险承担与风险防范研究

在上述生产函数约束下，代表性企业最大化利润函数如下：

$$\pi^f = f(k) - Rk \tag{5.5}$$

根据企业利润最大化原则，可求得均衡条件为：

$$f'(k) = \alpha A k^{\alpha-1} = R \tag{5.6}$$

据此优化求解可得，企业最终获取的生产利润为 $\pi^f = f(k) - Rk = (1-\alpha)f(k)$，商业银行最终获取的贷款收益为 $Rk = \alpha f(k)$。

3. 最优均衡

根据上述三期模型，商业银行在 $t=0$ 期开始出现，在该期利用初始禀赋进行影子银行投资活动；在 $t=1$ 期，商业银行回收影子银行投资收益，吸收居民存款，并向厂商发放银行常规信贷；在 $t=2$ 期，商业银行回收信贷本息，并支付存款本息。企业（居民-厂商型）则在 $t=1$ 期开始出现，在该期消费型企业（居民）利用初始禀赋进行存款活动，生产型企业（厂商）向商业银行借贷资本；在 $t=2$ 期，消费型企业获得存款本息，生产型企业则按照新古典生产函数进行生产，并偿还贷款本息。

具体而言，三期模型中各经济体决策行为可由表 5.1 予以刻画。

表 5.1　三期基准模型各经济主体决策行为简述

	$t=0$ 期	$t=1$ 期	$t=2$ 期
商业银行	◆存在初始禀赋 $e_0=1$ ◆将 $x \in [0,1]$ 比例的初始禀赋进行影子银行类投资	◆回收影子银行活动收益 $\tilde{A} \in [0, +\infty]$ ◆本期商业银行总资本为：$e = \tilde{A}x + (1-x)$ ◆吸收居民存款 d，并向厂商贷款 k	◆商业银行获得信贷总收益 Rk ◆商业银行向居民支付 rd
企业	—	◆消费型企业存在足够多的初始禀赋 m，并将规模为 d 的存款存至商业银行，剩余则用于消费 ◆生产型企业向商业银行借贷规模为 $k \leq d+e$ 的信贷	◆消费型企业获得存款总收益 rd ◆生产型企业按照生产技术 $f(k) = Ak^\alpha$ 进行生产 ◆生产型企业向商业银行支付信贷本息 Rk

基于三期模型设定，假定经济体存在立足全社会福利的最优均衡决策者，以追求社会总剩余最大化为目标，其社会总剩余最大化函数遵循如下形式：

$$\max_{x,e,k} E[f(k) + e + m - k]$$
$$s.t. \ e = \tilde{A}x + (1-x) \tag{5.7}$$

通过依次最优化求解，可得如下最优均衡条件：

$$k^* = (\alpha A)^{\frac{1}{1-\alpha}}; R^* = r = 1 \tag{5.8}$$

另外，由于在 $t=0$ 期存在 $E[\tilde{A}] > 1$，社会最优均衡决策者必然选择 $x=1$，据此商业银行在 $t=1$ 期的资本积累为 $e = E[\tilde{A}]$。

（二）引入金融市场不完全性的拓展分析

上述分析主要建立在金融市场完全、信息充分对称等假定下，在此条件下，商业银行可提供最优数量的贷款，此时的社会福利亦为最大。但现实中金融市场并不完善，商业银行和企业间往往存在信息不对称。根据中国银保监会公布的数据，2014年以来，中国整体不良贷款率持续保持在1%以上，2016年开始持续保持在1.6%以上，2018年则上升至1.8%。这表明金融摩擦的现实存在导致商业银行并不能完全收回所有信贷，部分企业贷款会成为商业银行的不良资产。为防范贷款风险并弥补不良贷款所造成的损失，商业银行会提取银行拨备以应对贷款损失。在这一现实背景下，本章假定商业银行拨备提取比例为 $\Phi \in [0,1)$，也即商业银行将会留存 Φ 比例的信贷收益用以应对贷款风险损失。换言之，存款者最多仅能获得 $1-\Phi$ 比例的银行信贷收益作为偿付，即存在如下约束：

$$rd \leq (1-\Phi)Rk \tag{5.9}$$

若银行资本完全充足（$e \geq e^*$ 时，即金融环境良好的正常时期），根据社会最优均衡即可得到银行最优资本存量为 $e^* = \Phi k^*$。

若银行资本不充足（$e < e^*$ 时，即金融环境恶化时期），资金约束的现实存在使得以商业银行为代表的金融部门难以满足企业生产所需的最优资本借贷 k^*。此时，资金流动性的不足便会导致信贷紧缩甚至是金融危机。在此情形下，存款满足如下约束：$d = (1-\Phi)Rk/r$，$r=1$，$R=f'(k)$。

据此，资本 $k(e)$ 可表达为如下形式：

$$k(e) = e + (1-\Phi)kf'(k), e \in [0, e^*) \quad (5.10)$$

对式（5.10）进行一阶求导可得：$k'(e) = \dfrac{1}{1-(1-\Phi)\alpha^2 Ak^{\alpha-1}}$。不难发现，$k(e)$ 显著为正，则有 $k'(e) > 0$，且随着资本 e 的上升而严格递增，并有 $k'(e) > 1$ 成立。据此，单位银行资本的增加会引致更大幅度的企业信贷规模增加。据此可得出如下推论。

推论1：金融环境恶化情形下（$e < e^*$ 时），银行资本的增加会放松银行所面临的资本约束，并使得银行可以吸收更多的存款，由此使得单位银行边际资本 e 的上升，引致更大幅度的企业可借资本 k 提升。

换句话说，一方面，银行资本的增加增强了商业银行的信贷供给能力，使得更多的资本用于生产性目的，增加了社会福利，即 $k'(e) > 0$；另一方面，在金融市场不完善的情形下（如本模型所设置的情形），银行资本的增加有利于放松金融约束，使得银行可以吸收更多的存款，进而投入生产，即 $k'(e) > 1$。因此，推论1表明了商业银行资本对实体经济的正向作用。由此可以得出，在金融环境恶化时，增加银行资本对社会福利的提高具有重要的作用。

具体来讲，商业银行和企业各自的利润函数式（5.3）、式（5.5）分别可写成如下形式：

$$\pi^b(e) = \alpha f[k(e)] - k(e) + e \quad (5.11)$$
$$\pi^f(e) = (1-\alpha)f[k(e)] \quad (5.12)$$

求解可得：$\pi^b(e)' = 1 - \dfrac{1-\alpha^2 Ak^{\alpha-1}}{1-(1-\Phi)\alpha^2 Ak^{\alpha-1}} > 0$；$\pi^f(e)' = \dfrac{(1-\alpha)\alpha Ak^{\alpha-1}}{1-(1-\Phi)\alpha^2 Ak^{\alpha-1}} > 0$。据此，本章可以得到如下推论。

推论2：金融环境恶化情形下（$e < e^*$ 时），银行资本规模越大，银行和企业的利润均越高，也即增加银行资本的政策和行为有利于提升银行和企业利益。

上述最优资本决策主要发生于 $t=1$ 期的均衡，而实际上 $t=1$ 期的银

行资本实际取决于 $t=0$ 期的资本，即 $e=\tilde{A}x+(1-x)$。也即上述商业银行最优均衡实际可表示为如下形式：

$$\max_{x^b} E[\pi^b(e)]$$
$$\text{s.t.} \quad e = \tilde{A}x^b + (1 - x^b) \tag{5.13}$$

其中，x^b 为基于商业银行自身考虑的影子银行投资活动比例选择。由于在 $e<e^*$ 时，$\pi^b(e)'>0$ 显然成立，这意味 $t=1$ 期商业银行资本越大其最终所获利润越大，而 $t=0$ 期对影子银行活动的选择是 $t=1$ 期商业银行资本规模大小的重要决定因素。根据式（5.13）最优化求解，可得 $E[\pi^b(e)'(\tilde{A}-1)]=0$，$\pi^b(e)'$ 即为商业银行通过影子银行投资活动以追求超额利润面临的随机折现因子。由此，本章可进一步得到如下推论。

推论3：商业银行通过选择影子银行投资活动（$x^b>0$）以追求高额风险利润（$E[\tilde{A}]>1$），更大比例影子银行投资 $\tilde{A}$ 的收益实现有助于缓解商业银行面临的金融资本约束，进而引致商业银行从影子银行投资活动中获取更多利润。

根据式（5.11）、式（5.12），可得全社会利润函数 $\pi^s(e)=\pi^b(e)+\pi^f(e)=f[k(e)]-k(e)+e$。据此，基于全社会视角的利润最大化问题如下：

$$\max_{x^s} E[\pi^s(e)]$$
$$\text{s.t.} \quad e = \tilde{A}x^s + (1 - x^s) \tag{5.14}$$

其中，x^s 为基于全社会福利视角的影子银行投资活动比例选择，即假设存在一个社会计划者（Social Planner），其可对影子银行投资比例进行选择。此社会计划者可理解为政府或者金融当局。对式（5.14）最优化求解可得 $E[\pi^s(e)'(\tilde{A}-1)]=0$，$\pi^s(e)'$ 为全社会选择影子银行投资活动所面临的随机折现因子。计算可得：$\pi^b(e)'=\dfrac{\Phi\alpha^2 Ak^{\alpha-1}}{1-(1-\Phi)\alpha^2 Ak^{\alpha-1}}$；$\pi^f(e)'=\dfrac{(1-\alpha)\alpha Ak^{\alpha-1}}{1-(1-\Phi)\alpha^2 Ak^{\alpha-1}}$；$\pi^s(e)'=\dfrac{[\Phi\alpha+(1-\alpha)]\alpha Ak^{\alpha-1}}{1-(1-\Phi)\alpha^2 Ak^{\alpha-1}}$。由于 $\Phi\in[0,1)$、

第五章 影子银行规模扩张、金融风险承担与风险防范研究

$\alpha \in (0, 1/2]$，则必然有 $\pi^b(e)' < \pi^f(e)' < \pi^s(e)'$。这表明商业银行更加偏好在初期获得风险投资超额收益，而整个经济体则对在当前还是未来选择获取风险投资超额收益无明显差异，企业的偏好则介于二者之间，也即在 $t=0$ 期有：

$$x^b > x^f > x^s \tag{5.15}$$

值得注意的是，企业的偏好选择 x^f 为假设性的，即实际上企业并不能选择或者要求商业银行选择影子银行活动。因此，本章重点比较 x^b 和 x^s 的差异。基于上述分析，可得如下推论。

推论 4：金融环境恶化情形下（$e<e^*$ 时），有 $\pi^b(e)' < \pi^f(e)' < \pi^s(e)'$ 成立，由此导致选择一个偏高的影子银行投资活动，即 $x^b > x^f > x^s$。换言之，由于金融环境恶化时期风险一般由银行和企业共同承担，商业银行在资本紧缩时期会过度进行影子银行风险投资活动以追求风险收益。

深入分析可知，商业银行和社会计划者对影子银行活动选择的差异源于风险分配不完备和金融摩擦，即在此模型下，如果经济形势向好，商业银行可持有所有的超额收益；如果经济形势向坏，商业银行和企业则共同承担这一负面影响。在此条件下，商业银行会在初期选择更多的风险投资，即影子银行活动。

如上所述，商业银行过度的影子银行风险投资活动给其他经济主体带来风险，若缺乏监管抑或保险措施不完善，无疑会出现"金融市场失灵"现象。基于这一现实，加强宏观审慎监管以防范化解影子银行投资活动所引致的过度风险承担至关重要。根据前文分析不难发现，驱使商业银行进行影子银行风险投资活动的关键因素主要在于存在相对传统安全资产活动的超额风险收益。为此，实行对影子银行风险投资收益适当征税的宏观审慎政策有助于消除过度风险承担，也即：

$$E[\pi^b(e)'(\bar{A} - \tau - 1)] = 0 \tag{5.16}$$

给定社会整体的最优风险承担水平 x^s，τ 的数值可借由求解式（5.16）得出。亦即，通过对商业银行风险投资收益征税，以减少其相对安全资产投资的超额收益，借此抑制商业银行的影子银行投资活动，进而消除可能导致的银行系统性风险损失。基于上述分析，可得如下推论。

推论5：旨在降低影子银行风险投资活动预期收益的宏观审慎政策，可以作为消除商业银行过度风险承担的有效事前工具。

根据以上推论，可发现超额利润是驱使商业银行从事影子银行业务活动的重要因素，但会造成商业银行的影子银行投资活动超过社会最优水平，进而产生过度风险承担。有鉴于此，本章基于理论分析提出如下两大研究假说。

假说1：商业银行的影子银行资产业务扩张在一定程度上对其经营发展存在正面影响，有助于促进净资产收益率抑或总资产回报率提升。

假说2：商业银行的影子银行资产业务扩张在一定程度上对其经营发展存在负面影响，会造成风险承担水平攀升。

二 影子银行业务扩张影响商业银行经营发展的实证分析

基于以上理论分析，本部分立足中国现实经济数据构建面板模型，以系统审视影子银行业务扩张对商业银行经营发展的影响。具体而言，本部分首先通过面板模型回归探究商业银行影子银行业务扩张如何影响其经营绩效，据此对假说1进行验证；然后通过面板模型回归检验商业银行影子银行业务扩张如何影响风险承担，据此对假说2进行验证。

（一）影子银行业务扩张对商业银行经营绩效的影响分析

1. 样本选取与数据来源

本部分选取中国上市商业银行2007~2020年样本数据进行研究。由于影子银行相关数据最高频数据为半年度，且部分上市银行未公布影子银行相关数据，部分指标存在大量缺失，本部分共选取26家上市商业银行2007~2020年半年度数据作为回归分析样本。具体数据来源于各家上市商业银行官方网站所披露的半年报和年报以及历年的《中国金融年鉴》。

2. 变量选取与模型构建

（1）变量选取

被解释变量：衡量商业银行经营绩效的指标主要有净资产收益率（ROE）和总资产回报率（ROA）两种。客观而言，这两种指标的侧重点各有不同，净资产收益率又称股东权益报酬率，更侧重于衡量股权投资所带来的收益和回报；总资产回报率侧重于衡量所有资产的盈利能力。由于本部分主要研究影子银行业务对商业银行经营绩效的影响，这一层面的经营绩效并非仅仅为股权投资回报率，还包含对其他绩效的影响。有鉴于此，出于研究稳健性考虑，这里首先选取净资产收益率作为被解释变量，以刻画商业银行对股东投入资本的经营效率；然后选取更为宏观的总资产回报率作为被解释变量，以更加充分地反映商业银行的盈利能力。

关键解释变量：选取影子银行业务资产规模占总资产比例作为关键解释变量，以刻画商业银行影子银行业务扩张情况。对于影子银行资产规模的度量，高然等（2018）、胡利琴和陈思齐（2020）、于震（2021）基于宏观层面将全社会融资规模中的委托贷款、信托贷款与未贴现银行承兑汇票三项加总作为影子银行规模的代理变量；祝继高等（2016）、骆婉琦和杨思齐（2019）选取商业银行资产负债表中的买入返售金融资产项目作为表内影子银行资产的度量指标；肖崎和阮健浓（2014）、范科才等（2022）将商业银行资产负债表中的存放同业、拆出资金、买入返售金融资产三项加总作为影子银行规模的代理变量。综合现有文献，已有研究基于宏观层面刻画影子银行业务的比较多，而从微观层面刻画单个商业银行影子银行业务的较少，且涵盖的影子银行业务活动种类较为有限。随着商业银行影子银行业务的不断创新，其业务模式也越来越复杂，中国影子银行发展早已历经了不同的发展阶段（涂晓枫、李政，2016），商业银行影子银行业务种类不断丰富。通过分析影子银行业务的主要运作模式及其会计处理方式，商业银行从事的影子银行业务活动主要涉及存放同业、拆出资金、交易性金融资产、买入返售金融资产、可供出售金融资产、应收款项类投资等资产负债表内资产以及委托贷款等资产负债表外资产。有鉴于此，本章将这七项会计资产项目进行加总以尽可能详尽地表征商业银行影子银行资产总规模。

控制变量：参考已有研究文献，本部分主要选取资本充足率、杠杆率、成本收入比、存贷比、流动性比率、非利息收入占比、单一最大客户贷款比例、最大十家客户贷款比例、总资产增长率等作为影子银行业务扩张影响商业银行经营绩效实证回归中的控制变量。

（2）变量描述性统计分析

本节对上述所选择的模型变量展开描述性统计分析，表5.2具体呈现了描述性统计分析的结果。可以发现，本节分析的关键变量影子银行资产占比的平均值高达29.10%，表明商业银行从事影子银行资产占比较高；影子银行资产占比最小值仅为2.60%，最大值高达67.70%，凸显了样本间存在较大差异。进一步分样本①来看，不同类型商业银行影子银行业务扩张情况存在明显异质性：城市商业银行的影子银行资产占比中位数最高，为36.20%；全国性股份制商业银行的影子银行资产占比中位数次之，为29.40%；国有大型商业银行的影子银行资产占比中位数最小，为21.60%。由此可见，我国商业银行影子银行资产占比普遍较高，其中城市商业银行影子银行业务扩张最为明显，国有大型商业银行影子银行业务扩张相对谨慎，而全国性股份制商业银行影子银行业务扩张程度居中。对于模型被解释变量以及其他控制变量的描述性统计结果，限于篇幅不做具体分析，详见表5.2。

此外，为检验解释变量之间是否存在多重共线性，本节对解释变量进行线性回归以得到模型所有解释变量的方差膨胀因子（Variance Inflation Factor，VIF）。表5.2最后一列具体呈现了解释变量和控制变量的VIF值，可发现所有变量的VIF值均明显小于10，客观表明了本节实证分析的各回归变量间不存在多重共线性问题。

表5.2 变量描述性统计结果

变量	样本量	均值	标准差	最小值	中位数	最大值	VIF
净资产收益率	387	16.600	0.057	4.180	15.900	40.500	—
总资产回报率	387	0.976	0.251	0.129	0.956	1.898	—
风险承担水平	387	0.028	0.009	0.008	0.027	0.080	—
影子银行资产占比	387	0.291	0.155	0.026	0.279	0.677	1.340
杠杆率	387	6.588	1.355	2.498	6.521	9.397	4.160
资本充足率	387	12.630	1.793	8.220	12.470	17.520	3.530
成本收入比	387	29.200	5.466	18.500	28.680	43.410	1.710
存贷比	387	73.850	11.730	42.840	72.430	105.200	1.940
流动性比率	387	50.470	13.830	27.600	48.880	97.790	1.400
非利息收入占比	387	23.760	9.590	5.990	23.160	48.420	2.090
单一最大客户贷款比例	387	3.720	1.540	1.350	3.460	8.690	3.370
最大十家客户贷款比例	387	20.960	8.564	8.880	18.920	50.520	3.570
总资产增长率	387	16.910	11.120	0.793	13.770	59.610	1.630

---

① 限于篇幅，本节对城市商业银行、全国性股份制商业银行、国有大型商业银行等分样本的描述性统计结果未做列表报告。

第五章 影子银行规模扩张、金融风险承担与风险防范研究

（3）模型构建

影子银行业务扩张对商业银行经营绩效影响的面板回归方程如下所示：

$$ROE_{i,t} = \alpha_0 + \alpha_1 Shadow_{i,t} + \alpha_2 Shadow_{i,t}^2 + A' control_{i,t} + \varepsilon_{i,t} \quad (5.17)$$

$$ROA_{i,t} = \alpha_0 + \alpha_1 Shadow_{i,t} + \alpha_2 Shadow_{i,t}^2 + A' control_{i,t} + \varepsilon_{i,t} \quad (5.18)$$

其中，i 为各家商业银行，t 为时间，$Shadow_{i,t}$ 为各商业银行的影子银行资产占比，$control_{i,t}$ 为控制变量，$\varepsilon_{i,t}$ 为随机扰动项，α_0 为常数项，α_1 为影子银行资产占比一次项回归系数，A' 为控制变量回归系数所构成的行向量系数。为考察商业银行影子银行业务扩张对其经营绩效的非线性影响，本节在式（5.17）、式（5.18）所示的回归方程中进一步引入影子银行资产占比的二次项 $Shadow_{i,t}^2$。

3. 实证结果与分析

（1）基于净资产收益率的回归结果分析

表5.3 具体列出了商业银行影子银行业务扩张对净资产收益率所表征的商业银行经营绩效影响的回归结果。其中，第1列为各变量名称，第2列为所有商业银行的全样本回归结果，第3~5列依次为国有大型商业银行、全国性股份制商业银行、城市商业银行的分样本回归结果。

表5.3 商业银行影子银行业务扩张对其经营绩效影响的回归结果（一）

变量	所有 商业银行	国有大型 商业银行	全国性股份制 商业银行	城市 商业银行
影子银行 资产占比	0.1227** (2.372)	0.9959** (2.191)	0.0923 (1.127)	0.1163*** (3.443)
影子银行 资产占比的平方	-0.3028*** (-3.872)	-2.8050** (-2.687)	-0.2504** (-2.033)	-0.1281** (-2.525)
杠杆率	-0.0213*** (-6.757)	-0.0577*** (-5.355)	-0.0235*** (-3.894)	-0.0042** (-2.073)
资本充足率	-0.0031 (-1.555)	-0.0046 (-0.715)	0.0047 (1.276)	-0.0010 (-0.674)
成本收入比	-0.0021*** (-4.462)	-0.0009 (-0.603)	-0.0027*** (-3.633)	-0.0033*** (-6.923)

续表

变量	所有 商业银行	国有大型 商业银行	全国性股份制 商业银行	城市 商业银行
存贷比	-0.0011*** (-5.068)	0.0007 (0.581)	-0.0020*** (-4.065)	-0.0015*** (-7.250)
流动性比率	-0.0007*** (-4.745)	0.0007 (1.628)	-0.0007** (-2.146)	-0.0003** (-2.410)
非利息收入占比	-0.0005* (-1.778)	0.0003 (0.272)	-0.0005 (-1.226)	-0.0004** (-2.063)
单一最大客户 贷款比例	0.0056*** (2.948)	0.0085*** (2.804)	0.0033 (0.943)	-0.0045** (-2.587)
最大十家客户 贷款比例	-0.0015*** (-3.842)	-0.0033 (-1.573)	-0.0008 (-0.776)	0.0009*** (3.142)
总资产 增长率	0.0006*** (3.115)	-0.0016* (-1.904)	0.0005 (1.546)	0.0002 (0.995)
常数项	0.5321*** (16.579)	0.5666*** (5.711)	0.5507*** (12.675)	0.3620*** (11.059)
观测值	387	55	209	123
R^2	0.594	0.868	0.564	0.733

注：***、**、*分别表示回归系数在1%、5%、10%的水平下显著，括号内为以稳健标准误计算的t值。

a. 全样本回归结果分析

首先分析所有商业银行的全样本回归结果，如表5.3的第2列所示。根据第2列所示的回归结果可知，商业银行影子银行资产占比越高，商业银行经营绩效越好，且这一正向回归结果在5%的水平下显著。进一步分析商业银行影子银行资产占比二次项所示的非线性回归结果，商业银行影子银行资产占比的二次项回归系数在1%的水平下高度显著且与一次项符号相反。这一结果充分表明了影子银行的规模扩张与商业银行的经营业绩之间存在显著的倒U形非线性关系。根据回归结果，可将方程简化为：

$$ROE_{i,t} = -0.3028 \times Shadow_{i,t}^2 + 0.1227 \times Shadow_{i,t} + A^{'}control_{i,t} + 0.5321$$
(5.19)

观察方程（5.19）可知，商业银行影子银行资产占比二次项的系数为负，表明其对被解释变量商业银行经营绩效的影响呈现倒U形演化路径。根据拐点值计算公式，可得出 $-b/2a = -0.1227 / (-0.3028 \times 2) = 0.2026$，即拐点值为 0.2026。这表明，当影子银行资产占比小于 20.26% 的时候，影子银行规模扩张对商业银行的绩效有正向影响。而当影子银行资产占比超过 20.26% 之后，扩大其规模则会降低商业银行的经营业绩。客观而言，我国现在大多数商业银行的影子银行业务规模尚未达到 0.2026 这个关键点。因此，从目前的情况来看，影子银行业务规模的持续增长在一定程度上有利于提高商业银行的经营业绩，这为 2008 年以来中国影子银行业务规模呈爆发式增长提供了合理解释。但本节的研究结果亦表明，若是影子银行业务规模持续迅猛增长超过一定的限度后，反而会损害商业银行的盈利能力。

b. 国有大型商业银行分样本回归结果分析

进一步来看国有大型商业银行的回归结果，如表 5.3 的第 3 列所示。根据第 3 列所示的回归结果可知，国有大型商业银行的影子银行资产占比一次项对其净资产收益率的影响系数在 5% 的水平下显著为正，表明影子银行业务扩张对其经营绩效具有正向促进效应。进一步来看第 3 列所示的非线性回归分析结果，发现影子银行资产占比二次项回归系数在 5% 的水平下显著为负，与一次项系数符号相反。这表明，影子银行资产占比对国有大型商业银行经营绩效的影响存在倒 U 形关系。根据回归结果，可将方程简化为：

$$ROE_{i,t} = -2.8050 \times Shadow_{i,t}^2 + 0.9959 \times Shadow_{i,t} + A'control_{i,t} + 0.5666$$

(5.20)

根据拐点值计算公式，可得出 $-b/2a = -0.9959 / (-2.8050 \times 2) = 0.1775$，即拐点值为 0.1775。亦即，当影子银行资产占比低于 17.75% 时，适当的影子银行业务扩张有利于促进国有大型商业银行的经营绩效提升；但若这一比例超过 17.75%，继续扩张影子银行业务将对国有大型商业银行的经营绩效产生抑制效应。

c. 全国性股份制商业银行分样本回归结果分析

本节继续剖析全国性股份制商业银行的回归结果，如表 5.3 的第 4 列所示。根据第 4 列所示的回归结果，全国性股份制商业银行的影子银行资产占比对其净资产收益率的影响为正,但这一正向影响关系并不显著。进一步来看第4列所示的非线性回归分析结果,发现影子银行资产占比的一次项系数与二次项系数符号相反,其中二次项系数在5%的水平下显著为负。这一结果充分表明了影子银行规模扩张与商业银行的经营业绩之间存在倒U形的非线性关系。根据回归结果,可将方程简化为:

$$ROE_{i,t} = -0.2504 \times Shadow_{i,t}^2 + 0.0923 \times Shadow_{i,t} + A'control_{i,t} + 0.5507$$
(5.21)

如式(5.21)所示,影子银行资产占比的二次项系数为负,说明其对被解释变量的影响路径呈倒U形。根据拐点值计算公式,可求得$-b/2a$ = $-0.0923/(-0.2504\times2)$ = 0.1843。这表明,对全国性股份制商业银行而言,当影子银行资产占比小于18.43%时,适度的影子银行规模扩张有利于净资产收益率提升,但这一提升效应不具有统计意义上的显著性;当影子银行资产占比超过18.43%时,影子银行业务扩张则会显著降低全国性股份制商业银行的净资产收益率。

d. 城市商业银行分样本回归结果分析

最后来看城市商业银行的回归结果,如表5.3的第5列所示。根据第5列所示的回归结果可知,城市商业银行的影子银行资产占比一次项对其净资产收益率的影响系数在1%的水平下显著为正,表明影子银行业务扩张对其经营绩效具有显著正向促进效应。进一步来看第5列所示的非线性回归分析结果,发现影子银行资产占比二次项回归系数在5%的水平下显著为负,与一次项系数符号相反。这表明,影子银行资产占比对城市商业银行经营绩效的影响存在倒U形关系。根据回归结果,可将方程简化为:

$$ROE_{i,t} = -0.1281 \times Shadow_{i,t}^2 + 0.1163 \times Shadow_{i,t} + A'control_{i,t} + 0.3620$$
(5.22)

根据拐点值计算公式,可得出$-b/2a$ = $-0.1163/(-0.1281\times2)$ = 0.4539,即拐点值为0.4539。亦即,当影子银行资产占比低于45.39%时,适当的影子银行业务扩张有利于促进城市商业银行的经营绩效提升;但若这一比例超过45.39%,继续扩张影子银行业务将对城市商业银行的经营绩效产生抑制效应。客观而言,现阶段我国城市商业银行影子银行资

第五章 影子银行规模扩张、金融风险承担与风险防范研究

产占比明显低于这一拐点,影子银行业务扩张有利于提升其经营绩效,这也是城市商业银行快速扩张影子银行业务的现实原因。

(2) 基于总资产回报率的回归结果分析

表 5.4 具体刻画了商业银行影子银行业务扩张对总资产回报率所表征的商业银行经营绩效影响的回归结果。同表 5.3,第 1 列为各变量名称,第 2 列为所有商业银行的全样本回归结果,第 3~5 列依次为国有大型商业银行、全国性股份制商业银行、城市商业银行的分样本回归结果。

根据表 5.4 所示的回归分析结果,无论是基于所有商业银行的全样本回归分析,还是基于国有大型商业银行、全国性股份制商业银行抑或城市商业银行的分样本回归分析,影子银行资产占比一次项对其总资产回报率的影响均为正,并至少在 5% 的水平下具有统计意义上的显著性。这表明,商业银行影子银行业务扩张能引致其总资产回报率增加,影子银行业务扩张对商业银行经营绩效的正向促进效应具有较强的稳健性。进一步来看表 5.4 所示的非线性回归结果,可知影子银行资产占比的一次项系数与二次项系数符号相反,且二次项系数也至少在 5% 的水平下显著。这一结果再次表明了影子银行的规模扩张与商业银行的经营业绩之间存在倒 U 形的非线性关系。根据表 5.4 第 2~5 列所示的回归结果,可将总样本以及各分样本回归方程依次简化为:

$$ROA_{i,t} = -2.2224 \times Shadow_{i,t}^2 + 1.0306 \times Shadow_{i,t} + A^{'}control_{i,t} + 2.4080$$
(5.23)

$$ROA_{i,t} = -15.7763 \times Shadow_{i,t}^2 + 6.0773 \times Shadow_{i,t} + A^{'}control_{i,t} + 3.1835$$
(5.24)

$$ROA_{i,t} = -1.9206 \times Shadow_{i,t}^2 + 0.7823 \times Shadow_{i,t} + A^{'}control_{i,t} + 2.4681$$
(5.25)

$$ROA_{i,t} = -1.2935 \times Shadow_{i,t}^2 + 0.9865 \times Shadow_{i,t} + A^{'}control_{i,t} + 1.7014$$
(5.26)

根据拐点值计算公式 ($-b/2a$),可求得商业银行影子银行业务扩张对其总资产回报率非线性影响的拐点值分别为 0.2319、0.1926、0.2037、0.3813。其中,城市商业银行的拐点值最高,国有大型商业银行的拐点值最低,全国性股份制商业银行的拐点值居中。这一方面表

明，当商业银行影子银行资产占比分别超过上述拐点值时，其影子银行业务继续扩张将对总资产回报率产生显著抑制影响。另一方面也显现出，城市商业银行影子银行业务扩张倾向相对更加明显，其影子银行业务扩张带来的经营绩效促进效应持续时间更长；国有大型商业银行影子银行业务扩张相对更加审慎，其影子银行业务扩张带来的经营绩效促进效应持续时间最短；全国性股份制商业银行则处于中间水平。这与前文描述性统计关于商业银行影子银行业务扩张情况的分析结果相符：城市商业银行的影子银行资产占比中位数最高，全国性股份制商业银行的影子银行资产占比中位数次之，国有大型商业银行的影子银行资产占比中位数最小。客观而言，国有大型商业银行在政策、资金实力、人才配备、产品种类、服务多样化以及全球化布局等多方面具有明显优势，以至于其无论在客户质量还是业务数量方面均优于城市商业银行，单纯基于传统商业银行业务便能实现较高收益率，影子银行业务对其收益的提升效应有限，进而促使国有大型商业银行的影子银行业务扩张意愿在三类银行中最低。而资金实力较弱、业务模式相对单一的城市商业银行盈利增长对以影子银行业务扩张为代表的非传统银行业务依赖度较高，使其在三类银行中更愿意开展影子银行业务活动。

整体而言，无论是基于净资产收益率进行回归，还是基于总资产回报率展开进一步验证，商业银行影子银行业务扩张均有利于促进其经营绩效增加，但这一正向促进效应会在达到某一临界点后逐渐式微，并对其经营绩效产生负面影响。

表 5.4 商业银行影子银行业务扩张对其经营绩效影响的回归结果（二）

变量	所有 商业银行	国有大型 商业银行	全国性股份制 商业银行	城市 商业银行
影子银行 资产占比	1.0306 *** (3.838)	6.0773 ** (2.182)	0.7823 ** (2.090)	0.9865 *** (4.038)
影子银行 资产占比的平方	-2.2224 *** (-5.282)	-15.7763 ** (-2.467)	-1.9206 *** (3.246)	-1.2935 *** (-3.762)
杠杆率	0.0224 (1.388)	-0.2446 *** (-3.610)	0.0362 (1.225)	0.0866 *** (5.528)

续表

变量	所有商业银行	国有大型商业银行	全国性股份制商业银行	城市商业银行
资本充足率	-0.0137 (-1.214)	-0.0273 (-0.669)	0.0268 (1.433)	0.0056 (0.439)
成本收入比	-0.0168*** (-6.594)	-0.0154 (-1.564)	-0.0169*** (-4.410)	-0.0286*** (-6.899)
存贷比	-0.0093*** (-7.526)	0.0036 (0.536)	-0.0167*** (-7.559)	-0.0098*** (-6.634)
流动性比率	-0.0048*** (-5.903)	0.0040 (1.605)	-0.0051*** (-3.266)	-0.0034*** (-3.435)
非利息收入占比	0.0001 (0.069)	-0.0010 (-0.136)	0.0020 (1.016)	-0.0035** (-2.114)
单一最大客户贷款比例	0.0361*** (3.450)	0.0687*** (3.388)	0.0221 (1.299)	-0.0237* (-1.916)
最大十家客户贷款比例	-0.0101*** (-4.598)	-0.0274** (-2.053)	-0.0056 (-1.074)	0.0055** (2.440)
总资产增长率	0.0016* (1.652)	-0.0140*** (-2.713)	-0.0001 (-0.056)	0.0002 (0.198)
常数项	2.4080*** (13.528)	3.1835*** (5.198)	2.4681*** (10.875)	1.7014*** (7.106)
观测值	387	55	209	123
R^2	0.371	0.698	0.347	0.560

注：***、**、*分别表示回归系数在1%、5%、10%的水平下显著，括号内为以稳健标准误计算的t值。

（二）影子银行业务扩张对商业银行风险承担的影响分析

1. 变量选取与模型构建

为不失一般性，本节关于影子银行业务扩张对商业银行风险承担影响分析所选取的关键解释变量及控制变量与前文保持一致，且同样选取26家上市商业银行2007~2020年半年度数据作为回归分析样本。

对于被解释变量，周再清等（2017）指出，净贷款/总资产、不良贷款率和贷款损失准备率等商业银行风险指标仅反映了商业银行的信用风险，不足以全面衡量银行的风险承担水平；而风险加权资产比例指标中同业资产风险权重偏低，以致商业银行承担的真实风险水平被严重低估，因此不宜将其作为银行风险承担的代理变量。与此同时，部分文献采用股价波动率和股票收益波动率作为风险度量指标，但由于本章数据为半年度的低频数据，而股价波动率和股票收益波动率更适合对高频数据的风险刻画，其对本章商业银行风险承担水平的刻画效果较差。Z值衡量的是商业银行潜在的破产风险，可以用来反映银行承担的整体风险。有鉴于此，本章参照Laeven和Levine（2009）、潘敏和魏海瑞（2015）、周再清等（2017）、李淑萍和徐英杰（2020）的研究，采用Z值测度商业银行风险承担水平。Z值的计算公式为：

$$Z_{i,t} = \frac{ROA_{i,t} + CAR_{i,t}}{\sigma(ROA_{i,t})} \tag{5.27}$$

$$Risk_{i,t} = 1/Z_{i,t} \tag{5.28}$$

其中，$ROA_{i,t}$为商业银行总资产回报率，$CAR_{i,t}$为商业银行资本资产比率，$\sigma(ROA_{i,t})$为商业银行总资产回报率的标准差，$Risk_{i,t}$刻画了商业银行风险承担水平。$Z_{i,t}$即为商业银行总资产回报率与资本资产比率之和与总资产回报率标准差的比值，其与商业银行系统性成正比，与商业银行风险承担水平成反比。为此，商业银行风险承担水平$Risk_{i,t}$为$Z_{i,t}$的倒数。

基于上述变量设定，影子银行业务扩张对商业银行风险承担影响的面板模型遵循如下形式：

$$Risk_{i,t} = \beta_0 + \beta_1 Shadow_{i,t} + \beta_2 Shadow_{i,t}^2 + B'control_{i,t} + \xi_{i,t} \tag{5.29}$$

其中，$\xi_{i,t}$为随机扰动项，β_0为模型常数项，β_1为影子银行资产占比一次项回归系数，B'为控制变量回归系数所构成的行向量系数。同样，为考察商业银行影子银行业务扩张对其风险承担水平的非线性影响，本节进一步引入影子银行资产占比的二次项$Shadow_{i,t}^2$，β_2即为影子银行资产占比二次项回归系数。

2. 实证结果与分析

表5.5具体刻画了商业银行影子银行业务扩张对以Z值衡量的商业银行风险承担水平的回归结果。同前文所述，第1列为各变量名称，第2列为所有商业银行的全样本回归结果，第3~5列依次为国有大型

商业银行、全国性股份制商业银行、城市商业银行的分样本回归结果。

(1) 全样本回归结果分析

表 5.5 第 2 列具体刻画了所有商业银行的全样本回归结果。可发现,商业银行影子银行资产占比一次项对其风险承担水平的影响系数为正,且在 1% 的统计水平下具有显著性。这表明商业银行影子银行业务扩张会导致其风险承担水平上升,商业银行稳定性下降。进一步来看第 2 列所示的非线性回归分析结果,发现影子银行资产占比二次项回归系数在 1% 的水平下显著为负,与一次项系数符号相反。这表明,影子银行资产占比对商业银行风险承担的影响存在倒 U 形关系。这主要是因为,影子银行资产占比不断攀升会促使政府监管部门及银行内部风控部门日渐意识到影子银行业务产生的风险承担影响,由此推动监管部门强化监管和银行内部加强风控管理,进而使得影子银行资产达到一定比例后更趋规范发展,风险承担的加剧效应由此逐渐衰减。根据回归结果,可将方程简化为:

$$Risk_{i,t} = -0.0555 Shadow_{i,t}^2 + 0.0283 Shadow_{i,t} + B^{'} control_{i,t} + 0.0756 \quad (5.30)$$

根据拐点值计算公式,可得出 $-b/2a = -0.0283/(-0.0555 \times 2) = 0.2550$,即拐点值为 0.2550。亦即,当影子银行资产占比低于 25.50% 时,影子银行业务扩张将会导致商业银行的风险承担水平上升,但若这一比例超过 25.50%,该边际风险强化效应会逐渐衰减。

(2) 国有大型商业银行分样本回归结果分析

表 5.5 第 3 列具体刻画了国有大型商业银行的分样本回归结果。可发现,国有大型商业银行影子银行资产占比一次项对其风险承担水平的影响系数为正,但不具有显著性。进一步来看第 3 列所示的非线性回归分析结果,发现影子银行资产占比二次项回归系数在 5% 的水平下显著为负,与一次项系数符号相反。这表明,影子银行资产占比对国有大型商业银行风险承担的影响存在倒 U 形关系。根据回归结果,可将方程简化为:

$$Risk_{i,t} = -0.4411 Shadow_{i,t}^2 + 0.1181 Shadow_{i,t} + B^{'} control_{i,t} + 0.0794 \quad (5.31)$$

根据拐点值计算公式,可得出 $-b/2a = -0.1181/(-0.4411 \times 2) =$

0.1339，即拐点值为 0.1339。亦即，当影子银行资产占比低于 13.39% 时，影子银行业务扩张将会明显导致国有大型商业银行的风险承担水平上升，但若这一比例超过 13.39%，该边际风险强化效应会逐渐衰减。

(3) 全国性股份制商业银行分样本回归结果分析

表 5.5 第 4 列具体刻画了全国性股份制商业银行的分样本回归结果。可发现，全国性股份制商业银行影子银行资产占比一次项对其风险承担水平的影响系数为正，且在 1% 的统计水平下显著。这表明全国性股份制商业银行影子银行业务扩张会对其稳定性产生明显负向冲击，加重其风险承担。进一步来看第 4 列所示的非线性回归分析结果，发现影子银行资产占比二次项回归系数在 1% 的水平下显著为负，与一次项系数符号相反。这表明，影子银行资产占比对全国性股份制商业银行风险承担的影响存在倒 U 形关系。根据回归结果，可将方程简化为：

$$Risk_{i,t} = -0.0913 Shadow_{i,t}^2 + 0.0513 Shadow_{i,t} + B^{'} control_{i,t} + 0.0870 \quad (5.32)$$

根据拐点值计算公式，可得出 $-b/2a = -0.0513/(-0.0913 \times 2) = 0.2809$，即拐点值为 0.2809。亦即，当影子银行资产占比低于 28.09% 时，影子银行业务扩张会明显导致全国性股份制商业银行的风险承担水平上升，但若这一比例超过 28.09%，该边际风险强化效应会逐渐衰减。

(4) 城市商业银行分样本回归结果分析

表 5.5 第 5 列具体刻画了城市商业银行的分样本回归结果。可发现，城市商业银行影子银行资产占比一次项对其风险承担水平的影响系数为正，且在 1% 的统计水平下显著。这表明城市商业银行影子银行业务扩张会对其稳定性产生明显负向冲击，加重其风险承担。进一步来看第 5 列所示的非线性回归分析结果，发现影子银行资产占比二次项回归系数在 5% 的水平下显著为负，与一次项系数符号相反。这表明，影子银行资产占比对城市商业银行风险承担的影响存在倒 U 形关系。根据回归结果，可将方程简化为：

$$Risk_{i,t} = -0.0414 Shadow_{i,t}^2 + 0.0361 Shadow_{i,t} + B^{'} control_{i,t} + 0.0424 \quad (5.33)$$

根据拐点值计算公式，可得出 $-b/2a = -0.0361/(-0.0414 \times 2) = 0.4360$，即拐点值为 0.4360。亦即，当影子银行资产占比低于 43.60%

时，影子银行业务扩张将会明显导致城市商业银行的风险承担水平上升，但若这一比例超过43.60%，该边际风险强化效应会逐渐衰减。

将影子银行业务扩张对风险承担水平非线性影响的拐点值进行分样本比较，可发现国有大型商业银行的拐点值最小，全国性股份制商业银行居中，而城市商业银行最大。这主要是因为国有大型商业银行的风险控制意识及能力较强，以致其在影子银行业务扩张的同时会及时规范影子银行业务、加强业务合规管理，进而使得国有大型商业银行影子银行业务扩张产生的风险强化效应持续时间较短，表现为影子银行资产占比的拐点值在三类银行中最小。而城市商业银行在经营规范性、风险控制意识以及能力等方面相对差于国有大型商业银行和全国性股份制商业银行，以致其影子银行业务扩张产生的风险强化效应持续时间最长，表现为影子银行资产占比的拐点值在三类银行中最大。

表 5.5　商业银行影子银行业务扩张对其风险承担影响的回归结果

变量	所有商业银行	国有大型商业银行	全国性股份制商业银行	城市商业银行
影子银行资产占比	0.0283 *** (2.781)	0.1181 (1.456)	0.0513 *** (3.581)	0.0361 *** (2.960)
影子银行资产占比的平方	-0.0555 *** (-3.370)	-0.4411 ** (-2.242)	-0.0913 *** (-4.005)	-0.0414 ** (-2.318)
杠杆率	-0.0025 *** (-3.793)	-0.0089 *** (-6.819)	-0.0031 *** (-2.983)	-0.0007 (-1.020)
资本充足率	-0.0007 * (-1.761)	0.0000 (0.021)	-0.0012 * (-1.807)	0.0002 (0.405)
成本收入比	-0.0004 *** (-3.067)	0.0001 (0.286)	-0.0004 ** (-2.194)	-0.0005 *** (-3.358)
存贷比	-0.0001 *** (-3.337)	0.0002 (0.812)	-0.0001 (-0.780)	-0.0002 *** (-3.880)
流动性比率	-0.0000 (-1.241)	-0.0002 *** (-3.455)	-0.0002 *** (-3.290)	0.0001 *** (3.416)
非利息收入占比	-0.0001 (-0.864)	0.0005 *** (3.208)	-0.0000 (-0.036)	-0.0001 ** (-2.154)
单一最大客户贷款比例	0.0009 ** (2.206)	0.0023 *** (3.917)	0.0020 *** (2.738)	-0.0010 * (-1.722)

续表

变量	所有商业银行	国有大型商业银行	全国性股份制商业银行	城市商业银行
最大十家客户贷款比例	-0.0003 *** (-3.787)	-0.0014 *** (-3.792)	-0.0007 *** (-3.520)	0.0002 ** (2.112)
总资产增长率	0.0002 *** (2.894)	0.0006 *** (3.745)	0.0002 ** (2.185)	0.0001 (1.524)
常数项	0.0756 *** (9.254)	0.0794 *** (4.372)	0.0870 *** (8.363)	0.0424 *** (3.528)
观测值	387	55	209	123
R^2	0.390	0.794	0.396	0.556

注：***、**、*分别表示回归系数在1%、5%、10%的水平下显著，括号内为以稳健标准误计算的t值。

（三）稳健性检验

为验证影子银行业务扩张对商业银行经营绩效与风险承担影响效应的稳健性，本节采用内生性处理以及更换计量回归模型两种方式进行稳健性检验。

1. 基于内生性处理的再回归检验

大部分经济变量存在不同程度的内生性问题，内生性问题的存在无疑会导致实证回归结果存在偏误。为此，本节采用两阶段最小二乘法（2SLS）解决模型回归变量间可能存在的内生性问题，表5.6具体报告了第一阶段与第二阶段回归的结果。首先，取影子银行资产占比及其平方的滞后一期分别作为各自的工具变量，据此展开第一阶段回归。如表5.6第（1）列和第（2）列所示，影子银行资产占比及其平方的滞后一期对其各自的影响系数均在1%的水平下显著为正，表明工具变量选择合适。通过第一阶段回归，即可得到基于工具变量的影子银行资产占比及其平方的拟合值。其次，将商业银行净资产收益率、总资产回报率以及风险承担水平三大被解释变量分别对基于工具变量得到的影子银行资产占比及其平方的拟合值进行回归，据此展开第二阶段回归。根据表5.6的第（3）~（5）列，可发现影子银行资产占比的一次项系数均显著为正，二次项系数均显著为负，这表明在控制潜在的内生性问题后本章的主要结论依然稳健。

表 5.6　两阶段最小二乘法（2SLS）回归结果

变量	(1) 影子银行资产占比	(2) 影子银行资产占比平方	(3) 净资产收益率	(4) 总资产回报率	(5) 风险承担水平
	第一阶段回归		第二阶段回归		
影子银行资产占比滞后项	0.8840*** (8.734)	0.0685 (0.963)			
影子银行资产占比平方滞后项	−0.0986 (−0.607)	0.6931*** (5.603)			
影子银行资产占比			0.1423** (2.009)	1.1996*** (3.141)	0.0361*** (2.798)
影子银行资产占比平方			−0.3765*** (−3.446)	−2.7683*** (−4.496)	−0.0721*** (−3.377)
杠杆率	0.0014 (0.221)	0.0020 (0.435)	−0.0225*** (−6.683)	0.0204 (1.148)	−0.0028*** (−3.994)
资本充足率	−0.0042 (−0.924)	−0.0042 (−1.325)	−0.0036* (−1.725)	−0.0168 (−1.391)	−0.0007 (−1.586)
成本收入比	0.0009 (0.956)	−0.0001 (−0.159)	−0.0021*** (−3.952)	−0.0166*** (−5.870)	−0.0004*** (−2.850)
存贷比	−0.0012** (−2.415)	−0.0008*** (−2.712)	−0.0013*** (−5.595)	−0.0109*** (−8.290)	−0.0001*** (−3.286)
流动性比率	−0.0001 (−0.148)	−0.0001 (−0.255)	−0.0006*** (−4.111)	−0.0043*** (−5.096)	−0.0000 (−1.087)
非利息收入占比	0.0005 (0.726)	0.0003 (0.708)	−0.0004 (−1.396)	0.0008 (0.500)	−0.0001 (−0.915)
单一最大客户贷款比例	0.0103** (2.217)	0.0058* (1.659)	0.0064*** (3.278)	0.0396*** (3.600)	0.0009** (2.420)
最大十家客户贷款比例	−0.0017* (−1.936)	−0.0010 (−1.568)	−0.0016*** (−3.935)	−0.0106*** (−4.450)	−0.0003*** (−3.785)
总资产增长率	0.0011*** (2.619)	0.0007*** (2.646)	0.0005** (2.278)	0.0012 (1.153)	0.0002*** (2.714)
常数项	0.1083* (1.719)	0.0946** (2.417)	0.5636*** (16.943)	2.5571*** (13.563)	0.0776*** (8.770)
观测值	387	387	387	387	387
R^2	0.769	0.741	0.595	0.359	0.408

注：***、**、* 分别表示回归系数在 1%、5%、10% 的水平下显著，括号内为以稳健标准误计算的 t 值。

2. 基于门限面板模型的再回归检验

为充分验证主要研究结论的稳健性，本节采用更换计量回归模型的方法展开进一步检验。具体而言，本节采用门限面板回归模型替换基于二次项的非线性面板回归模型，重新检验影子银行业务扩张究竟如何影响商业银行的经营绩效以及风险承担水平。本节首先选取单门限回归模型（设定单一门槛值）展开探究，以此检验商业银行影子银行资产占比对商业银行经营绩效以及风险承担水平的影响是否存在显著的非线性关系。单门限面板模型回归结果如表 5.7 所示，第（1）~（3）列依次呈现了以影子银行资产占比（Sd）为门限变量展开的对净资产收益率、总资产回报率、风险承担水平三大被解释变量的单门限回归结果。可发现，当影子银行资产占比低于 0.247 的临界值时，影子银行业务扩张对商业银行净资产收益率的影响系数显著为正，而当影子银行资产占比大于等于 0.247 的临界值时，影子银行业务扩张对商业银行净资产收益率的影响系数显著为负；当影子银行资产占比低于 0.275 的临界值时，影子银行业务扩张对商业银行总资产回报率的影响系数显著为正，而当影子银行资产占比大于等于 0.275 的临界值时，影子银行业务扩张对商业银行总资产回报率的影响系数显著为负；当影子银行资产占比低于 0.351 的临界值时，影子银行业务扩张对商业银行风险承担水平的影响系数显著为正，而当影子银行资产占比大于等于 0.351 的临界值时，影子银行业务扩张对商业银行风险承担水平的影响系数显著为负。由此可见，影子银行业务扩张与商业银行经营绩效以及风险承担水平存在显著的非线性影响关系。

表 5.7 基于单门限面板模型的回归结果

变量	(1) ROE		(2) ROA		(3) Risk	
影子银行资产占比（门限变量）	$Sd < 0.247$	0.1186*** (2.614)	$Sd < 0.275$	0.5057** (2.326)	$Sd < 0.351$	0.0153*** (2.777)
	$Sd \geq 0.247$	-0.1362*** (-5.353)	$Sd \geq 0.275$	-1.1159*** (-6.887)	$Sd \geq 0.351$	-0.0202** (-2.567)
杠杆率		-0.0205*** (-6.475)		0.0252 (1.583)		-0.0023*** (-3.602)

续表

变量	(1) ROE	(2) ROA	(3) Risk
资本充足率	-0.0038* (-1.911)	-0.0157 (-1.398)	-0.0008** (-2.066)
成本收入比	-0.0021*** (-4.399)	-0.0179*** (-6.810)	-0.0004*** (-3.387)
存贷比	-0.0010*** (-4.563)	-0.0091*** (-7.537)	-0.0001*** (-3.271)
流动性比率	-0.0007*** (-4.849)	-0.0050*** (-6.249)	-0.0000 (-1.423)
非利息收入占比	-0.0005* (-1.766)	0.0002 (0.152)	-0.0000 (-0.721)
单一最大客户贷款比例	0.0048** (2.531)	0.0340*** (3.298)	0.0008** (2.098)
最大十家客户贷款比例	-0.0014*** (-3.668)	-0.0100*** (-4.632)	-0.0003*** (-3.763)
总资产增长率	0.0007*** (3.218)	0.0018* (1.822)	0.0002*** (3.023)
常数项	0.5807*** (16.020)	2.9361*** (13.656)	0.0865*** (8.969)
观测值	387	387	387
R^2	0.599	0.385	0.399

注：***、**、*分别表示回归系数在1%、5%、10%的水平下显著，括号内为以稳健标准误计算的t值。

为进一步确认这一非线性影响关系是否仅为倒U形影响关系，本节采用双门限面板模型（设定双重门槛值）再次进行回归分析，回归结果如表5.8所示。可以发现，当设定两个门槛值进行回归时，影子银行资产占比低于第一个门槛值时对被解释变量的影响均显著为正，介于两个门槛值之间时对被解释变量的影响转为显著为负，大于等于第二个门槛值时对三大被解释变量的影响不具有统计显著性。这再次表明，影子银行业务扩张对商业银行经营绩效以及风险承担水平的非线性影响关系即为倒U形影响关系，该非线性影响主要表现为单一门槛效应，双重门槛效应并不显著。

表5.8 基于双门限面板模型的回归结果

变量		(1) ROE		(2) ROA		(3) Risk
影子银行资产占比（门限变量）	Sd < 0.236	0.1284 *** (2.680)	Sd < 0.322	0.5296 *** (2.872)	Sd < 0.326	0.0212 *** (3.019)
	0.236 ≤ Sd < 0.451	−0.1086 ** (−2.543)	0.322 ≤ Sd < 0.478	−1.3730 *** (−2.764)	0.326 ≤ Sd < 0.455	−0.0353 ** (−2.319)
	Sd ≥ 0.451	−0.0755 (−1.236)	Sd ≥ 0.478	−0.2494 (−0.647)	Sd ≥ 0.455	0.0077 (0.530)
杠杆率		−0.0209 *** (−6.499)		0.0260 (1.627)		−0.0023 *** (−3.542)
资本充足率		−0.0038 * (−1.866)		−0.0166 (−1.439)		−0.0009 ** (−2.182)
成本收入比		−0.0021 *** (−4.445)		−0.0182 *** (−6.765)		−0.0004 *** (−3.523)
存贷比		−0.0010 *** (−4.480)		−0.0091 *** (−7.330)		−0.0001 *** (−3.006)
流动性比率		−0.0007 *** (−4.850)		−0.0052 *** (−6.479)		−0.0000 * (−1.770)
非利息收入占比		−0.0005 * (−1.752)		0.0003 (0.232)		−0.0000 (−0.728)
单一最大客户贷款比例		0.0048 ** (2.494)		0.0335 *** (3.215)		0.0007 * (1.814)
最大十家客户贷款比例		−0.0014 *** (−3.673)		−0.0100 *** (−4.628)		−0.0003 *** (−3.651)
总资产增长率		0.0006 *** (3.111)		0.0017 * (1.774)		0.0002 *** (3.034)
常数项		0.5482 *** (11.476)		2.4663 *** (8.228)		0.0713 *** (5.930)
观测值		387		387		387
R^2		0.599		0.388		0.407

注：***、**、* 分别表示回归系数在1%、5%、10%的水平下显著，括号内为以稳健标准误计算的 t 值。

第三节 影子银行规模扩张对金融风险承担的影响研究：基于宏观视角

鉴于上述微观视角的研究仅考虑到商业银行的影子银行业务活动，

且针对的是商业银行个体风险承担，为增强研究的系统性和全面性，本部分进一步从宏观视角探究整体影子银行规模演变对宏观系统性金融风险的影响。本部分的主要研究内容分两步展开：一是基于多重经济金融变量时序数据采用主成分分析法构建系统性金融风险指数；二是构建时变参数向量自回归模型实证检验影子银行规模演变对系统性金融风险演化的影响。

一 系统性金融风险指数的测算

基于中国经济与金融运行实践，本节主要选取宏观经济、信贷市场、资本市场、外汇市场、房地产市场、银行间同业拆借市场、债券市场等7个维度的指标数据，通过构建主成分分析模型提取7个维度指标的主成分信息，据此测算我国系统性金融风险的综合水平。

1. 指标构成及数据来源

综合考虑指标的代表性和数据可得性，本节构建7个维度共计14个指标的系统性金融风险指标库，具体如表5.9所示。

（1）宏观经济维度

工业增加值同比增速：该指标反映实体经济发展的景气程度，工业增加值同比增速越高，实体经济发展越强劲。工业增加值同比增速指标越大，表明宏观经济越发"脱虚向实"，进而缓解系统性金融风险积聚，因此属于系统性金融风险的反向指标。指标数据来源于中经网统计数据库。

CPI通货膨胀率：该指标刻画商品与服务的价格上涨水平，CPI通货膨胀率上升会加剧系统性金融风险积聚，因此属于系统性金融风险的正向指标。指标数据来源于中经网统计数据库。

（2）信贷市场维度

贷款与存款增速缺口：该指标刻画金融机构信贷扩张情况，等于金融机构各项贷款同比增长率与金融机构各项存款同比增长率之差，其数值越高表示信贷扩张越快，容易导致系统性金融风险增大，因此属于系统性金融风险的正向指标。指标数据来源于Wind金融资讯数据库。

中长期贷款占比：该指标为中长期贷款占总贷款的比例，反映信贷市场流动性状况。该指标数值越大，表明信贷市场潜在的流动性风险越严重，因此属于系统性金融风险的正向指标。指标数据来源于 Wind 金融资讯数据库。

（3）资本市场维度

股票成交额与成交量之比：该指标刻画股票市场价格波动水平，数值越大反映股票类资产泡沫越严重，因此属于系统性金融风险的正向指标。指标数据来源于 Wind 金融资讯数据库。

期货成交额与成交量之比：该指标刻画期货市场价格波动水平，数值越大反映期货类资产泡沫越严重，因此亦属于系统性金融风险的正向指标。指标数据来源于 Wind 金融资讯数据库。

（4）外汇市场维度

人民币实际有效汇率指数：该指标刻画汇率波动水平，人民币实际有效汇率指数越高表明本币升值越明显，一方面会造成经常账户逆差，另一方面会刺激热钱涌入，因此属于系统性金融风险的正向指标。指标数据来源于国家统计局。

外汇储备同比增速：该指标刻画外汇储备增长情况，外汇储备规模越大，反映其抵御风险的能力越强，因此属于系统性金融风险的反向指标。指标数据来源于国家统计局。

（5）房地产市场维度

商业性房地产贷款余额同比增速：该指标刻画信贷资金涌入房地产市场的程度，房地产贷款余额增速越快反映房地产市场"吸金"效应越明显，金融资源"脱实向虚"越严重，因此属于系统性金融风险的正向指标。指标数据来源于 Wind 金融资讯数据库。

商品房销售价格同比增速：该指标反映房地产市场价格波动水平，增速越快反映房地产泡沫化趋势越明显，高房价带来的高收益率会加速资金流动性的"脱实向虚"演化，因此属于系统性金融风险的正向指标。指标数据来源于 Wind 金融资讯数据库。

（6）银行间同业拆借市场维度

7天期银行间同业拆借加权平均利率：该指标反映银行间货币市场流动性短缺程度，也即短期资金供求关系。银行间同业拆借加权平均利率越高，表明资金供求关系越紧张，流动性短缺问题越严重，因此属于系统性金融风险的正向指标。指标数据来源于中经网统计数据库。

SHIBOR-LIBOR 1 月期利率差：该指标为 1 月期 SHIBOR 利率与 1 月期 LIBOR 利率的差额，也即国内外短期利率（收益率）之差。利差越大，表明中国资本与金融市场套利空间越大，进而短期吸引热钱或游资涌入，因此属于系统性金融风险的正向指标。指标数据来源于中经网统计数据库。

（7）债券市场维度

中债综合指数增长率：该指标反映投资者对债券市场的青睐程度，一般投资者在金融市场其他资产风险较大时更为青睐债券市场投资。数值越高反映债券市场越繁荣，因此属于系统性金融风险的正向指标。指标数据来源于 Wind 金融资讯数据库。

1 年期国债收益率：该指标反映货币资金流动性松紧状况，国债收益率越高，反映市场流动性越不足，因此属于系统性金融风险的正向指标。指标数据来源于 Wind 金融资讯数据库。

表 5.9 系统性金融风险指标库

维度	指标编号	指标名称	与 SFRI 的关系
宏观经济	X1	工业增加值同比增速	反向
	X2	CPI 通货膨胀率	正向
信贷市场	X3	贷款与存款增速缺口	正向
	X4	中长期贷款占比	正向
资本市场	X5	股票成交额与成交量之比	正向
	X6	期货成交额与成交量之比	正向
外汇市场	X7	人民币实际有效汇率指数	正向
	X8	外汇储备同比增速	反向
房地产市场	X9	商业性房地产贷款余额同比增速	正向
	X10	商品房销售价格同比增速	正向
银行间同业拆借市场	X11	7 天期银行间同业拆借加权平均利率	正向
	X12	SHIBOR-LIBOR 1 月期利率差	正向
债券市场	X13	中债综合指数增长率	正向
	X14	1 年期国债收益率	正向

注：SFRI 表示系统性金融风险指数。

2. 系统性金融风险综合指数的构建

基于上述系统性金融风险指标库构成，采用极差法对所有子指标进行数据标准化处理，并对其中的反向指标做正向处理。在此基础上，采用主成分分析方法将上述具有相关关系的诸多指标转化为多个含有所有指标信息的主成分，最后遴选有效主成分进行加权以计算系统性金融风险指数（Systematic Financial Risk Index，SFRI）。

（1）KMO 检验和 Bartlett 球形检验

在做主成分分析之前，首先应对数据指标进行 Kaiser-Meyer-Olkin 抽样充分性检验以及 Bartlett 球形检验，据此判断所选取的指标是否适合进行主成分分析。如表 5.10 所示，本章 Kaiser-Meyer-Olkin 抽样充分性检验结果为 0.643，大于 0.6，表明所选取变量间的相关性较强，适合做主成分分析。此外，Bartlett 球形检验 p 值显示在 1% 的水平下显著，表明所选取变量之间存在共线性问题，即需要进行主成分分析。

表 5.10　KMO 检验和 Bartlett 球形检验结果

Kaiser-Meyer-Olkin 抽样充分性检验		0.643
Bartlett 球形检验	近似卡方	1530.851
	自由度	91
	p 值	0.000

（2）主成分提取

采用 Stata 15.1 软件对包含 7 个维度信息的 14 个子指标数据库进行主成分分析，图 5.2 具体呈现了所提取公因子特征值大小，表 5.11 则呈现了公因子提取的结果。由图 5.2 呈现的碎石图可发现，14 个公因子中仅有前五个公因子的特征值大于 1，从第六个公因子开始均小于 1，此后的公因子解释力不及原变量。由表 5.11 所呈现的方差解释结果可发现，第一个公因子可解释 29.90% 的总体信息，第二个公因子可解释 18.36% 的总体信息，第三个公因子可解释 10.72% 的总体信息，第四个公因子可解释 8.71% 的总体信息，第五个公因子可解释 7.75% 的总体信息，前五个公因子合计可解释 75.44% 的总体信息。有鉴于此，前五个公因子对总体信息具有较好的解释力,此亦表明应当提取的有效主成分为 5 个主成分。

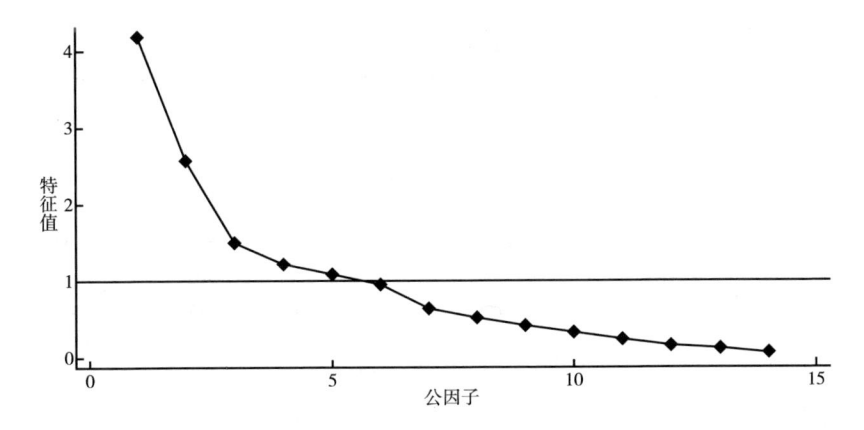

图 5.2 提取公因子特征值的碎石图

表 5.11 公因子提取的特征值及解释方差

成分	特征值	方差	方差解释占比	累计解释占比
X1	4.1857	1.6152	0.2990	0.2990
X2	2.5705	1.0694	0.1836	0.4826
X3	1.5011	0.2817	0.1072	0.5898
X4	1.2194	0.1344	0.0871	0.6769
X5	1.0850	0.1324	0.0775	0.7544
X6	0.9526	0.3132	0.0680	0.8225
X7	0.6395	0.1205	0.0457	0.8681
X8	0.5190	0.1022	0.0371	0.9052
X9	0.4168	0.0869	0.0298	0.9350
X10	0.3299	0.0901	0.0236	0.9585
X11	0.2399	0.0813	0.0171	0.9757
X12	0.1586	0.0375	0.0113	0.9870
X13	0.1211	0.0602	0.0086	0.9956
X14	0.0609	—	0.0044	1.0000

(3) SFRI 的测算

进一步计算因子载荷矩阵,可得各变量与各主成分间的相关关系,结果如表 5.12 所示。同时,利用最大方差法进行因子旋转,得到成分得分系数矩阵，具体如表 5.13 所示。根据得分系数矩阵，即可计算得到各主成分时序数据。

表 5.12 因子载荷矩阵

变量	主成分 1	主成分 2	主成分 3	主成分 4	主成分 5
X1	0.6839	-0.0042	-0.2500	0.0517	0.2032
X2	-0.5446	0.4337	-0.2773	0.4720	0.0221
X3	0.5924	-0.0543	0.3239	0.0911	0.5885
X4	0.7395	0.0090	0.0658	0.3615	-0.0741
X5	-0.0697	-0.0439	0.4133	0.7209	-0.3633
X6	0.1417	0.6676	0.1269	-0.3217	-0.4412
X7	0.9266	0.0709	0.1499	0.1059	0.0016
X8	0.8971	-0.0509	0.2451	-0.0350	-0.0025
X9	-0.5930	-0.2294	0.5437	-0.0151	0.1228
X10	-0.4476	-0.3784	0.5863	-0.2497	0.1621
X11	-0.0956	0.8959	0.1521	0.0151	0.2762
X12	0.2832	0.6785	0.4076	-0.2777	-0.2230
X13	0.1495	0.0986	-0.3875	-0.2039	0.1598
X14	-0.4144	0.6749	0.0645	0.1947	0.4146

表 5.13 成分得分系数矩阵

变量	主成分 1	主成分 2	主成分 3	主成分 4	主成分 5
X1	0.1634	-0.0016	-0.1666	0.0424	0.1873
X2	-0.1301	0.1687	-0.1847	0.3871	0.0204
X3	0.1415	-0.0211	0.2158	0.0748	0.5424
X4	0.1767	0.0035	0.0438	0.2965	-0.0683
X5	-0.0167	-0.0171	0.2754	0.5911	-0.3349
X6	0.0339	0.2597	0.0845	-0.2638	-0.4066
X7	0.22138	0.0276	0.0999	0.0869	0.0015
X8	0.2143	-0.0198	0.1633	-0.0287	-0.0023
X9	-0.1417	-0.0892	0.3622	-0.0124	0.1132
X10	-0.1069	-0.1472	0.3906	-0.2048	0.1494
X11	-0.0228	0.3485	0.1013	0.0124	0.2546
X12	0.0677	0.2639	0.2716	-0.2277	-0.2055
X13	0.0357	0.0384	-0.2582	-0.1672	0.1473
X14	-0.0990	0.2626	0.0429	0.1597	0.3821

最后，根据各主成分的方差贡献率占所提取主成分的累计方差贡献率的比重对各主成分时序数据进行加权处理，据此便可得到 SFRI 时序数据。也即，系统性金融风险指数（Sfri）遵循如下测算方程：

$$Sfri_t = \omega_1 Factor_{1,t} + \omega_2 Factor_{2,t} + \omega_3 Factor_{3,t} + \omega_4 Factor_{4,t} + \omega_5 Factor_{5,t} \quad (5.34)$$

其中，$Factor_{1,t}$、$Factor_{2,t}$、$Factor_{3,t}$、$Factor_{4,t}$、$Factor_{5,t}$ 即为所提取的五大主成分的时序数据，ω_1、ω_2、ω_3、ω_4、ω_5 则为五大主成分在系统性金融风险指数中的构成权重。图 5.3 具体呈现了 2007 年以来我国系统性金融风险指数演变趋势，可发现 2007 年以来我国系统性金融风险水平频繁上下波动，但整体呈上升趋势，且在 2015 年股灾爆发前达到样本区间内最高风险水平。与此同时，亦可发现系统性金融风险指数在高位回调后有所反弹，但反弹趋势在 2017 年 10 月之后受到明显抑制，这主要缘于 2017 年 10 月召开的党的十九大明确强调防范化解重大风险，牢牢守住不发生系统性金融风险的底线。从此以后，我国系统性金融风险上升态势被彻底扭转，系统性金融风险大为缓解。

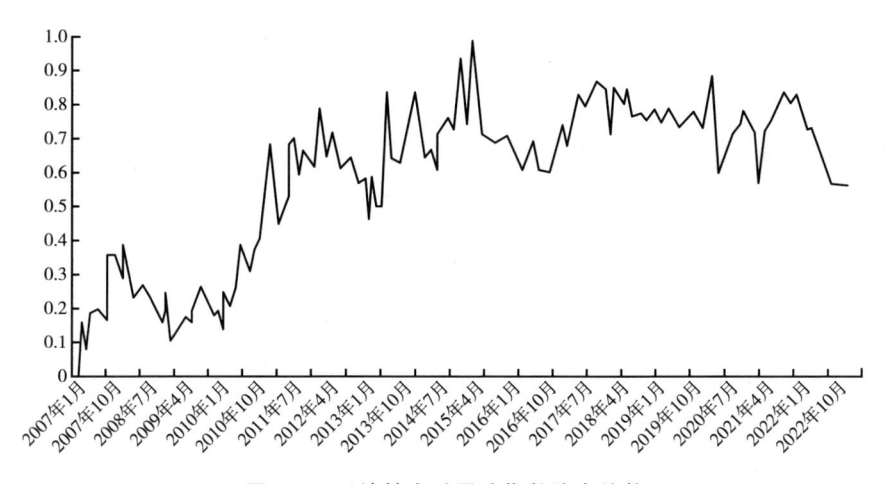

图 5.3 系统性金融风险指数演变趋势

二 影子银行规模扩张影响系统性金融风险的实证分析

非线性时间序列模型近年来备受学术界青睐，现已成为宏观经济数据分析的前沿研究方法。有鉴于此，本章采用兼具时变和随机波动特征的 TVP-VAR-SV 模型以检验影子银行规模扩张对系统性金融风险的具体影响。

（一）模型构建与数据说明

1. TVP-VAR-SV 模型构建①

根据已有研究，TVP-VAR-SV 模型可通过对典型 SVAR 模型赋予时变参数特征得到（陈创练等，2016）。为此，本章设定如下 SVAR 模型：$Zy_t = L_1 y_{t-1} + \cdots + L_s y_{t-s} + \mu_t$，$t = s+1, \cdots, n$。其中，$y_t = [Sfri_t, Shadow_t, Smr_t]$ 为由系统性金融风险指数、影子银行规模占比、股票总市值占 M2 比例构成的 3×1 维观测变量矩阵，同期系数 Z 为下三角形 3×3 维矩阵，滞后期系数 L_i 亦为 3×3 维矩阵，扰动项 μ_t 为 3×1 维结构性冲击。对上述结构向量自回归模型进行变换处理并赋予相关参数及方差时变特征，即可得到 TVP-VAR-SV 模型：

$$y_t = X_t \beta_t + (Z_t)^{-1} \Sigma_t \varepsilon_t ; t = s+1, \cdots, n \tag{5.35}$$

其中，β_t，Z_t，Σ_t 均为时变参数。

2. 变量说明及数据来源

系统性金融风险是本节研究的重要被解释变量，如前文所述，主要采用主成分分析方法对七大维度的宏观经济金融指标进行有效主成分提取并进行加权处理。影子银行规模占比是本节研究的重要解释变量，本节参照方先明等（2017）、高然等（2018）、于震（2021）代表性文献的研究思路，采用委托贷款、信托贷款与未贴现银行承兑汇票三者之和衡量影子银行融资规模，将其除以社会融资总规模即可得到影子银行规模占比。与此同时，考虑到金融脱媒抑或证券化率攀升会加剧金融市场波动，也会对系统性金融风险产生溢出影响，为此本节在 TVP-VAR-SV 实证模型中加入股票总市值占 M2 比例指标。变量数据主要来源于国家统计局、中经网统计数据库、中国人民银行官网，数据样本区间为 2007 年第 1 季度至 2022 年第 4 季度。

---

① 鉴于本书第四章已针对 TVP-VAR-SV 模型的构建过程展开详细介绍，本部分仅呈现模型所涉及的关键方程。

(二) 实证结果分析

1. 参数回归结果分析

将模型的变量顺序设定为系统性金融风险（$Sfri_t$）、影子银行规模占比（$Shadow_t$）和证券化率（Smr_t），利用 OxMetrics 6.2 软件对上述构建的 TVP-VAR-SV 模型参数进行抽样估计，设定 MCMC 抽样次数为 10000，模型滞后期设定为 4。图 5.4 呈现了模型抽样估计的自相关系数、参数取值变动路径以及后验分布密度函数信息。可发现，预烧后的样本自相关系数趋于 0 且取值路径平稳，表明 MCMC 抽样能得到有效用于模型估计的不相关样本。

表 5.14 则具体呈现了参数估计的后验分布结果及参数有效性检验信息，可发现参数估计的非有效因子最大值为 97.39，Geweke 值最小为 0.159，表明模型中所有参数估计的后验结果均无法拒绝样本数据收敛于后验分布的原假设。由此可见，本节运用 MCMC 算法对模型参数的估计是有效的。

表 5.14 参数估计结果

参数	均值	标准差	95%置信区间	Geweke 值	非有效因子
s_{b1}	0.0229	0.0027	[0.0185,0.0290]	0.427	2.64
s_{b2}	0.0226	0.0026	[0.0183,0.0284]	0.426	3.75
s_{a1}	0.0835	0.0389	[0.0410,0.1874]	0.768	46.89
s_{a2}	0.1962	0.4613	[0.0383,1.5745]	0.159	63.74
s_{h1}	0.1695	0.0912	[0.0596,0.4032]	0.806	48.43
s_{h2}	0.3307	0.2156	[0.0709,0.8426]	0.869	97.39

2. 时变脉冲响应分析

图 5.5 和图 5.6 刻画了两类不同的脉冲响应函数，其中图 5.5 反映的是在不同时点上形成的脉冲响应，我们随机选取的时点是 2014 年第 2 季度、2016 年第 4 季度与 2019 年第 2 季度；图 5.6 反映的是不同提前期（提前 1 期、2 期和 3 期）一单位标准正向冲击形成的脉冲响应。

（1）基于不同随机时点的脉冲响应分析

图 5.5 具体刻画了三个不同随机时点上各变量冲击对三大变量的冲击，其中第 1 列的三个子图分别刻画了系统性金融风险正向冲击、影子银行规

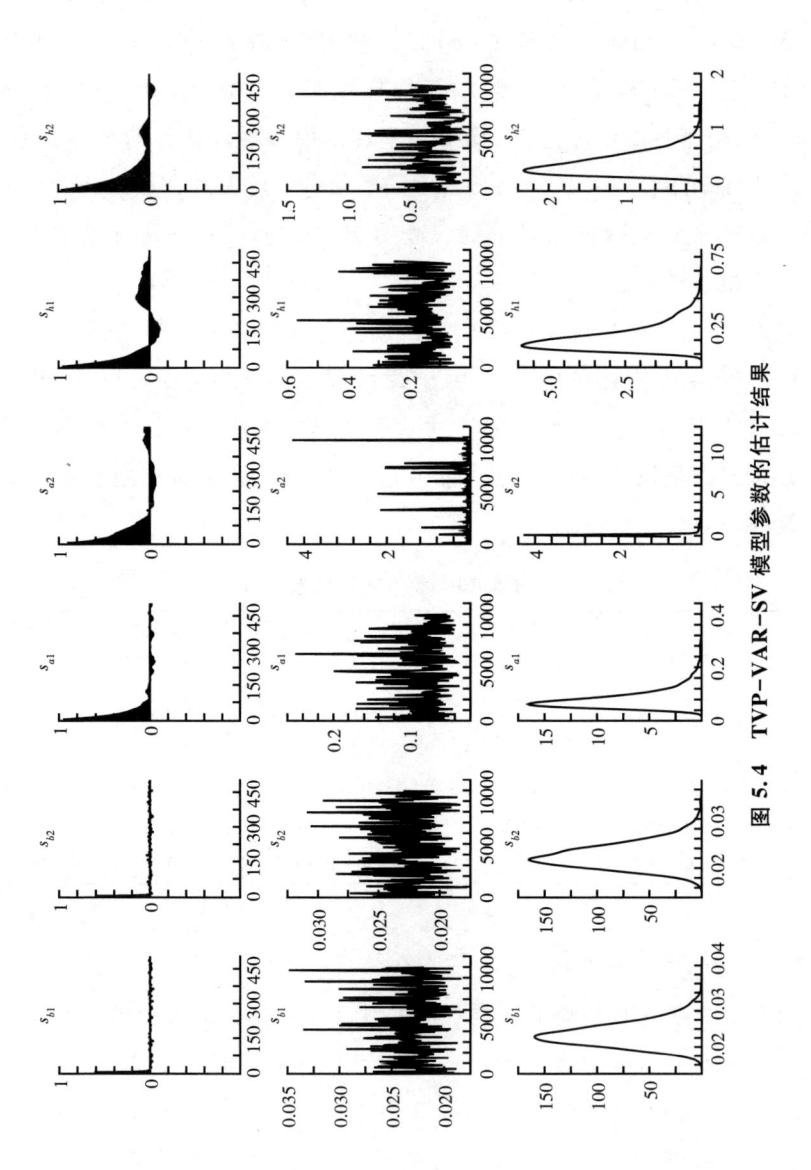

图 5.4 TVP-VAR-SV 模型参数的估计结果

模占比正向冲击、证券化率正向冲击对系统性金融风险变量的脉冲影响；第2列的三个子图分别刻画了系统性金融风险正向冲击、影子银行规模占比正向冲击、证券化率正向冲击对影子银行规模占比变量的脉冲影响；第3列的三个子图分别刻画了系统性金融风险正向冲击、影子银行规模占比正向冲击、证券化率正向冲击对证券化程度变量的脉冲影响。其中，图5.5第1列的脉冲响应图所反映的变量响应关系即为本章实证分析的重点。根据图5.5第1列的中子图，无论冲击来自哪一随机时点，影子银行冲击对系统性金融风险的影响均为正，影子银行规模占比上升将推高系统性金融风险水平。与此同时，结果还表明系统性金融风险对2014年第2季度、2016年第4季度与2019年第2季度等不同随机时点影子银行冲击的正向脉冲响应路径基本一致，且该正向加剧效应均在滞后3期达到最大，而后衰减，这表明本章关于影子银行规模扩张会加剧系统性金融风险的结论具有稳健性。此外，模型还考察了证券化率对系统性金融风险演化的影响，结果表明，证券化率上升也会刺激系统性金融风险水平攀升（见图5.5第1列的下子图）。

（2）基于不同提前期的脉冲响应分析

为增强研究结论的稳健性，本节进一步基于不同提前期视角针对影子银行冲击是否加剧系统性金融风险演化展开进一步分析，图5.6具体刻画了基于不同提前期的脉冲响应结果。图5.6第1列的三个子图依次反映了系统性金融风险对自身正向冲击、影子银行规模占比正向冲击、证券化率正向冲击的脉冲响应路径。首先观察图5.6第1列的中子图，可发现基于三种不同提前期的影子银行规模占比正向冲击对样本期系统性金融风险演化水平的影响均为正。这表明，2007年以来我国影子银行规模演变对系统性金融风险演化存在正向效应，影子银行规模扩张会推动系统性金融风险水平上升，影子银行规模收缩会抑制系统性金融风险攀升。与此同时，结果也表明，系统性金融风险对提前1期、提前2期、提前3期等不同提前期影子银行规模占比冲击的正向脉冲响应路径基本一致，这一正向加剧效应均在2013年达到最大，而后趋于稳定，这也再次表明本章关于影子银行规模扩张会加剧系统性金融风险的结论稳健成立。此外，图5.6第1列的下子图所示的脉冲响应结果表明，无论基于何种提前期，证券化率攀升对系统性金融风险也会产生刺激效应。

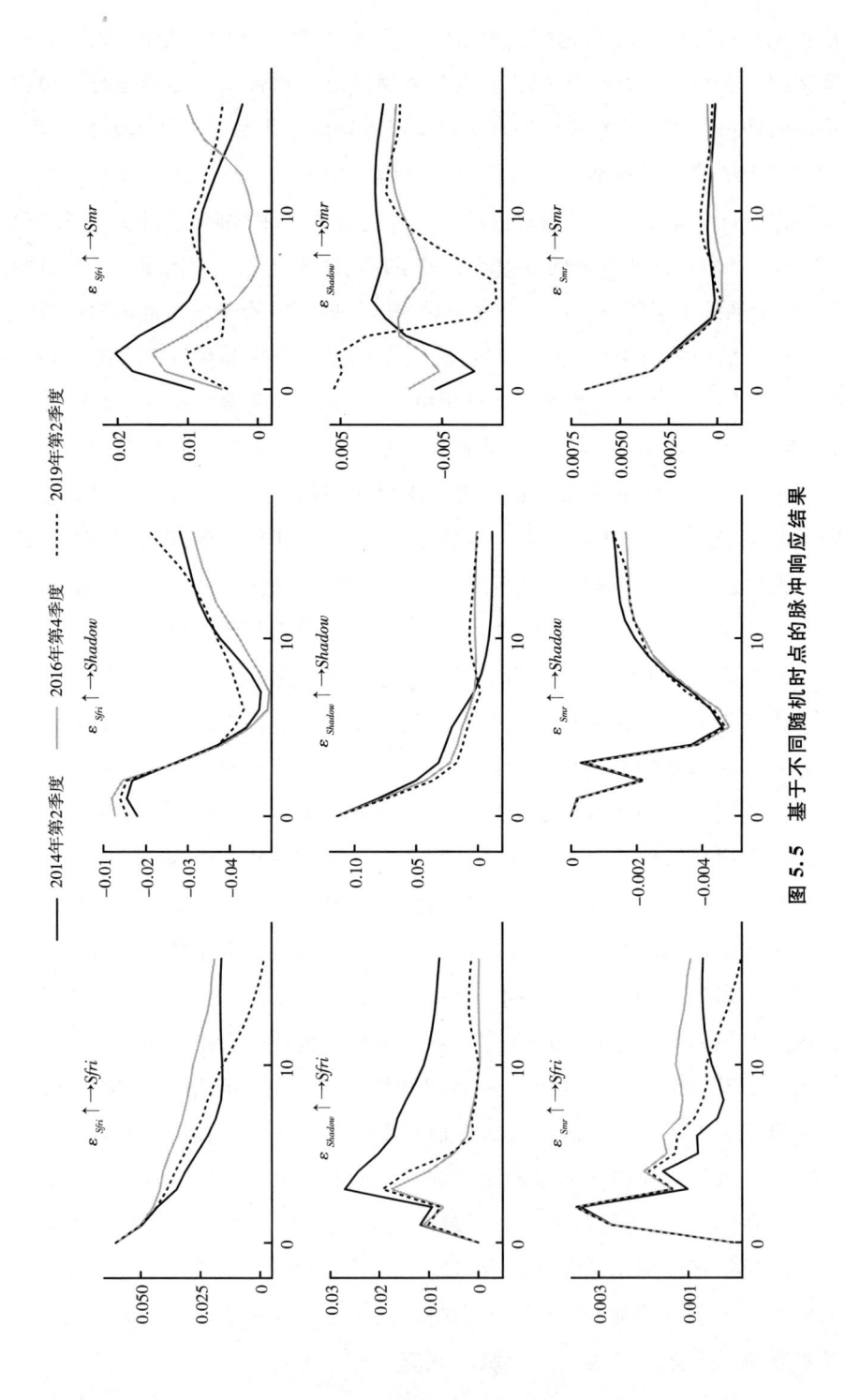

图 5.5 基于不同随机时点的脉冲响应结果

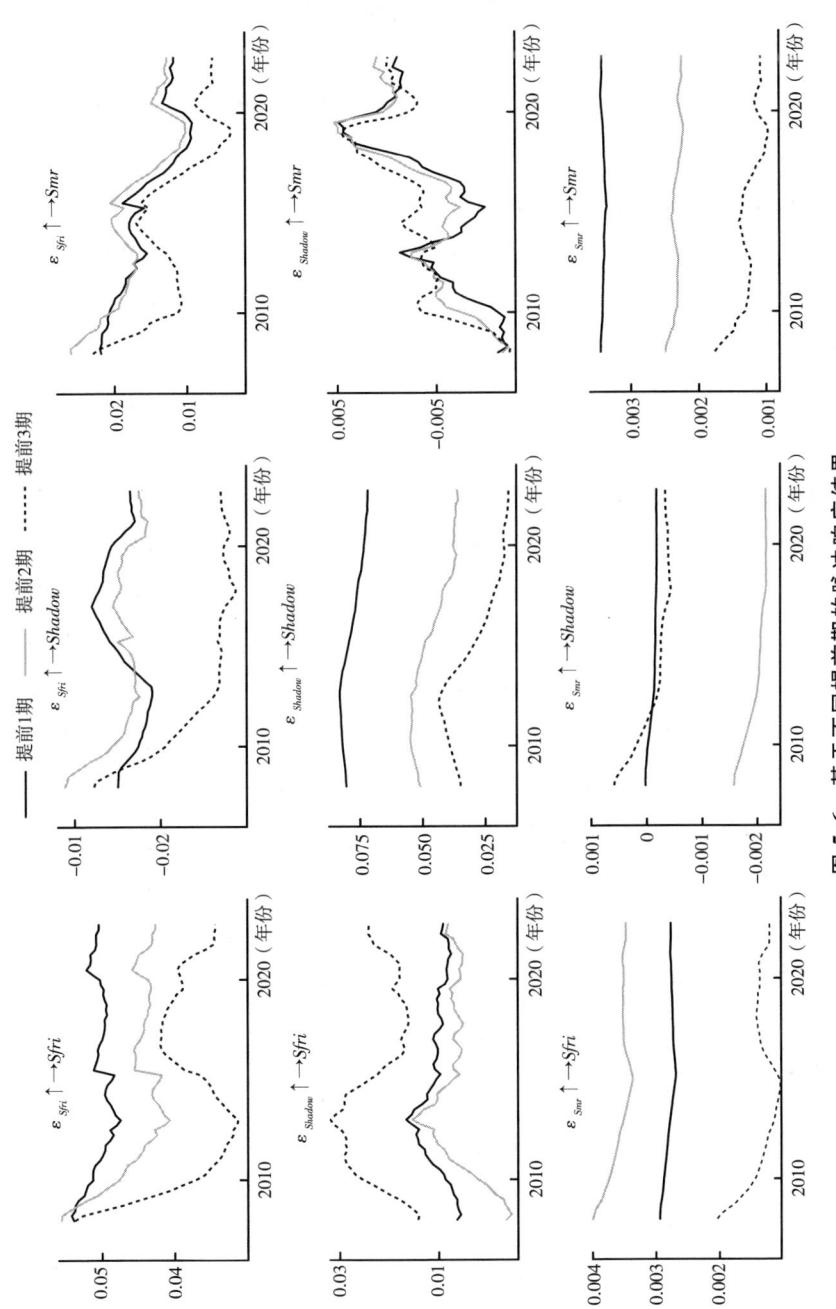

第五章 影子银行规模扩张、金融风险承担与风险防范研究

图 5.6 基于不同提前期的脉冲响应结果

第四节 研究结论与政策建议

立足习近平总书记"新时代中国经济高质量发展"的重要理念以及党的二十大报告关于"加强和完善现代金融监管,强化金融稳定保障体系,依法将各类金融活动全部纳入监管,守住不发生系统性风险底线"的内在要求,本章重点针对金融风险中影子银行问题展开系统研究。具体而言,本章基于微观与宏观双重视角系统探究了影子银行规模扩张对金融风险演化的影响。

一 研究结论

从微观视角来看,本章构建理论与实证分析模型考察了商业银行从事影子银行业务的动机,并探究商业银行影子银行业务扩张是否会造成过度风险承担。通过理论分析,本章主要得到如下结论:第一,金融环境恶化情形下货币流动性趋紧,商业银行无法达到最优资本水平,旨在增加商业银行资本的行为有利于放松商业银行所面临的资本约束,此时单位商业银行资本的上升会促进实体经济部门信贷大幅增加;第二,商业银行资本规模越大,银行和企业的利润越高,增加银行资本的政策和行为有利于提升银行和企业利益,金融环境恶化情形下扩充商业银行资本对整体经济发展具有良好效益;第三,高额风险投资收益能给商业银行带来直接利润,是驱动商业银行从事影子银行业务的直接动因,而更大比例的高额风险投资收益亦有助于缓解商业银行面临的金融资本约束,这无疑也会激励商业银行更加倾向于从事影子银行投资活动,以使得商业银行获取更多利润;第四,商业银行在金融环境恶化情形下更加偏好于影子银行投资活动,以致商业银行影子银行投资超出企业和整个社会接受的最优水平,进而产生过度风险承担,也即资本紧缩环境下商业银行对风险收益的过度追求会对其他经济主体造成负外部性;第五,商业银行过度的影子银行风险投资活动必然给其他经济主体带来风险,导致"金融市场失灵"现象出现,而采取适当降低影子银行风险投资活动预期收益的宏观审慎政策可以作为消除商业银行过度风险承担的有效事前工具。通过实证分析,本章主要得到如下结论：第一，无论是国有大型商业银行还是全国性股份制商业银行，抑或城市商业银行，其从事影子银行业务活动均有利于促进经营绩效提升，且基于净资产收益率和总资产回报率的双模型回归都表明这一结论具有较强的稳健性；第二，商业银行影子银行业务扩张对经营绩效的影响存在显著倒 U 形关系，这一倒 U 形关系无论是对净资产收益率还是总资产回报率而言均成立；第三，商业银行影子银行业务扩张会使商业银行风险承担增加，但这一影响表现为倒 U 形关系，这一倒 U 形关系无论是针对全样本回归还是针对国有大型商业银行、全国性股份制商业银行、城市商业银行等分样本回归均表现出较强的稳健性；第四，影子银行业务扩张对商业银行经营绩效以及风险承担的影响在国有大型商业银行、全国性股份制商业银行、城市商业银行等不同类型商业银行间存在明显异质性，城市商业银行非线性效应的拐点值最大，全国性股份制商业银行非线性效应的拐点值居中，国有大型商业银行非线性效应的拐点值最小。

从宏观视角来看，本章考察了全社会的影子银行规模扩张对宏观系统性金融风险演化的影响，通过主成分分析方法对七大维度宏观经济金融指标的共同信息进行提取，然后加权处理以得到反映宏观系统性金融风险水平的综合指数，在此基础上构建 TVP-VAR-SV 模型以检验影子银行规模扩张对系统性金融风险演化的影响。通过第三节对系统性金融风险指数的构建，本章主要得到如下结论：第一，2007 年以来我国系统性金融风险水平频繁上下波动，但整体呈上升趋势，并在 2015 年股灾爆发前达到样本区间内最高风险水平；第二，2017 年 10 月党的十九大召开，明确强调防范化解重大风险，牢牢守住不发生系统性金融风险的底线，自此我国系统性金融风险上升态势被彻底扭转，系统性金融风险大为缓解。本章第三节基于系统性金融风险指数、影子银行规模占比、证券化率的三变量 TVP-VAR-SV 模型回归分析，基于不同提前期以及不同随机时点的脉冲响应结果均表明，影子银行规模扩张对系统性金融风险攀升存在明显的正向推动效应，系统性金融风险指数会随着影子银行规模在社会融资规模中占比的上升而升高。

二 政策建议

综合本章研究，理论与实证分析结果均表明，商业银行开展影子银行业务活动不可避免会造成过度风险承担问题，但一定限度内扩张其影子银行业务有利于促进商业银行经营绩效提升。与此同时，本章的研究也证实了学术界和实务界的担忧，影子银行规模过度扩张确实会导致系统性金融风险上升，为此加强对影子银行体系的监管极为必要且至关重要。但客观而言，伴随多元化市场主体蓬勃发展，传统信贷渠道已难以满足当前日益复杂的金融需求，影子银行体系已然成为现代金融体系不可或缺的组成元素。学术界和实务界应理性认识影子银行活动，资本流动性紧缩情形下商业银行的影子银行活动在提升银行自身收益的同时也有利于缓解商业银行所面临的资本约束，进而促使实体经济获得急需的信贷融资。也即，影子银行活动并非"百害而无一利"，金融环境恶化情形下商业银行适度的影子银行活动有助于强化银行业金融机构服务实体经济的能力。有鉴于此，笔者认为应充分意识到影子银行活动对金融风险承担的负面外溢影响，但不应对影子银行活动报以消极态度。一方面，应积极正视影子银行发展所面临的潜在风险，尝试建立并逐步完善影子银行监管体系，促进宏观审慎监管与微观审慎监管相结合，以防范影子银行业务过度膨胀而推高系统性金融风险。另一方面，应理性认识到影子银行发展对经济金融发展的积极影响，致力于推动影子银行长期可持续发展，依据资管新规引导影子银行活动规范发展，逐步告别过去依赖规避监管套利以实现快速发展的模式，鼓励商业银行和资本市场积极探索影子银行业务创新和产品创新，据此推动影子银行体系与传统金融体系良性互补以更好地服务实体经济。

最后，本章对国外治理影子银行的成功经验进行系统梳理和总结，以为中国影子银行业务可持续发展提供可能的经验借鉴。就美国而言，2008年以后美国影子银行监管改革主要体现在三大方面：一是将具有系统重要性的非银行金融机构以及对冲基金纳入监管范围，二是限制金融机构自营交易及其影子银行活动，三是强化对金融衍生品的监管。欧盟则主要通过加强对影子银行的压力测试、加强对对冲基金和私募基金等的监管、加强信用评级管理等，完善对影子银行体系的监管。但客观而言，国内影子银行体系以理财产品、委托贷款、信托等商业银行表外业务为主，而美国、欧盟等发达经济体影子银行体系则以资产证券化产品、金融衍生品等业务为主。为此，学术界和实务界应正确认识到中国影子银行体系与国外发达经济体影子银行体系的区别,合理构建适合中国影子银行发展特征的监管体制。借鉴国外经济体经验并结合中国实际,笔者认为我国应着力扩大资本金对商业银行表外业务的覆盖、降低金融机构杠杆率以及强化信息披露,同时加强对跨市场、跨机构、跨产品的金融监管协调等。

第六章

地方政府债务积聚、风险违约测度与风险管理研究

政府债务的不断积聚会对金融体系风险产生较大负面冲击，系统认识当前政府债务积聚现状、正确评估政府债务违约风险，对防范、避免以及化解重大金融风险具有重要现实意义。2018年8月，国务院发文要求地方防范化解隐性债务风险；2020年12月，中央经济工作会议明确指出，要抓实化解地方政府隐性债务风险工作。从全国各区域来看，不同地区债务问题存在显著差异，西部地区和东北地区经济发展相对缓慢且财政支出负担较重，使其面临的资金缺口较大，主要面临更为严重的地方政府显性债务问题；东部地区和中部地区经济发展基础好，地方财力相对雄厚，抗风险能力较强，地方政府显性债务相对可控，但其隐性债务问题日益突出。有鉴于此，本章立足全国不同地区地方政府债务发展演变现状，利用KMV模型对东部、中部、西部、东北四大地区的地方政府债务风险逐一展开评估，并比较不考虑隐性债务和考虑隐性债务两种不同情形下地方政府债务风险违约情况，据此全面透视我国地方政府债务风险，最后有针对性地提出防范化解地方政府债务风险的合理政策建议。

第一节 研究背景与文献回顾

一 研究背景

改革开放以来，中国历经长达40多年的经济高速发展，GDP于2010年正式超越日本，成为世界第二大经济体。多年的经济高速发展在很大程

度上得益于中国拥有一个强有力的政府,在强有力的政府和改革开放政策合力作用下,中国各地方政府展开多维竞争和经济赛跑。与此同时,我国官员晋升机制在很大程度上将地方政府经济业绩纳入考量,这也给地方政府官员在推动地区经济发展方面提供了重要激励。在地区激烈竞争和官员晋升双重压力下,地方政府锦标赛竞争体制越发明显,各地采取了较为激进而大胆的经济发展战略,开展了大规模基础设施建设和产业投资计划。

在1994年以前,全国财政收入占国内生产总值的比重以及中央财政收入占全国财政收入的比重均严重偏低,国家财政实力极为单薄,使得国家对宏观经济进行相机调控的能力受到严重制约。为解决这一现实约束,1994年中共中央进行的分税制改革对税收管理体制进行调整,重新划分中央税、地方税以及中央地方共享税,将维护国家权益、实施宏观调控所必需的税种划分为中央税,将与地方资源和经济状况联系比较紧密、对全国性商品生产和流通影响小或没有影响、税源比较分散的税种划为地方税,将一些税源具有普遍性但征管难度较大的税种划为中央地方共享税。如图6.1所示,对税收管理体制进行调整后,全国财政收入占国内生产总值的比重以及中央财政收入占全国财政收入的比重大幅提高,中央和地方政府的财权和事权在一定程度上得到有效平衡,中央取得更大的财源(中央财政收入占比从1993年的22.02%跃升至1994年的55.24%,而后持续保持在50%左右的水平)。

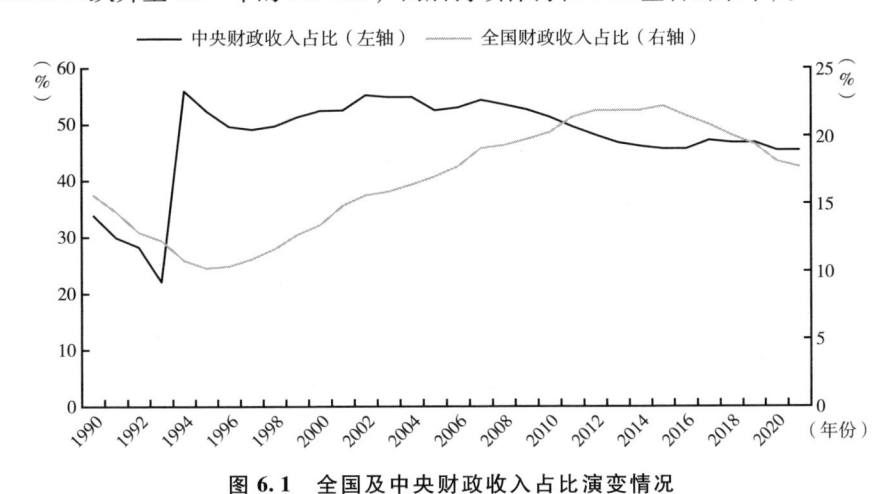

图6.1 全国及中央财政收入占比演变情况

资料来源：Wind金融资讯数据库。

然而，改革开放的大力推进和地区的充分竞争使得地方政府的事权不断扩大，依靠地方税收及中央税收返回难以满足各地扩张性的财政刺激计划。如图6.2所示，2000年以后地方各级财政投资不断扩张，地方财政支出占比已从2000年的65.25%逐步攀升至2020年的85.71%，这充分表明地方政府事权持续变大的现实。从各地财政资金演变情况来看，地方各级财政相继陷入入不敷出的窘境，地方政府的财权和事权相互不对等的现象越发明显，土地财政和大力举债融资成为地方政府的普遍选项。根据财政部公布的数据，截至2021年12月末，全国地方政府债务余额累计达304700亿元，约为2010年底的2.84倍（截至2010年底，全国地方政府债务余额为107174.91亿元）。为防范避免地方政府债务风险不断积聚给金融体系造成系统性冲击，中共中央多次强调要加强地方政府债务管理，推进各地财政可持续演进。党的十九大报告提出，要加强政府债务管理，建立统一的债务限额标准，规范地方政府举债行为，选择投资回报高的项目，统筹使用资金，协调地方债务管理，充分发挥资金效益，严格把控债务增量，化解债务存量。就此而言，如何对地方政府债务进行有效的风险评估，规范地方政府的融资行为，促进地方财政收入良性循环，是本章着重研究的问题。本章研究对促进社会大局稳定、推动地方政府债务可持续发展具有重要的现实意义。

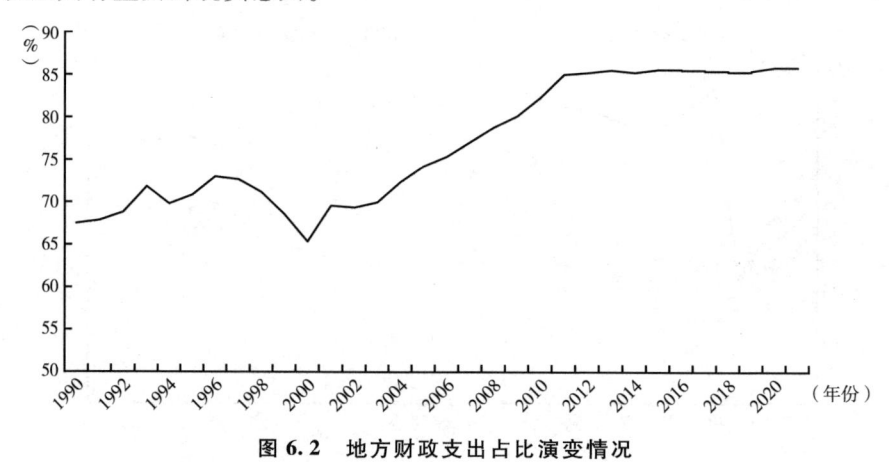

图6.2 地方财政支出占比演变情况

资料来源：Wind金融资讯数据库。

二 文献综述

学术界针对地方政府债务风险积聚现状、具体演化机制以及防范对策等展开丰富研究，本部分将就此对代表性文献展开梳理，以为本章接下来的分析提供一定的研究基础。

从对地方政府债务风险的现状分析来看，刘伟（2021）指出，地方政府隐性债务风险是当前中国金融业面临的四大风险之一，地方政府隐性债务过高、风险较大已是事实。杨灿明和鲁元平（2015）认为，官方公布的数据低估了地方债，地方债数据分散且复杂，难以把握地方政府的总体负债。谷福云（2020）指出，地方政府债务中隐性债务占比较大，较高的负债影响地方政府的偿债能力，地方政府财力不足，财政资金周转速度慢，且缺乏完善的债务预警指标体系，投资项目的预期经济效益差，地方政府仍面临较大的债务压力。但部分学者亦认为，地方政府债务风险总体可控。王涛和高珂（2019）利用KMV模型评估了地方政府的显性和隐性债务现状，魏加宁等（2012）通过建立有关政府性债务的测算体系，姚鹏和张峰（2019）运用修正的KMV模型预测地方政府的债务违约概率，均得出我国大部分地区地方政府债务风险仍在可控范围内的结论。方磊等（2021）通过对2018年我国各地区地方政府债务指标进行统计，发现尽管沿海地区的债务余额相比内陆地区要高，但从负债率上来看西部地区的负债率要明显高于中部地区与东部地区。

对于地方政府债务演化机制，学术界已展开不少讨论。仲凡等（2017）基于1995~2012年省级面板数据，实证检验了地方政府竞争、市场化演变、土地财政对债务扩张的影响，研究发现，地方政府竞争程度越高、市场化水平越低、土地财政依赖程度越高，地方政府债务水平越高。余应敏等（2018）基于中国2008~2013年31个省区市的面板数据，实证检验财政分权、审计监督对地方政府债务风险的影响，研究发现，财政分权程度越高，地方政府债务风险也越大，但财政分权对地方政府债务风险的影响会受到审计监督的制约。刘昊和陈工（2019）提出，地方政府的财政收入与债务融资规模呈正相关，而转移收入刺激政府投资，导致地方负债增加。钟军委和郝秀琴（2020）对中国地方政府债务展开系统反思，指出财政分权体系下央地收支非对称是中国地方政府债务问题形成的逻辑起点，而激励相容、自由裁量权和竞争性的财政利益表达三个方面所凸显出的"预算软约束"推动了中国地方政府债务的隐性扩张。亦有部分学者认为，债务举借审批、使用监管以及偿还约束等规范制度的严重缺乏，在相当程度上使得地方政府债务规模盲目扩张，没有得到有效控制（肖鹏等，2015；刁伟涛，2017）。

针对如何化解地方政府长期积累的债务风险，现有文献提出不少思路和政策建议。刘尚希和赵全厚（2002）提出，要明确政府间的风险责任，逐步缩小名义税负和实际税负的差距。刘少波和黄文青（2008）认为，应当整顿地方债券市场，营造相应的制度环境和市场环境，促进政府职能转变，使地方政府隐性债务显性化。吉富星（2018）提出，从短期来看，重点是遏制隐性债务的增长，关注投融资项目的效率，防范流动性风险，妥善处理存量债务的风险，加大对违规举债的整治力度；从长期来看，应该维持良好的宏观环境，主要关注债务的投资效率以及可持续发展。李淑芳和熊傲然（2020）认为，应建立综合财务报告制度，衔接政府债务与项目，完善绩效考核制度，明确地方政府间财权与事权，完善省级以下转移支付制度，增强地方政府财政支出政策的可预期性，给地方政府减负。钟军委和郝秀琴（2020）认为，破解中国地方政府债务难题应坚持制度化、透明化和法治化，使得财政权力的运行于法有据，行之有度。郭玉清等（2020）指出，新时代地方政府债务治理应从"激励导向"向"绩效导向"演进转型，具体可通过预算审计、项目审计、责任审计以及金融审计四条战略路径展开。

第二节 地方政府债务演变现状

结合宏观经济运行实践及已有文献研究，当前债务风险积聚日益突出且表现出明显的结构性特征。有鉴于此，本章系统探究全国不同地区地方政府债务演变情况，通过对全国31个省区市地方政府债务违约概率进行合理预测，加深对地方政府债务风险的认知。本部分首先厘清全国31个省区市的地方政府债务现状，并剖析引致地方政府债务积聚的原因。

一 地方政府债务现状

(一) 地方政府债务限额情况

充分掌握地方政府债务现状，首先需要厘清各地区的地方政府债务总限额。地方政府债务总限额，是由中央政府规定的某一时期内地方政府未偿债务的最高限额，具体由国家宏观经济形势等因素确定，且地方政府所举借的债务只能用于公益性资本支出和适度归还存量债务。本章具体统计了2021年全国31个省区市的地方政府债务限额。根据图6.3可知，2021年，在东部地区中，广东、山东、江苏三地的地方政府债务限额较高，均在20000亿元以上；海南、天津两地的地方政府债务限额较低，分别为3257亿元和7982亿元；东部地区地方政府债务限额平均规模达14089.55亿元。在中部地区中，河南、湖南、安徽、湖北、江西五地的地方政府债务限额超过10000亿元，仅山西为5962亿元；中部地区地方政府债务限额平均规模达11486.28亿元。在西部地区中，四川、云南、贵州三地的地方政府债务限额超过10000亿元，西藏、宁夏、青海三地的地方政府债务限额较低，分别为554亿元、2149亿元、3075亿元；西部地区地方政府债务限额平均规模为8010.71亿元。在东北三省中，辽宁的地方政府债务限额（11264亿元）最高，黑龙江、吉林的地方政府债务限额偏低，分别为6674亿元、6668亿元；东北地区地方政府债务限额平均规模为8202.06亿元。

(二) 地方政府债务余额情况

为全面呈现地方政府面临的债务负担，本章通过显性债务与隐性债务双重维度统计地方政府债务余额情况。参照已有文献研究，本章采用地方政府一般债务与专项债务存量之和来衡量地方政府显性债务，采用各类城投债存量之和来衡量地方政府隐性债务。图6.4至图6.7分别描述了我国东部、中部、西部、东北四大地区地方政府显性债务与隐性债务余额水平。

图6.4具体统计了2021年东部地区各省市的地方政府债务余额情况。从显性债务来看，广东、山东、江苏、浙江四地的显性债务水平较高（均在17000亿元以上），河北、福建两地的显性债务余额在10000亿元以上，北京、天津、上海三地的显性债务余额在7000亿元以上，海南的显

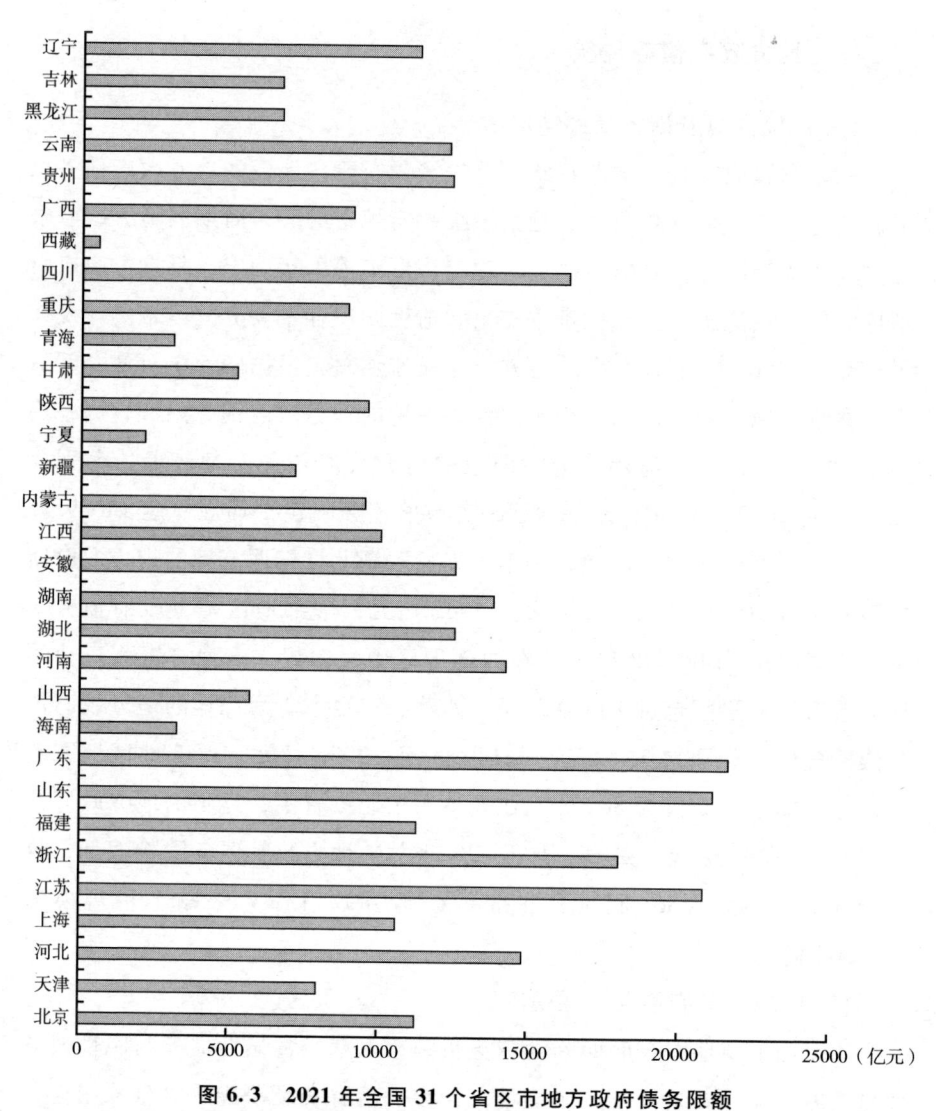

图 6.3　2021 年全国 31 个省区市地方政府债务限额

资料来源：Wind 金融资讯数据库。

性债务余额（3008 亿元）最小。从隐性债务来看，江苏的隐性债务余额（26175 亿元）最大，明显超过显性债务余额；浙江的隐性债务余额（16638 亿元）排名第二，接近显性债务余额；山东的隐性债务余额（8796 亿元）排名第三，接近显性债务余额的一半；海南的隐性债务余额（125 亿元）最小。

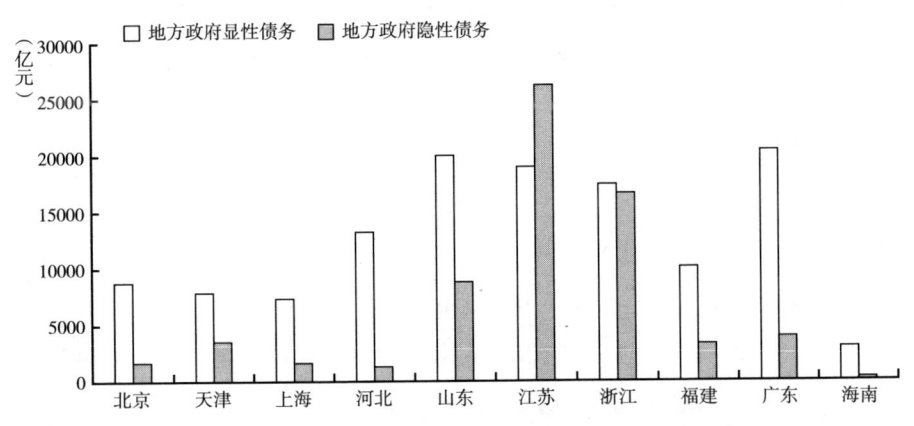

图 6.4 2021 年我国东部地区地方政府显性债务与隐性债务余额

资料来源：Wind 金融资讯数据库。

图 6.5 具体统计了 2021 年中部地区 6 省的地方政府债务余额情况。从显性债务来看，湖南的显性债务水平（13605 亿元）在中部地区中最高，湖南、河南、湖北、安徽四省的显性债务均在 10000 亿元以上，山西的显性债务水平（5414 亿元）最低。从隐性债务来看，湖南的隐性债务水平（7564 亿元）也是最高的，湖南、江西、湖北三省的隐性债务水平均在 5000 亿元以上，山西的隐性债务水平（913 亿元）最低。

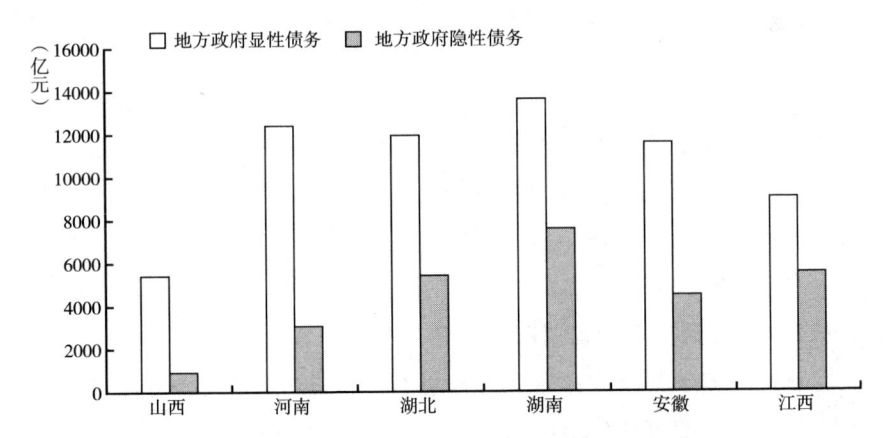

图 6.5 2021 年我国中部地区地方政府显性债务与隐性债务余额

资料来源：Wind 金融资讯数据库。

图 6.6 具体统计了 2021 年西部地区 12 个省区市的地方政府债务余额情况。从显性债务来看,四川的显性债务水平(15238 亿元)在西部地区中最高,四川、贵州、云南三省的显性债务均在 10000 亿元以上,内蒙古、陕西、重庆、广西、新疆的显性债务均在 5000 亿元以上,西藏的显性债务水平(496 亿元)最低。从隐性债务来看,四川的隐性债务水平(8476 亿元)最高,重庆的隐性债务水平(5629 亿元)排名第二,其余地区的隐性债务水平均在 3000 亿元以下,其中青海(130 亿元)、宁夏(147 亿元)、内蒙古(181 亿元)、西藏(183 亿元)四个地区的隐性债务水平均在 200 亿元以下。

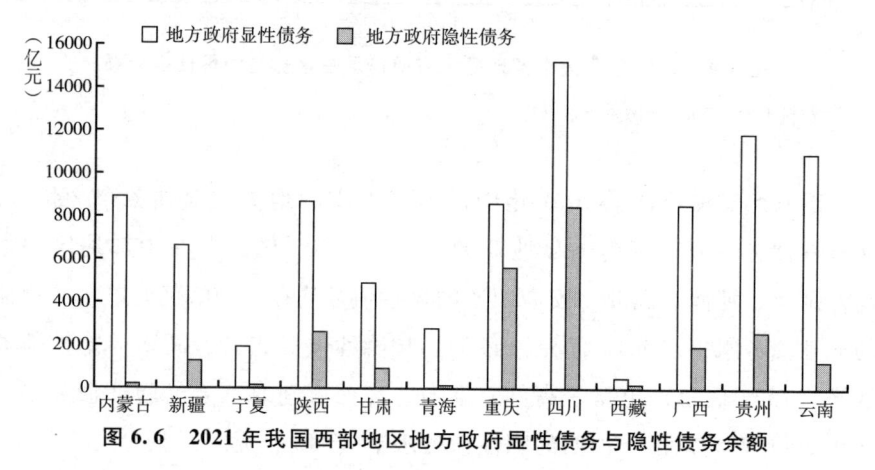

图 6.6　2021 年我国西部地区地方政府显性债务与隐性债务余额

资料来源：Wind 金融资讯数据库。

图 6.7 具体统计了 2021 年东北三省的地方政府债务余额情况。从显性债务来看,辽宁的显性债务水平(15238 亿元)在东北三省中最高,黑龙江和吉林两省的显性债务均在 6000 亿元左右。从隐性债务来看,东北三省的隐性债务水平普遍不高(均在 1000 亿元以下),其中吉林的隐性债务水平(818 亿元)最高,黑龙江的隐性债务水平(269 亿元)最低。

(三)地方政府负债率情况

通过用一般债务余额和专项债务余额加总后得到的总债务余额除以所在地区生产总值即可计算出各地区窄口径负债率;通过将一般债务余额、专项债务余额以及各类城投债余额加总除以所在地区生产总值即可得到各地区宽口径负债率。表 6.1 具体列出了 2021 年全国 31 个省区市窄、宽两种口径的负债率水平。

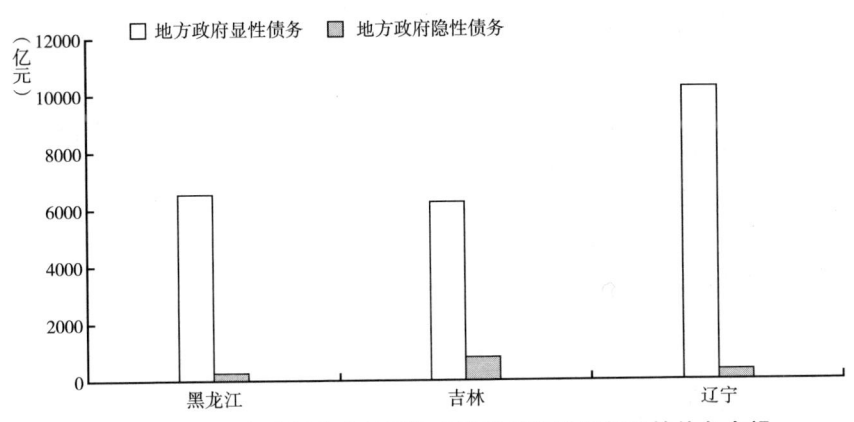

第六章 地方政府债务积聚、风险违约测度与风险管理研究

图6.7　2021年我国东北地区地方政府显性债务与隐性债务余额

资料来源：Wind金融资讯数据库。

对比四大经济区域，从窄口径来看，负债率由高到低依次为东北地区（42.79%）、西部地区（42.18%）、东部地区（26.94%）以及中部地区（25.97%）；从宽口径来看，负债率由高到低依次为西部地区（50.90%）、东北地区（45.87%）、东部地区（37.08%）以及中部地区（36.88%）。由此可见，较高的显性债务负担是导致西部地区和东北地区面临较高负债率的主要原因；东部地区和中部地区显性债务负担相对较低，但相对较高的隐性债务负担在一定程度上推高了两大经济区域的负债水平。

表6.1　2021年全国31个省区市地方政府负债率

单位：%

地区	省区市	地方政府负债率（窄口径）	地方政府负债率（宽口径）	地方政府负债率平均值（窄口径）	地方政府负债率平均值（宽口径）
东部	北京	21.78	25.96	26.94	37.08
	天津	50.22	72.89		
	上海	17.02	20.83		
	河北	32.75	35.96		
	山东	24.06	34.64		
	江苏	16.30	38.79		
	浙江	23.70	46.34		
	福建	20.67	27.44		
	广东	16.42	19.57		
	海南	46.45	48.38		

续表

地区	省区市	地方政府负债率（窄口径）	地方政府负债率（宽口径）	地方政府负债率平均值(窄口径)	地方政府负债率平均值(宽口径)
中部	山西	23.96	28.01	25.97	36.88
	河南	21.05	26.23		
	湖北	23.86	34.67		
	湖南	29.54	45.96		
	安徽	26.95	37.37		
	江西	30.43	49.06		
西部	内蒙古	43.39	44.27	42.18	50.90
	新疆	41.46	49.40		
	宁夏	42.51	45.75		
	陕西	29.15	37.95		
	甘肃	47.79	56.87		
	青海	83.28	87.17		
	重庆	30.87	51.05		
	四川	28.30	44.04		
	西藏	23.83	32.63		
	广西	34.60	42.56		
	贵州	60.61	74.03		
	云南	40.34	45.02		
东北	黑龙江	43.92	45.72	42.79	45.87
	吉林	47.29	53.47		
	辽宁	37.17	38.42		

资料来源：Wind 金融资讯数据库。

具体来看，在东部十大地区中，窄口径负债率高于东部平均水平（26.94%）的依次为天津、海南、河北；江苏、广东、上海三地的负债率较低，均在 20% 以下。从宽口径来看，负债率高于东部平均水平（37.08%）的依次为天津、海南、浙江和江苏，其中天津的负债率已超过国际公认的 60% 公共债务警戒线；广东和上海两地的负债率较低，分别仅为 19.57%、20.83%。这表明，东部地区中广东、上海两地的负债水平较低，天津、海南的负债水平较高。与此同时，可以发现尽管江苏的窄口径负债率排名倒数第 1，但纳入城投债后的宽口径负债率排名反而靠前，负债水平大幅攀升。此亦表明，若仅从地方一般债务和专项债务口径来看地方政府债务风险问题，而忽视以城投债为代表的隐性债务偿还，无疑会对地方政府债务风险的认识产生较大偏误。

对于中部地区，从窄口径来看，负债率由高到低依次为江西、湖南、安徽、山西、湖北、河南，其中江西、湖南、安徽三地的负债率高于中部25.97%的平均水平。从宽口径来看，负债率由高到低依次为江西、湖南、安徽、湖北、山西和河南，其中江西、湖南、安徽三地的负债率也高于中部36.88%的平均水平。这表明，中部地区中山西、河南两地的负债水平较低，江西、湖南、安徽三地的负债水平较高。

对于西部地区，从窄口径来看，负债率高于西部平均水平（42.18%）的依次为青海、贵州、甘肃、内蒙古、宁夏，其中青海、贵州两地的负债率已超过国际公认的60%公共债务警戒线；西藏、四川、陕西三地的负债率较低，均低于30%。从宽口径来看，负债率高于西部平均水平（50.90%）的依次为青海、贵州、甘肃、重庆；西藏和陕西的负债率相对较低，均低于40%。这表明，西部地区中西藏、陕西两地的负债水平较低，青海、贵州、甘肃三地的负债水平较高，较重的隐性债务负担致使重庆的负债水平整体攀升。

对于东北地区，从窄口径来看，负债率由高到低依次为吉林、黑龙江、辽宁；从宽口径来看，负债率由高到低依次为吉林、黑龙江、辽宁。这表明东北三省中吉林的负债水平最高，黑龙江居中，辽宁相对较低。

二　地方政府债务形成原因探析

（一）地方政府财权与事权不相匹配

从1994年分税制改革开始，地方各级财政收入占全国财政收入的比重明显减少，财政支出占比却明显增加，导致当时地方政府财力投入不够充裕，无法支撑地方经济发展，由此也就产生了地方政府的财权和事权相互不对等的现象。为深入理解地方政府面临的现实财政压力，本章用地方公共财政支出与地方公共财政收入的差值除以地方公共财政支出，据此计算地方财政支出缺口率。图6.8具体呈现了2021年全国31个省区市的财政缺口情况，可发现全国地方财政支出缺口率超过50%的地区多达22个，低于 50% 的地区仅有 9 个；上海（7.82%）、北京（17.67%）、广东（22.60%）、浙江（24.98%）四地的财政缺口问题相对较轻，财政支出缺口率均在 30% 以下；西藏（89.51%）、青海（82.27%）、甘肃（75.16%）、黑龙江（74.52%）、新疆（70.04%）五地的财政缺口问题较为严重，财政支出缺口率均超过 70%。分地区来看，东部地方财政支出缺口率超过 50% 的地区占比为 20%；中部地方财政支出缺口率超过 50% 的地区占比为 83.33%；西部和东北地方财政支出缺口率超过 50% 的地区占比均为 100%。由此可见，全国 31 个省区市普遍面临财权与事权不相匹配的问题，且绝大部分地区存在较为严重的财政缺口问题，这是推动地方政府通过大力举债以缓解财政压力的现实原因和无奈选择。

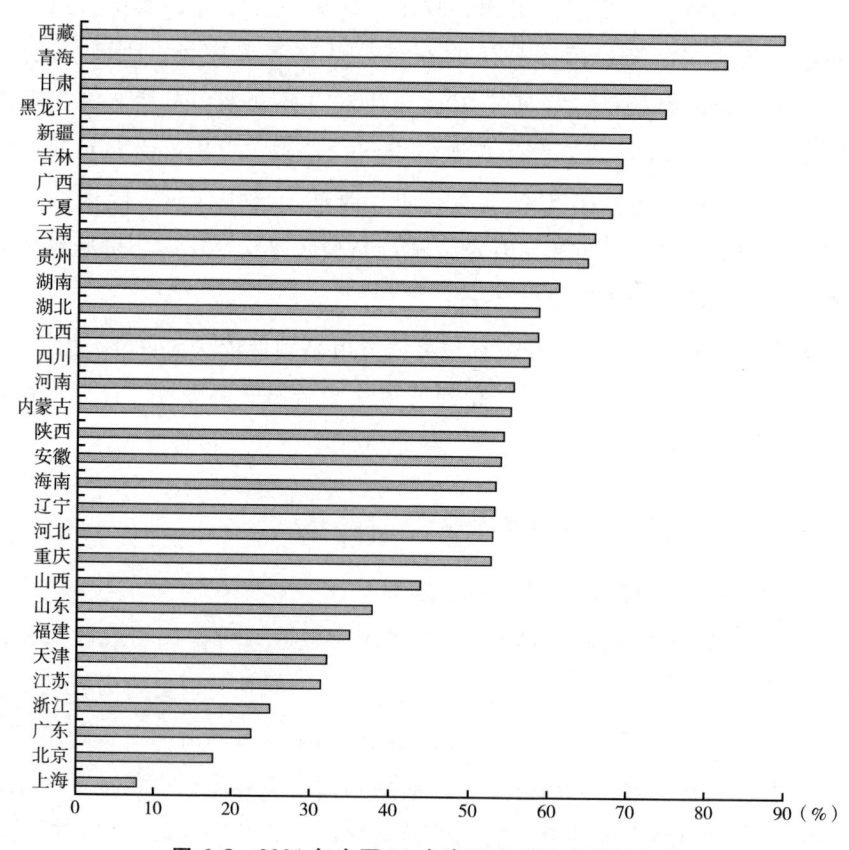

图 6.8 2021 年全国 31 个省区市财政支出缺口率

资料来源：Wind 金融资讯数据库。

(二) 地方政府竞争及官员晋升激励

在地方政府间竞争压力及官员晋升激励推动下，大规模基础设施建设、产业投资等成为各地政府竞相发展的重要战略，地方政府资金投入逐渐增大，地方政府财政扩张倾向越发明显。在财权普遍难以满足事权的现实背景下，财政赤字规模由此不断扩大，大力举债成为地方政府融入资金的重要渠道。伴随城镇化的不断推进，地方政府债务情况越发复杂，债务管理体制较为松散，而中央亦缺乏对地方政府的债务约束机制，以致难以对日渐迅猛扩张的债务进行系统化的风险管理。具体而言，一方面，地方财政体制不够完善，政府偿债能力有限，对债务规模存在监管缺失，地方没有相应的政府绩效评价体系，缺少一套完善的债务预测和评价指标系统，信息披露不够透明，社会公众难以行使监督权；另一方面，在分税制改革后，地方财政能力受到了一定限制，仅依靠以土地财政为主的可支配财政收入作为偿还债务的主要来源，地方政府的偿债压力较大，因此只能通过举债来募集经济发展所需要的资金，然而投入项目的资金周转速度慢，预期经济效益不高，这又增加了债务风险。

(三) 地方政府债务限额管理

与此同时，自2015年《财政部关于对地方政府债务实行限额管理的实施意见》实施后，国务院正式对地方政府启动债务限额管理，地方政府越发倾向于借由城投平台、国企等进行举债，并由地方政府提供担保或实质上承担偿还义务，由此导致地方政府隐性债务风险不断积聚。在宏观经济承压、稳增长压力凸显的背景下，地方政府融资需求攀升，使得城投平台、国企等债务持续爆发式增长。自2018年以来，地方国企及融资平台违约事件频发，这无疑给宏观经济带来一定程度的冲击和挑战。客观而言，地方政府以财政收入作为担保，通过融资平台或地方国企进行举债，主要存在两方面的风险及问题。一方面，当融资平台出现问题时，地方政府需要承担连带责任，这就很容易产生隐性债务风险，而隐性债务相对于显性债务更加难以估计和管控；另一方面，融资平台及地方国企的融资项目大多以公共服务类型为主，资金回收期较长，且这些企业在经济下行压力下自身也存在规范化、资金来源有限等问题，增加了其负债风险隐患，地方政府借助融资平台进行举债也变得比较困难。

第三节 地方政府债务风险评估分析

一 基于 KMV 模型的地方政府债务风险测算方法

1. KMV 模型构建

KMV 模型最初被用于估计借款企业的违约概率。企业是否会发生违约主要与企业资产价值、负债风险和债务偿还能力三个方面有关，可以利用违约距离来判断企业是否存在违约风险。在实践中，依照企业与贷款人的违约差异，可以估计企业向银行借债的违约概率。借鉴 KMV 模型的相关理论，采用地方政府财政收入、债务发行与偿还等观测数据，可具体测算地方政府债务的违约距离，进而得到违约概率，据此对地方政府债务违约风险展开评价。

以 R_t 表示用于担保目的的 t 期地方政府财政可偿债收入，以 D_t 表示地方政府 t 期需偿还的债务本息和，以 σ 表示地方政府财政可偿债收入波动率，以 g 表示地方政府财政可偿债收入增长率。令 DD 表示地方政府债务违约距离，P 表示地方政府债务违约概率。根据 KMV 模型原理，违约距离与违约概率可由如下方程计算得出：

$$DD = \frac{\ln(\frac{R_t}{D_t}) + gT - \frac{1}{2}\sigma^2 T}{\sigma\sqrt{T}} \tag{6.1}$$

$$P = N(-DD) = N\left[-\frac{\ln(\frac{R_t}{D_t}) + gT - \frac{1}{2}\sigma^2 T}{\sigma\sqrt{T}}\right] = N\left[\frac{-\ln(\frac{D_t}{R_t}) - gT + \frac{1}{2}\sigma^2 T}{\sigma\sqrt{T}}\right] \tag{6.2}$$

其中，违约距离 DD 数值越大，表明出现地方政府债务违约的可能性越小，对应违约概率 P 值越小；违约距离 DD 数值越小，表明出现地方政府债务违约的可能性越大，对应违约概率 P 值也越大；若违约距离 DD 数值为负，则说明出现地方政府债务违约的可能性非常大，对应违约概率 P 值达到 50% 以上。根据式（6.1）、式（6.2），违约距离 DD 和违约概率 P 的测算主要涉及 R_t、D_t、σ、g 四大关键指标，而这四大关键指标不能直接得到，均需要进一步处理。

对于地方政府财政可偿债收入 R_t，根据《国务院关于加强地方政府性债务管理的意见》，地方政府一般债券融资被纳入一般公共预算管理，主要以一般公共预算中的公共财政收入偿还；地方政府专项债券融资被纳入政府性基金预算管理，主要以政府性基金预算中的政府性基金收入偿还。就此而言，地方政府当前债务偿还能力主要取决于当期公共财政收入和政府性基金收入。但根据我国地方财政实践，并非所有的公共财政收入和政府性基金收入均可用于偿还当期地方政府债务，仅在扣除刚性支出后的剩余收入方可被视为偿债能力。也即，地方政府财政可偿债收入 R_t 遵循如下方程决定形式：

$$R_t = DGI_t + DFI_t \qquad (6.3)$$
$$DGI_t = (1 - \omega_{rge})GI_t \qquad (6.4)$$
$$DFI_t = (1 - \omega_{rfe})FI_t \qquad (6.5)$$

其中，DGI_t、DFI_t 分别为可支配的公共财政收入和政府性基金收入，也即可用于偿债的公共财政收入和政府性基金收入；GI_t 为地方政府全部公共财政收入，FI_t 为地方政府全部政府性基金收入；ω_{rge}、ω_{rfe} 分别为对应政府收入项目的刚性支出比例。根据公共财政理论，地方政府刚性公共支出由一般公共服务、公共安全、医疗卫生与计划生育、教育、社会保障与就业五大公共支出构成（张海星、靳伟凤，2016），本章将这五大公共支出之和作为地方政府刚性公共支出的统计口径。通过计算 2012~2021 年地方政府刚性公共支出占地方公共财政收入的比重，可发现 10 年间地方政府刚性公共支出占比平均值为 0.563，本章以此作为 ω_{rge} 的取值，对应可用于偿债的地方公共财政收入占比为 43.7%。对于 ω_{rfe} 的取值，洪源和胡争荣（2018）展开了较为详尽的分析，本章参照其研究取政府性基金收入中刚性成本性支出占比为 0.8，对应可用于偿债的地方政府性基金收入占比为 20%。

对于地方政府应偿还的债务本息和 D_t，主要由当期到期债务本金以及未到期债务利息两部分构成，即：

$$D_t = (1 + r_r)MV_t + r_r \sum MV \qquad (6.6)$$

其中，MV_t 刻画 t 期到期需偿还的债务本金，$\sum MV$ 刻画 t 期尚未到期的债务规模余额，r_t 表示债务偿还的利率。根据我国地方政府债务演化情况，各地区经济发展水平、财政可持续性、债务负担规模不同，这决定了其债务发行的风险溢价水平（地方债相对同期国债发行的利差）存在显著差异。采用统一的全国地方政府债务平均利率显然难以真实反映不同地区的债务成本，而且考虑到地方政府债务发行多以5年及以上期限为主，本章出于谨慎考虑取31个省区市5年期地方债发行的最高利率衡量各自的债务偿还成本。

对于地方政府财政可偿债收入波动率 σ 以及地方政府财政可偿债收入增长率 g，可在 R_t 得到有效刻画的基础上根据以下方程求得：

$$\sigma = \sqrt{\frac{1}{n-2}\sum_{t=1}^{n-1}\left(\ln\frac{M_{t+1}}{M_t} - \frac{1}{n-1}\sum_{t=1}^{n-1}\ln\frac{M_{t+1}}{M_t}\right)^2} \tag{6.7}$$

$$g = \frac{1}{n-1}\sum_{t=1}^{n-1}\ln\frac{M_{t+1}}{M_t} + \frac{1}{2}\sigma^2 \tag{6.8}$$

2. 模型数据说明

本章关于地方政府债务风险的测算主要涉及31个省区市的地方政府公共财政收入、一般公共服务支出、公共安全支出、医疗卫生与计划生育支出、教育支出、社会保障与就业支出、政府性基金收入、债务余额、债务发行额、债务到期偿还额以及债务发行利率等数据。除一般债和专项债所构成的地方政府显性债务外，以城投债为主要构成部分的地方政府隐性债务亦属于地方政府可能需要承担偿还责任的债务，因此忽略对地方政府隐性债务违约可能性的刻画，无疑会对地方政府债务风险的判断和评估造成巨大偏误。为充分刻画地方政府债务风险，本章的地方政府债务风险评估还将涉及城投债余额、城投债发行额、城投债到期偿还额等数据。所涉数据主要来源于 Wind 金融资讯数据库以及历年《中国财政年鉴》。

二 地方政府财政可偿债收入波动分析

基于以上 KMV 模型测算原理，首先可计算得出31个省区市 2012~2021年地方政府财政可偿债收入波动率与增长率数据，结果如表6.2所

第六章 地方政府债务积聚、风险违约测度与风险管理研究

示。从可偿债收入波动率来看，波动率排名前五的依次是辽宁、天津、吉林、福建、西藏，波动率分别为 0.1668、0.1604、0.1552、0.1516、0.1513；宁夏、上海、四川、海南、贵州、江苏、湖南、山东 8 个地区波动水平较低，均低于 0.08。从可偿债收入增长率来看，增长率排名前五的依次是浙江、湖北、西藏、江西、贵州，增长率分别为 0.1058、0.0940、0.0868、0.0848、0.0823；增长率排名后五的依次为辽宁、吉林、黑龙江、天津、重庆，增长率分别为 -0.0242、-0.0107、0.0021、0.0029、0.0242。

表 6.2　全国 31 个省区市地方政府财政可偿债收入波动率与增长率

省区市	可偿债收入波动率	可偿债收入增长率	地区	省区市	可偿债收入波动率	可偿债收入增长率	地区
北京	0.0951	0.0601	东部	内蒙古	0.0842	0.0510	西部
天津	0.1604	0.0029	东部	新疆	0.0821	0.0727	西部
上海	0.0560	0.0756	东部	宁夏	0.0428	0.0392	西部
河北	0.0805	0.0672	东部	陕西	0.0824	0.0804	西部
山东	0.0768	0.0646	东部	甘肃	0.1004	0.0621	西部
江苏	0.0739	0.0686	东部	青海	0.1138	0.0579	西部
浙江	0.1014	0.1058	东部	重庆	0.0823	0.0242	西部
福建	0.1516	0.0676	东部	四川	0.0667	0.0813	西部
广东	0.0863	0.0805	东部	西藏	0.1513	0.0868	西部
海南	0.0668	0.0668	东部	广西	0.0938	0.0444	西部
山西	0.1253	0.0817	中部	贵州	0.0715	0.0823	西部
河南	0.0967	0.0745	中部	云南	0.1102	0.0335	西部
湖北	0.1311	0.0940	中部	黑龙江	0.0806	0.0021	东北
安徽	0.1019	0.0791	中部	吉林	0.1552	-0.0107	东北
湖南	0.0763	0.0783	中部	辽宁	0.1668	-0.0242	东北
江西	0.0848	0.0848	中部				

分区域来看，不同经济区域可偿债收入波动率及增长率存在差异。如图 6.9 所示，东北地区可偿债收入波动率最大，表明该地区财政创收能力不确定性较大；西部地区可偿债收入波动率最小，表明该地区财政创收能力变化相对稳定。就可偿债收入增长率而言，中部地区可偿债收入增长率

最高,这主要缘于近十年中部地区经济相对高速发展为其带来了财政收入的快速增长;东北地区可偿债收入增长率最低,平均年增长率为负值,这主要缘于东北地区近十年经济明显降速。

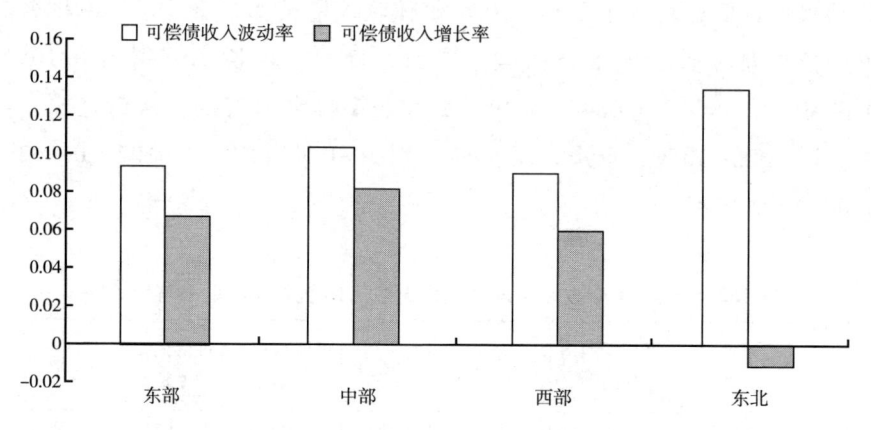

图 6.9　不同经济区域可偿债收入波动率与增长率比较

三　不考虑隐性债务情形下的地方政府债务风险评价

基于所测算的地方政府可偿债收入波动率、增长率数据以及地方政府债务层面数据,结合式(6.1)、式(6.2)即可得到地方政府债务违约距离与违约概率。表 6.3 至表 6.6 依次呈现了东部、中部、西部、东北四大不同经济区域在仅考虑地方政府一般债务与专项债务情形下的违约情况。

1. 东部地区债务违约风险评估

根据表 6.3 可知,2022 年东部地区中上海违约距离最大,高达 29.07,表明其出现债务违约的可能性最小。除此之外,广东、江苏、浙江等省份债务违约距离也较大,均在 10 以上,客观上表明这些地区出现债务违约的可能性也极小。天津违约距离在东部地区中最小,且为负值,表明天津相对而言出现债务违约的可能性最大。从债务违约概率来看,天津违约概率最大,高达 77.40%;海南次之,但违约概率仅为 0.70%;东部地区其他省份违约概率均近乎为零。综合而言,东部地区除天津违约风险较高外,其他地区违约风险均较低。

第六章 地方政府债务积聚、风险违约测度与风险管理研究

表 6.3 2022年东部地区地方政府债务违约风险评价结果（未纳入隐性债务）

违约指标	北京	天津	上海	河北	山东	江苏	浙江	福建	广东	海南
违约距离	7.5843	−0.7521	29.0670	4.5711	9.1823	11.9038	11.2238	4.2499	14.7606	2.4593
违约概率（%）	0.00	77.40	0.00	0.00	0.00	0.00	0.00	0.00	0.00	0.70

2. 中部地区债务违约风险评估

表6.4具体呈现了2022年中部六省债务违约风险评估值。从违约距离来看，中部六省违约距离从大到小依次为山西、江西、安徽、湖南、湖北、河南，表明山西在中部地区中出现债务违约的可能性最小，河南在中部地区中出现债务违约的可能性最大。但由于六省违约距离均为正值，这意味着六省出现债务违约的可能性均不大。从违约概率来看，中部六省违约概率近乎为零，进一步表明中部地区地方政府债务违约风险普遍较低。

表 6.4 2022年中部地区地方政府债务违约风险评价结果（未纳入隐性债务）

违约指标	山西	河南	湖北	安徽	湖南	江西
违约距离	7.8176	3.1385	3.9606	4.8097	4.6441	6.0287
违约概率(%)	0.00	0.08	0.00	0.00	0.00	0.00

3. 西部地区债务违约风险评估

表6.5具体呈现了2022年西部12个省区市债务违约风险评估结果。从违约距离来看，西部12个地区的违约距离从大到小依次为四川、陕西、新疆、重庆、西藏、内蒙古、甘肃、广西、宁夏、云南、贵州、青海，表明四川在西部地区中出现债务违约的可能性最小，而青海在西部地区中出现债务违约的可能性最大；西部12个地区中四川、陕西、新疆、重庆、西藏、内蒙古6个地区违约距离为正，意味着这些地区出现债务违约的可能性较小；西部12个地区中甘肃、广西、宁夏、云南、贵州、青海6个地区违约距离为负，意味着这些地区出现债务违约的可能性较大。从违约概率来看，四川、陕西两地违约概率约为零，新疆、重庆两地违约概率分别为0.10%、0.11%，西藏、内蒙古两地违约概率分别为8.33%、

17.19%；而青海、贵州、云南三个地区违约概率约为100%，宁夏、广西、甘肃三地违约概率也较高，分别高达98.85%、96.03%、71.95%。综合来看，西部12个省区市中约有一半地区的地方政府债务违约风险比较大，分别为青海、贵州、云南、宁夏、广西、甘肃6个地区。

表6.5　2022年西部地区地方政府债务违约风险评价结果（未纳入隐性债务）

违约指标	内蒙古	新疆	宁夏	陕西	甘肃	青海	重庆	四川	西藏	广西	贵州	云南
违约距离	0.95	3.10	-2.27	6.35	-0.58	-6.09	3.06	7.50	1.38	-1.75	-5.13	-5.09
违约概率(%)	17.19	0.10	98.85	0.00	71.95	100.00	0.11	0.00	8.33	96.03	100.00	100.00

4. 东北地区债务违约风险评估

表6.6呈现了2022年东北三省的债务违约风险评估结果。从违约距离来看，可发现三个省份的违约距离普遍为负，凸显东北地区出现债务违约的可能性均较大；三省违约距离从小到大依次为吉林、黑龙江、辽宁，客观表明吉林的债务风险问题最为严重。从违约概率来看，吉林的地方政府债务违约概率约为100%，黑龙江债务违约概率为99.92%，辽宁债务违约概率为86.15%。

表6.6　2022年东北地区地方政府债务违约风险评价结果（未纳入隐性债务）

违约指标	黑龙江	吉林	辽宁
违约距离	-3.15	-4.35	-1.09
违约概率(%)	99.92	100.00	86.15

四　考虑隐性债务情形下的地方政府债务风险评价

相较于地方政府一般债务和专项债务所构成的显性债务，地方政府隐性债务规模更大、风险更突出，在地方政府债务风险评估时不应被忽视（熊琛等，2022）。而从地方政府隐性债务构成来看，城投债是重要载体，通常被视为地方政府隐性债务的代表性指标（张莉等，2018；曹婧等，2019；刘晓蕾等，2021）。为形成对地方政府债务风险的全面客观评价，

第六章 地方政府债务积聚、风险违约测度与风险管理研究

本章在对显性债务风险评价之后,进一步纳入以城投债为代表的隐性债务,以综合呈现地方政府债务风险水平。具体而言,本章依次假设地方政府需要承担10%、20%、30%、40%、50%、60%、70%、80%、90%、100%的隐性债务,据此深入探究地方政府债务违约风险如何演化。

1. 东部地区债务违约风险综合评估

首先,本章基于前述方法测算考虑隐性债务情形下东部地区10个省市的地方政府债务违约风险,结果如表6.7所示。根据表6.7可发现,当地方政府隐性债务承担比例为10%、20%、30%时,仅天津的违约距离为负(对应违约概率近乎100%),其他省市违约距离不断变小但依然为正值(对应违约概率较小)。当地方政府隐性债务承担比例达到40%时,江苏的地方政府债务违约距离由正转负,违约概率高达81.61%。这表明,尽管从显性债务来看江苏出现债务违约的可能性极小(违约距离较大,在东部地区中仅次于上海、广东),但相对过重的地方政府隐性债务负担导致其也面临着较高的地方政府债务违约风险。当地方政府隐性债务承担比例达到90%时,除天津和江苏外,福建的地方政府债务违约距离亦为负,对应违约概率升至53.46%。而当地方政府隐性债务承担比例达到100%时,东部地区中江苏、天津、浙江、福建、山东5个地区的违约距离均为负值,对应违约概率依次为100.00%、100.00%、68.75%、66.67%、51.57%。

上述研究表明,伴随隐性债务承担比例不断上升,东部地区各省市出现债务违约的可能性不断变大,在完全考虑隐性债务偿还情形下江苏、天津、浙江、福建、山东5个地区的债务违约风险较高,违约概率达到50%以上。

表6.7 2022年东部地区地方政府债务违约风险评价结果(纳入隐性债务)

隐性债务承担比例	违约指标	北京	天津	上海	河北	山东	江苏	浙江	福建	广东	海南
10%	违约距离	7.23	-2.19	28.18	4.22	7.91	7.41	9.20	3.60	13.99	2.44
	违约概率(%)	0.00	98.59	0.00	0.00	0.00	0.00	0.00	0.02	0.00	0.73

续表

隐性债务承担比例	违约指标	北京	天津	上海	河北	山东	江苏	浙江	福建	广东	海南
20%	违约距离	6.88	-3.36	27.34	3.89	6.74	4.04	7.52	3.01	13.28	2.42
	违约概率（%）	0.00	99.96	0.00	0.01	0.00	0.00	0.00	0.13	0.00	0.77
30%	违约距离	6.55	-4.35	26.53	3.56	5.68	1.35	6.08	2.47	12.60	2.40
	违约概率（%）	0.00	100.00	0.00	0.02	0.00	8.92	0.00	0.68	0.00	0.82
40%	违约距离	6.22	-5.20	25.76	3.24	4.69	-0.90	4.83	1.97	11.96	2.38
	违约概率（%）	0.00	100.00	0.00	0.06	0.00	81.61	0.00	2.45	0.00	0.86
50%	违约距离	5.91	-5.95	25.02	2.93	3.77	-2.83	3.72	1.50	11.35	2.36
	违约概率（%）	0.00	100.00	0.00	0.17	0.01	99.76	0.01	6.65	0.00	0.91
60%	违约距离	5.60	-6.62	24.31	2.62	2.91	-4.51	2.72	1.07	10.78	2.34
	违约概率（%）	0.00	100.00	0.00	0.44	0.18	0.00	0.32	14.28	0.00	0.95
70%	违约距离	5.31	-7.22	23.63	2.32	2.11	-6.01	1.82	0.66	10.23	2.32
	违约概率（%）	0.00	100.00	0.00	1.01	1.74	100.00	3.46	25.46	0.00	1.00
80%	违约距离	5.02	-7.77	22.97	2.03	1.35	-7.36	0.99	0.28	9.71	2.31
	违约概率（%）	0.00	100.00	0.00	2.10	8.78	100.00	16.18	39.13	0.00	1.06
90%	违约距离	4.74	-8.27	22.33	1.75	0.64	-8.59	0.22	-0.09	9.20	2.28
	违约概率（%）	0.00	100.00	0.00	4.01	26.15	100.00	41.23	53.46	0.00	1.11
100%	违约距离	4.46	-8.74	21.72	1.47	-0.04	-9.71	-0.49	-0.43	8.72	2.27
	违约概率（%）	0.00	100.00	0.00	7.05	51.57	100.00	68.75	66.67	0.00	1.17

2. 中部地区债务违约风险综合评估

其次，本章测算考虑隐性债务情形下中部地区6个省份的地方政府债务违约风险状况，具体结果如表6.8所示。根据表6.8可知，当地方政府隐性债务承担比例为10%、20%时，中部六省的债务违约距离均为正，违约概率普遍较低。当地方政府隐性债务承担比例达到 30% 时,湖南的债务违约距离率先转为负值,违约概率高达 69.73%。当地方政府隐性债务承担比例达到 40% 时,中部地区债务违约距离为负值的省份达到 2 家,分别为湖南和江西,违约概率分别高达 96.90%、53.87%。当地方政府隐性债务承担比例达到 60% 时,中部地区债务违约距离为负值的省份达到 4 家,分别为湖南、江西、安徽和河南,违约概率分别高达 100.00%、98.85%、61.36%、57.51%。当地方政府隐性债务承担比例达到 70% 时,中部地区债务违约距离为负值的省份达到 5 家,分别为湖南、江西、安徽、河南以及湖北,违约概率分别高达 100.00%、99.94%、82.38%、74.32% 以及 58.30%。而假设地方政府隐性债务承担比例为 100%,中部地区中依然仅有山西的债务违约距离为正,其余省份为负,充分表明山西的地方政府债务风险控制良好。

整体而言,伴随隐性债务承担比例不断上升,中部地区各省份出现违约的可能性也不断变大;当隐性债务承担比例达到 70% 时,中部六省中便有五省的债务违约概率超过 50%,表明这五省的地方政府债务风险较为严重。此外,本章的反复测算亦表明,无论隐性债务承担比例为多少,山西的地方政府债务风险均高度可控。

表 6.8　2022 年中部地区地方政府债务违约风险评价结果(纳入隐性债务)

隐性债务承担比例	违约指标	山西	河南	湖北	安徽	湖南	江西
10%	违约距离	7.48	2.50	3.21	3.75	2.69	4.17
	违约概率(%)	0.00	0.61	0.07	0.01	0.36	0.00
20%	违约距离	7.15	1.91	2.52	2.80	0.99	2.57
	违约概率(%)	0.00	2.83	0.59	0.25	16.15	0.51
30%	违约距离	6.84	1.34	1.89	1.93	-0.52	1.16
	违约概率(%)	0.00	8.99	2.94	2.66	69.73	12.26
40%	违约距离	6.54	0.81	1.31	1.14	-1.87	-0.10
	违约概率(%)	0.00	21.03	9.53	12.81	96.90	53.87
50%	违约距离	6.25	0.30	0.77	0.40	-3.09	-1.23
	违约概率(%)	0.00	38.36	22.12	34.55	99.90	89.16

续表

隐性债务承担比例	违约指标	山西	河南	湖北	安徽	湖南	江西
60%	违约距离	5.97	-0.19	0.26	-0.29	-4.21	-2.27
	违约概率(%)	0.00	57.51	39.60	61.36	100.00	98.85
70%	违约距离	5.70	-0.65	-0.21	-0.93	-5.24	-3.23
	违约概率(%)	0.00	74.32	58.30	82.38	100.00	99.94
80%	违约距离	5.44	-1.10	-0.66	-1.53	-6.20	-4.11
	违约概率(%)	0.00	86.37	74.38	93.72	100.00	100.00
90%	违约距离	5.18	-1.52	-1.08	-2.10	-7.09	-4.93
	违约概率(%)	0.00	93.61	85.91	98.21	100.00	100.00
100%	违约距离	4.94	-1.93	-1.48	-2.63	-7.92	-5.70
	违约概率(%)	0.00	97.33	92.99	99.58	100.00	100.00

3. 西部地区债务违约风险综合评估

再次，本章继续测算考虑隐性债务情形下西部12个地区的地方政府债务违约风险，具体结果如表6.9所示。根据表6.9可知，当地方政府隐性债务承担比例为10%时，青海、贵州、云南、宁夏、广西、甘肃6个地区违约距离为负，违约概率均在90%以上。当地方政府隐性债务承担比例为20%时，西部违约距离为负的地区增加至7个，重庆的债务违约距离也变为负，违约概率高达71.19%。当地方政府隐性债务承担比例为40%时，西部违约距离为负的地区进一步增加至8个，西藏的债务违约距离变为负，违约概率升至63.42%。当地方政府隐性债务承担比例为50%时，西部违约距离为负的地区进一步增加至9个，新疆的债务违约距离变为负，违约概率升至62.67%。当地方政府隐性债务承担比例为60%时，西部违约距离为负的地区进一步增加至10个，四川的债务违约距离变为负，违约概率升至51.13%。当地方政府隐性债务承担比例为100%时，西部12个地区中违约距离为负的地区达到11个，陕西的债务违约距离变为负，违约概率达到57.61%；而内蒙古的债务违约距离依然保持正值，表明内蒙古地方政府债务控制良好，且城投债负担较轻。

第六章 地方政府债务积聚、风险违约测度与风险管理研究

表 6.9 2022 年西部地区地方政府债务违约风险评价结果（纳入隐性债务）

隐性债务承担比例	违约指标	内蒙古	新疆	宁夏	陕西	甘肃	青海	重庆	四川	西藏	广西	贵州	云南
10%	违约距离	0.87	2.34	-2.50	5.52	-1.32	-6.27	1.12	5.95	0.91	-2.25	-5.63	-5.51
	违约概率（%）	19.28	0.97	99.39	0.00	90.63	100.00	13.19	0.00	18.21	98.78	100.00	100.00
20%	违约距离	0.79	1.62	-2.73	4.73	-2.00	-6.46	-0.56	4.55	0.46	-2.73	-6.11	-5.92
	违约概率（%）	21.49	5.31	99.69	0.00	97.75	100.00	71.19	0.00	32.14	99.68	100.00	100.00
30%	违约距离	0.71	0.93	-2.96	4.00	-2.65	-6.63	-2.03	3.27	0.05	-3.18	-6.58	-6.30
	违约概率（%）	23.84	17.50	99.85	0.00	99.59	100.00	97.89	0.05	48.09	99.93	100.00	100.00
40%	违约距离	0.63	0.29	-3.19	3.30	-3.25	-6.81	-3.34	2.09	-0.34	-3.62	-7.03	-6.67
	违约概率（%）	26.30	38.61	99.93	0.05	99.94	100.00	99.96	1.84	63.42	99.99	100.00	100.00
50%	违约距离	0.56	-0.32	-3.41	2.64	-3.82	-6.98	-4.53	0.99	-0.71	-4.04	-7.46	-7.03
	违约概率（%）	28.86	62.67	99.97	0.41	99.99	100.00	100.00	16.06	76.19	100.00	100.00	100.00
60%	违约距离	0.48	-0.91	-3.63	2.02	-4.36	-7.14	-5.61	-0.03	-1.06	-4.44	-7.89	-7.37
	违约概率（%）	31.53	81.76	99.98	2.16	100.00	100.00	100.00	51.13	85.59	100.00	100.00	100.00
70%	违约距离	0.41	-1.46	-3.85	1.43	-4.87	-7.31	-6.60	-0.98	-1.39	-4.83	-8.30	-7.70
	违约概率（%）	34.27	92.82	99.99	7.64	100.00	100.00	100.00	83.74	91.84	100.00	100.00	100.00
80%	违约距离	0.33	-2.00	-4.06	0.86	-5.35	-7.47	-7.52	-1.88	-1.71	-5.20	-8.70	-8.02
	违约概率（%）	37.08	97.70	100.00	19.36	100.00	100.00	100.00	97.01	95.64	100.00	100.00	100.00
90%	违约距离	0.25	-2.51	-4.28	0.32	-5.81	-7.63	-8.37	-2.73	-2.01	-5.57	-9.08	-8.32
	违约概率（%）	39.94	99.39	100.00	37.27	100.00	100.00	100.00	99.68	97.79	100.00	100.00	100.00
100%	违约距离	0.18	-2.99	-4.49	-0.19	-6.26	-7.78	-9.17	-3.53	-2.30	-5.92	-9.46	-8.62
	违约概率（%）	42.84	99.86	100.00	57.61	100.00	100.00	100.00	99.98	98.93	100.00	100.00	100.00

以上结果表明，伴随隐性债务承担比例不断上升，西部各地区地方政府债务出现违约的可能性不断变大，债务违约距离降为负值的地区越来越多；当隐性债务承担比例为100%时，西部12个地区中便有11个地区的债务违约概率超过50%，违约高风险地区占比达到91.67%。但无论隐性债务承担比例如何增加，内蒙古的地方政府债务违约距离持续为正且违约概率低于50%，表明西部地区中内蒙古的地方政府债务整体风险最低、可控性最强。

4. 东北地区债务违约风险综合评估

最后，由于东北三省在不考虑隐性债务情形下债务违约距离便已为负，若考虑隐性债务偿还，债务违约风险无疑更为严峻。鉴于东北三省的违约距离确定为负且违约概率确定在85%以上，本章限于篇幅不再汇报不同隐性债务承担比例下东北三省的债务违约风险演化情况。需要特别指出的是，尽管伴随隐性债务承担比例不断上升，东北三省债务违约距离会不断下降，但下降幅度均不大。这客观表明东北三省面临的主要是显性债务风险，隐性债务风险并不严重。

五 地方政府债务风险测度评价分析

通过对全国31个省区市2022年地方政府债务违约风险进行测算，并在不考虑隐性债务偿还和考虑隐性债务偿还等不同情形下展开深度分析，本章形成了对地方政府债务风险的系统评价。综合上述研究可发现，随着隐性债务承担比例的不断上升，各地区地方政府债务出现违约的可能性不断变大，债务违约距离降为负值的地区越来越多。表6.10具体统计了不同隐性债务承担比例情形下不同经济区域地方政府债务违约概率超过50%（即违约距离为负）的地区。

分情形来看，若地方政府完全不承担隐性债务偿还责任，全国地方政府债务风险较严重的地区共有10个（占32.26%），其中东部地区1个、西部地区6个、东北地区3个。这客观表明，在仅承担一般债务和专项债务偿还责任情形下我国地方政府债务风险问题便已经较为严峻，高风险地区主要集中在西部和东北地区。

若地方政府承担50%的隐性债务偿还责任，全国地方政府债务风险较

第六章 地方政府债务积聚、风险违约测度与风险管理研究

严重的地区升至16个（占51.61%），其中东部地区2个、中部地区2个、西部地区9个、东北地区3个。这表明隐性债务承担将在一定程度上加剧地方政府债务违约风险，忽略隐性债务会导致对地方政府实际债务风险的认识产生偏误。需要特别指出的是，尽管部分地区显性债务违约风险较低，但其面临的巨额隐性债务会导致其面临的实际债务违约风险较高。譬如经济发展程度较高的江苏，其显性债务负债率在东部地区中最低，但伴随隐性债务承担比例的上升，江苏地方政府债务违约距离率先降为负值。若经济周期恶化或发生突发负面冲击，以致地方政府不得不偿还隐性债务，这些地区极有可能因债务负担过重和偿债能力不足而最终引发债务危机。

若地方政府承担全部的隐性债务偿还责任，全国地方政府债务风险较严重的地区升至24个（占77.42%）。其中，东部高风险地区有5个，包括GDP排名全国第2、第3、第4的江苏、山东、浙江等地；中部高风险地区有5个，相当于该区域83.33%的地区存在严重的债务违约风险；西部高风险地区有11个，意味着该区域91.67%的地区存在严重的债务违约风险；东北高风险地区有3个，即该区域所有省份均存在严重的债务违约风险，但客观而言，东北三省的债务违约风险主要源于地方政府一般债务和专项债务所构成的显性债务。这客观表明，除显性债务外，隐性债务已然成为地方财政可持续演进以及地方经济高质量发展的重要威胁。就此而言，政府除对显性债务高度关注外，也应对隐性债务过度扩张予以合理管控。

表 6.10 不同隐性债务承担比例情形下地方政府债务高风险地区概览

地区	不承担隐性债务情形	承担50%隐性债务情形	完全承担隐性债务情形
东部	天津	天津、江苏	天津、江苏、浙江、福建、山东
中部		湖南、江西	湖南、江西、安徽、河南、湖北
西部	青海、贵州、云南、宁夏、广西、甘肃	青海、贵州、云南、宁夏、广西、甘肃、重庆、西藏、新疆	青海、贵州、云南、宁夏、广西、甘肃、重庆、西藏、新疆、四川、陕西
东北	吉林、黑龙江、辽宁	吉林、黑龙江、辽宁	吉林、黑龙江、辽宁

第四节 研究结论与政策建议

一 研究结论

本章系统探究了地方政府债务演化的现状及成因，并基于现实数据采用 KMV 模型测算了全国 31 个省区市的地方政府债务违约风险。

通过剖析地方政府债务演化的现状及成因，本章发现地方政府面临的财权和事权呈现严重的不匹配状态，全国大部分地区面临着巨大的财政缺口压力，由此导致地方政府不得不通过大力举债的方式满足财政支出需求；同时，在地区竞争加剧以及官员晋升激励复合影响下，各地政府纷纷开展大规模基础设施建设以及产业振兴计划，由此导致地方政府对举债的依赖程度进一步深化。此外，伴随政府逐步对债务无序扩张予以管控，地方政府越发倾向于借由城投平台、国企等渠道进行举债，由此导致地方政府隐性债务风险不断积聚。

通过对全国 31 个省区市的地方政府债务违约风险进行测算评价，本章发现不同地区的地方政府债务风险问题存在显著差异，其中西部地区和东北地区较为严重，东部地区和中部地区相对较轻。在仅考虑地方政府一般债务和专项债务偿还情形下，全国约 32.26% 的地区存在严重的债务违约风险，具体为天津、青海、贵州、云南、宁夏、广西、甘肃、吉林、黑龙江、辽宁 10 个地区。伴随隐性债务承担比例不断攀升，地方政府面临的债务违约风险也随之上升，若地方政府承担 50% 的隐性债务偿还责任，全国约有 51.61% 的地区存在严重的债务违约风险，其中显性负债率较低的江苏、重庆、湖南、江西等地因隐性债务过度扩张而面临严重的债务风险。若地方政府完全承担隐性债务偿还责任，全国约有 77.42% 的地区面临着严重的债务违约风险，其中东部高风险地区达到 5 个（占该区域的 50.00%），中部高风险地区达到 5 个（占该区域的 83.33%），西部高风险地区达到 11 个（占该区域的 91.67%），东北高风险地区为 3 个（占该区域的 100.00%）。

二 政策建议

立足当前地方政府债务持续恶化的态势，结合本章的研究结果，笔者认为应从中央政府和地方政府两大层级系统审视地方政府债务演化机制与现实状况，强化地方政府债务管理与风险防范。除此之外，本章还将从国际实践视角提出可供参考的政策建议。

（一）中央角度

第一，针对地方财政缺口较大地区对转移支付的依赖问题，中央应多渠道安排资金，缓解地方财政压力。中央可以通过采取新增财政赤字、压减中央本级支出等措施，加大对地方财力的支持力度。

第二，优化资金管理方式，确保财力下沉基层。阶段性提高地方财政资金留用比例，加强对库款调度的监测，完善"中央到省、省到市县"的监控机制，及时跟踪监测各级库款情况，逐月通报地方基层财政库款保障情况。

第三，严格执行预算法，强化主体责任，坚决杜绝虚列支出、擅自调整预算等问题，督促地方政府切实履行责任。健全绩效指标制度，明确各地方性负债的划分标准，提升绩效目标的设置与评价科学性，理顺预算绩效管理工作中的相关流程。

第四，全面开展项目专项检查，对地方政府债务存在的问题，相关主管部门应切实加强对所管辖领域的指导和检查，建立健全制度机制，确保政策措施落到实处，提高办事效率。因地制宜防范化解地方债务风险，对西部地区和东北地区重点加强一般债务和专项债务管控，对东部地区和中部地区则应逐步开展隐性债务风险监测与预警。

（二）地方政府

第一，针对部门单位预算编制不完整、执行度不高、资金使用效益低、预算绩效管理缺乏刚性约束等问题，地方政府应科学编制财政规划，细化编制项目支出预算，压缩年中部门预算追加比例，提高预算编制精细化水平，严格预算刚性约束，使预算尽可能符合实际情况。切实改变财政资金重投入、轻管理的现象，密切关注投资项目的运营情况，提高预算执行的规范性和有效性。

第二，化解地方债务问题，需重点解决制度内在的缺陷。一方面，要完善体制机制，将政府所承担的多余的事权逐步分离，以法律的形式规范各级政府的事权和财权，督促各级政府履行职能。另一方面，要在充分考虑各地实际的情况下，扩大地方财政收入来源，科学地划分各税种税收收入在中央和地方的分配比例。

第三，地方政府应增强履职担当与风险意识，建立考核问责机制，抓好预算绩效管理的重点环节，切实监督自身的举债行为。加大财政专项资金整合力度，提高政府投资基金的运作效率，多渠道统筹盘活存量，切实保障重点领域、重大民生等的支出，进一步增强各级领导班子的办事能力。

第四，全面摸排地方债务规模和结构，建立债务风险监测预警机制。加强对地方债务的规范化、透明化管理，全方位摸排所辖地区各地级市、县级市的地方债务规模与结构，并对外公布地方债券发行的用途及经济效果，接受社会对地方债券发行与管理的广泛监督。基于掌握的完整债务数据，构建同时纳入显性债务和隐性债务的债务风险监测预警体系，实现债务风险定期动态评估，推动主管部门及时问责与相关部门合理纠错。

（三）国际经验

从国际经验来看，各国对地方政府债务的风险防范主要聚焦在实行财政预算硬约束、严格债务规模控制、增强债务透明度、构建债务风险预警体系以及建立纠错与问责机制等方面。譬如，美国、澳大利亚、日本等国将地方政府债务严格纳入预算管理，要求在预算体系上全面反映财政收支以及债务举借偿还情况；欧盟要求政府债务占GDP比例、赤字占GDP比例的警戒线分别不得超过60%和3%；俄罗斯要求地方政府借款占预算支出比例不得超过15%；巴西要求地方政府每季度应向公众公布政府债务报告，并且每年度要向联邦政府汇报财政账户收支情况；哥伦比亚建立"交通信号灯系统"，若系统评级为"绿灯区"，则其借贷最高限额由计算出的债务可持续偿还情况决定，若系统评级为"红灯区"，则禁止地方政府借贷；巴西出台法律对不履行政府债务管理义务的地方政府责任人给予人事处罚，对更为严重的失职行为给予缴纳罚金、革职、禁止在公共部门工作乃至入监等处罚。从现实来讲，我国在财政预算硬约束、严格债务规模控制等方面已做出诸多努力，相对而言，在债务透明度、构建债务风险预警体系以及建立纠错与问责机制方面仍有待进一步完善和优化。

第七章
房地产泡沫风险、房产税调控与宏观审慎政策研究

党的十九大报告明确指出，中国经济已由高速增长阶段转向高质量发展阶段，提高防范化解重大风险的能力是推动经济高质量发展的必然要求。本章构建包含异质性家庭、产品和投资品制造商、财政当局、货币当局以及宏观审慎当局在内的多部门 DSGE 模型，据此系统分析和比较宏观审慎政策和房产税政策两类长效调控政策防范化解房地产风险、促进房地产市场健康发展的能力。研究表明，宏观审慎政策和房产税政策均能有效遏制房价上涨，但房产税政策对房价上涨的抑制能力明显优于宏观审慎政策；房产税政策无论是对住房型房产投资还是对投机性房产投资均表现为挤出效应，宏观审慎政策则既可有效促进住房型房产投资，也可有效抑制投机性房产投资。鉴于房产税政策更能有效抑制房价高企而宏观审慎政策更符合"房住不炒"的政策内涵，本章认为政府应根据市场发展特征灵活相机遴选合意的房地产长效调控范式：在房地产泡沫过于严重时，应采取以房产税政策为主的房地产调控范式；在房地产泡沫相对温和时，则应采取以宏观审慎政策为主的房地产调控范式。本章具体内容安排如下：第一节为研究背景与文献综述，第二节为新凯恩斯动态随机一般均衡模型的构建，第三节为房产税政策和宏观审慎政策抑制房地产泡沫的数值模拟分析，第四节为研究结论与政策建议。

第一节　研究背景与文献综述

一　研究背景

中国经济在过去很长一段时期较为依赖房地产拉动增长，并多次在应对经济下行压力时取得显著成效。但多轮房地产政策刺激结束之后，经济增长乏力的局面再次显现。现实经济表明，过度依靠房地产"稳增长"会弱化经济增长的动力源泉，并不利于长期经济增长。而伴随美国政府将中美贸易摩擦逐步演变为"科技战"，社会各界对中国经济高速增长展开审视和反思，发现高房价所引致的房地产投资高回报率在很大程度上削弱了实体经济投入创新和技术研发的动力，进而弱化了全社会创新。据此，学界和实务界普遍认为继续依靠房地产刺激实体经济已不再适宜，中国长期经济增长动能衍生及培育必须依赖科技创新。2019年7月31日，中共中央政治局召开会议，明确提出"坚持房子是用来住的、不是用来炒的定位，落实房地产长效管理机制，不将房地产作为短期刺激经济的手段"。这一表述主要透露出两大政策信号：一是强调建构房地产的长效调控机制，坚持"房住不炒"的发展定位；二是首次提出不将房地产作为短期刺激经济的手段，逐步降低经济增长对房地产市场的路径依赖。就此而言，控房价、稳预期、坚持"房住不炒"以逐步建立促进房地产健康发展的长效调控机制成为政府今后房地产市场调控的主要工作思路。

历经多年的快速发展，经济高速增长态势难以为继，中国经济逐步向高质量发展转变。与此同时，世界政治经济格局深度调整以及国内矛盾深层次叠加使得中国经济发展不确定性不断增强，而经济长期高增长背后所潜在的各类风险亦不断发酵，房地产泡沫、地方政府债务、影子银行等各类风险逐步显性化。在当前经济转型攻坚背景下，提高防范化解重大风险的能力无疑成为助力经济高质量发展的必然要求。党的十九大报告明确指出，要坚决打好防范化解重大风险攻坚战，重点是防控金融风险。而从现实来看，房地产是当前我国金融风险的重要源头，金融资源过多集中于房地产部门，以致该部门呈现出高价格、高杠杆、高库存、高度金融化等特征，而房价持续高企进一步吸引各种社会资本涌入，加剧房地产市场扭曲和泡沫化演进。与此同时，房地产泡沫化演进，一方面会直接导致家庭部门房价收入比大幅攀升，制约居民可支配收入和消费需求；另一方面会引致企业部门面临的多类要素价格高企，对企业生产成本造成压力。鉴于房地产市场波动对金融市场、微观部门以及地方财政等各大经济部门的影响深远且长期以来错综复杂，房地产风险已然成为其他主要经济风险的重要关联因素。致力于有效破解长期积累的房地产风险难题不仅是引导房地产市场长效健康发展的现实要求，更是当前政府防范化解重大风险任务的重中之重。

2007年美国次贷危机给美国金融系统带来巨大冲击，并由此引发全球性金融危机，以致全球经济至今仍深陷阴霾。自此，学界开始审视危机爆发的深层次原因，普遍认为房地产泡沫是导致危机爆发的内在根源，而宏观审慎监管缺失是导致房地产泡沫不断加剧进而引致危机爆发的主要原因，为此构建和完善宏观审慎政策框架至关重要（张宇、刘洪玉，2008；Mayes et al.，2009；Brunnermeier et al.，2009）。鉴于学界和实务界对加强宏观审慎监管的必要性已形成广泛共识，美国、欧盟、英国等纷纷颁布金融监管改革法案并分别成立金融稳定监督委员会（FSOC）、欧洲系统性风险委员会（ESRB）以及英国审慎监管局（PRA）等组织，通过赋予其宏观审慎监管功能以有效监测和应对系统性风险。对于我国而言，2011年开始建立差别准备金动态调整和合意贷款管理机制，正式启动宏观审慎监管；自2016年起将差别准备金动态调整和合意贷款管理机制升级为宏观审慎评估体系，宏观审慎监管框架得以进一步完善。与此同时，党的十九大报告明确提出，要健全货币政策和宏观审慎政策"双支柱"调控框架，严防系统性金融风险发生。

毋庸置疑，宏观审慎政策借由紧缩金融机构信贷扩张可对房地产市场过度繁荣起到有效的抑制作用。但现实经济运行表明，单纯依赖宏观审慎监管并不能完全达到抑制房地产市场风险的目的，并有可能对其他经济部门造成非合意伤害。近年来，我国房地产投机性需求持续旺盛，房地产价格从一、二线城市的居高不下逐步演变为三、四、五线城市的全面普涨，房地产泡沫呈现蔓延态势。面对房地产市场所浮现出的各类风险，中央和地方政府可谓殚精竭虑，"限贷""限购""限价"等房地产调控政策层出不穷，但总体而言收效甚微。2016年10月，中共中央政治局会议明确强调，宏观经济政策要注重抑制资产价格泡沫和防范经济金融风险；2017年12月，中央经济工作会议强调，要完善促进房地产市场平稳健康发展的长效机制，保障房地产市场调控政策的连续性和稳定性；2018年12月，中央经济工作会议再次指出要构建房地产市场健康发展的长效机制，并进一步明确"房住不炒"的房地产发展定位。综观现行"限贷""限购""限售"等房地产调控政策，其本质上均属于短期"应急性"政策，并非促进房地产市场健康发展的长效机制。如何建构和完善促进房地产市场平稳健康发展的长效机制，无疑考验着各级政府和学术界的集体智慧。

在房地产市场风险不断积累以及打好防范化解重大风险攻坚战目标定位下，房产税政策越发成为学界和实务界关注的焦点，加快制定和实施房产税政策的呼声此起彼伏。出于稳定房价、引导居民合理住房消费以及增加财政收入考虑，国务院于2010年5月同意国家发展改革委《关于2010年深化经济体制改革重点工作的意见》，首次明确提出"逐步推进房产税改革"；2011年1月，重庆、上海两市政府先后明确正式试点开征房产税；2017年12月，财政部部长肖捷在《人民日报》刊发《加快建立现代财政制度》一文，指出按照"立法先行、充分授权、分步推进"的原则，推进房地产税立法和实施，逐步建立完善的现代房地产税制度；2019年3月，政府工作报告明确提出"稳步推进房地产税立法"。由此可见，政府关于实施房地产税制度的态度越发明确，而市场对房地产税政策的预期亦越发浓烈。但房地产税对房地产市场风险起到多大程度的抑制作用？对宏观经济又会产生何种冲击？学界和实务界对此着墨甚少。房产税政策和宏观审慎政策对房地产市场均具有长效调控属性，房产税通过增加购房人持有成本这一调控机制以起到抑制房地产泡沫风险的作用，宏观审慎政策则是通过管控抵押信贷渠道发挥对房地产泡沫风险的抑制作用。两种房地产长效调控政策究竟孰优孰劣？各自又会存在何种局限性？学界对此亦未展开深入探讨。本章立足于党的十九大报告提出的"坚决打好防范化解重大风险攻坚战"的任务要求以及中共中央政治局关于房地产市场"房住不炒"的长效发展定位，构建包含宏观审慎政策和房产税政策的动态随机一般均衡框架，据此系统探讨和比较不同长效调控政策抑制房地产泡沫化风险的效果，并剖析各类政策对宏观经济影响的优劣。

二 文献综述

增强防范化解重大风险能力，有效管控房地产市场风险，引导居民合理住房消费，逐步成为近年来学界的讨论热点以及政府宏观调控重点。在展开具体分析之前，首先结合已有文献初步厘清中国房地产泡沫化演进机制，并对旨在防范化解房地产风险的宏观审慎政策和房产税政策相关研究进行综述。

关于房价高企抑或房地产泡沫化演进机制，学界对此已展开深入探讨。自1999年房地产市场化改革以来，全国各大城市房价一路高涨，一线城市房价涨幅高达5倍，二线城市房价上涨3.92倍（Fang et al.，2016）。中国经济增长前沿课题组（2011）指出，房价持续快速上涨导致财富分配不平等加剧以及工商业成本攀升，并使得系统性金融风险不断累积，房地产泡沫化已成为阻碍中国经济持续增长的重大隐患。随着房价持续高企，社会各界普遍认为房价上涨幅度已超出居民收入承受的合理范围，存在房地产泡沫化风险（张川川等，2016）。针对我国房价持续高涨的原因，学界已从多重视角予以合理剖析。多数学者认为住房投机和房地产繁荣预期是导致中国房地产泡沫形成的主要原因（姜春海，2005；周京奎，2005；况伟大，2010；赵伟等，2018）。王猛等（2013）基于面板数据检验房价波动和土地财政之间的关系，发现土地财政与房价波动间存在正相关关系，房价上涨促进地价攀升，而地价攀升反过来又会推动房价上涨。王永钦和包特（2011）系统研究了房地产泡沫形成的原因，发现住房供给弹性、房产税、首付率、信贷市场有限责任制度、住房质量和产权保护程度等对泡沫形成具有重要影响。王锦阳和刘锡良（2014）研究北京、天津、上海与重庆4个直辖市间的房地产泡沫联动关系，发现房价传染效应是房地产泡沫形成的重要原因之一。吕龙和刘海云（2019）指出，城市间房价存在相互溢出效应，政府应高度重视房价溢出效应可能引致的系统性风险。王频和侯成琪（2017）指出，现行房地产紧缩政策出台并未导致过高房价的下跌，且一旦紧缩政策取消，房价又开始新一轮上涨，导致这一现象发生的主要原因在于房地产开发商和房产需求者均已形成房地产紧缩政策不会持久的预期。

房地产部门对整个经济具有系统重要性，房价持续高企不仅导致微观主体生活、生产成本攀升，还会导致宏观经济系统性风险不断累积。房地产市场与信贷市场之间的紧密相关性以及金融摩擦的现实存在使得房地产泡沫和金融风险不断累积，这将对宏观经济发展产生严重负面冲击（Miao et al.，2015）。而由美国次贷危机引致的2008年国际金融危机的爆发更是深刻诠释了房地产泡沫的危害性，这也在相当程度上证实缺乏对房地产风险的重视和管控可能诱发整个宏观经济的系统性风险。有鉴于此，不少学者认为，宏观审慎监管缺失是导致房地产泡沫不断加剧进而引致危机爆发的主要原因，为此构建和完善宏观审慎政策框架至关重要。国外文献针对宏观审慎监管已展开丰富研究。例如，Landau（2009）指出，宏观审慎监管的主要任务在于避免宏观经济泡沫产生；Gerali等（2010）认为，宏观审慎政策在面临金融和房地产冲击时较货币政策更能维护经济稳定；Crowe等（2013）认为，忽视房地产泡沫将对宏观经济产生灾难性冲击，而宏观审慎监管具有针对性和灵活性，可起到抑制房价波动和防止房地产泡沫积累的作用，但调控效果会因市场相机规避而大打折扣；Angelini等（2010）、Paoli和Paustian（2017）、Quint和Rabanal（2014）则认为单纯依靠宏观审慎政策难以完全实现经济金融稳定的目标，还应有效促进货币政策和宏观审慎政策协调配合。近年来，国内亦掀起宏观审慎监管研究热潮，王爱俭和王璟怡（2014）构建DSGE模型探讨宏观审慎政策效应，发现宏观审慎政策对稳定金融波动具有重要作用，并对货币政策起到有效辅助作用；程璐（2015）基于DSGE模型分析发现，在经济面临金融冲击、房地产需求冲击及生产力冲击时，央行采取货币政策与宏观审慎政策工具组合调控更有利于维护金融稳定和减少福利损失；卜林等（2016）基于DSGE框架分析了财政扩张背景下货币政策与宏观审慎政策的协同效应，指出构建中国宏观审慎政策框架不应仅考虑与货币政策的协调，还应考虑财政政策的作用。

宏观调控实践表明，现行"限贷""限购"等房地产紧缩调控政策并未起到抑制房地产泡沫累积的作用，反而呈现出房价越调越涨的现实窘境。不少学者认为，房价持续高位运行的重要原因在于缺乏针对房地产市场的长效调控机制。面临当前房地产市场调控困境，自2016年以来政府多次提出要构建房地产市场健康发展长效机制，出台房产税政策的建议因此甚嚣尘上。作为长效机制的一部分，房产税政策无疑对抑制房价上涨、调节收入分配和财富差距等有积极影响。但从现有文献来看，国内外学者关于房产税政策能否有效抑制房价高企仍莫衷一是。部分学者认为，房产税政策可有效抑制房价攀升，如 Oates（1969）、Lopez-Garcia（2004）、Lang 和 Jian（2004）、Alpanda 和 Zubairy（2017）的研究均发现房产税与房产价值之间存在很大负相关性，房产税冲击对房价的影响效应为负；骆永民和伍文中（2012）基于一般均衡数值模拟分析发现，在住房持有环节征税的房产税改革在长期可有效降低房价；刘甲炎和范子英（2013）运用合成控制法研究房产税试点效果，发现房产税能显著抑制试点城市的房价上涨；曾繁荣（2017）基于美国 51 个州数据实证分析发现，征收房产税确实可以起到缓解房价波动的作用，房产税可作为货币政策、宏观审慎政策等其他抑制房价波动工具的有效补充。但亦有学者认为，征收房产税对房地产泡沫的抑制作用并不明显，如况伟大等（2012）基于 OECD 国家数据实证分析发现，房产税对房价的抑制作用有限；王敏和黄滢（2013）基于理论和实证分析发现，开征房产税能在短期降低房价，但长期而言会拉高未来房价；姚涛（2013）基于因子实验方法模拟房屋市场，发现运用房产税政策抑制房地产泡沫难以达到预期效果；畅军锋（2013）指出，房产税改革试点的各项政策措施对抑制房价的作用并不明显，并有推高房租之嫌。

综上分析，学界和实务界对防范和化解房地产泡沫日益重视，并针对房价攀升形成机制及政策调控效果展开具体探讨。鉴于现行"限贷""限购"等短期房地产紧缩政策无法达到引导房价合理运行的效果，学界和实务界对构建房地产市场健康发展长效机制的呼声越发高涨。而宏观审慎政策与房产税政策本质上均具有长效调控属性，究竟何种调控政策更能有效抑制房地产泡沫化演进？宏观审慎政策和房产税政策各自在防范房价风险的同时又会对宏观经济产生何种冲击？现有文献对此着墨甚少。与此同时，李永友和丛树海（2006）、卞志村和杨源源（2016）发现，中国居民决策行为受流动性约束影响较大，易受流动性约束影响的非李嘉图居民所占比例持续保持在 60% 以上，并随市场化改革不断深入而呈现继续上升态势。而从现实来看，流动性约束对居民购房倾向和购房动机存在举足轻重的影响，易受流动性约束影响的非李嘉图居民房产消费多以住房型需求为主，而可有效应对流动性约束的李嘉图居民房产消费多以投机性需求为主（Linneman and Wachter，1989；Barakova et al.，2003；Kaplan et al.，2014）。就此而言，现有相关研究亦鲜有探讨不同房地产调控政策对不同结构居民房产消费的差异化影响。有鉴于此，本章将李嘉图和非李嘉图两类不同房产投资属性的居民加以区分，并构建同时包含异质性家庭部门、最终商品和投资品两类厂商部门以及涵盖宏观审慎政策和房产税政策的宏观调控部门在内的多部门动态随机一般均衡模型，以重点比较两类长效调控政策对房价高企的抑制效果以及对不同类型居民房产消费的异质性影响，据此有效遴选符合"防范化解房地产泡沫化风险"以及"房住不炒"两大目标内涵的最优房地产长效调控政策。

第二节 新凯恩斯动态随机一般均衡模型的构建

模型经济主要由家庭、厂商和政府三部门经济决策构成。具体而言，本章假设家庭部门存在李嘉图和非李嘉图两类居民主体，以刻画我国居民经济决策受异质性流动性约束影响的特征事实；厂商部门存在商品和投资品两类生产主体，以完整描述其利润最大化生产问题；政府主要通过货币政策、房产税政策以及宏观审慎政策调整，以对实体经济进行相机调控。

一 家庭部门的经济问题

李永友和丛树海（2006）、卞志村和杨源源（2016）认为，中国居民决策行为受流动性约束影响较大。据此，本章参照 Coenen 等（2008）、Forni 等（2009）的研究假定模拟经济存在李嘉图和非李嘉图两类居民，两类居民各自均满足理性、同质特性。其中，李嘉图居民应对流动性约束的能力较强，可通过选择最优消费、劳动、房产投资、资本投资、抵押贷款等追求生命周期内效用最大化，其房产投资主要表现为投机性需求特性；非李嘉图居民对流动性约束较为敏感，仅能通过选择最优消费、劳动、房产投资等追求生命周期内效用最大化，其房产投资主要表现为住房型需求特性。

（一）李嘉图居民

假设李嘉图居民效用函数遵循如下可分效用形式：

第七章 房地产泡沫风险、房产税调控与宏观审慎政策研究

$$\text{Max}Et\sum_{s=0}^{\infty}\beta^s v_{t+s}\left\{\ln[C_{t+s}^R(i)-\zeta C_{t+s-1}^R]+\xi_H\ln H_{t+s}^R(i)-\xi_n\frac{N_{t+s}^R(i)^{1+\vartheta}}{1+\vartheta}\right\} \quad (7.1)$$

其中，$C_{t+s}^R(i)$、$H_{t+s}^R(i)$、$N_{t+s}^R(i)$ 为李嘉图居民的实际消费、房产持有和劳动供给水平；β 为主观贴现因子，ζ 为外部消费习惯参数，ϑ 为劳动供给弹性的倒数，ξ_H、ξ_n 分别为家庭部门赋予房产和劳动效用的权重系数。v_t 为家庭部门当期效用偏好冲击，并服从如下一阶自回归形式：$\ln v_t = \rho_v \ln v_{t-1} + \varepsilon_t^v$。其中，$\rho_v$ 为一阶自回归系数，ε_t^v 为偏好冲击扰动项。

此外，李嘉图居民实际面临的劳动需求函数为 $N_t^R(i)=\left[\frac{W_t^R(i)}{W_t^R}\right]^{-\eta_t^w}N_t^R$，$W_t^R(i)$ 为其名义工资水平，η_t^w 为不同劳动供给间的时变替代弹性。$\theta_t^w=\eta_t^w/(\eta_t^w-1)$ 用以衡量实际工资加成率，并满足如下一阶自回归外生形式①：$\ln\theta_t^w=(1-\rho_w)\ln\bar\theta^w+\rho_w\ln\theta_{t-1}^w+\varepsilon_t^w$。其中，$\rho_w$ 为一阶自回归系数，ε_t^w 为工资加成率冲击扰动项。

$$C_t^R(i)+q_{h,t}\tilde I_{h,t}^R(i)+q_{k,t}\tilde I_{k,t}(i)+\frac{M_t(i)}{P_t}+\tau_{p,t}q_{h,t}H_{t-1}^R(i)+\frac{B_t}{P_t}=(1-\tau_n)\frac{W_t^R(i)}{P_t}N_t^R(i)+$$

$$\frac{L_t(i)}{P_t}+(1-\tau_k)r_{k,t}K_{t-1}(i)+tr_t^R+(1+R_{t-1})\frac{B_{t-1}}{P_t}-\frac{\kappa_h}{2}\left[\frac{H_t^R(i)}{H_{t-1}^R(i)}-1\right]^2 q_{h,t}H_t^R-$$

$$\frac{\kappa_k}{2}\left[\frac{K_t(i)}{K_{t-1}(i)}-1\right]^2 q_{k,t}K_t-\frac{\kappa_w}{2}\left[\frac{W_t^R(i)/W_{t-1}^R(i)}{\pi_{t-1}^{\xi_w}\bar\pi^{1-\xi_w}}-1\right]^2\frac{W_t^R(i)}{P_t}N_t^R(i)$$

$$(7.2)$$

其中，$\tilde I_{h,t}^R(i)$、$\tilde I_{k,t}(i)$ 分别为李嘉图居民 t 期新增的实际房产和资本品投资额，$\frac{M_t(i)}{P_t}$、$\frac{L_t(i)}{P_t}$ 分别为李嘉图居民 t 期实际贷款本息偿还额和新增抵押贷款额，K_t、tr_t^R 分别为李嘉图居民 t 期资本品存量和转移支付接收额；P_t、π_t 分别为 t 期物价水平和通货膨胀率；$q_{h,t}$、$q_{k,t}$、$r_{k,t}$ 分别为 t 期房产价格、资本品价格及收益率；$\tau_{p,t}$ 为房地产税率，τ_n、τ_k 分别为劳动和资本收入固定税率。$\frac{\kappa_w}{2}\left[\frac{W_t^R(i)/W_{t-1}^R(i)}{\pi_{t-1}^{\xi_w}\bar\pi^{1-\xi_w}}-1\right]^2\frac{W_t^R(i)}{P_t}N_t^R(i)$、$\frac{\kappa_h}{2}\left[\frac{H_t^R(i)}{H_{t-1}^R(i)}-1\right]^2 q_{h,t}H_t^R$、$\frac{\kappa_k}{2}$

---

① 带上标"－"表示对应变量稳态值，下同。

$\left[\frac{K_t(i)}{K_{t-1}(i)} - 1\right]^2 q_{k,t} K_t$ 分别为李嘉图居民每期进行工资、房产投资以及资本投资调整时所面临的调整成本，κ_h、κ_k、κ_w 则为对应的成本调整参数；π_t 为总体通货膨胀率，ζ_w 衡量居民按照前期通胀进行工资调整的指数化程度。李嘉图居民房产和资本存量的积累方程分别如式（7.3）、式（7.4）所示：

$$H_t^R(i) = (1-\delta_h) H_{t-1}^R(i) + \tilde{I}_{h,t}^R(i) \tag{7.3}$$

$$K_t(i) = (1-\delta_k) K_{t-1}(i) + \tilde{I}_{k,t}(i) \tag{7.4}$$

假设李嘉图居民每期可新增贷款水平遵循如下演进形式：

$$\frac{L_t(i)}{P_t} = \phi_t q_{h,t} \tilde{I}_{h,t}^R(i) + \gamma [q_{h,t}(1-\delta_h) H_{t-1}^R(i) - (1-\kappa) \frac{D_{t-1}(i)}{P_t}] + \xi_{l,t} \tag{7.5}$$

式中，D_t 为每期贷款存量，ϕ_t 为新增抵押贷款的动态贷款价值比率；γ 为净房产权益可变现率，κ 为李嘉图居民每期偿还上期贷款存量的本金比率。此外，$\xi_{l,t}$ 为新增贷款外生冲击，并服从如下一阶自回归形式：$\xi_{l,t} = \rho_l \xi_{l,t-1} + \varepsilon_t^l$。其中，$\rho_l$ 为一阶自回归参数，ε_t^l 为冲击扰动项。据此，李嘉图居民每期实际贷款存量 $D_t(i)$ 和贷款本息偿还额 $M_t(i)$ 满足如下演进形式：

$$\frac{D_t(i)}{P_t} = (1-\kappa) \frac{D_{t-1}(i)}{P_t} + \frac{L_t(i)}{P_t} \tag{7.6}$$

$$\frac{M_t(i)}{P_t} = [R_{t-1}^M(i) + \kappa] \frac{D_{t-1}(i)}{P_t} \tag{7.7}$$

其中，$R_t^M(i)$ 为李嘉图居民偿还待偿付抵押贷款所需实际支付的加权平均市场利率，假定其遵循如下决定形式：

$$R_t^M(i) = [1 - \frac{L_t(i)}{D_t(i)}][(1-\Phi) R_{t-1}^M(i) + \Phi R_t^F] + \frac{L_t(i)}{D_t(i)} R_t^F \tag{7.8}$$

式中，R_t^F 为长期均衡借贷利率，Φ 表示李嘉图居民每期按长期均衡借贷利率支付存量抵押贷款的比例。式（7.8）表明，新增抵押贷款按长期均衡借贷利率支付，存量抵押贷款利率取决于上期加权平均市场借贷利率和长期均衡借贷利率的加权平均。

（二）非李嘉图居民

区别于李嘉图居民，非李嘉图居民由于自身局限性而无法通过抵押贷款渠道为其跨期最优决策融资，致使其仅能通过劳动收入、政府转移支付和存款本息所得为其消费、住房等生活支出项目融资，而不参与资本和债券投资。与此同时，由于非李嘉图居民对流动性约束较为敏感，这使其更倾向于将闲余收入储蓄以应对未来不确定性（臧旭恒、裴春霞，2002）。为不失一般性，本章假定非李嘉图居民效用最大化决策函数满足如下形式：

$$\text{Max}Et\sum_{s=0}^{\infty}\beta^s v_{t+s}\left\{\ln[C_{t+s}^{NR}(i) - \zeta C_{t+s-1}^{NR}] + \xi_H \ln H_{t+s}^{NR}(i) - \xi_n \frac{N_{t+s}^{NR}(i)^{1+\vartheta}}{1+\vartheta}\right\} \quad (7.9)$$

其中，$C_{t+s}^{NR}(i)$、$H_{t+s}^{NR}(i)$、$N_{t+s}^{NR}(i)$分别为非李嘉图居民实际消费、住房持有和劳动供给水平。

根据上述异质性流动性约束假定，可知非李嘉图居民面临的预算约束方程为：

$$C_t^{NR}(i) + q_{h,t}\tilde{I}_{h,t}^{NR}(i) + \frac{L_t(i)}{P_t} + \tau_n \frac{W_t^{NR}(i)}{P_t} N_t^{NR}(i) + \tau_{p,t} q_{h,t} H_{t-1}^{NR}(i) \leq \frac{W_t^{NR}(i)}{P_t} N_t^{NR}(i) + tr_t^{NR} +$$

$$\frac{M_t(i)}{P_t} - \frac{\kappa_h}{2}\left[\frac{H_t^{NR}(i)}{H_{t-1}^{NR}(i)} - 1\right]^2 q_{h,t} H_t^{NR} - \frac{\kappa_w}{2}\left[\frac{W_t^{NR}(i)/W_{t-1}^{NR}(i)}{\pi_{t-1}^{\zeta_w}\overline{\pi}^{1-\zeta_w}} - 1\right]^2 \frac{W_t^{NR}(i)}{P_t} N_t^{NR}(i)$$

$$(7.10)$$

式中，$\tilde{I}_{h,t}^{NR}(i)$、tr_t^{NR}、$W_t^{NR}(i)$分别为非李嘉图居民的住房投资额、转移支付接收额以及名义工资水平；$\frac{\kappa_h}{2}\left[\frac{H_t^{NR}(i)}{H_{t-1}^{NR}(i)} - 1\right]^2 q_{h,t} H_t^{NR}$、$\frac{\kappa_w}{2}\left[\frac{W_t^{NR}(i)/W_{t-1}^{NR}(i)}{\pi_{t-1}^{\zeta_w}\overline{\pi}^{1-\zeta_w}} - 1\right]^2 \frac{W_t^{NR}(i)}{P_t} N_t^{NR}(i)$分别为非李嘉图居民所面临的住房投资和工资调整时所面临的调整成本。与此同时，非李嘉图居民所面临的劳动需求函数和住房持有量演进方程分别遵循如下形式：

$$N_t^{NR}(i) = \left[\frac{W_t^{NR}(i)}{W_t^{NR}}\right]^{-\eta_t^n} N_t^{NR} \quad (7.11)$$

$$H_t^{NR}(i) = (1-\delta_h) H_{t-1}^{NR}(i) + \tilde{I}_{h,t}^{NR}(i) \quad (7.12)$$

二 厂商部门的经济问题

厂商部门主要包含商品和投资品两类生产厂商，商品制造商以及房产和资本品等投资品制造商均依循生产利润最大化原则进行最优决策。

（一）商品制造商

最终品厂商按照 Dixit-Stiglitz 形式对中间品进行生产组合，并以价格 P_t 在完全竞争市场销售以获取利润。最终品厂商的生产函数具体为 $Y_t = \left[\int_0^1 Y_t(j)^{\frac{\eta_t^p - 1}{\eta_t^p}} \mathrm{d}j \right]^{\frac{\eta_t^p}{\eta_t^p - 1}}$，$\eta_t^p$ 为最终品厂商对中间产品 $Y_t(j)$ 的时变需求价格弹性。最终品厂商在生产函数约束下依循成本最小化原则决策 $\left[\mathrm{Min} \int_0^1 P_t(j) Y_t(j) \mathrm{d}j \right]$，以得到其对中间品的需求方程：$Y_t(j) = \left[\frac{P_t(j)}{P_t} \right]^{-\eta_t^p} Y_t$。$\theta_t^p = \eta_t^p / (\eta_t^p - 1)$ 表示中间品价格加成率，并满足外生一阶自回归形式：$\ln \theta_t^p = (1 - \rho_p) \ln \bar{\theta}^p + \rho_p \ln \theta_{t-1}^p + \varepsilon_t^p$。其中，$\rho_p$ 为一阶自回归系数，ε_t^p 为价格加成率冲击扰动项。

中间品厂商具有垄断竞争特性，可对其中间产品进行最优定价。具体而言，中间品厂商生产函数满足如下 Cobb-Douglas 形式：

$$Y_t(j) = Z_t [u_t(j) K_{t-1}(j)]^\alpha [N_t^R(j)^\varphi N_t^{NR}(j)^{1-\varphi}]^{1-\alpha} \tag{7.13}$$

其中，Z_t 为中间品厂商生产所使用的中性技术进步，$u_t(j)$ 为中间品厂商的资本利用率；α、φ 分别为有效资本的产出份额和李嘉图居民所占比例。假定技术进步 Z_t 服从如下外生一阶自回归形式：$\ln Z_t = (1 - \rho_z) \ln \bar{Z} + \rho_z \ln Z_{t-1} + \varepsilon_t^z$。其中，$\rho_z$ 为一阶自回归参数，ε_t^z 为技术冲击扰动项。中间品厂商在生产函数约束下依循利润最大化原则对产品进行最优定价：

$$\mathrm{Max} \Pi_t(j) / P_t = Y_t(j) P_t(j) / P_t - N_t^R(j) W_t^R / P_t - N_t^{NR}(j) W_t^{NR} / P_t - r_{k,t} K_{t-1}(i) - \frac{\kappa_u}{1 + \bar{\omega}} [u_t(j)^{1+\bar{\omega}} - 1] K_{t-1}(i) - \frac{\kappa_p}{2} \left[\frac{P_t(j) / P_{t-1}(j)}{\pi_{t-1}^{\zeta_p} \pi^{1-\zeta_p}} - 1 \right]^2 Y_t$$

$$\tag{7.14}$$

其中，$\frac{\kappa_u}{1+\bar{\omega}}[u_t(j)^{1+\bar{\omega}}-1]K_{t-1}(i)$ 用以刻画中间品厂商生产时所面临的资本利用成本，κ_u、$\bar{\omega}$ 分别为资本利用成本的水平和弹性参数。$\frac{\kappa_p}{2}[\frac{P_t(j)/P_{t-1}(j)}{\pi_{t-1}^{\zeta_p}\pi^{1-\zeta_p}}-1]^2 Y_t$ 为中间品厂商所面临的价格调整成本，用以刻画价格调整粘性。κ_p 为价格调整成本参数，ζ_p 衡量厂商按照前期通胀进行价格调整的指数化程度。

（二）投资品制造商

投资品制造部门主要包括资本品和房产两类投资品生产部门。资本品生产厂商以大小为1的相对价格从最终品厂商购买资本投资品 $I_{k,t}$，以生产有效投资品 $\tilde{I}_{k,t+s}$，并以价格 $q_{k,t}$ 出售给李嘉图居民投资者。具体而言，资本品生产厂商的生产函数为 $\tilde{I}_{k,t}=Z_{k,t}I_{k,t}$，$Z_{k,t}$ 衡量资本品生产所使用的生产技术。据此，资本品生产厂商的利润最大化问题遵循如下形式：

$$\text{Max}E_t \sum_{s=0}^{\infty}\beta^s \frac{\lambda_{t+s}^R}{\lambda_t^R}[q_{k,t+s}\tilde{I}_{k,t+s}-I_{k,t}-\frac{\kappa_{ik}}{2}(\frac{I_{k,t+s}}{I_{k,t+s-1}}-1)^2 q_{k,t+s}Z_{k,t+s}I_{k,t+s}] \quad (7.15)$$

其中，λ_t^R 为李嘉图居民的拉格朗日乘子，$\frac{\kappa_{ik}}{2}(\frac{I_{k,t+s}}{I_{k,t+s-1}}-1)^2 q_{k,t+s}Z_{k,t+s}I_{k,t+s}$ 为资本品生产厂商面临的投资调整成本，κ_{ik} 为对应的调整成本参数。同理，假定房产生产厂商的生产函数为 $\tilde{I}_{h,t}=Z_{h,t}I_{h,t}$，$Z_{h,t}$ 为房产生产厂商所使用的生产技术，$I_{h,t}=I_{h,t}^R+I_{h,t}^{NR}$。由此，房产生产厂商的利润最大化问题为：

$$\text{Max}E_t \sum_{s=0}^{\infty}\beta^s \frac{\lambda_{t+s}^R}{\lambda_t^R}[q_{h,t+s}\tilde{I}_{h,t+s}-I_{h,t}-\frac{\kappa_{ih}}{2}(\frac{I_{h,t+s}}{I_{h,t+s-1}}-1)^2 q_{h,t+s}Z_{h,t+s}I_{h,t+s}] \quad (7.16)$$

其中，$\frac{\kappa_{ih}}{2}(\frac{I_{h,t+s}}{I_{h,t+s-1}}-1)^2 q_{h,t+s}Z_{h,t+s}I_{h,t+s}$ 为房产生产厂商面临的投资调整成本，κ_{ih} 为对应的调整成本参数。假定资本品和房产两类投资品部门的生产技术 $Z_{k,t}$、$Z_{h,t}$ 均满足一阶自回归形式：$\ln Z_{k,t}=(1-\rho_{z_k})\ln\bar{Z}_k+\rho_{z_k}\ln Z_{k,t-1}+\varepsilon_t^{z_k}$，$\ln Z_{h,t}=(1-\rho_{z_h})\ln\bar{Z}_h+\rho_{z_h}\ln Z_{h,t-1}+\varepsilon_t^{z_h}$。$\rho_{z_k}$、$\rho_{z_h}$ 为对应一阶自回归系数，$\varepsilon_t^{z_k}$、$\varepsilon_t^{z_h}$ 为外生冲击扰动项。

三 政府部门的决策问题

政府部门主要由财政部门、中央银行以及宏观审慎部门构成,三大政府部门根据现实经济运行情况各司其职、相机调控。财政部门收支决策遵循如下预算约束:

$$\tau_n(\frac{W_t^R}{P_t}N_t^R + \frac{W_t^{NR}}{P_t}N_t^{NR}) + \tau_k r_{k,t} K_{t-1} + \tau_{p,t} q_{h,t} H_{t-1} + \frac{B_t}{P_t} = g_t + tr_t + (1+R_{t-1})\frac{B_{t-1}}{P_t} \tag{7.17}$$

其中,g_t、tr_t 分别为财政支出和总转移支付。式(7.17)表明,财政当局主要通过征收劳动收入税、资本收入税、房产税以及发行新债券为政府支出、转移支付以及前期债务还本付息融资。假定财政支出满足外生一阶自回归形式 $\ln g_t = (1-\rho_g)\ln\bar{g} + \rho_g \ln g_{t-1} + \varepsilon_t^g$,$\rho_g$ 为对应一阶自回归系数,ε_t^g 为财政支出冲击扰动项。转移支付支出遵循如下演进形式 $tr_t = \Xi \bar{Y} - \Im_b B_{t-1}/P_{t-1}$,$\Xi$ 刻画转移支付的稳定支出比例,$\Im_b$ 表示转移支付对前期政府债务演变的相机反应系数。由此,李嘉图居民和非李嘉图居民所接收的政府转移支付额即为 $tr_t^R = \varphi tr_t$,$tr_t^{NR} = (1-\varphi)tr_t$。区别于对劳动收入和资本收入所得的固定征税率,本章假定房产税随时间变化,以刻画房产税政策冲击,据此假定房产税遵循如下一阶自回归演变形式:

$$\tau_{p,t} = \rho_{\tau_p} \tau_{p,t-1} + (1-\rho_{\tau_p})\bar{\tau}_p + \varepsilon_t^{\tau_p} \tag{7.18}$$

其中,ρ_{τ_p} 刻画税率平滑参数,$\varepsilon_t^{\tau_p}$ 即为外生房产税政策冲击。

参考国内外相关文献通用做法,本章假设央行主要参照通胀和产出缺口对名义利率进行调整,亦即央行货币政策调控主要遵循如下泰勒规则形式:

$$\ln R_t = \rho_R \ln R_{t-1} + (1-\rho_R)(\ln\bar{R} + \partial_\pi \ln\frac{\pi_t}{\bar{\pi}} + \partial_y \ln\frac{Y_t}{\bar{Y}}) + \xi_t^R \tag{7.19}$$

其中,ρ_R 为利率平滑参数,∂_π、∂_y 分别刻画央行利率调整对通胀和产出缺口的反应弹性。ξ_t^R 为外生货币政策冲击,并满足一阶自回归演进形式 $\xi_t^R = \rho_r \xi_{t-1}^R + \varepsilon_t^R$,$\rho_r$ 为外生冲击一阶自回归系数,ε_t^R 为冲击扰动项。

一般而言,宏观审慎当局主要通过调整动态抵押贷款价值比率 ϕ_t 来控制

第七章　房地产泡沫风险、房产税调控与宏观审慎政策研究

新增贷款 L_t，进而防范和化解投资泡沫。具体而言，本章假定宏观审慎当局主要参照上期动态抵押贷款价值比率以及抵押贷款存量变化情况调整 ϕ_t：

$$\ln\phi_t = \rho_\phi \ln\phi_{t-1} + (1-\rho_\phi)(\ln\bar{\phi} - \partial_d \ln\frac{D_t}{\bar{D}}) + \xi_t^\phi \tag{7.20}$$

其中，ρ_ϕ 为宏观审慎工具平滑参数，∂_d 刻画动态抵押贷款价值比率对抵押贷款存量变化的反应弹性。ξ_t^ϕ 为外生宏观审慎政策冲击，并满足一阶自回归演进形式 $\xi_t^\phi = \rho_\phi \xi_{t-1}^\phi + \varepsilon_t^\phi$，$\rho_\phi$ 为外生冲击一阶自回归系数，ε_t^ϕ 为冲击扰动项。

第三节　房产税政策和宏观审慎政策抑制房地产泡沫的数值模拟分析

一　模型参数设定

基于上述模型，本章基于中国现实经济数据和代表性文献对模型经济系统所涉及的参数进行设定。对于部分结构性参数和经济变量稳态值，本章主要结合相关代表性文献以及中国实际经济运行情况校准得到；对于其余部分参数，则主要基于中国经济运行数据采用贝叶斯方法估计得到。

（一）参数校准

参照范从来和高洁超（2018）的研究，本章取居民主观贴现因子 $\beta = 0.99$，对应季度名义利率稳态值 $R = 1/\beta - 1$。国内文献一般取年度资本折旧率为0.1，本章参照刘晓星和姚登宝（2016）的设定取季度资本折旧率 $\delta_k = 0.025$。考虑到房产较资本品而言不易耗损，本章取季度房产资本折旧率 $\delta_h = 0.015$。对于资本产出份额，本章参照童中文等（2017）的设定取 $\alpha = 0.5$。李永友和丛树海（2006）研究发现，中国居民受流动性约束影响较大，这部分居民所占比例持续保持在60%以上。有鉴于此，本章参照卞志村和杨源源（2016）的研究取不易受流动性约束的李嘉图居民所占比例 $\varphi = 0.3$，则非李嘉图居民所占比例为 $1 - \varphi = 0.7$。对于劳动收入税率和资本收入税率，本章参照岳树民和李静（2011）的估计取 $\tau_n = 0.07$、$\tau_k = 0.22$；对于房地产税率稳态值，本章参照国务院在上海市的房产税试点政策取 $\bar{\tau}_p = 0.0042$。根据我国央行关于个人住房贷款政策的规定，居民购房

首付比例最低为30%，但商业银行实际放贷要求一般略高于此。有鉴于此，本章取动态抵押贷款价值比率稳态值 $\phi = 0.65$，对应居民购房首付比例为35%。对于产品价格、资本品价格、房产价格以及中间品生产厂商、资本品生产厂商、房地产生产厂商技术进步水平稳态值，为不失一般性均取1。对于模型其他变量稳态值，本章根据模型稳态均衡内生求解。

（二）贝叶斯估计

对于其余部分参数，本章采用贝叶斯方法估计得到。具体而言，本章主要选取季度产出、消费、资本投资、房地产投资、贷款存量、房价、通货膨胀率、名义利率、长期均衡借贷利率等作为参数估计的主要观测变量。其中，产出、消费、贷款存量分别取国内生产总值当季值、社会消费品零售额当季值以及金融机构人民币贷款余额季度末值时序数据，房地产投资取房地产开发投资当季值时序数据，资本投资数据则取固定资产投资当季完成额减去房地产开发投资当季值，房价数据主要由房地产开发企业商品房当季销售额除以房地产开发企业商品房当季销售面积得到，通货膨胀率数据即为季度CPI通胀率，名义利率数据根据央行公布的银行间同业拆借量和拆借平均利率的月度数据加权得到，长期均衡借贷利率主要用10年期国债收益率数据的月度平均值刻画。

观测变量数据主要来源于中经网统计数据库和中国债券信息网数据库，而由于中国债券信息网仅自2002年6月开始公布10年期国债收益率数据，所以本章观测变量数据选择以2002年第3季度作为样本研究起始点。通过对产出、消费、资本投资、房地产投资、贷款存量等变量名义数据除以CPI定基比数据可得到对应变量实际数据。通过对经上述处理后的观测变量数据进行分析，可发现产出、消费、资本投资、房地产投资、房价等数据具有明显的季节性特征，故需先对其进行季节性调整处理。同时对于所有观测变量，均取对数并做HP滤波处理用以估计参数。据此，给定待估参数先验分布信息，然后基于观测变量数据采用MCMC模拟方法进行Metropolis-Hastings随机抽样，即可得到后验分布。表7.1具体列出模型其余待估参数的先验分布和后验估计结果，可发现绝大部分参数的后验均值和置信区间明显异于先验分布，这一方面表明本章贝叶斯估计结果稳健，另一方面表明所用观测样本数据包含关于待估参数真实值的信息。

表 7.1 参数先验分布与后验估计结果

参数	先验分布	后验均值	90%置信区间	参数	先验分布	后验均值	90%置信区间
ζ	Beta[0.7,0.15]	0.8894	[0.8885,0.8941]	ρ_{zk}	Beta[0.5,0.2]	0.3306	[0.3181,0.3754]
ϑ	Gamm[5,2]	5.3944	[4.1694,5.7439]	ρ_{zh}	Beta[0.5,0.2]	0.9612	[0.9533,0.9825]
κ_k	Unif[0,20]	13.4937	[12.7342,15.1531]	ρ_w	Beta[0.5,0.2]	0.3248	[0.3142,0.3746]
κ_h	Unif[0,20]	0.4327	[0.4093,0.5030]	ρ_p	Beta[0.5,0.2]	0.1193	[0.1024,0.1853]
κ_{ik}	Unif[0,10]	0.0988	[0.0473,0.1231]	ρ_r	Beta[0.5,0.2]	0.2822	[0.2715,0.3463]
κ_{ih}	Unif[0,10]	2.0018	[1.6323,2.1482]	ρ_g	Beta[0.5,0.2]	0.7710	[0.7475,0.7728]
$\bar{\omega}^{est}$	Beta[0.5,0.2]	0.4455	[0.3675,0.4565]	ρ_l	Beta[0.5,0.2]	0.9982	[0.9982,0.9986]
κ_p^{est}	Beta[0.5,0.2]	0.8722	[0.8665,0.8997]	σ_v	Invg[0.005,∞]	0.0343	[0.0328,0.0388]
κ_w^{est}	Beta[0.5,0.2]	0.7843	[0.7654,0.8005]	σ_χ	Invg[0.005,∞]	0.0035	[0.0034,0.0035]
ζ_p	Beta[0.5,0.2]	0.2619	[0.2174,0.2798]	σ_z	Invg[0.005,∞]	0.0029	[0.0029,0.0031]
ζ_w	Beta[0.5,0.2]	0.4922	[0.4562,0.5286]	σ_{zk}	Invg[0.005,∞]	0.0207	[0.0203,0.0213]
$\Im_b$	Beta[0.02,0.005]	0.0099	[0.0097,0.0100]	σ_{zh}	Invg[0.005,∞]	0.0150	[0.0140,0.0155]
ρ_R	Beta[0.5,0.2]	0.7329	[0.6991,0.7427]	σ_w	Invg[0.005,∞]	0.6003	[0.4830,0.6270]
∂_π	Gamm[1.5,0.2]	1.2844	[1.2657,1.3817]	σ_p	Invg[0.005,∞]	0.0595	[0.0584,0.0654]
∂_y	Gamm[0.125,0.005]	0.1107	[0.1056,0.1118]	σ_r	Invg[0.005,∞]	0.0015	[0.0015,0.0016]
ρ_v	Beta[0.5,0.2]	0.1516	[0.1378,0.1899]	σ_l	Invg[0.005,∞]	0.0049	[0.0049,0.0049]
ρ_χ	Beta[0.5,0.2]	0.7837	[0.7771,0.7852]	σ_g	Invg[0.005,∞]	0.0118	[0.0109,0.0120]
ρ_z	Beta[0.5,0.2]	0.9924	[0.9875,0.9942]				

二　数值模拟分析

结合上述模型构建以及参数设定，本章进一步对宏观审慎和房产税政策的宏观经济效应进行数值模拟，并通过标准化处理以客观比较两种政策抑制房地产泡沫化效应的强弱。

（一）宏观审慎政策的宏观经济效应分析

图7.1具体刻画了金融监管当局强化宏观审慎监管的政策冲击对产出、信贷、资本投资、房产投资、李嘉图居民房产投资、非李嘉图居民房产投资、资本品价格、房产价格以及居民总消费等主要宏观经济变量的影响。根据图7.1显示的脉冲响应图，可发现政府强化宏观审慎监管（也即降低动态抵押贷款价值比率）时，社会总信贷会立即受到抑制并在滞后4期左右信贷紧缩效应达到最大，而后逐期式微。信贷紧缩导致李嘉图居民资本投资水平大幅下降，并在初期下降幅度达到最大，毋庸置疑，这将直接导致资本品价格迅速下跌。李嘉图居民资本投资支出在宏观审慎政策从紧冲击初期大幅减少，替代效应的存在引致该类居民短期将投资支出转向升值空间较大的房地产市场，但最终因信贷紧缩效应不断发酵而使得其房产投资在滞后第二期便也开始大幅下降。信贷约束收紧、资本投资低迷以及李嘉图居民房地产投机性需求下降，导致公众对房地产产生悲观预期，进而导致房地产价格下跌。在房地产价格下降初期，非李嘉图居民往往采取观望态度而在短期减少住房投资，但在房价下跌至某一合理水平后开始理性购房以满足其刚性住房需求。据此亦可发现，宏观审慎政策从紧冲击对李嘉图和非李嘉图居民的房产投资存在异质性影响效应，其中对李嘉图居民的投机性房产投资主要表现为负向影响，对非李嘉图居民的住房型房产投资则主要表现为正向影响。由于我国易受流动性约束影响的非李嘉图居民所占比例较大，这使得宏观审慎政策从紧冲击对我国房产投资的影响总体为正。又由于宏观审慎冲击对资本投资的负面影响程度明显优于对房产投资的正面影响程度，这也使得社会总投资水平下降，进而导致社会总产出下降，社会总收入的降低亦会导致居民总消费下降。

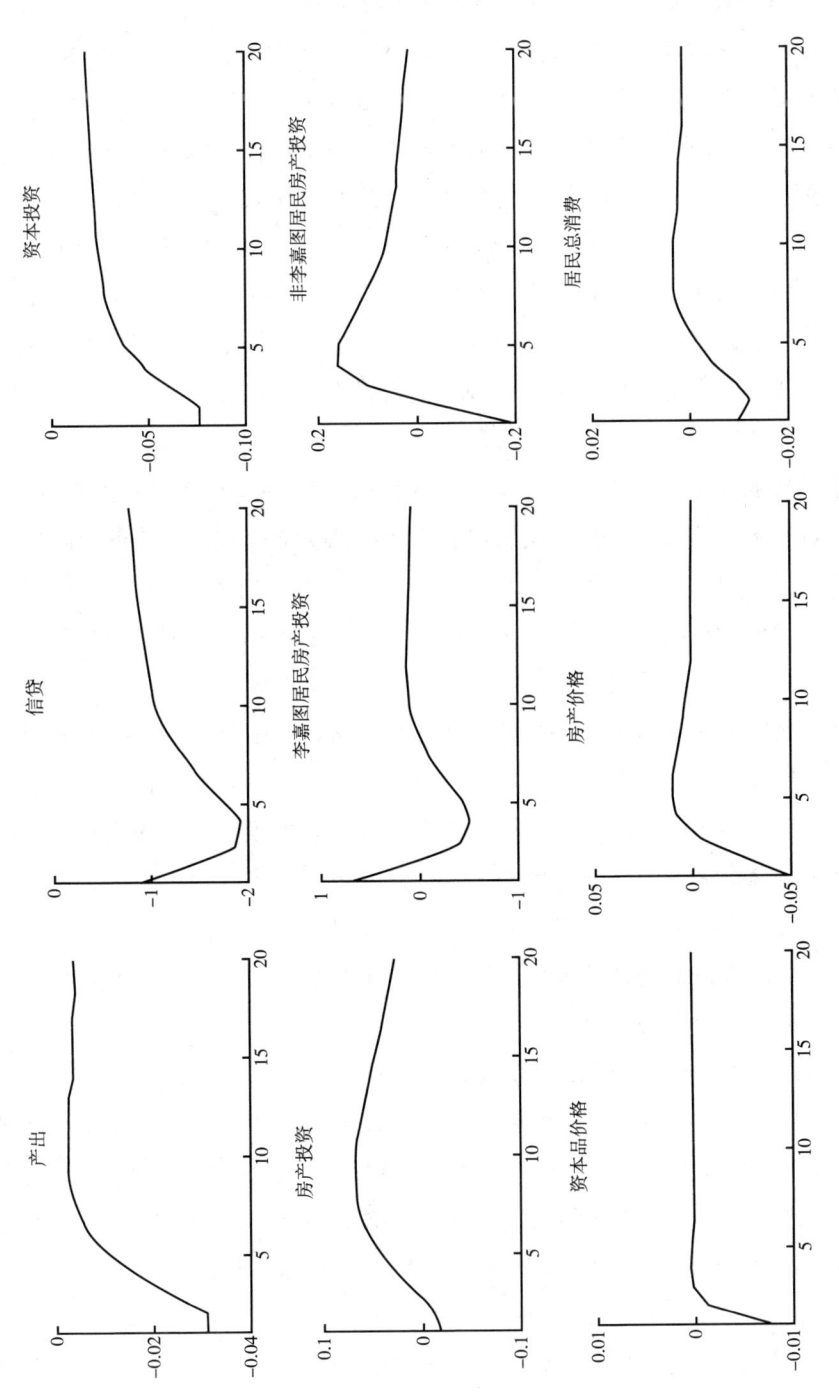

第七章 房地产泡沫风险、房产税调控与宏观审慎政策研究

图 7.1 宏观审慎政策冲击对主要宏观经济变量的影响

（二）房产税政策的宏观经济效应分析

图 7.2 具体刻画了增收房产税的政策冲击对产出、信贷、资本投资、房产投资、李嘉图居民房产投资、非李嘉图居民房产投资、资本品价格、房产价格以及居民总消费等主要宏观经济变量的影响。如图 7.2 所示，当政府征收房产税时，居民继续持有房产的机会成本增加，由此导致公众对未来房地产市场产生悲观预期，进而引致房价大幅下跌。房价大幅下跌导致短期李嘉图居民房产投资需求增加，抵押贷款随之亦呈现短期大幅增加趋势；但长期则由于房价下降而导致抵押资产价值降低，进而使可抵押贷款资金减少，李嘉图居民房产投资也随之减少。而在房产税增加的政策冲击下，房地产税率增加直接导致非李嘉图居民税收支出增加、可支配收入降低，又由于非李嘉图居民对流动性约束较为敏感以致其住房投资减少。这表明房产税政策冲击对李嘉图和非李嘉图两类居民房产投资的影响存在异质性，对李嘉图居民表现为先大幅挤入而后微幅挤出，对非李嘉图居民则主要表现为挤出效应。但由于中国居民以易受流动性约束影响的非李嘉图居民为主，由此最终导致房产投资总量减少。此外，尽管房产税政策冲击会导致信贷短期增加，但据图 7.2 可知，增加的信贷主要流向李嘉图居民房产投资支出，且在李嘉图居民税收支出增加以及长期抵押贷款价值降低情形下，李嘉图居民会被迫减少资本投资，资本投资需求降低将进一步导致资本品价格发生一定程度的下跌。由此可见，房产税增加将会导致房地产投资和资本品投资水平双双下降，进而最终对社会总产出产生负面影响。社会总收入的降低以及房产税税收支出的增加，导致居民可支配收入下降，进而使得居民总消费水平降低。

（三）房地产市场长效调控范式选择分析

毋庸讳言，我国房地产市场存在一定程度的泡沫，房产投机性需求仍然旺盛，房价亦借此持续高企。这显然与党的十九大报告明确提出的"房子是用来住的、不是用来炒的"定位存在较大偏离。与此同时，党的十九大报告和中央经济工作会议多次提到要防范化解重大风险，并指出重点是防控金融风险。房地产部门与实体经济的诸多方面存在千丝万缕的联系，由房地产部门的过度膨胀导致的产能过剩、债务积聚以及房地产泡沫化等现实问题无不困扰着政府乃至企业、居民等微观主体，为此房地产领域的

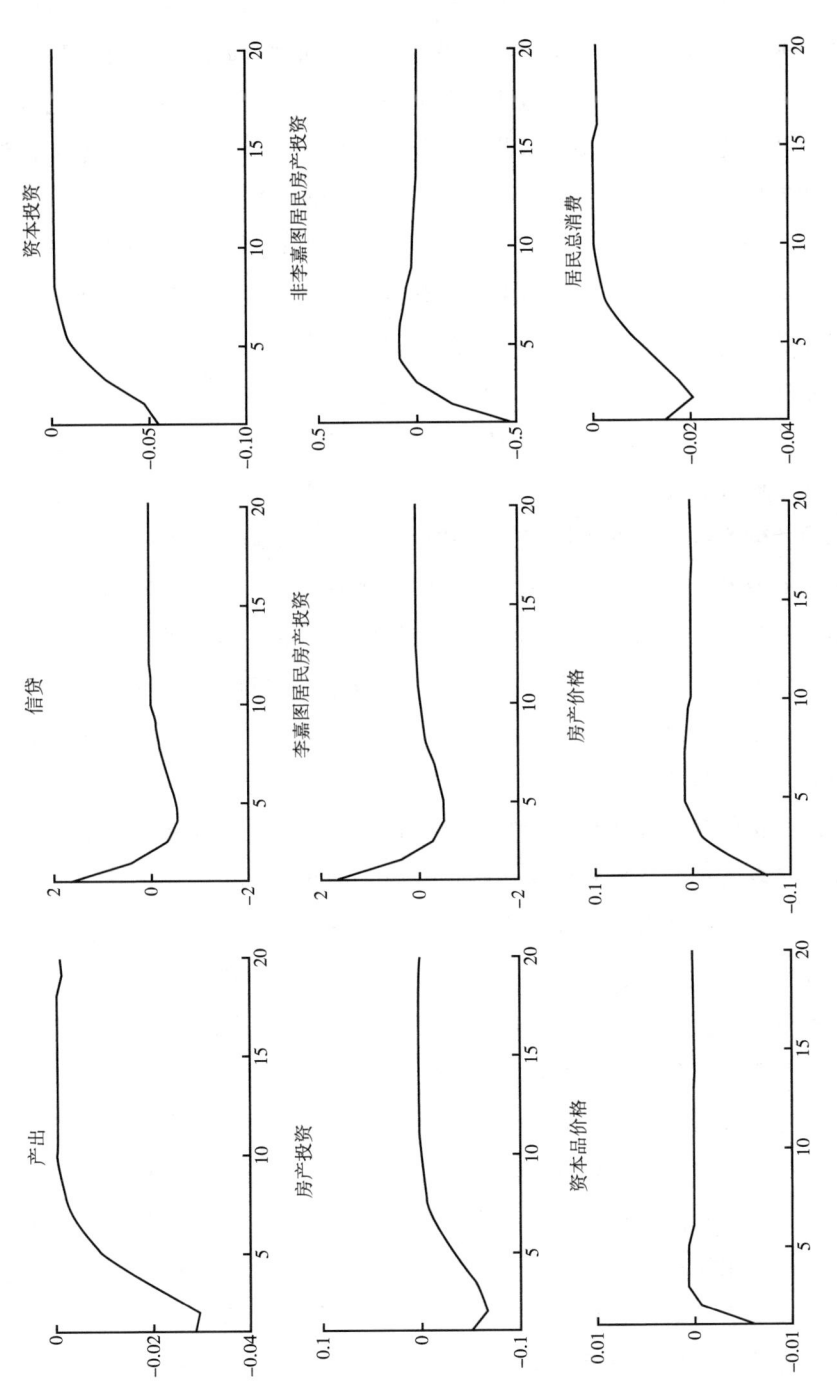

图 7.2 房产税政策冲击对主要宏观经济变量的影响

风险显然是防范金融风险的重要方面。根据上述分析，无论是增收房产税的政策冲击还是趋严的宏观审慎政策冲击，均可对房价过度上涨起到有效抑制作用。单就抑制房地产泡沫风险而言，究竟是房产税政策有效还是宏观审慎政策更为有效？学界对此并未做深入研究。而关于何种房地产长效调控政策更符合"房住不炒"的长效发展定位，现有文献的相关讨论几乎是空白的。为此，本章在探讨房产税政策冲击和宏观审慎政策冲击的宏观经济效应基础上，进一步借由标准化处理方式客观比较两类房地产宏观调控政策防范房地产泡沫风险和促进"房住不炒"的效应强弱，据此遴选引导房地产市场长效健康发展的合意调控范式。

1. 基于脉冲响应模拟分析视角的房地产调控效应比较

现有研究在比较不同政策抑或不同外生冲击效应时，大多采用相同单位标准差的不同类型冲击所引致的效应差异予以刻画。但由于不同类型经济政策的属性特征、调控方式、作用机制迥然不同，基于相同单位标准差的不同政策冲击所引致的宏观经济效应实际并不具有直接可比性，依循这一方式所展开的经济冲击抑或政策效应比较分析存在严重偏误。具体而言，针对不同类型政策冲击的经济效应比较，必须选择某一代表性经济变量为参照基准进行标准化处理后方具可比性。有鉴于此，本章通过选取模拟经济体系中某一重要变量为基准进行标准化处理，以探究两种不同政策调控工具对关键变量影响的效应强弱。由于增收房产税和强化针对房地产市场的宏观审慎监管均会在一定程度上引致产出下滑，所以本章以产出损失同等程度为基准进行标准化处理，以有效评判房产税和宏观审慎两类政策冲击对房地产市场主要变量的异质性影响。

图 7.3 具体刻画了两类政策冲击在标准化处理后，各自对信贷、资本投资、房产投资、李嘉图居民房产投资、非李嘉图居民房产投资、资本品价格、房产价格、居民总消费以及就业等主要经济变量的异质性影响。不难发现，在控制产出损失相同程度情形下，房产税政策冲击对房地产泡沫化的抑制作用相较宏观审慎政策冲击更加显著，且对房产投资的抑制作用亦明显强于宏观审慎政策冲击，但对信贷以及资本投资的挤出效应则弱于宏观审慎政策。这主要是因为房产税政策将直接导致房产所有人的持有成本发生变化，以致房价和房产投资对房产税政策的冲击响应更为明显；

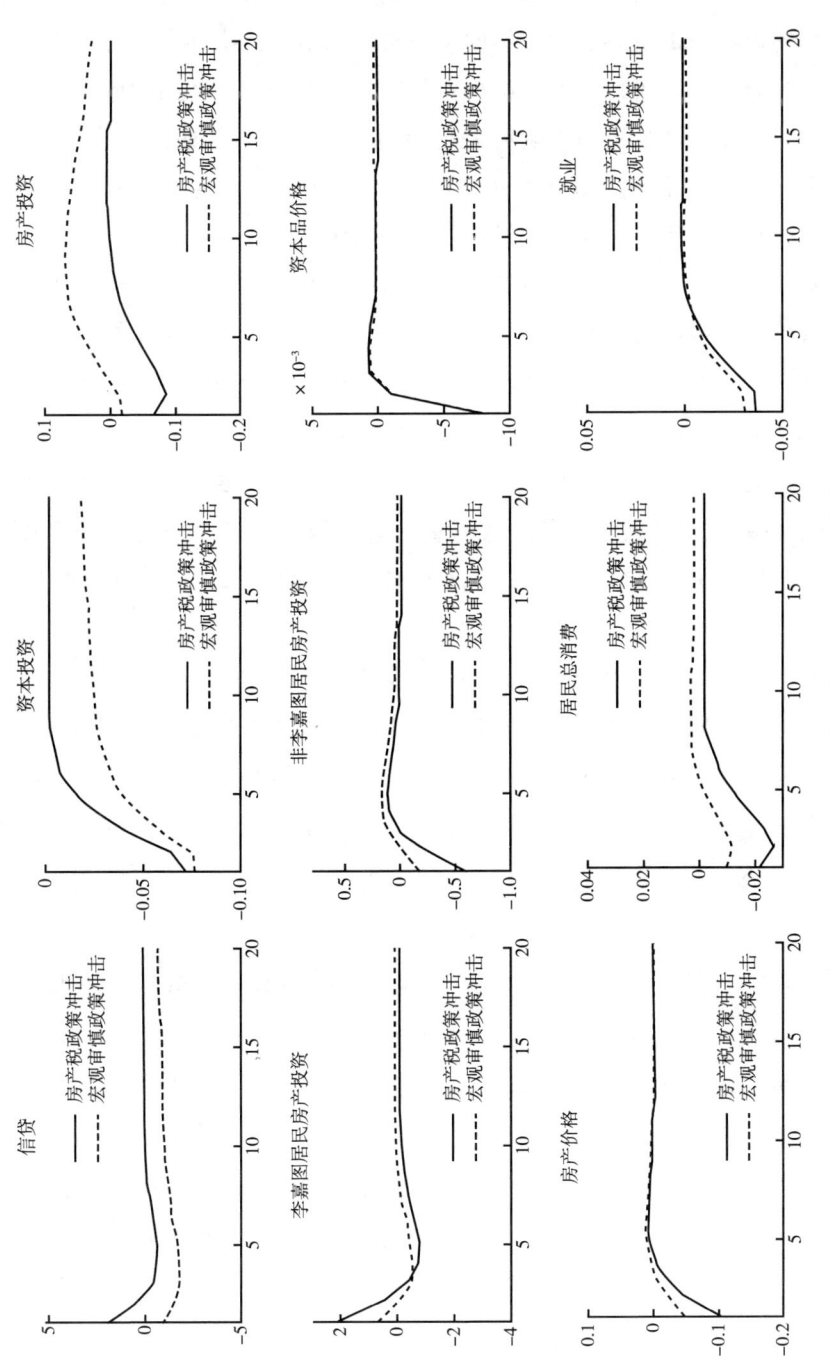

第七章 房地产泡沫风险、房产税调控与宏观审慎政策研究 181

图 7.3 产出损失同等程度下两类政策冲击对房价及其他变量影响的对比

宏观审慎政策会对信贷产生最直接的影响，而资本投资相对而言显然对信贷市场的波动更加敏感。而对不同类型居民的房产投资而言，房产税政策冲击对非李嘉图居民住房型房产投资的影响主要表现为挤出效应，对李嘉图居民投机性房产投资的影响则表现为短期大幅挤入长期微幅挤出效应；宏观审慎政策对非李嘉图居民住房型房产投资的影响主要表现为挤入效应，对李嘉图居民投机性房产投资的影响则主要表现为挤出效应。与此同时，本章还发现房产税政策和宏观审慎政策均会抑制居民消费和减少就业，其中房产税政策的抑制效应更加明显。引致这一结果的机理主要在于，增征房产税的宏观调控政策直接导致居民部门的税收支出增加，居民部门可支配收入的降低或压缩在一定程度上会对整个社会的总消费需求产生抑制效应；尽管增征房产税对资本投资的抑制程度低于降低贷款价值比（LTV）的宏观审慎政策，但其对房地产投资以及居民总消费的挤出效应明显强于宏观审慎政策，由此导致其对就业的挤出较宏观审慎政策更明显。

2. 基于乘数效应量化视角的房地产调控效应比较

在上述脉冲响应比较分析基础上，本章进一步参照 Leeper 等（2010）的研究采用政策乘数分析的方法来量化房产税政策和宏观审慎政策对房价以及房地产投资变量的差异化影响。参照相关研究，本章将政策乘数函数设定为以下形式：$PV(\Delta X_j^{房产税冲击}) = E_t \sum_{i=0}^{20} \beta^i \Delta X_j^{房产税冲击}$；$PV(\Delta X_j^{宏观审慎冲击}) = E_t \sum_{i=0}^{20} \beta^i \Delta X_j^{宏观审慎冲击}$。具体而言，本章将房产税和宏观审慎政策冲击对产出损失的影响（LossY）均控制在 -0.1654 的水平[1]，据此测算 20 期内两类政策冲击对房价、房产投资、李嘉图居民房产投资以及非李嘉图居民房产投资等房地产变量的影响乘数。

表 7.2 具体量化了两类政策冲击的政策乘数效应，可发现房产税冲击对房价的乘数效应为 -0.1384，约为宏观审慎冲击（-0.0334）的 4.1437 倍。就房产投资总量而言，房产税和宏观审慎冲击的政策影响乘数呈现差

---

[1] 此处基准数值仅表示将两类房地产调控政策对产出损失的影响控制在某一相同程度，数值大小不具有特别含义，基准数值可为任一负值。

异性，其中房产税冲击对房产投资的乘数效应为-0.3759，宏观审慎冲击对房产投资的乘数效应为0.6942，也即宏观审慎冲击对房产投资呈现挤入效应，房产税冲击对房产投资呈现挤出效应，且宏观审慎政策的挤入效应大于房产税政策的挤出效应。从结构上来看，宏观审慎冲击对李嘉图居民投机性房产投资的乘数效应为-0.2008，约为房产税冲击（-0.1774）的1.1319倍，也即宏观审慎政策更能抑制李嘉图居民的投机性房产投资需求；宏观审慎冲击对非李嘉图居民住房型房产投资的乘数效应为0.9103，而房产税冲击对非李嘉图居民住房型房产投资的乘数效应则为-0.4238，也即宏观审慎政策能有效促进非李嘉图居民的住房型房产投资需求。

表7.2 房产税和宏观审慎冲击的政策乘数量化（基于$LossY=-0.1654$标准化处理）

	房价	房产投资	李嘉图居民房产投资	非李嘉图居民房产投资
$PV(\Delta X_j^{房产税冲击})$	-0.1384	-0.3759	-0.1774	-0.4238
$PV(\Delta X_j^{宏观审慎冲击})$	-0.0334	0.6942	-0.2008	0.9103

综上所述，房产税和宏观审慎政策均是调控房地产市场的有效工具，房产税政策更能有效抑制房地产泡沫化演进，但宏观审慎政策与当前"房住不炒"的房地产调控逻辑更为相符。引致这一异质性效应的主要原因在于，在房产持有环节征税的房产税政策作用于所有房产持有人，而宏观审慎政策重点影响李嘉图居民投机性房产投资，由此使得房产税政策主要通过挤出李嘉图居民投机性房产投资和非李嘉图居民住房型房产投资以全面抑制房价上涨，宏观审慎政策主要通过抑制李嘉图居民投机性房产消费以局部抑制房价上涨。鉴于房产税政策较宏观审慎政策更能有效抑制房地产泡沫，但宏观审慎政策更符合"房住不炒"的政策逻辑，本章认为政府房地产调控应根据市场发展特征灵活相机遴选：在房地产泡沫过于严重时，应采取以房产税政策为主的调控范式；在房价高企且呈现温和上涨态势时，则应采取以宏观审慎政策为主的调控范式。与此同时，我国宏观审慎监管制度尚不健全，而房产税征收制度还处于研讨阶段，本章的结论亦在一定程度上表明未来房地产长效调控机制的建立必须遵循差异化和结

构性原则，实现分类指导、因城施策，由此才能实现避免房地产泡沫化和"房住不炒"的双赢目标，最终真正引导房地产市场健康可持续发展。

第四节 研究结论与政策建议

本章构建同时包含李嘉图家庭、非李嘉图家庭、产品制造商、投资品制造商、财政当局、货币当局以及宏观审慎当局等经济主体在内的多部门动态随机一般均衡模型，据此形成探讨防范化解高房价风险的系统性研究框架。综合本章分析，主要得到如下结论与政策建议。

第一，宏观审慎政策和房产税政策对房地产市场而言均具有长效调控属性，二者均能有效抑制房地产泡沫化演进。数值模拟结果表明，降低LTV的宏观审慎政策冲击主要通过紧缩抵押信贷渠道以遏制房价上涨，由此造成信贷大幅降低，资本投资及资本品价格亦随之下降；增加房地产税率的政策冲击则主要通过增加房产所有人的持有成本以发挥房价抑制效应，对社会总信贷表现为短期刺激、长期抑制的效应，并会带来资本品投资及价格的下降。就房产投资而言，宏观审慎政策冲击对李嘉图居民投机性房产投资表现为短期刺激、长期抑制的影响效应，对非李嘉图居民住房型房产投资表现为短期抑制、长期促进的影响效应；房产税政策冲击对李嘉图居民投机性房产投资主要表现为促进效应，而对非李嘉图居民住房型房产投资则主要表现为抑制效应。与此同时，本章还发现从紧的宏观审慎政策和房产税政策不可避免地会造成一定程度的产出损失。有鉴于此，本章认为在当前房地产风险逐步显现以及以"限"为主的短期应急调控政策渐显乏力之际，政府应加快构建促进房地产健康发展的长效调控机制，建构渐趋完善的房地产金融审慎监管制度和现代房产税征收制度，在充分把握政策可能的负面效应基础上综合运用宏观审慎政策和房产税政策以有效抑制房地产泡沫化演进。

第二，房产税政策较宏观审慎政策更能有效抑制房地产泡沫，但宏观审慎政策更符合中共中央关于房地产市场"房住不炒"的长效发展定位。本章以同等程度产出损失为基准进行标准化处理，结果表明，提高房地产税率的调控政策对房地产泡沫的抑制效应显著优于降低LTV的宏观审慎政策，其引致的房价下降幅度约为宏观审慎政策的 4.1437 倍。单从防范化解房地产泡沫角度而言，房产税政策无疑是最合意的房地产调控政策。与此同时，在引致产出损失同等程度下，房产税政策对房产总投资主要表现为挤出效应，而宏观审慎政策对房产总投资则表现为挤入效应。具体从结构上来看，房产税政策冲击对李嘉图居民投机性房产投资和非李嘉图居民住房型房产投资均表现为挤出效应，且对非李嘉图居民住房型房产投资的挤出效应尤为明显；宏观审慎政策冲击对李嘉图居民投机性房产投资呈现挤出效应，而对非李嘉图居民住房型房产投资表现为挤入效应（约为对李嘉图居民投机性房产投资挤出效应的 4.5334 倍）。也即，致力于防范化解房地产泡沫的房产税政策无论对投机性房产投资还是对住房型房产投资均表现为挤出效应，而宏观审慎政策既可有效促进住房型房产投资亦可有效抑制投机性房产投资。另外，本章模拟研究还表明，增征房产税的宏观调控政策对居民总消费以及就业的抑制效应较宏观审慎政策更为明显。综上所述，房产税政策更能有效抑制房地产泡沫，而宏观审慎政策更符合"房住不炒"的政策内涵。为此，本章认为政府房地产调控应根据市场发展特征灵活相机遴选：在房地产泡沫过于严重时，应采取以房产税政策为主的调控范式；在房价高企且呈现温和上涨态势时，则应采取以宏观审慎政策为主的调控范式。

除上述结论与政策建议外，本章进一步对国外房地产市场风险防控的经验教训进行简要总结，以为中国房地产市场风险防范提供有益的国际经验借鉴。参照日本、美国房地产泡沫化及泡沫破灭的演变历程，可发现无序宽松的货币金融政策以及货币资金持续的"脱实向虚"是房地产泡沫的根本诱因，过于迅猛的紧缩性财政政策和货币政策则是刺破房地产泡沫、使房地产崩溃的导火索，而银行系统的风险传染是房地产风险向系统性风险传导的关键。相对而言，德国依靠稳健的货币政策、审慎的房地产信贷政策、均衡的税收制度以及完备的租赁制度使得房地产市场长期保持平稳运行，即使在 2008 年国际金融危机时期依然能独善其身。有鉴于此，中国房地产市场调控可在一定程度上借鉴德国的成功经验，尤其在房地产税收制度层面，致力于在保有和使用环节设定较轻税负，而在交易环节设定较重税负，以实现"房住不炒"的长效调控目标。

第八章
低利率风险、宏观经济波动与货币政策选择研究

中国目前对内面临历史最低名义利率，对外面临全球超低利率乃至负利率环境。低利率下的流动性风险以及"资产荒"问题导致金融主体持有高风险资产的偏好上升，由此引发资金"脱实向虚"问题进一步加剧，实体经济实际资金利率不降反升，社会有效投资萎缩，导致宏观经济波动加剧。为此，有必要针对低利率环境下的宏观经济波动及货币政策调控范式选择问题展开系统研究。本章构建包含名义利率下限约束的混合型货币政策框架，以系统比较存在和不存在利率下限约束两种情形下宏观经济波动的异质性以及货币政策的有效性差异。研究发现，总需求下降时，利率下限约束情形下产出下降和通缩程度更为严重；总供给下降不会引致名义利率触及零下限，以致宏观经济演变无明显差异；利率下限约束情形下央行数量型调控的有效性显著降低，价格型调控则完全失效。本章认为考虑名义利率下限约束的建模更宜刻画现实经济周期和宏观调控效力，忽视利率下限约束会对宏观经济预判和政策调控有效性认识产生偏误；需求低迷环境下"数量型调控为主、价格型调控为辅"的政策组合仍为央行合意的货币调控范式，央行须更加关注降低实际资金利率；政府应注重宏观政策协调配合，实施更加积极的财政政策以与货币政策发挥有效政策合力，促使实体经济趋稳且高质量发展以摆脱利率下限约束困境。本章具体内容安排如下：第一节为研究背景与文献回顾，第二节为含零利率下限约束的动态随机一般均衡模型构建，第三节为零利率下限、货币政策调控与宏观经济动态分析，第四节为研究结论与政策建议。

第一节 研究背景与文献回顾

一 研究背景

为应对2008年国际金融危机的负面冲击，各国纷纷采取低利率政策。如图8.1阴影部分所示，全球主要央行的宽松货币政策直接导致超低利率环境的出现。自2009年以来，美国联邦基准利率长期保持在略大于零的较低水平，尽管其利率走势近年来趋向回升，但迫于经济恶化压力，美联储于2019年已连续两次降息；英国央行基准利率在较长时期保持在0.5%的低位持续横盘；欧元区和日本继持续接近零的低利率政策后，已于2016年突破零下限约束转向更低利率的负利率政策。就我国而言，自2015年央行连续5次降息后，存款基准利率已降至1.5%的历史最低水平；受国内经济疲软和全球贸易保护主义抬头等双重制约影响，我国低利率仍将持续并存在明显下行压力。当前主要经济体已然迈入低利率时代，而中国正日渐步入低利率环境。但各国现实经济状况表明，低利率政策并非如预期般行之有效，主要经济体仍呈现下行抑或底部徘徊态势。在此背景下，深入认识低利率政策的宏观传导机制及其有效性极具现实意义。

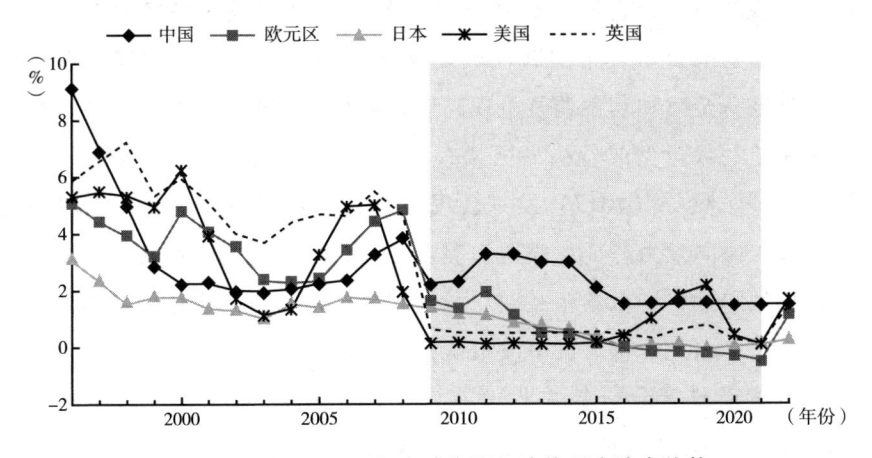

图8.1 1996~2022年全球主要经济体利率演变趋势

资料来源：Wind金融资讯数据库。

现有文献针对低利率问题展开大量探讨，并逐步开始关注名义利率零下限约束（ZLB）对宏观经济的潜在影响。当名义利率为负时，公众持有银行存款、债券等金融资产的收益为负，以致其倾向于持有现金并减少金融资产的持有，社会投资因有效融资不足而下降，进而导致产出减少、失业增加。也即，零是名义利率的下限，一般情形下央行不会贸然将名义利率调整至零以下。若经济处于衰退时期，名义利率因受到零下限约束而不能降低，实际利率将上升，通货紧缩进一步严重，经济便陷入衰退和通货紧缩的恶性循环。Coibion 等（2012）指出，美国名义利率在第二次世界大战后多次触及零利率下限，且每次均会导致货币政策有效性下降以及宏观经济剧烈波动。Baurle 和 Kaufmann（2014）发现，当名义利率受到零下限约束时，央行传统货币政策工具无法有效应对负面经济冲击，从而导致名义和实际经济变量波动加剧。这些客观事实表明，零利率下限约束是经济低迷时宏观经济治理必须正视的重要问题。

宏观经济持续低迷引发学界的重新审视，学者们普遍认为宏观调控框架亟须完善和转型。从近期货币政策实践来看，当前货币政策工具更显多元化，调控更加定向且精准。而由于价格型工具传导时滞更短，不少研究认为，央行除需不断丰富调控工具、优化调控方式外，还应推动货币政策由数量型向价格型转型（胡志鹏，2012；杨源源等，2017）。综观现有货币政策的模拟研究，它们大多基于单一数量型框架或价格型框架展开分析。而根据我国货币政策实践，可发现数量型和价格型调控往往并行推进，存款准备金率和利率调整呈现高度趋同性。亦即，央行在实际调控时并非采用单一数量型或价格型框架，而是搭配采用混合型调控的"双支柱"框架。王曦等（2017）发现，现实中我国数量型和价格型工具呈现并存并重、协同发力特征，表现为混合型货币政策规则。而现有不少文献假设数量型和价格型工具相互独立，忽视量价组合搭配操作及其内在引导与联动关系，这无疑将对货币政策认识产生偏误。

现有货币政策分析的文献鲜有考虑零利率约束问题，而当央行面临 ZLB 时，价格型调控是否仍然优于数量型调控？零利率约束情形下央行应遴选何种货币政策工具以促进宏观经济行稳致远？现有文献对此着墨甚少。本章首先基于传统 DSGE 方法得到扩展形式的新凯恩斯 IS

曲线和菲利普斯曲线方程，据此构建量价相互支撑的混合型货币政策框架，最后将 ZLB 引入模型以系统探讨存在和不存在 ZLB 情形下经济波动的差异，并比较不同货币政策工具促进经济复苏的能力。本章研究主要有以下三点贡献：一是结合央行货币政策实践，在传统 DSGE 模型基础上构建符合中国"量价并举"特征的混合型货币政策调控框架；二是构建利率调整的不等式约束方程并引入混合型货币政策框架，以完整刻画低利率环境下央行结构性货币政策调控受 ZLB 影响的特征事实；三是基于脉冲响应、福利损失、政策乘数等多重分析视角，探究存在和不存在 ZLB 两种情形下宏观经济波动的异质性以及不同结构性货币政策调控的有效性差异。

二 文献回顾

学界关于货币政策有效性展开诸多讨论，普遍认为导致近年来经济持续低迷的主要原因之一在于传统货币政策的有效性逐步下降。针对学界的多重视角研究，本部分进行简要论述。

已有大量研究认为，货币政策传导不畅是导致货币政策失效的重要原因，央行应致力于疏通和完善货币政策传导渠道。胡志鹏（2012）指出，金融创新使得货币需求函数越发不稳定，数量型调控见效甚微。高智贤和李文乐（2015）发现，深化利率市场化改革可有效纠正资金价格扭曲和疏通信贷传导渠道，进而提升货币政策盘活存量资金的效果。孙大超等（2014）指出，银行垄断导致信贷传导在大型和中小企业发生扭曲，以致中小企业融资频频受阻。钱雪松等（2015）发现，货币政策传导在体制内外存在显著的异质性，国有企业对货币政策变化十分敏感，而民营企业则表现出较强的反应粘性。郭豫媚等（2016）认为，价格型政策传导机制不健全且数量型调控大幅失效，造成我国货币政策屡屡失效。还有文献从预期视角探讨货币政策传导扭曲的原因，发现以适应性预期为主的异质性预期形成机制使得央行货币政策与微观主体决策存在较大偏差，以致难以形成有效政策合力（肖争艳、陈彦斌，2004；范从来、高洁超，2016）。

除政策传导机制不畅外，还有不少学者认为，央行独立性较低是导致货币政策有效性不足的另一主要原因。当央行独立性较低时，政府便可随意干预货币政策调控，以致货币政策长期处于被动状态，难以真正有效锚定最优目标，货币政策"熨平"经济周期的能力被削弱。陈彦斌等（2016）认为，央行对多重目标的兼顾使得货币政策独立性较低，多目标间的相互冲突以及不同时期目标的动态不一致性会显著降低调控效率。魏强和陈华帅（2009）发现，增强货币政策独立性有利于央行与微观主体达成一致预期，进而降低央行反通胀的成本。牛晓健和陶川（2011）发现，外汇占款对货币供给存在显著扩张效应，我国货币政策独立性受外汇占款影响较大。除此之外，部分学者还从财政视角探究货币政策独立性与有效性之间的关系，如付敏杰（2016）、杨源源等（2019）研究发现，我国货币政策在很大程度上表现为对财政政策的"被动配合"，央行独立性因此受到影响而难以真正有效盯住产出和通胀。

基于以上两大视角讨论货币政策有效性的文献俯拾皆是，但考虑经济下行时零利率约束对宏观经济波动以及货币政策有效性影响的文献却寥寥无几。已有文献表明，货币政策在不同经济周期具有明显的非对称效应，同等大小的正负向货币政策冲击对宏观经济的影响程度存在异质性，经济萧条时期正向货币政策的刺激作用显著小于经济繁荣时期负向货币政策的抑制作用（孙俊，2013）。凯恩斯率先提出"流动性陷阱"观点，认为低利率环境下货币当局无法通过降低名义利率来刺激经济，以降息为主的货币政策有效性会降低甚至失效。针对货币政策的非对称性效应，Friedman（1968）将其经典而形象地表述为"货币政策好似一根绳子，央行可以通过拉紧它以抑制通胀，却无法通过推动它以遏制衰退"。显然，货币政策在不同经济周期的有效性存在较大差异，经济低迷时的货币政策传导机制较正常时期发生改变，低利率时期"流动性陷阱"的存在使得价格型工具"熨平"经济周期的能力未必优于数量型工具。

国外学者针对低利率问题展开丰富研究，发现利率下限约束改变了常规货币政策传导渠道，使其无法得到有效调整或调整不够充分，以致货币政策"熨平"经济波动的能力下降。例如，Fernandez等（2015）分析发现，ZLB情形下央行无法根据实际经济运行情况充分调整利率，以致消费、就业等较不受ZLB时更严重；Hirose和Inoue（2016）研究发现，名义利率触及 ZLB 时对产出和通胀的反应程度明显低于基准情形；Mazelis（2016）模拟发现，经济下行时受 ZLB 的货币政策较不受约束时更紧缩，银行信贷不足以促进经济快速复苏，影子银行成为实体经济部门获取融资的有效路径。我国亦有少数学者对此展开讨论，马理和娄田田（2015）研究发现，不考虑 ZLB 的模型难以有效刻画现实经济周期，ZLB 使得传统货币政策工具在超低利率环境下的有效性大大削弱；王宇哲（2016）认为，低利率政策推动了存贷款利率和收益率曲线下行，并导致央行面临利率传导有效性降低、银行利润空间收窄、金融市场动荡加剧等风险。

当前名义利率已处于历史最低水平，央行利率调控明显受限。近年来的货币政策实践亦表明，央行对价格型工具的使用越发谨慎和保守，而对数量型工具的使用更显频繁和灵活。这客观表明，中国货币政策操作已开始受 ZLB 影响，当前情形下探讨 ZLB 如何影响货币政策有效性极为迫切。但综观现有相关文献，国内关于低利率问题的研究相对匮乏，在考虑 ZLB 情形下讨论不同结构性货币政策有效性的研究几乎是空白的。尽管国外学者关于零利率问题已展开丰富研究，但普遍聚焦于以利率为代表的价格型货币调控，这与中国长期"量价并举"的混合型货币调控实践并不相符，所得结论和政策建议难以对中国宏观调控实践形成有效指导。为此，本章立足于我国央行货币政策操作实践以及当前经济周期特征，构建数量型和价格型工具相互支撑的混合型货币政策框架，同时将零利率不等式约束引入一般均衡模型以系统探讨 ZLB 对宏观经济波动以及货币政策有效性的影响，并尝试为完善和优化货币政策框架提出有效的政策建议。

第二节 含零利率下限约束的动态随机一般均衡模型构建

本章将名义利率零下限约束嵌入同时包含数量型和价格型政策规则的混合型货币政策调控框架，该框架主要由总需求方程、总供给方程以及央行货币政策操作方程三大部分构成。

一 总需求：新凯恩斯 IS 曲线

假定经济体总需求端主要由家庭部门决策构成，家庭部门遵循效用最大化原则来选择最优商品消费 C_t、货币持有余额 M_t/P_t、债券持有余额 B_t/P_t 以及劳动供给时长 N_t：

$$E_t \sum_{s=0}^{\infty} \beta^i \{[C_{t+s}(i) - hC_{t+s-1}]^{1-\sigma}/(1-\sigma) + [M_{t+s}(i)/P_{t+s}]^{1-b}\gamma/(1-b) - \chi N_{t+s}(i)^{1+\eta}/(1+\eta)\} \quad (8.1)$$

式中，h、β 分别为外部消费习惯参数和主观贴现率，σ、η、b 分别为消费替代弹性、劳动供给弹性以及货币需求利率弹性的倒数。假定消费由垄断竞争厂商生产的差异化产品 $C_{jt}(j \in [0,1])$ 构成，遵循如下形式：$C_t = [\int_0^1 C_{jt}^{(\theta-1)/\theta} dj]^{\theta/(\theta-1)}$，$P_t = [\int_0^1 P_{jt}^{1-\theta} dj]^{1/(1-\theta)}$。家庭预算约束为：$C_t + M_t/P_t + B_t/P_t = N_t W_t/P_t + M_{t-1}/P_t + (1+R_{t-1})B_{t-1}/P_t + \Pi_t$。$\Pi_t$、$R_t$、$W_t$ 分别表示企业利润分红、名义利率和工资。家庭在预算约束下最大化效用函数可得：

$$(C_t - hC_{t-1})^{-\sigma}/(C_{t+1} - hC_t)^{-\sigma} = \beta(1+R_t)E_t(P_t/P_{t+1}) \quad (8.2)$$

$$\gamma(M_t/B_t)^{-b}/(C_t - hC_{t-1})^{-\sigma} = R_t/(1+R_t) \quad (8.3)$$

$$\chi N_t^{\eta}/(C_t - hC_{t-1})^{-\sigma} = W_t/P_t \quad (8.4)$$

对数线性化家庭一阶最优跨期消费欧拉方程（8.2）并引入市场出清均衡条件 $C_t = Y_t$（"^"表示变量对稳态的偏离，下同），即可得到常规新凯恩斯 IS 曲线方程：

$$\hat{Y}_t = E_t\hat{Y}_{t+1}/(1+h) + h\hat{Y}_{t-1}/(1+h) - (1-h)\hat{r}_t/[\sigma(1+h)] \quad (8.5)$$

发达国家由于货币政策传导机制较为完善，价格型和数量型工具可彼此有效替换，因此常规总需求方程一般仅包含实际利率变量。但现实中消费和货币并非相互独立，且居民消费在很大程度上受其持有的货币余额影响，因此货币余额可以进入总需求方程（伍戈、连飞，2016）。Liu 和 Zhang（2010）、Blagrave 等（2013）纷纷将代表数量型工具的货币变量引入总需求方程以充分反映实体经济与金融部门的现实联系。考虑到我国货币政策传导机制尚不健全，利率和货币供应量并不能完全相互替代，本章参照上述文献将货币供应量引入总需求方程。为不失一般性，本章引入外生随机冲击以得到如下简易拓展形式的新凯恩斯 IS 曲线：

$$\hat{Y}_t = \gamma_1 E_t \hat{Y}_{t+1} + \gamma_2 \hat{Y}_{t-1} - \gamma_3 \hat{r}_t + \gamma_4 \hat{m}_t + \xi_t^d, \; \xi_t^d = \rho_d \xi_{t-1}^d + v_t^d \tag{8.6}$$

其中，$\hat{r}_t = \hat{R}_t - E\hat{\pi}_{t+1}$、$\hat{m}_t = \hat{M}_t - E\hat{\pi}_{t+1}$ 分别为实际利率和货币缺口，γ_1、γ_2、γ_3、γ_4 均>0，依次为产出对预期产出、上期产出、实际利率以及实际货币余额的反应弹性；ξ_t^d、v_t^d、ρ_d 依次为外生总需求冲击、冲击扰动项和自回归参数。

二 总供给：新凯恩斯菲利普斯曲线

经济体总供给端由厂商部门决策构成。假定最终品厂商生产函数为 $Y_t = [\int_0^1 Y_{jt}^{(\theta-1)/\theta} dj]^{\theta/(\theta-1)}$，$Y_{jt} = (P_{jt}/P_t)^{-\theta} Y_t$ 为所需中间品。假定中间品厂商生产函数为 $Y_{jt} = Z_{jt} N_{jt}$，Z_{jt} 为外生技术。中间品厂商真实边际成本为：$MC_{jt} = W_t/P_t Z_{jt}$。假定每期 $1 - \omega$ 比例中间品厂商根据利润最大化原则定价 P_t^*，其余 ω 比例按照后顾原则定价 P_t^b。据此粘性假定，总价格方程即为：

$$P_t^{1-\theta} = \int_0^\omega (P_t^b)^{1-\theta} + \int_\omega^1 (P_t^*)^{1-\theta} = \omega (P_t^b)^{1-\theta} + (1 - \omega)(P_t^*)^{1-\theta} \tag{8.7}$$

对于最优定价厂商，其根据利润最大化原则选择最优产品价格 P_t^*：

$$\underset{P_{jt}}{\text{Max}} E_t \sum_{s=0}^\infty \omega^s \Delta_{t,t+s} (P_{jt}/P_{t+s} - MC_{jt+s}) Y_{jt+s}, \; \text{s.t.} \; Y_{jt} = (P_{jt}/P_t)^{-\theta} Y_t \tag{8.8}$$

对式（8.8）优化求解即可得到最优定价方程：

$$P_t^* = \theta (\theta - 1)^{-1} (E_t \sum_{s=0}^\infty \omega^s \beta^s Y_{t+s} \lambda_{t+s} MC_{t+s} P_{t+s}^\theta) / E_t \sum_{s=0}^\infty \omega^s \beta^s Y_{t+s} \lambda_{t+s} P_{t+s}^{\theta-1} \tag{8.9}$$

后顾型厂商依循如下定价形式：$P_t^b = P_{t-1}(1 + \pi_{t-1})$。联立总价格方程、最优定价方程以及后顾定价方程，可得新凯恩斯菲利普斯曲线方程：

$\pi_t = \pi_{t-1}/(1+\beta) + \beta E\pi_{t+1}/(1+\beta) + (1-\omega)(1-\beta\omega)Y_t/[(1+\beta)\omega]$。为不失一般性，本章引入外生随机冲击并将基础新凯恩斯菲利普斯曲线简化为如下形式：

$$\pi_t = \kappa_1 \pi_{t-1} + (1-\kappa_1)E\pi_{t+1} + \kappa_2 \hat{Y}_t + \xi_t^s, \quad \xi_t^s = \rho_s \xi_{t-1}^s + \upsilon_t^s \tag{8.10}$$

式中，κ_1、κ_2 依次为当期通胀对上期通胀和产出缺口的反应系数；ξ_t^s、υ_t^s、ρ_s 依次为总供给冲击、冲击扰动项和自回归参数。

三 中央银行：含零利率下限约束的混合型货币政策规则

我国利率过去长期被严格管制，央行以数量型调控范式为主。随着利率管制逐步放开，价格型调控正式发挥作用，央行根据现实经济特征以及不同工具特点遴选合意的货币政策工具。但以往关于货币政策的模拟研究基本假定央行仅遵循单一数量型抑或价格型货币政策框架。根据央行历年货币政策调整信息，当经济周期发生波动时央行数量型与价格型调控往往频繁交互进行，由此仅关注单一货币政策框架的研究难免会对货币政策认识产生偏误。根据货币供求曲线，央行流动性投放会影响利率变动，且这种量价的内在引导在近几年尤为明显。自2013年以来，央行相继创造PSL、MLF、TMLF等新型货币投放工具为经济注入流动性，并通过流动性的不同操作期限来引导市场短中期利率，从而构建目标利率和利率走廊机制。由此看来，忽略数量型与价格型工具之间的内在联动和引导机制显然与央行货币政策实践不符。

基于上述考虑，本章构建同时包含货币供应量和利率的混合型货币政策"双支柱"框架。参照 Liu 和 Zhang（2010）的研究，假定基础货币供应量满足如下形式：

$$\hat{M}_t = \phi_1 \hat{M}_{t-1} - (1-\phi_1)(\phi_2 \pi_t + \phi_3 \hat{Y}_t) + \xi_t^M, \quad \xi_t^M = \rho_M \xi_{t-1}^M + \upsilon_t^M \tag{8.11}$$

结合我国货币政策实践，假定央行利率调整遵循如下扩展型的泰勒形式：

$$R_t = R^* + \theta_1(R_{t-1} - R^*) + (1-\theta_1)(\theta_2 E_t \pi_{t+1} + \theta_3 \hat{Y}_t - \theta_4 \hat{M}_{t-1}) + \xi_t^R, \quad \xi_t^R = \rho_R \xi_{t-1}^R + \upsilon_t^R \tag{8.12}$$

式（8.12）表明利率调整受预期通胀和产出变动以及上期货币流动性联动影响。式（8.11）、式（8.12）共同构成混合型货币政策规则，R^* 为稳态名义利率；ϕ_1、θ_1 为平滑参数，ϕ_2、ϕ_3 分别刻画了货币供给对通胀和产出偏离的反应弹性，θ_2、θ_3、θ_4 分别描述了利率对预期通胀、产出以及货币缺口的反应程度；ξ_t^M、ξ_t^R 分别为货币供给和利率冲击，υ_t^M、υ_t^R 为冲击扰动项，ρ_M、ρ_R 为自回归参数。鉴于当前我国日渐步入低利率环境，本章将零利率下限约束引入货币政策方程：

$$\begin{cases} \dot{M}_t = \phi_1 \dot{M}_{t-1} - (1-\phi_1)(\phi_2 \pi_t + \phi_3 \dot{Y}_t) + \xi_t^M \\ R_t = \text{Max}\{0, R^* + \theta_1(R_{t-1} - R^*) + (1-\theta_1)(\theta_2 E_t \pi_{t+1} + \theta_3 \dot{Y}_t - \theta_4 \dot{M}_{t-1}) + \xi_t^R\} \\ \xi_t^M = \rho_M \xi_{t-1}^M + \upsilon_t^M, \xi_t^R = \rho_R \xi_{t-1}^R + \upsilon_t^R \end{cases}$$

(8.13)

由于 DSGE 模型方程一般为等式，而式（8.13）为不等式约束（$R_t \geqslant 0$），故无法直接代入 DSGE 模型方程组求解。Holden 和 Paetz（2012）及其后续研究为解决不等式约束问题做出诸多贡献，并提出相应解决办法。本章参照 Holden 和 Paetz（2012）的研究，在利率规则方程中引入影子价格冲击（$Shadow\_price_t$），将式（8.13）变为含有影子价格冲击的等式约束：

$$R_t = R^* + \theta_1(R_{t-1} - R^*) + (1-\theta_1)(\theta_2 E_t \pi_{t+1} + \theta_3 \dot{Y}_t - \theta_4 \dot{M}_{t-1}) + Shadow\_price_t + \xi_t^R$$

(8.14)

影子价格的作用机理为：dynare 程序每期按照不含影子价格冲击的常规价格型货币规则计算出依循常规规则部分决定的名义利率取值，若依循常规利率规则部分决定的名义利率取值大于等于 0，则不施加影子价格冲击，影子价格冲击取值为零；若依循常规利率规则部分决定的名义利率取值为负，则施加影子价格冲击，使现实名义利率大于等于零。显然，基于传统等式约束政策规则的货币政策分析显然无法避免出现名义利率为负的情形，而引入影子价格冲击的利率规则方程则可较好地刻画央行面临的名义利率零下限约束情形。

第三节 零利率下限、货币政策调控与宏观经济动态分析

一 参数估计

本章采用贝叶斯方法对模型所涉及的参数进行估计，主要选取名义利率、名义货币供应量、产出、通货膨胀率等作为抽样观测变量。由于存贷款基准利率难以真实反映市场即时资金供求信息，本章采用市场化程度较高的银行间同业拆借利率刻画名义利率。央行于1996年开始定期公布银行间同业拆借利率数据，自此，以利率为中介目标工具的价格型调控逐步发挥作用，并形成数量型和价格型工具相互配合的混合型货币政策框架。对于季度名义利率，主要依据央行公布的7天期银行间同业拆借量和平均加权利率的月度数据计算获得：

$$R = R_1[f(1)/\sum_{k=1}^{3}f(k)] + R_2[f(2)/\sum_{k=1}^{3}f(k)] + R_3[f(3)/\sum_{k=1}^{3}f(k)] \quad (8.15)$$

其中，$f(k)$为各季度第k月份的同业拆借交易成交量，R_1、R_2、R_3分别为各季度对应月份的同业拆借平均加权利率。关于名义货币余额数据，取各季度最后一个月的M2余额表示。由于模型为封闭经济模型且产出数据存在季节性特征，本章剔除GDP中进出口部分，并采用Census X12季节调整法得到产出数据。对于通胀数据，计算CPI季度同比变化率并采用Census X12季节调整法得到。所有观测变量数据均需进行HP滤波处理，数据均来源于中经网统计数据库。对观测变量数据进行上述处理后，便可采用贝叶斯方法对模型所涉及的参数进行估计。贝叶斯估计的主要步骤为：参照已有文献对待估参数先验分布进行设定，然后采用MCMC方法进行Metropolis-Hastings随机抽样，最后得到参数后验分布信息。对于新凯恩斯IS和菲利普斯曲线参数，主要参照伍戈和连飞（2016）的后验估计结果对其进行先验设定。对于数量型和价格型货币政策参数，主要参照尹雷和杨源源（2017）的研究进行参数先验设定。对于参数先验分布设定，采用MCMC模拟方法进行Metropolis-Hastings随机抽样（累计抽样

10000 次，丢弃前 5000 次以剔除初始值影响）。最终得到本章所有待估参数的后验分布，具体如表 8.1 所示。

表 8.1 模型参数贝叶斯先验设定及后验估计结果

待估参数	先验分布			后验分布		
	类型	均值	标准差	均值	90%置信区间	众数
γ_1	Beta	0.30	0.05	0.1508	[0.0975, 0.1991]	0.1452
γ_2	Norm	0.50	0.10	0.3466	[0.1771, 0.5262]	0.3456
γ_3	Norm	0.05	0.01	0.0436	[0.0293, 0.0609]	0.0451
γ_4	Norm	0.06	0.01	0.0710	[0.0550, 0.0868]	0.0702
κ_1	Beta	0.40	0.05	0.1590	[0.1351, 0.1829]	0.1469
κ_2	Norm	0.20	0.10	0.2839	[0.1179, 0.4344]	0.2722
ϕ_1	Beta	0.70	0.10	0.5968	[0.4264, 0.7978]	0.6096
ϕ_2	Norm	0.16	0.10	0.1714	[0.0079, 0.3429]	0.1728
ϕ_3	Norm	0.77	0.10	0.8015	[0.6352, 0.9550]	0.8007
θ_1	Beta	0.70	0.10	0.6598	[0.4945, 0.8436]	0.6750
θ_2	Norm	0.20	0.10	0.2362	[0.0803, 0.4145]	0.2129
θ_3	Norm	0.14	0.10	0.1667	[−0.0104, 0.3484]	0.1566
θ_4	Norm	0.80	0.10	0.7909	[0.6260, 0.9574]	0.7993
ρ_M	Beta	0.70	0.10	0.6946	[0.5420, 0.8482]	0.6934
ρ_R	Beta	0.70	0.10	0.6650	[0.4999, 0.8297]	0.6949

二 数值模拟分析

基于模型构建和参数估计结果，本章进一步通过脉冲响应、央行福利损失、政策乘数效应等多重分析视角探究存在和不存在 ZLB 两种情形下宏观经济波动与货币政策调控演变。

（一）零利率下限约束对宏观经济波动的影响

图 8.2 刻画了总需求下降冲击在存在和不存在 ZLB 两种情形下对产出（y）、通货膨胀（pi）、名义货币余额（M）、实际货币余额（m）、名义利率（R）、实际利率（r）等主要经济变量的脉冲响应。可发现，负向总需求冲击导致产出和物价急剧下降，但 ZLB 情形下的下降幅度明显大

于不考虑 ZLB 情形。根据货币政策规则，央行在需求萎靡时会增加货币供给或降息。如图 8.2 所示，无论是名义还是实际货币余额短期均大幅增加并随经济好转而衰减，且存在 ZLB 情形下的货币扩张规模明显大于不考虑 ZLB 情形。同时，不考虑 ZLB 情形下名义利率会迅速降为负，但由于利率调整对通胀反应不足，实际利率升高。当考虑 ZLB 时，由需求下降引致的产出萎靡和通缩较为严重以及货币扩张对利率的下行引导，名义利率迅速触及零下限以致无法向下充分调整，由此持续保持零利率水平，以致实际利率更大幅度的上升。由此可判定 ZLB 情形下的经济下行幅度更大的原因在于，ZLB 情形下总需求下降导致名义利率直接触及零下限而难以充分向下调整，而不考虑 ZLB 情形下名义利率下行调整更充分，由此使得 ZLB 情形下的实际利率更高进而实际资金成本更高。这表明，不考虑 ZLB 的宏观经济研究会低估需求下降对实体经济的影响。

图 8.3 刻画了主要经济变量面临总供给下降冲击时的脉冲响应路径。当不考虑 ZLB 时，总供给减少引致产出下降、通胀上升，且通胀上升幅度远大于产出下降幅度；名义和实际货币余额下降，且实际货币余额下降幅度更大；在产出下降和通货膨胀同时作用下名义利率对通胀反应不足，导致实际利率反而下降。进一步观察考虑 ZLB 的情形，可发现主要经济变量演变路径与不考虑 ZLB 情形基本重合，这表明总供给下降对宏观经济的冲击不受 ZLB 影响。这主要是因为，总供给下降引致的通胀上升幅度远大于产出下降幅度，在央行同时关注产出和物价稳定前提下利率会内生上升以抑制通胀恶化。与此同时，名义货币余额的下行调整亦会对名义利率产生上升引导作用，由此名义利率并不会触及零下限。

（二）零利率下限约束对数量型和价格型工具有效性的影响

图 8.4 描述了主要经济变量面临名义货币扩张冲击时的脉冲响应路径，可发现存在和不存在 ZLB 情形下主要经济变量的响应路径具有明显差异。ZLB 情形下名义货币扩张促进经济复苏和抑制通缩的能力明显弱于不考虑 ZLB 情形，数量型调控部分失效。其原因主要在于，ZLB 情形下名义货币扩张虽向实体经济释放适当流动性，但其对名义利率的下行引导机制受阻，进而削弱其提振经济的效果。因此，传统基于无 ZLB 框架的货币政策研究显然会高估货币扩张的调控绩效。根据图 8.4 也可发现，经济

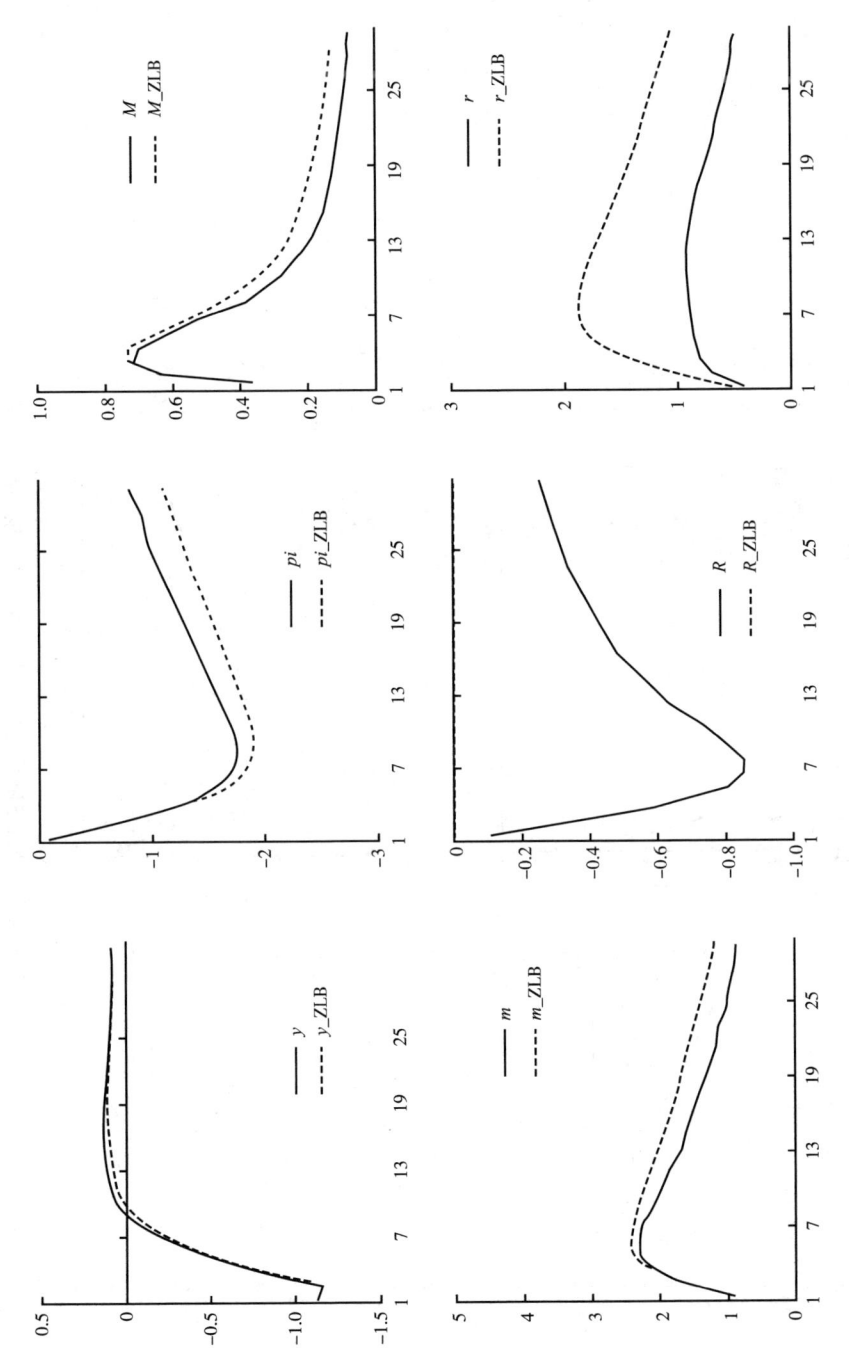

图 8.2　总需求下降冲击对主要宏观经济变量的脉冲响应

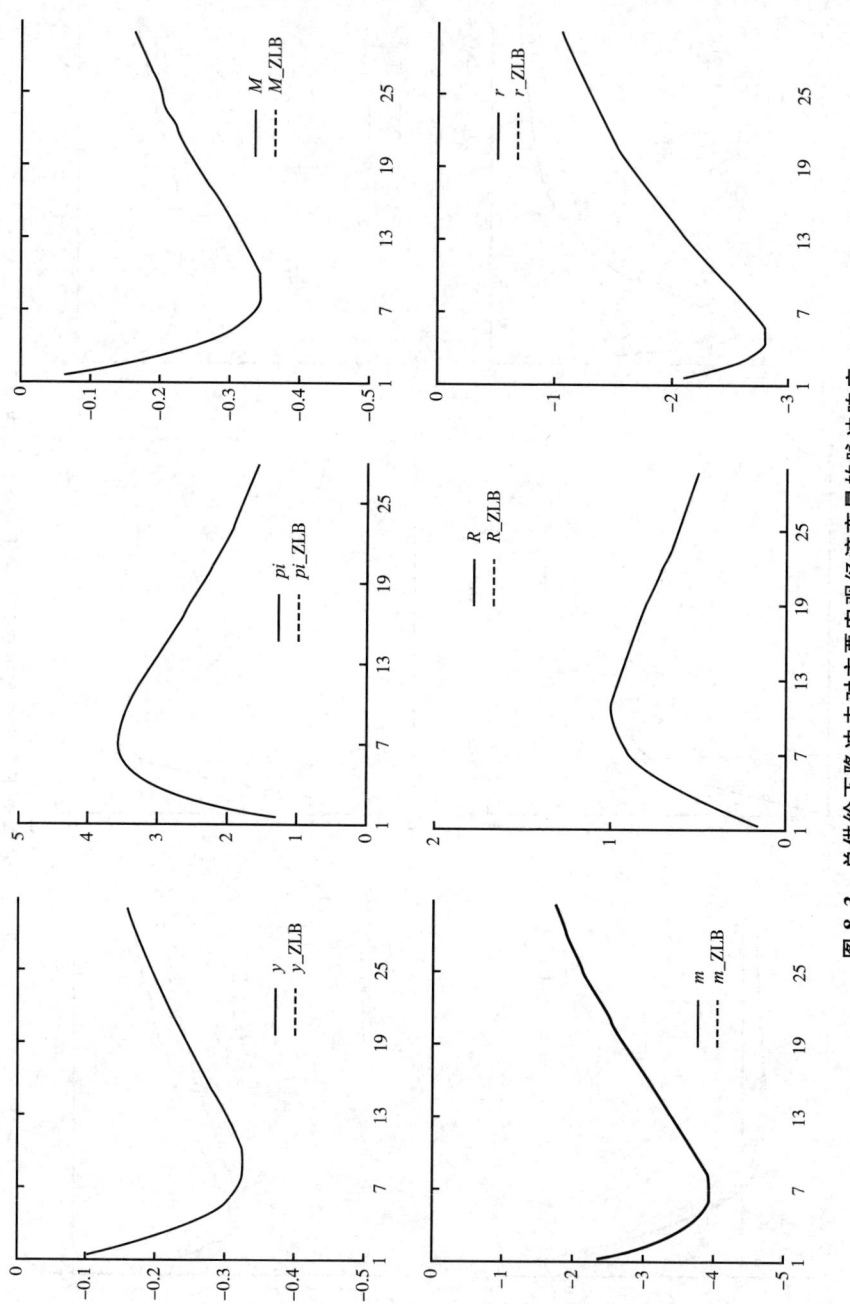

图 8.3 总供给下降冲击对主要宏观经济变量的脉冲响应

面临同等大小的名义货币扩张冲击时，存在 ZLB 时的名义和实际货币余额略大于不存在 ZLB 情形。这主要是因为，ZLB 导致价格型调控受限且数量型货币扩张无法对利率予以有效下行引导，由此促使央行需要更大幅度地内生调整货币供给以促使经济回归均衡。一般情形下，央行增加货币供给会引致利率下行，但当存在 ZLB 时名义利率会触及零下限。如图 8.4 所示，当存在 ZLB 时名义利率会在初期触及零下限，后随价格上涨而向上调整；当不存在 ZLB 时名义利率先下降后上升。与此同时，由于货币扩张会导致价格上涨且在无 ZLB 情形下更为明显，以致两种情形下实际利率下降且无 ZLB 时下降幅度更大。

图 8.5 刻画了主要经济变量面临名义降息冲击时的脉冲响应路径。当不存在 ZLB 时，名义利率下降导致实际利率随之降低，以致总需求增加、价格上涨。随着经济趋热，名义和实际货币余额内生紧缩调整以平抑降息冲击带来的经济波动。而当存在 ZLB 时，单位标准差的名义降息冲击引致名义利率触及零下限，利率依然处于均衡状态，由此降息冲击并未对实体经济发生作用。为此，当存在 ZLB 时央行名义降息冲击对产出、通胀、名义和实际货币余额的影响均为零。也即，当面临 ZLB 时以调整名义利率为主的价格型货币调控完全失效。

（三）主要经济变量动态路径模拟比较与现实分析

考虑到脉冲响应仅能刻画不同情景下各类外生冲击对宏观经济变量的短期影响，无法捕捉长期动态演变路径。为此，本章进一步模拟 120 期存在和不存在 ZLB 情形下产出、通货膨胀、名义货币余额、实际货币余额、名义利率以及实际利率等主要经济变量的演变路径差异，模拟结果如图 8.6 所示。对比两种情形，不难发现 ZLB 情形下宏观经济低迷和通缩程度更加显著，不考虑 ZLB 显然会低估负面经济冲击对宏观经济的影响。与此同时，我们发现 ZLB 情形下名义和实际货币余额均高于不考虑 ZLB 情形。此亦表明，ZLB 情形下名义利率的向下调整粘性使得价格型工具仅能发挥有限作用，央行在现实货币政策调控中更加偏好数量型工具以弥补价格型调控的失效。另外，本章还发现央行面临 ZLB 时无法根据现实经济特征向下充分调整利率，以致实际利率处于较高水平，进而导致经济长期低位徘徊或弱复苏演变。

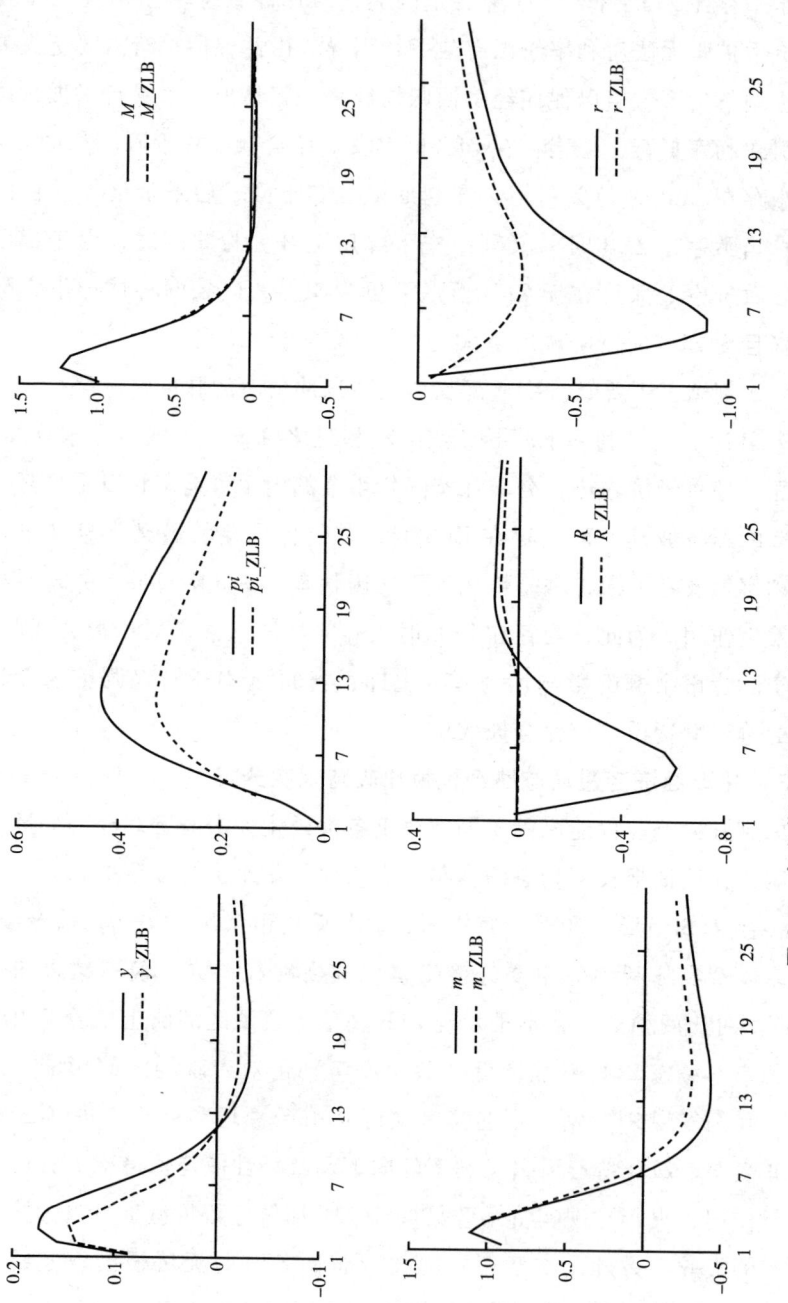

图 8.4 名义货币扩张冲击对主要宏观经济变量的脉冲响应

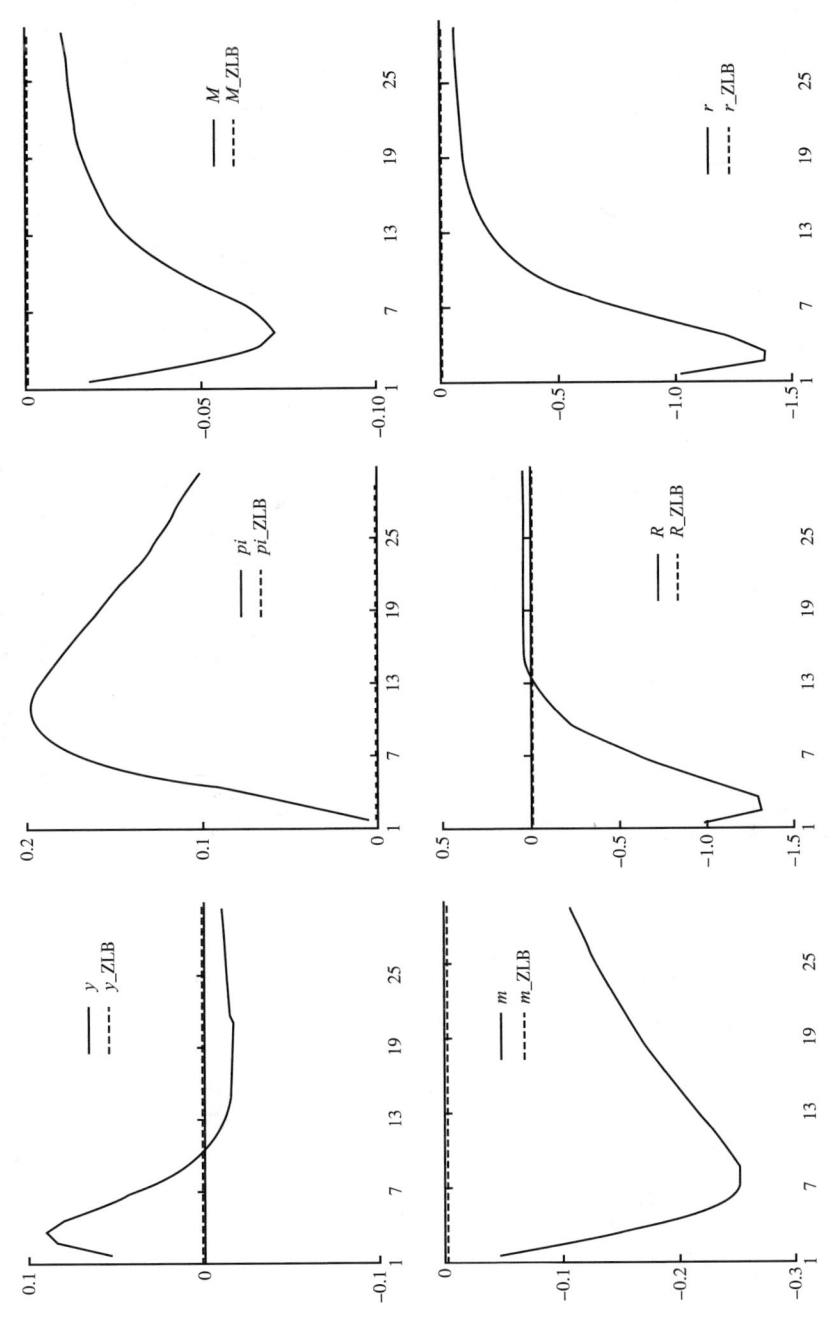

第八章 低利率风险、宏观经济波动与货币政策选择研究

图 8.5 名义降息冲击对主要宏观经济变量的脉冲响应

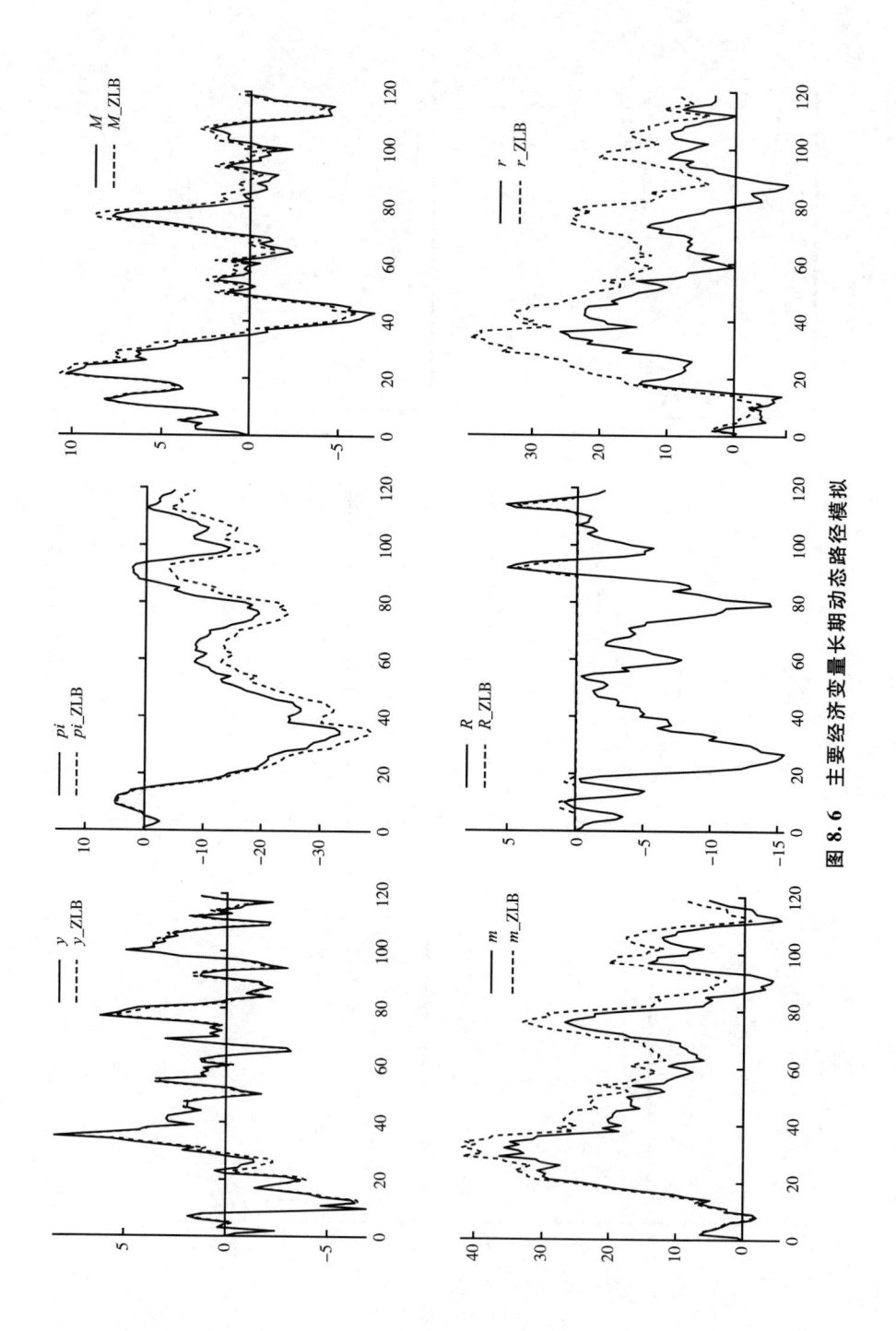

图 8.6 主要经济变量长期动态路径模拟

综合脉冲响应及长期动态路径模拟分析，不难发现模拟结论可在一定程度上对近年来的货币政策实践形成解释。自2015年存款利率降至历史最低以来，以利率为代表的价格型调控明显受限，难以有效应对实体经济下行冲击。经济持续低迷且外部需求不确定性不断增强导致降息压力倍增，但鉴于名义利率已日渐逼近零下限并为未来价格型调控预留适当可操作空间，央行对名义利率的调整极为谨慎和保守。2016年以来，央行先后十余次下调存款准备金率以释放流动性，并灵活运用SLF、MLF、TMLF等新型货币投放工具为实体经济匹配合理流动性，而对名义利率的调整次数则为零。可见，名义利率的下行调整粘性已明显制约货币政策有效性，这无疑将加剧我国宏观经济波动或下行程度，因此，忽略低利率环境下ZLB的影响将对宏观经济以及政策调控的认识产生偏误。而近年来央行灵活且频繁运用数量型工具的调控现实，亦在某种程度上印证了价格型调控受限情形下经济会依赖数量型调控以平抑经济波动。就此而言，本章数值模拟结果可对当前宏观经济运行及货币政策调控实践给予合理的解释，并为政府有效应对低利率环境约束提供适当参考。

（四）央行福利损失和货币政策有效性量化分析

参照郭豫媚等（2016）的研究，本章在脉冲响应分析基础上采用福利损失量化方法以深入考察不同模拟情景下央行平抑经济周期的有效性，具体假定福利损失测算函数遵循如下形式：$L = Var(Y) + \mu Var(\pi)$。其中$\mu = 0.5$。表8.2具体刻画了存在和不存在零利率下限约束情形下经济分别面临总需求和总供给冲击时的福利损失情况。不难发现，当经济面临总需求冲击时含零利率下限约束情形下的产出波动和价格波动均大于不考虑零利率下限约束情形，后者相对前者分别低估12.12%的产出波动和23.74%的价格波动，以产出和价格波动方差度量的整体社会福利损失则低估22.18%；当经济面临总供给冲击时两种约束情形下宏观经济波动情况基本一致，这主要缘于负面总供给冲击并未触及零利率下限约束，以致影子价格冲击并未发生。上述结果表明，零利率下限约束的存在削弱了央行相机调控的效果，并导致经济出现更大波动，而忽略零利率下限约束显然会对经济周期认识产生偏误，并低估外生冲击造成的经济波动程度。

表 8.2　不同约束情形下央行福利损失分析

变量	不含零利率下限约束		含零利率下限约束	
	总需求冲击	总供给冲击	总需求冲击	总供给冲击
$Var(Y)$	3.9264	1.6365	4.4679	1.6365
$Var(\pi)$	44.1507	197.8684	57.8933	197.8684
$L = Var(Y) + \mu Var(\pi)$	26.0018	100.5707	33.4146	100.5707

福利损失分析仅能量化央行消化和吸收不同类型外生经济冲击的能力，并不能刻画央行不同货币政策工具的调控绩效。为此，本章参照 Leeper 等（2010）的研究采取政策乘数分析法进一步测度央行数量型和价格型调控的宏观经济绩效。政策乘数指标函数设定为如下形式：

$$PV(\Delta Y)/PV(\Delta X) = E_t \sum_{i=0}^{30} \beta^i \Delta Y_{t+i} / E_t \sum_{i=0}^{30} \beta^i \Delta X_{t+i}, \quad PV(\Delta \pi)/PV(\Delta X) =$$

$E_t \sum_{i=0}^{30} \beta^i \Delta \pi_{t+i} / E_t \sum_{i=0}^{30} \beta^i \Delta X_{t+i}$。其中，$PV$ 表示现值因子，X_t 表示货币供给和利率冲击。如表 8.3 所示，数量型调控的产出乘数在有约束情形下较无约束情形降低了 23.78%，价格乘数则降低了 23.08%。而对价格型调控而言，零利率下限约束情形下利率向下调整的刚性使得利率下行刺激并未实际发生，以致产出和价格对外生利率冲击不响应。这表明，ZLB 使得央行数量型工具的有效性大打折扣，价格型工具则完全失效。鉴于 ZLB 情形下数量型工具仍部分有效且明显优于价格型工具，本章认为在面临需求低迷的低利率时期央行仍需遵循"数量型调控为主，价格型调控为辅"的范式。

表 8.3　不同约束情形下货币政策响应乘数分析

变量	数量型工具		价格型工具	
	不含零利率下限约束	含零利率下限约束	不含零利率下限约束	含零利率下限约束
$PV(\Delta Y)/PV(\Delta X)$	0.6081	0.4635	0.2667	0
$PV(\Delta \pi)/PV(\Delta X)$	8.0620	6.2013	3.6665	0

第四节 研究结论与政策建议

本章立足于央行货币政策实践以及当前经济周期特征，构建数量型和价格型工具相互支撑的混合型货币政策框架，并引入零利率下限约束以比较"有约束"和"无约束"两种情形下经济波动异质性以及货币政策调控绩效差异。综合本章研究，主要得到如下几点结论与政策建议。

第一，零利率下限约束情形下负面经济冲击更易导致经济衰退，忽视零利率下限约束会对经济周期认识产生偏误，以致低估外生冲击造成的经济波动。脉冲响应和央行福利损失量化分析表明，负向总需求冲击在考虑和不考虑零利率下限约束两种情形下造成的宏观经济波动存在显著差异，考虑零利率下限约束情形下的总需求冲击导致经济更大程度的衰退和更弱复苏，从而导致央行福利损失程度更大；由负向总供给冲击导致的"成本推动型"通货膨胀大于产出下降程度，名义利率的内生正向调整使其并不会触及零利率下限，以致两种约束情形下总供给冲击引致的宏观经济波动和社会福利损失并无显著差异。此外，本章进一步的宏观经济长期动态模拟分析也表明，考虑零利率下限约束情形下的产出低迷和通货紧缩程度明显大于不考虑零利率下限约束情形。为此，本章认为零利率下限约束情形下负向总需求冲击引致经济衰退和社会福利损失程度更大，负向总供给冲击在两种情形下对宏观经济的影响无显著差异；忽略零利率下限约束会对经济周期认识产生偏误，以致低估外生冲击造成的经济波动。学界在探讨宏观政策调控有效性时应充分考虑利率下限约束带来的货币政策非对称效应。

第二，零利率下限约束情形下货币政策有效性大幅下降，需求低迷情形下"数量型调控为主，价格型调控为辅"的政策组合仍为央行合意的调控范式。脉冲响应和政策乘数分析表明，无论是数量型工具还是价格型工具，零利率下限约束均会降低其有效性，数量型工具部分失效，价格型工具则完全失效。对比零利率下限约束情形下不同货币政策的扩张乘数，可发现数量型工具明显优于价格型工具。与此同时，无论是短期脉冲响应还是长期经济动态模拟，结果均表明零利率下限约束情形下名义和实际货币余额明显高于不考虑零利率下限约束的情形，此亦表明在价格型调控受限情形下经济会内生依赖数量型调控以平抑经济波动。为此，本章认为在当前需求低迷情形下"数量型调控为主，价格型调控为辅"的政策组合仍为央行合意的调控范式。央行不应放弃数量型调控，而应进一步致力于优化和完善数量型调控方式，继续灵活运用PSL、MLF、TMLF等新型货币投放工具为实体经济匹配合理流动性，助力宏观经济行稳致远。对于价格型货币政策调控，本章认为在名义利率下行调整受限情形下央行应致力于降低民间部门实际资金利率，切实破解名义利率处于低位但实体经济仍然面临融资难、融资贵的难题。

从国际经验来看，央行可借鉴美国应对低利率困境的思路，采取量化宽松、利率曲线管理、利率前瞻指引等非常规货币政策手段，以尝试摆脱低利率困境约束。2008年国际金融危机后，美国联邦基金利率迅速降至接近"零利率"的0~0.25%区间，并维持此低利率水平至2015年12月。美联储通过持续四轮的量化宽松政策、高度前瞻性的政策引导以及利率扭转操作等非常规货币政策成功推动美国经济复苏和通胀预期上升，由此促使美国联邦基金利率于2016年开始逐步摆脱低利率困境约束。因此，2008年国际金融危机以来美国所开展的非常规货币政策操作手段可作为我国应对低利率困境的借鉴和参考。除此之外，从货币政策锚定目标维度来看，低利率环境下央行亦可参照西方部分国家的应对方式相机采取补偿原则的价格水平目标规则、临时价格水平目标规则抑或平均通货膨胀目标规则等，以增强市场主体的货币流动性宽松预期。但毋庸讳言，低利率环境下本身极易发生货币"脱实向虚"现象，若出现"通胀超调"，对货币流动性的持续性宽松预期势必会导致更加严重的资产价格泡沫风险。为此，央行在采取宽松预期管理手段以试图摆脱低利率困境约束时，需高度警惕"通胀超调"问题。另外，鉴于名义利率零下限约束会导致货币政策有效性下降，笔者认为当经济陷入低利率环境时，政府应强化财政政策与货币政策的协调配合，实施更加积极的结构性财政政策以扩大有效需求，促进经济尽早摆脱零利率下限约束困境。与此同时，尽管当前我国名义利率因受零下限约束而表现出较强的下行调整粘性特征，但客观而言，零利率下限约束在我国尚属一种"松约束"，并不及西方发达经济体的严重程度,这也在一定程度上制约了零利率下限约束对中国经济的解释力。当前,各国对低利率政策的态度渐显差异化,尽管大部分国家仍遵循传统文献关于央行宏观调控受零利率下限约束的假设,但目前欧元区、日本等相继突破零下限约束以转向更低利率的负利率政策。对于我国而言,由于政治经济制度与西方经济体存在差异,现阶段央行对超低利率环境的容忍程度相对较低,这意味着央行调控受零利率下限约束的制约相对较小,而更可能遵循某一稍大于零的正利率下限。如何准确刻画中国名义利率调整面临的"紧约束"下限抑或有效约束下限,对更好地把握中国货币政策调控以及提升低利率时代宏观经济治理能力具有重要现实意义,值得学界深入探讨,此亦为笔者下一步的研究方向。

第九章
宏观金融稳定"双支柱"调控政策的交互关系研究

健全货币政策和宏观审慎政策"双支柱"调控框架近年来备受学术界和政策界关注。在此背景下，深刻把握货币政策和宏观审慎政策交互关系极其重要，本章通过辩证剖析宏观审慎政策影响货币政策宏观经济治理有效性的作用机理，研究发现，宏观审慎政策对货币政策调控具有明显强化效应，有利于缓解货币政策调控的"结构性缺失"及"脱实向虚"问题，并助力货币政策更有效地引导宏观经济行稳致远；宏观审慎政策亦给货币政策调控造成负面影响，主要表现为抑制宽松货币政策的调控效果、在长期引发"低利率"和"通货紧缩"恶性循环以及阻塞货币政策信贷传导渠道等。有鉴于此，本章认为央行货币政策调控应充分利用宏观审慎政策形成的合力，并科学预判宏观审慎政策带来的负面影响和挑战，据此促进宏观审慎政策与货币政策良性协调，以有效提升央行的宏观经济治理能力。

第一节 研究背景与文献回顾

一 研究背景

金融稳定分微观和宏观两个层面，传统的金融稳定讨论及政策实践多为微观层面，而对宏观金融稳定的关注甚少。2008年国际金融危机后，如何科学有效地防范系统性金融风险成为政策界和学术界关注的重点，金融稳定由此逐渐跃升为宏观调控的目标之一。根据现有研究脉络，学术界对宏观金融稳定政策的讨论逐步从"将宏观审慎政策嵌入货币政策"过渡为"建构货币政策与宏观审慎政策双支柱调控框架，并寻求最佳协调配合模式"。从中国实践来看，长期以来货币政策调控目标主要是稳定物价、促进经济增长、实现充分就业，金融稳定在货币政策调控中的重要性及定位并不明确。伴随危机后学术界和实务界对宏观金融稳定的日益重视，各国纷纷建立起宏观审慎调控框架。在此背景下，我国于2011年正式引入差别准备金动态调整机制，并于2016年升级为宏观审慎评估体系（MPA），又于2019年设立专门的宏观审慎管理局。与此同时，危机后各国也开始对货币政策与金融稳定职能分离展开反思，发现常态性货币政策操作对信贷过度扩张、资产价格剧烈波动等存在举足轻重的影响，认为央行在宏观审慎调控时应注重与货币政策的协调配合，充分发挥政策合力作用。2017年7月，国务院金融稳定发展委员会正式成立，旨在加强金融监管协调、补齐监管短板，强化中国人民银行宏观审慎管理和系统性风险防范职责。习近平总书记在党的十九大报告中明确指出，要健全货币政策和宏观审慎政策"双支柱"调控框架，实现二者的相互补充和强化。毋庸置疑，健全货币政策和宏观审慎政策"双支柱"调控框架是推动我国经济高质量发展的客观要求，有利于将保持币值稳定和维护金融稳定更好地结合起来，维护好宏观经济稳定和国家金融安全。

从现实操作来看，宏观审慎政策与货币政策彼此相互作用、交互影响，两类政策的调控工具、传导机制、最终目标等既有互补性，也存在客观冲突。正因如此，加强二者之间的有效协调配合成为健全货币政策和宏观审慎政策"双支柱"调控框架的重要内容。区别于欧美国家发达而多元的金融市场，中国金融市场仍然以银行业为主导，这导致我国中小微企业融资难、融资贵问题持续存在。有鉴于此，近年来中国人民银行多次实行面向中小企业的再贴现、再贷款及定向降准举措，致力于缓解其融资约束问题，切实引导货币政策直达实体经济。2020年10月，中共中央召开十九届五中全会，发布《中共中央关于制定国民经济和社会发展第十四个五年规划和二〇三五年远景目标的建议》，明确指出"支持中小银行和农村信用社持续健康发展"。而主要面向中小微企业及"三农"流动性支持的中小银行和农村信用社在资本充足率等方面与大型银行间长期存在明显差距，宏观审慎政策框架相对统一、刚性的资本充足率和杠杆率要求实则在相当程度上限制了货币政策支持中小微企业的力度，甚至2018年宽松货币政策与严监管的冲突更是直接导致了"宽货币、紧信用"的调控窘境。就此而言，中国金融体系不完善、实体经济融资能力不平衡等问题的现实存在，无疑使得货币政策和宏观审慎政策协调配合相对单纯，应对金融不稳定时更显复杂性和必要性。

有鉴于此，本章认为货币政策和宏观审慎政策的充分有效协调配合不应仅关注金融稳定，也应结合中国实际妥善处理经济下行阶段金融结构失衡问题，致力于推动金融调控体系有效支持实体经济发展，避免对实体经济造成误伤。综合现有文献，学术界关于货币政策如何影响金融稳定进而影响宏观审慎调控问题展开诸多讨论，认为金融稳定的实现需要货币政策和宏观审慎政策有效协调配合。但客观而言，加强货币政策和宏观审慎政策协调配合既涉及金融稳定也包含支持实体经济发展，现有文献并未正确把握和厘清宏观审慎政策对货币政策调控效应的外溢影响，尤其忽视了宏观审慎政策对货币政策调控宏观经济可能造成的负面外溢影响，这必然造成苦心孤诣构筑的货币政策和宏观审慎政策"双支柱"调控框架收效甚微，甚至调控紊乱。为此，本章立足已有文献，系统阐述宏观审慎政策与货币政策的异同，在此基础上深入认识宏观审慎政策对货币政策的正向外溢效应，并结合中国实际系统剖析可能的挑战，以为"双支柱"政策框架科学、完整建构提供可能的依据与思路。

二 文献回顾

2008年国际金融危机的教训促使各国逐步意识到宏观审慎监管的重要性，宏观审慎政策由此成为各国宏观金融调控的重要内容（王爱俭、王璟怡，2014）。诸多研究表明，宏观审慎政策与货币政策并非完全相互独立，加强二者之间的有效协调配合有利于提高我国宏观经济治理的能力（徐忠，2017）。立足货币政策与宏观审慎政策协调的重要性和迫切性，本部分首先基于已有文献对二者间的异同进行论述。

宏观审慎政策与货币政策均属宏观调控范畴，且二者均为逆周期的金融调控政策，因此被称为宏观金融调控的两大支柱政策。首先，宏观审慎政策与货币政策在最终目标层面具有统一性，无论是金融稳定还是币值稳定，其最终目标均是实现经济稳定，致力于宏观经济行稳致远（黄益平等，2019）。其次，宏观审慎政策与货币政策的中介目标一致，如作为宏观审慎政策核心操作工具的逆周期资本缓冲（CCyB）以及贷款价值比（LTV），均致力于抑制金融机构在信贷扩张过程中的过度风险承担，而信贷亦是货币政策最重要的中介目标以及经典、有效的传导机制（周莉萍，2018）。就此而言，宏观审慎政策与货币政策均有"信贷"这一一致的中介目标。另外，两大支柱政策的功能具有重合性，如各国央行在历次金融危机发生时往往通过货币政策发挥"最后贷款人"职责，旨在维护金融稳定进而防止整个金融体系走向崩溃（Goodhart，2011）。也即，货币政策在维护币值稳定的同时客观上承担着一定的金融稳定职能（李斌、吴恒宇，2019）。此外，货币政策重点关注信贷，宏观审慎政策主要关注资产价格泡沫，两者均与金融稳定紧密相连，其中信贷是金融不稳定的促成因素，而资产价格泡沫则是金融不稳定的外在表现（Schularick and Taylor，2012）。综上所述，宏观审慎政策与货币政策在诸多层面相互交织且具有同一性。

具体来看，宏观审慎政策与货币政策的功能定位及侧重点明显不同，这导致二者间必然存在明显差异（苏嘉胜、王曦，2019；Cecchetti and Kohler，2014）。宏观审慎政策的产生正是为了解决货币政策与微观审慎政策长期所忽视或难以解决的系统性金融风险问题，这意味着宏观审慎政策的作用范围介于货币政策和微观审慎政策之间（范从来、高洁超，2018）。也即，货币政策作用于整个宏观经济领域，而宏观审慎政策则重点聚焦跨市场、跨机构的宏观金融领域（郭子睿、张明，2017）。从具体目标来看，宏观审慎政策以维护金融稳定为首要目标，旨在防范和避免发生系统性金融风险；货币政策则以物价稳定和促进经济增长为主要目标，旨在助力宏观经济行稳致远（马骏、何晓贝，2019）。从调控方式来看，宏观审慎政策主要针对相应领域的"加杠杆"及信贷失衡问题进行结构性逆周期调节，货币政策则主要用于调节总需求（张晓慧，2017）。从政策工具来看，宏观审慎政策主要调整资本水平、杠杆水平、贷款价值比等，货币政策则主要调整利率、存款准备金率（卞志村等，2015）。从传导机制来看，宏观审慎政策主要通过资产价格渠道进行传导，货币政策则主要通过信贷、利率、汇率等渠道进行传导（李波，2018）。

已有文献研究表明，宏观审慎政策与货币政策彼此交织且在某些层面具有同一性，但功能定位及政策工具等的明显差异使得二者表现出明显的异质性。在此复杂背景下，如何实现货币政策与宏观审慎政策良性协调，充分发挥二者的协同效应，考验着学术界和政策界的集体智慧（徐海霞、吕守军，2019）。目前，学术界关于如何加强宏观审慎政策与货币政策协调配合已展开诸多讨论，并从"将宏观审慎政策嵌入货币政策"的初始探究过渡至"建构货币政策与宏观审慎政策双支柱调控框架，并寻求最佳协调配合模式"的新高度（马勇、陈雨露，2013；马勇，2019）。客观而言，探究货币政策与宏观审慎政策最佳协调配合范式，首要前提在于厘清二者之间的相互关系。Bean等（2010）研究发现，货币政策和宏观审慎政策不仅仅是替代关系，还应该是合作关系。Angelini等（2012）使用资本金要求作为宏观审慎工具，发现宏观审慎当局和中央银行之间的合作不足可能会产生政策的相互矛盾。方意等（2012）认为，货币政策与宏观审慎政策的协调关系是互补还是替代，不仅依赖于经济系统所处的状态，而且依赖于银行的资本充足率状况。Maddaloni和Peydro（2013）、Dell'Ariccia等（2017）通过构建实证模型来探究货币政策对银行风险承担的影响，发现货币政策会通过风险承担渠道（导致银行和企业过度"加杠杆"）影响金融稳定。王爱俭和王璟怡（2014）指出，现实实践中政策面临多重限制，宏观审慎政策不能完全实现金融稳定的目标，不能完全消除金融冲击和扭曲，需要货币政策在维护金融稳定方面发挥补充作用。盛雯雯和栗亮（2019）对现有研究的总结发现，货币政策与宏观审慎政策之间的关系存在三种代表性观点：一是"杰克逊霍尔共识"，即货币政策和宏观审慎政策的目标、工具和传导机制彼此清晰分离，二者的相互作用有限；二是"逆风向调节论"，即仅依靠宏观审慎政策无法"熨平"金融周期，货币政策应根据金融周期的不同阶段进行"逆风向调节"，据此认为货币政策和宏观审慎政策协调配合至关重要；三是"金融稳定与价格稳定统一论"，认为金融稳定和价格稳定目标密切相关，二者相互等同，据此强调货币政策和宏观审慎政策存在明显的替代性。Aikman等（2018）探究最优政策组合时发现,货币政策和宏观审慎政策的互补替代关系存在不确定性,不同类型冲击情景下二者间的相互关系亦不同,由此产生的最优政策组合也不同。马勇和付莉(2020)系统考察了货币政策和宏观审慎政策的组合在不同经济金融冲击下的宏观经济和金融稳定效应,发现纳入宏观审慎政策的"双支柱"调控框架确实比单一使用货币政策具有更强的经济和金融稳定效应,且在应对金融冲击时表现出更加明显的稳定效应。

综上所述,学术界针对货币政策与宏观审慎政策关系及协调配合展开诸多有益讨论,但仍存在两点遗憾:一是对二者关系及协调配合的认识存在一定的片面性和局限性,大多聚焦于货币政策会造成金融风险增加从而造成金融不稳定和宏观审慎监管负担加重,忽视了宏观审慎政策如何对货币政策调控绩效产生影响;二是对二者协调配合路径的探索忽略了中国实际,譬如中国宏观金融调控在维护金融安全的同时亦肩负着"支持实体经济""缓解金融失衡"的重任,避免对货币政策支持实体经济的效果造成掣肘亦至关重要。区别于现有文献,本章的贡献在于:第一,本章认为中国的货币政策和宏观审慎政策"双支柱"调控框架应当具有"促进金融稳定"和"支持实体经济"的双重内涵,加强货币政策和宏观审慎政策协调配合不应片面聚焦金融稳定,需要统筹兼顾;第二,本章在已有研究基础上进一步补充和深化了对货币政策和宏观审慎政策相互关系的认识,主要从宏观审慎政策对货币政策效应影响的视角进行了系统剖析;第三,本章认为宏观审慎政策对货币政策效应的影响具有两面性,据此从正向强化效应和负向外溢效应双重视角展开了辩证讨论。有鉴于此,本章余下部分首先剖析宏观审慎政策对货币政策的正向强化效应,然后探究宏观审慎政策对货币政策的负向外溢效应,最后结合中国宏观金融调控实际提出促进宏观审慎政策与货币政策良性协调的政策建议。

第二节 宏观审慎政策对货币政策的正向强化效应分析

一 宏观审慎政策有利于弥补货币政策调控的"结构性缺失"

货币政策属于总量调控政策,侧重于对整个宏观经济短期总需求的调节，结构调整并非强项（徐忠，2018a）；而宏观审慎政策工具箱丰富，可针对不同市场及经济主体等发挥定向调控作用，能更好地发挥结构性调控效果。基于宏观经济实践，不同市场和经济主体间存在较大差异，在部分市场还比较冷的同时，有的市场可能已经偏热，作为总量调节工具的货币政策难以兼顾不同的市场和主体（李波，2018）。致力于调节总需求的货币政策长期遵循"一刀切"调控模式，忽视不同经济区域、不同经济主体间货币政策传导的结构性差异问题，导致其对不同经济区域以及民营企业间发展的非均衡问题无能为力。宏观审慎政策则可利用其丰富的结构性工具箱，有的放矢地进行差异化调控，譬如针对经济较发达、金融深化程度高的区域实行严格的资本金或动态准备金等要求，而对经济相对不发达、金融发展水平低的区域实行较为宽松的资本金或动态准备金等要求，以平抑不同区域间信贷饱和与信贷短缺的失衡态势。与此同时，针对不同城市采取差异化的贷款价值比要求，有效抑制部分区域的过度投机问题。就此视角而言，如图9.1所示，宏观审慎政策有利于防范货币资金结构性错配和资本大量外流冲击实体经济的情况，进而弥补货币政策调控的"结构性缺失"。

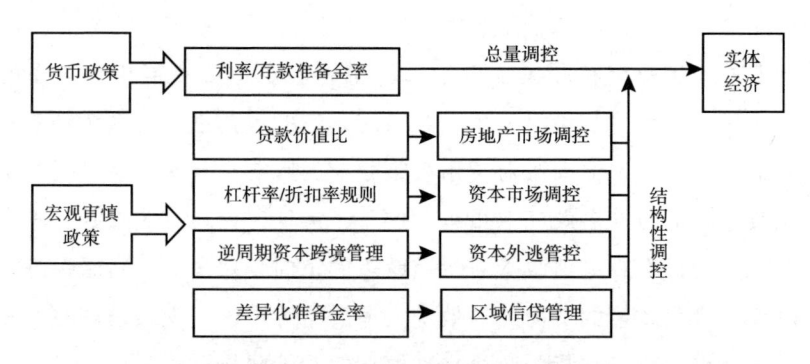

图 9.1 宏观审慎政策弥补货币政策调控"结构性缺失"的作用机制

二 宏观审慎政策有利于缓解货币政策信贷投放的"脱实向虚"问题

货币政策在向实体经济匹配合意流动性时，往往还面临着资产价格泡沫、影子银行规模扩张、企业过度金融化等诸多结构性"脱实向虚"问题，

"按下葫芦浮起瓢"的困顿使货币政策效果的漏损和扭曲变得明显（杨源源、高洁超，2020）。就此而言，宏观审慎政策能通过极具灵活性和针对性的结构化金融调控，切实解决货币政策信贷投放的资金"脱实向虚"问题，大幅提升货币政策直达实体经济的能力，譬如针对系统重要性金融机构的系统重要性附加资本、针对房地产市场的贷款价值比、针对股市和债市的杠杆率/折扣率规则、针对资本跨境流动的逆周期跨市场管理等。如图 9.2 所示，当没有宏观审慎监管或宏观审慎弱监管时，货币政策扩张导致社会流动性增加，企业过度金融化，资金大幅投向房地产及资本市场以获取投机的高收益率，资产价格泡沫化演进进一步吸引社会流动性进入投机性市场，实体经济投资由此不断萎缩；当中央银行引入宏观审慎常态化监管或强监管时，宏观审慎当局针对房地产及资本市场的金融审慎政策监管工具通过抑制货币政策信用资金过度流向房地产部门及资本市场，以及抑制企业过度金融化，有效避免了货币政策信贷资金的"脱实向虚"演化，使得货币政策调控能更为有效地传导至实体经济部门。与此同时，宏观审慎当局对房地产及资本市场的严格监管无疑会大幅减少中央银行长期以来在进行货币政策调控时"顾此失彼"的疑虑，使得货币政策更能充分聚焦于实体经济部门。

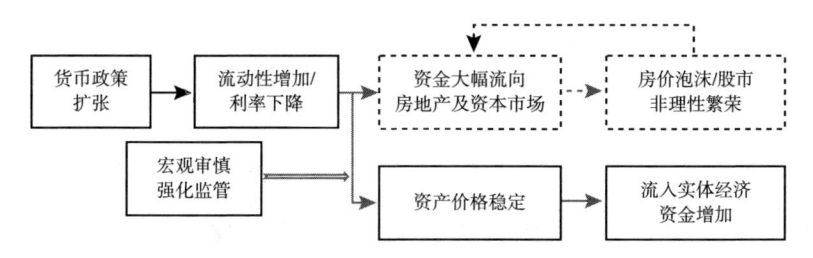

图 9.2 宏观审慎政策缓解货币政策信贷投放"脱实向虚"的作用机制

三 宏观审慎政策助力货币政策更好引导宏观经济行稳致远

宏观审慎政策的目标在于维护金融稳定，而金融稳定正是经济稳定的重要环节，营造良好的金融环境有利于物价稳定和经济增长的实现。习近平总书记在 2019 年主持中共中央政治局关于完善金融服务、防范金融风险第十三次集体学习时强调，"金融活，经济活；金融稳，经济稳。经济兴，金融兴；经济强，金融强。经济是肌体，金融是血脉，两者共生共荣"。这一重要讲话深刻阐明了经济与金融的关系，充分实现经济稳定不能仅单纯关注宏观经济，必须重视金融稳定，以"金融稳"促"经济稳"。宏观经济高质量发展需要稳健、有活力的金融市场提供支撑，宏观审慎与微观审慎政策分别盯住整个金融系统与单一金融机构、产品的风险暴露以进行定向监管，致力于营造良好、有效率的金融环境。具体而言，宏观审慎政策重点关注资产价格泡沫，而资产价格泡沫将会在一定程度上影响物价稳定。无论是股市还是房地产市场的泡沫化演进，均会直接影响居民的可支配收入及生活成本；而股市和房价的暴跌亦会制约微观主体的消费及投资，进而对物价乃至经济增长产生影响。就此而言，如图9.3所示，宏观审慎政策针对资产价格波动情况进行逆周期调节，有利于减小金融市场波动对宏观经济的影响，减轻货币政策的调控压力。

宏观审慎政策 → 金融稳定 → 资产价格稳定 → 物价稳定 → 货币政策压力减轻、充分聚焦经济增长

图9.3　宏观审慎政策减缓货币政策调控压力的作用机制

第三节　宏观审慎政策对货币政策的负向外溢效应分析

宏观审慎政策与货币政策相互交织、关系错综复杂，宏观审慎政策在实施过程中对货币政策可能形成有力补充，但也会对货币政策调控形成掣肘和约束（李斌、吴恒宇，2019）。

一　对宏观审慎监管力度把控偏误易对实体经济造成误伤

从宏观调控效果来看，货币政策具有明显的松紧特征，宏观审慎政策天然带有紧缩性质。Bruno等（2017）则以"油门与刹车"为例，认为货币政策与宏观审慎政策的关系犹如"油门与刹车"，具有完全相反的政策属性。自2008年国际金融危机以来，金融市场逐步提升对宏观审慎政策的重视程度，但由于研究及实践时限较短，各国中央银行仍未充分掌握宏观审慎监管工具的实施规律，对不同时期宏观审慎政策操作的把控力度不足。倘若宏观审慎政策在刺破资产价格泡沫时，不顾及给实体经济部门可能带来的危害，力度控制不当，无疑将会削弱货币政策支持实体经济的效果（周莉萍，2018）。也即，对宏观审慎监管力度把控偏误易导致监管过严或力度偏大现象，进而对实体经济造成误伤。

我国宏观审慎政策在实施初期也表现出一定的力度把控偏误问题。自2016年央行将差别准备金动态调整和合意贷款管理机制升级为宏观审慎评估体系后，我国开始在强化宏观审慎监管背景下展开一系列金融去杠杆操作。央行通过MPA考核有效约束了银行业的"加杠杆"过程，金融体系内部去杠杆屡见成效，金融机构经营绩效亦稳健提升。但受宏观审慎监管政策影响，金融机构出现快速去杠杆态势，债券市场利率呈现快速上升趋势。如图9.4所示，自2016年下半年至2018年初，无论是企业债还是国债到期收益率均呈显著上升态势。债市利率大幅上行代表实体经济融资成本的中长期利率大幅上行，这显然与决策层"疏通货币政策传导机制，提升金融服务实体经济能力"的意图相悖。尽管监管层随后迅速放缓了金融去杠杆速度，但这客观反映出宏观审慎监管过程中力度把控的偏误意外造成了实体经济流动性收紧和资金成本上升迹象，也即误伤了实体经济。就此而言，一方面，央行宏观审慎管理局及中国银保监会应加强监管协调和市场沟通，呵护市场情绪，以免影响货币政策传导效率；另一方面，金融去杠杆操作应注意"分层"，对于违法违规杠杆和不合理杠杆应进一步压缩，对于服务实体经济的正常合规杠杆则应鼓励保持稳定甚至有所扩大。总体而言，监管层致力于金融去杠杆、引导资金"脱虚向实"毋庸置疑有利于疏通货币政策传导机制和促进货币政策直达实体经济，但若意外造成融资成本高企，反而会使实体经济受到损害。

二　宏观审慎工具调整粘性会降低货币政策支持实体经济的效率

宏观审慎政策的逆周期性对于货币政策积攒的金融风险效果较强，但因为金融市场对周期具有一定的时滞性，在金融市场随着周期变化而变化时，两种政策工具往往可能尚未及时响应变化，导致相互冲突，造成经济或金融体系出现更大的风险。如图9.5所示，当经济处于过热时期，中央银行出于防范经济与金融风险需要，实施紧缩性货币政策以及趋严的宏观审慎监管政策；

图 9.4　债市利率演变趋势

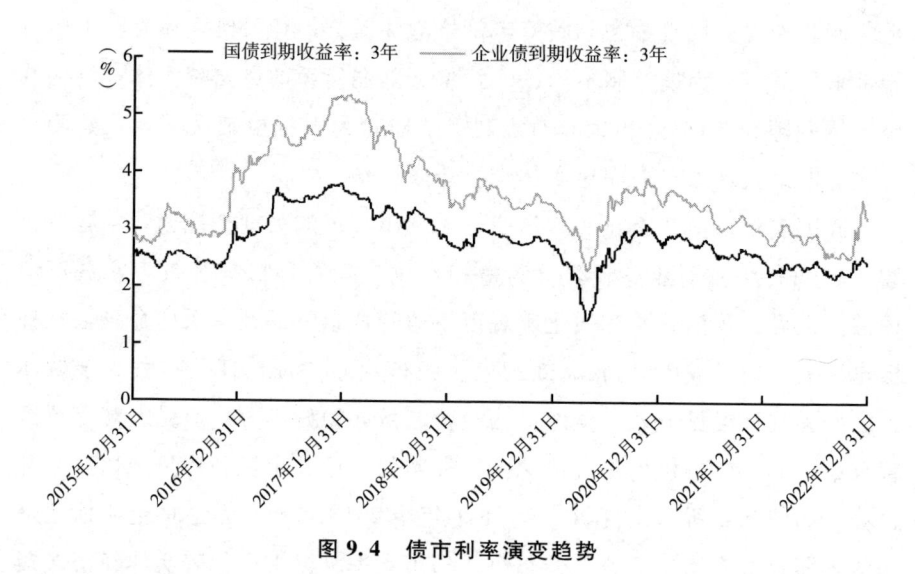

资料来源：Wind 金融资讯数据库。

但随着经济转向衰退，中央银行转而实行宽松性货币政策，但由于宏观审慎政策的天然紧缩性以及时滞性，宏观审慎工具表现出较强粘性或调整不及时、不充分问题，势必会抑制宽松性货币政策的调控效应进而产生明显的负向影响，降低甚至抵消货币政策引导宏观经济复苏的调控效果。

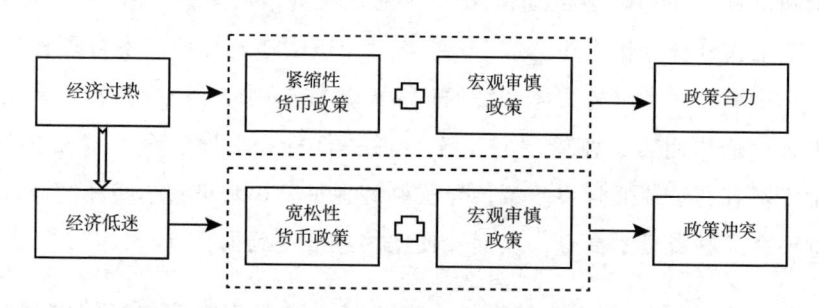

图 9.5　宏观审慎政策抑制货币政策宽松效果的作用机制

结合中国近年来宏观经济金融周期演变及货币政策与宏观审慎政策调控实践可知，受世界政治经济格局深度调整以及新冠疫情冲击影响，我国经济发展遭遇更大的不确定性，客观造成中小企业面临更加复杂、艰难的经营环境。为支持实体经济发展以及缓解中小企业长期面临的融资困境问题，中央经济工作会议多次强调稳健的货币政策应更加注重灵活适度，把支持实体经济发展放在更加突出的位置。从实践来看，近年来央行多次实行面向中小企业的再贴现、再贷款及定向降准举措，货币政策调控更显灵活性和针对性。然而，根据 MPA 考核要求，广义信贷扩张速度与宏观审慎资本充足率直接挂钩，若商业银行广义信贷扩张速度较快，必然导致宏观审慎资本充足率要求提高；若商业银行实际资本充足率低于宏观审慎资本充足率 4 个百分点，则资本充足率考核不达标。尽管商业银行可通过补充资本金或降低风险加权资产总额等方式提升资本充足率，但这对主要面向中小企业的城商行、农商行而言难度大且周期长。图 9.6 具体描述了 2015 年底以来各商业银行资本充足率演变趋势，据此可明确城商行、农商行支持中小企业发展的"力不从心"。以 2022 年 12 月数据为例，大型商业银行资本充足率为 17.76%，而城商行仅为 12.61%，低于整体商业银行 15.17% 的平均水平。就此而言，尽管央行多项定向货币政策调控赋予城商行、农商行更大流动性以支持中小企业发展，但横亘在城商行、农商行面前的资本充足率考核硬约束制约了其面向中小企业的信贷扩张空间。这也表明，由于宏观审慎工具无法或不能及时进行"放松约束"的定向协同调整，货币政策单方面支持实体经济难以发挥应有效力。

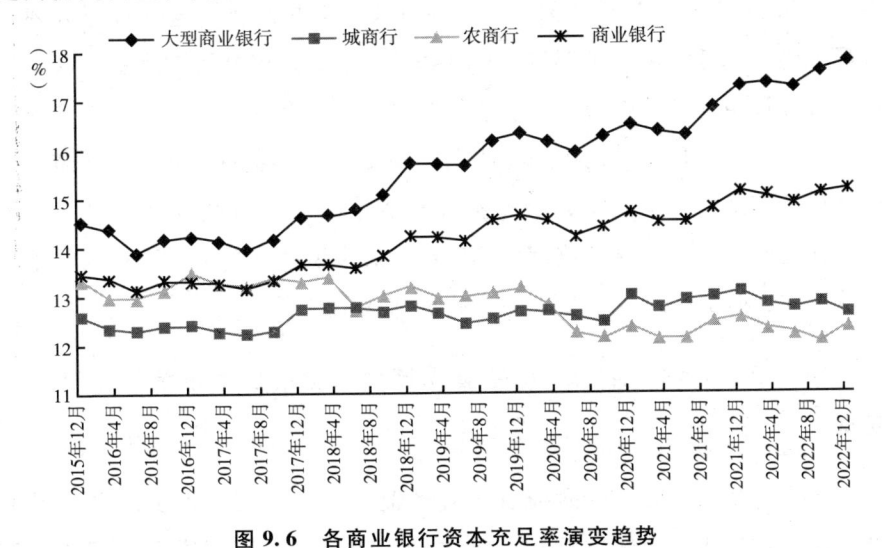

图 9.6　各商业银行资本充足率演变趋势

资料来源：Wind 金融资讯数据库。

三 宏观审慎政策在长期可能引致低利率和通货紧缩螺旋

宏观审慎政策自身调整的粘性以及政策力度的不确定性在特定时期会与货币政策形成冲突，进而在一定程度上削弱货币政策支持实体经济的效果。除此之外，宏观审慎政策会造成物价和利率水平的长期持续走低，进而通过改变货币政策的调控环境影响货币政策有效性。根据 Svensson（2017）、王信和贾彦东（2019）的研究，宏观审慎政策的成本可能大于收益，具体表现为极易形成低利率、低通胀的恶性循环。

具体而言，带有天然紧缩性质的宏观审慎政策将会引起物价水平的持续下降，央行出于稳定物价、防范通缩的需要会实施宽松性的低利率政策。低利率政策将会导致资产价格持续膨胀，宏观审慎当局出于抑制资产价格波动的需要会持续实施趋严的资本缓冲、杠杆率以及贷款价值比要求，这将进一步导致实体经济受到波及，进而导致物价下降。另外，随着宏观审慎政策监管趋向常态化，商业银行资本金极有可能长期处于过高而非最佳水平，如此循环往复，经济便陷入低利率、低通胀螺旋演化的循环。而已有研究表明，低利率环境下货币政策刺激实体经济的效果大幅失效，宏观经济出现名义利率持续低位而实际利率处于高位的窘境（杨源源等，2020）。图 9.7 具体刻画了宏观审慎政策常态化实施导致低利率环境形成进而降低货币政策调控绩效的作用机制。尽管从短期来看，我国货币政策环境距零利率较远，宏观审慎政策导致低利率环境形成的影响并不明显。但欧洲、日本等地区经验表明，超低利率环境的形成和长期演化使得货币政策操作空间收窄，进而会导致货币政策应对经济停滞时无能为力。就此而言，学术界和政策界仍应对宏观审慎政策与利率演化问题予以充分关注，防范和避免在未来陷入超低利率困境。

四 宏观审慎政策引致的监管规避创新会给货币政策传导带来新挑战

从历史经验来看，金融监管会导致监管套利，宏观审慎监管也不例外。监管套利推动金融创新活动的大量出现，进而导致货币政策传导失效。宏观审慎政策的广泛实施和深化落实给原有正规金融体系施加更加严

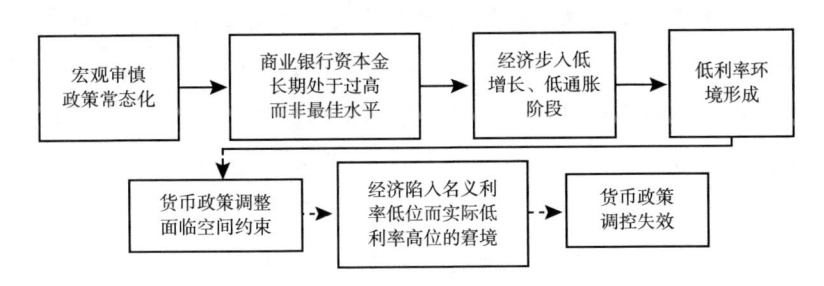

第九章 宏观金融稳定"双支柱"调控政策的交互关系研究

图 9.7 宏观审慎政策导致低利率环境形成的作用机制

格的监管措施,银行业金融机构为规避监管,其信贷活动会转移到现有宏观审慎与微观审慎监管尚未触及的金融活动,譬如影子银行、互联网金融等领域。裘翔和周强龙(2014)、高然等(2018)研究发现,影子银行造成传统商业银行的信贷渠道被部分替代,从而降低了货币政策的有效性;战明华等(2018)构建互联网金融影响货币政策银行信贷渠道的微观理论模型,发现互联网金融通过减少金融市场的摩擦弱化了货币政策的银行信贷传导渠道。2008年以来,伴随金融监管当局对金融监管的日益重视,中国影子银行业务规模及互联网金融活动大幅攀升,这在给我国金融监管带来挑战的同时也对货币政策传导产生重要影响。图9.8具体刻画了宏观审慎政策通过引发监管套利进而弱化货币政策传导的作用机制。

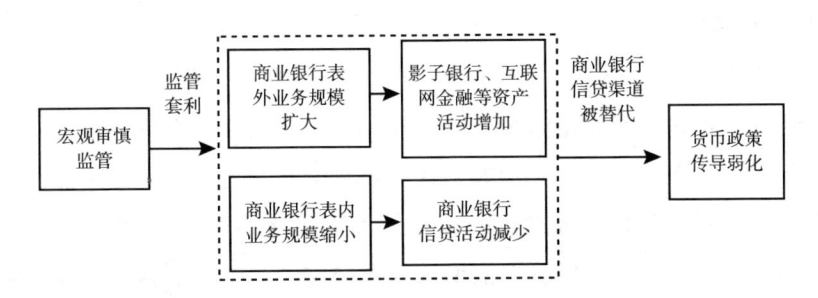

图 9.8 宏观审慎政策弱化货币政策传导的作用机制

宏观审慎监管的严格落实在一定程度上导致银行业金融机构资产业务由表内转至表外。事实上,央行目前也意识到金融机构表外业务扩张的倾向,并于2017年第1季度正式将表外理财类业务纳入宏观审慎评估体系中的广义信贷范围,致力于引导金融机构加强对表外业务风险的管理。但客观而言，除理财类业务外仍有较多表外业务并未被纳入宏观审慎评估体系，表外业务扩张依然是金融机构较为青睐的资产配置方式，仍在一定程度上对表内信贷产生替代效应，货币政策的信贷传导渠道被替代及弱化的问题依然持续存在。

第四节　研究结论与政策建议

宏观审慎政策与货币政策既存在共性也存在明显异质性，这一方面导致宏观审慎政策对货币政策形成正向外溢及协同强化效应，另一方面也会给货币政策调控有效性带来负面影响和挑战。本章全面审视和深入探讨了宏观审慎政策对货币政策影响的作用机制，发现宏观审慎政策对货币政策的强化效应主要表现为三个方面：①宏观审慎政策有利于弥补货币政策调控的"结构性缺失"；②宏观审慎政策有利于缓解货币政策信贷投放的"脱实向虚"问题；③宏观审慎政策助力货币政策更好引导宏观经济行稳致远。宏观审慎政策对货币政策的挑战主要表现为四个方面：①对宏观审慎监管力度把控偏误易对实体经济造成误伤；②宏观审慎工具调整粘性会降低货币政策支持实体经济的效率；③宏观审慎政策在长期可能引致低利率和通货紧缩螺旋；④宏观审慎政策引致的监管规避创新会给货币政策传导带来新挑战。

有鉴于此，笔者认为学术界和政策界在讨论二者协调配合时应理性和辩证看待二者间的相互溢出效应，既要充分认识到宏观审慎政策是对货币政策的有力补充，也要有效把握宏观审慎政策对货币政策调控可能引致的负面冲击，在此基础上建构的货币政策和宏观审慎政策"双支柱"框架方能蹄疾步稳，以实现经济与金融的双重稳定，真正为中国经济高质量发展保驾护航。为充分发挥宏观审慎政策对货币政策的强化效应，同时防范避免宏观审慎政策与货币政策可能存在的冲突，笔者特提出以下几点政策建议。

第一，健全货币政策与宏观审慎政策"双支柱"调控框架，疏通货币政策传导机制，缓解货币政策调控压力。央行在进行货币政策调控的同时还肩负着宏观审慎监管职责。在健全货币政策与宏观审慎政策"双支柱"调控框架过程中,央行除注重宏观金融风险管理外也应有效发挥宏观审慎政策对货币政策的强化效应。与此同时,历经2011年至今的探索实践,符合中国实际的宏观审慎政策框架不断更新和完善,宏观审慎工具箱更具内涵且更加丰富。就此而言,可通过运用差别化资本金要求、杠杆率/折扣率规则、LTV以及逆周期跨境资本管理等特定细分领域的宏观审慎工具强化货币政策的结构性调控效果,防范发生货币资金结构性错配问题;通过合理利用宏观审慎政策引导货币有效流向实体经济,疏通货币政策传导机制,避免货币信贷资金的"脱实向虚";通过建构日趋完善的宏观审慎监管体系以促进金融稳定,以"金融稳"促"经济稳",进而缓解货币政策的调控压力。

第二,科学把握宏观审慎工具调控的力度,正确预判宏观审慎工具实施的政策效应,避免造成市场非理性波动及误伤实体经济。宏观审慎政策在我国的实践历程并不长,总体而言仍处于初步探索阶段,这也造成现实操作过程中难免会出现力度把握偏误问题。因此,提升央行对宏观经济金融形势以及宏观审慎政策效应科学分析和精准预判的能力,加强与市场的信息沟通,对发挥好宏观审慎监管职能以及货币政策调控效力均至关重要。一方面,应预先模拟不同类型宏观审慎政策冲击对金融市场和实体经济的反应弹性,据此提升对宏观审慎工具效应的综合预判能力,助力央行合理把握宏观审慎工具的调控力度;另一方面,应加强央行宏观审慎管理局和中国银保监会的监管协调,以及与市场的及时沟通,避免造成监管考核要求的多重叠加及市场非理性过度反应。与此同时,监管层应致力于实现"分层"精准监管,譬如对于违法违规杠杆和不合理杠杆应进一步压缩,对于服务实体经济的正常合规杠杆则应鼓励保持稳定甚至有所扩大。

第三,积极正视宏观审慎政策松紧调整的非对称性,综合宏观经济金融形势,加强与货币政策定向调控的灵活协同调整,提升货币政策直达实体经济的效率。宏观审慎政策天然的紧缩性使其抑制金融风险及资产泡沫的效果显著,但当金融周期波动缓解时,宏观审慎政策往往表现出调整粘性特征。倘若宏观审慎工具无法及时放松调整,过去趋严的监管反而会对实体经济造成损害,且在经济下行时会阻碍经济复苏的效果。譬如受国内外复杂形势演变影响,当前经济在不断趋于下行的同时面临更大的不确定性，货币政策采用多种举措定向支持以中小企业为主的实体经济发展。然而城商行、农商行天然存在资本金较低或不足问题，宏观审慎资本充足率与广义信贷刚性挂钩实际上制约了货币政策支持实体经济的效果。据此，宏观审慎当局应综合宏观经济金融形势，加强与货币政策定向调控的灵活协同调整，提升货币政策直达实体经济的效率。

第四，夯实"双支柱"调控框架合理运行的制度基础，加强货币政策与广义宏观审慎政策的跨部门协调。从狭义看，央行掌握的 MPA 只是整个宏观审慎政策体系的一部分。从广义看，宏观审慎政策的实施主体还包括中国银保监会。中国银保监会既监督着商业银行的微观活动，也握有逆周期资本附加、流动性指标等宏观审慎政策工具。这也是金融稳定发展委员会的一个重要立意，即中央银行不仅面临货币政策与宏观审慎政策的部门内协调，还存在中央银行与广义宏观审慎政策机构的部门间协调。中国银保监会立足于从宏观上稳定整体金融面，当货币政策刺激经济时，中国银保监会基于宏观审慎的金融稳定职能天然的谨慎性，更可能倾向于"防患于未然"，出台相关政策以降低金融机构的风险偏好，从而抑制一部分潜在的金融需求。以 2018 年"宽货币、紧信用"为例，货币政策由稳健中性转向边际放松，货币增加但有效信贷需求反而减少，社会融资规模分项数据明显下滑。原因主要在于 2018 年上半年央行联合中国银保监会等部门出台的《关于规范金融机构资产管理业务的指导意见》（也即"资管新规"）以及中国银保监会对银行理财的严密监控，导致货币政策刺激未能奏效。这一冲突不仅反映在央行内部存在货币政策和宏观审慎政策的协调失灵，也反映出部门间协调不畅。因此，明确目标和权责界限、夯实相关的制度基础是激发货币政策与宏观审慎政策协调合力的前提。

第五，加强货币政策与宏观审慎政策配合亦需注重与财政政策、汇率政策等宏观政策的协调。客观而言，致力于实现宏观经济金融稳定的"双支柱"调控框架在诸多方面与财政政策、汇率政策等纵横交错。部分经济金融风险本质上属于财政问题及汇率问题，若这些本质问题未得到聚焦解决，仅仅依靠以货币政策和宏观审慎政策为主的宏观金融调控无法从根本上消除风险。譬如房价高企导致金融资源过多集中于房地产部门，进而加剧了房地产的泡沫化演变，而土地财政是引致房价高企的重要原因；

地方政府债务风险与金融部门风险相互强化，地方政府债务风险已成为诱发系统性金融风险的重大隐患，而财政分权体制及地方政府官员晋升的"锦标赛"模式是导致地方政府债务积聚的重要因素。就此而言，部分经济金融风险的衍生本质上是由非金融因素造成的，提高货币政策与宏观审慎政策"双支柱"调控框架的宏观金融风险治理能力仍需加强与财政、汇率等领域宏观调控的协调配合，否则仅依赖宏观金融调控"治标不治本"，最终结果反而是加剧金融市场波动，造成宏观审慎监管负担加重及货币政策调控环境恶化。

第十章
金融稳定视角下货币政策与宏观审慎政策协调研究

伴随近年来国内外政治经济环境日趋复杂，中国经济不确定性也逐渐增强，全面做好"六稳"工作已然成为政府宏观调控的目标任务。而在"六稳"工作中，"稳金融"被置于仅次于"稳就业"的第二要位。由此可见，"稳金融"无疑是当前政府宏观经济调控的重点，如何完善宏观金融稳定调控框架、提高"稳金融"调控效率成为当前的重要研究课题。立足这一现实目标，本章基于2010年第1季度至2021年第2季度的现实经济数据构建金融资产状况指数以及马尔可夫区制转移模型，从结构性视角系统探究了不同"双支柱"调控工具对金融周期的非线性影响，全面审视宏观金融"双支柱"调控的金融稳定效应，以为金融稳定视角下"双支柱"调控框架的科学建构提供有益指导。

综合本章研究发现，中国金融资产市场波动剧烈且正负周期交替演化，金融脆弱性日益增强；不同结构"双支柱"调控工具的有效性存在明显异质性，宏观审慎调控中资本类工具的金融稳定效应占优，货币政策调控中价格型工具的金融稳定效应占优；"双支柱"调控政策的金融稳定效应在不同金融周期具有非对称性，金融上升周期宏观审慎政策与货币政策呈现同向、协同的金融稳定效应，金融下行周期宏观审慎政策与货币政策呈现相反、对立的金融稳定效应。因此，本章认为政府需将金融稳定作为宏观调控的常态化锚定目标，并应构建"以资本类宏观审慎工具为主、流动性宏观审慎工具为辅，以价格型货币政策工具为主、数量型货币政策工具为辅"的"双支柱"调控框架；在金融上升周期"双支柱"调控政策可有效配合以形成政策合力，但应避免出现政策超调；在金融下行周期"双支柱"调控政策应妥善协调，避免宏观审慎政策力度过大进而削弱货币政策支持实体经济的效果，也应避免货币政策力度过大进而增加宏观审慎政策"稳金融"的压力。

第一节 研究背景与文献回顾

一 研究背景

世界政治经济格局深度调整以及国内多重矛盾深层次叠加，导致近年来中国面临的国内外环境日趋复杂，经济发展不确定性不断增强。2017年10月，中国共产党第十九次全国代表大会召开，明确指出要坚决打好防范化解重大风险攻坚战，重点是防控金融风险；2019年12月，习近平总书记主持中共中央政治局会议，强调要全面做好"六稳"工作，以充分应对国内外复杂挑战。"六稳"主要指"稳就业、稳金融、稳外贸、稳外资、稳投资、稳预期"，"稳金融"被置于仅次于"稳就业"的第二要位，这客观表明"稳金融"成为当前政府宏观调控的重点。至此，金融稳定自2008年国际金融危机受到政府宏观经济调控关注后再次成为我国学术界和实务界讨论的焦点，如何完善现行金融稳定调控框架以及提高"稳金融"调控效率成为当前紧要的研究课题。

伴随学术界和实务界对2008年国际金融危机展开系统审视和全面反思，各国央行及金融监管当局普遍意识到对金融风险的宏观金融稳定调控的缺失是造成金融危机爆发与大规模蔓延的重要原因。在此背景下，基于金融稳定视角的宏观金融调控逐步成为学术界与政策界关注的热点，各国纷纷开始探索如何建构有效的宏观金融调控框架，宏观审慎监管受到各国欢迎与重视。2010年11月，G20各成员国对宏观审慎政策的定义达成共识，即宏观审慎政策主要是指利用审慎性工具防范系统性金融风险，从而避免实体经济遭受冲击的政策。宏观审慎政策迅速成为各国弥补宏观金融稳定调控缺失的重要着力点，主要经济体陆续建立并不断完善其宏观审慎调控框架。中国人民银行在早期引入房地产贷款最低首付比基础上于

2010年进一步引入差别存款准备金动态调整机制，并于2016年升级为宏观审慎评估体系，逐步将信贷投放与金融机构资本水平及宏观经济增长相联系；2019年初，党中央、国务院批定的机构改革方案进一步明确，中国人民银行负责宏观审慎管理的职能，牵头建立宏观审慎管理框架，统筹监管系统重要性金融机构、金融控股公司和重要金融基础设施，并批准设立宏观审慎管理局。因此，宏观审慎监管体系在中国不断得到落实并日趋完备。

但客观而言，单纯依靠任何单一宏观金融调控政策无法充分实现金融稳定，综合运用多类政策工具组合已成为各国金融稳定调控实践的经验共识。已有研究表明，货币政策在现实中是"熨平"宏观经济波动的重要稳定器，但其传导机制不畅或传导扭曲亦会导致货币资金的"脱实向虚"问题出现，引发资金过度流向金融资产市场进而趋向泡沫化（任羽菲，2017；王国刚，2018）。货币资金投放的"脱实向虚"不仅导致央行宽松的流动性难以支持实体经济发展，还会导致影子银行过度膨胀、房地产价格持续高企、股市非理性繁荣等各类金融风险不断积聚。换言之，金融稳定在很大程度上还会受到货币政策非合意传导的意外影响，单纯依赖宏观审慎监管并不能完全实现金融稳定。为此，将金融稳定列为货币政策锚定目标越发具有必要性及合理性，既可有效防范和避免金融风险，亦能引导货币政策更好地服务实体经济。就此而言，货币政策在维护价格稳定的同时，仍需关注金融稳定，宏观金融稳定调控需要宏观审慎政策与货币政策协调配合。党的十九大报告明确提出，要"健全货币政策与宏观审慎政策双支柱调控框架"；2017年11月，党中央、国务院批准设立国务院金融稳定发展委员会，旨在加强金融监管协调、补齐监管短板；2020年10月23日，中国人民银行发布《中华人民共和国中国人民银行法（修订草案征求意见稿）》，明确以"保证国家货币政策和宏观审慎政策的正确制定和执行，建立和完善中央银行宏观调控体系，维护金融稳定，促进金融服务实体经济"为立法目的。这些重大改革实践深刻显露出我国以货币政策和宏观审慎政策为主的宏观金融稳定"双支柱"调控框架逐步确立并日臻完善。

近年来，学术界关于"双支柱"金融调控的必要性展开多维论证，普遍发现政策组合调控相对于单一政策调控更能有效"熨平"金融波动。与此同时,针对如何建构合理、有效的货币政策和宏观审慎政策"双支柱"调控框架,学术界和实务界亦展开丰富讨论,并提出诸多有益思路。但客观来讲,正确建立货币政策和宏观审慎政策"双支柱"调控框架首先需要清晰认识到货币政策与宏观审慎政策的相互关系,基于现实经济运行数据剖析货币政策和宏观审慎政策的金融稳定效应。现有对货币政策和宏观审慎政策"双支柱"调控框架建构的研究俯拾皆是,但对构成"双支柱"调控框架的货币政策和宏观审慎政策各自实际的金融稳定效应着墨甚少。有鉴于此,本章将基于2010年第1季度至2021年第2季度中国现实经济运行数据,对货币政策和宏观审慎政策两大宏观金融调控政策的金融稳定效应进行系统审视。考虑到货币政策和宏观审慎政策均包含多种结构性调控工具,若以单个工具分别刻画两类政策无疑存在以偏概全问题。为此,本章将遴选资本充足率(Capital Adequacy Ratio,CAR)以及动态抵押贷款价值比率(Loan to Value Ratio,LTV)两大主要监管指标作为宏观审慎政策工具的度量指标,同时选取以M2增长率为代表的数量型货币政策变量和以名义利率为代表的价格型货币政策变量全面刻画货币政策调控。在此基础上,本章首先构建包含股票市场、房地产市场、债券市场、外汇市场、大宗商品市场五大金融资产信息的综合金融资产状况指数以刻画金融市场波动情况,然后构建马尔可夫区制转移模型以全面审视资本充足率、动态抵押贷款价值比率等结构性宏观审慎政策以及数量型货币政策和价格型货币政策等结构性货币政策的金融稳定效应,最后综合本章研究发现为宏观金融稳定"双支柱"调控框架的完善提出具有建设性的参考建议。

二 文献回顾

国内外学者关于宏观金融稳定调控已展开较为丰富的讨论,这些文献为本章的研究提供了有益的借鉴。本章将从宏观金融稳定调控的必要性、货币政策与宏观审慎政策"双支柱"框架建构以及货币政策与宏观审慎政策的金融稳定效应三个方面对国内外代表性文献进行综述。

近年来,宏观金融稳定调控逐渐成为宏观政策调控的重要内容,亦成为学术界关注的热点。对于绝大部分学者而言，传统的价格稳定并不意味着金融稳定已基本形成广泛共识。Allen 和 Gale（1999）持有传统宏观调控观点，认为价格稳定就意味着金融稳定，货币政策能有效盯住通货膨胀目标，即能在实现价格稳定的基础上维护金融稳定。而 Mishkin（1996）指出，为实现物价稳定而采取的货币政策可能不利于金融稳定，必须在两者之间权衡。White（2006）进一步发现，即使在通货膨胀得到有效控制的情况下，若货币政策从极度宽松的模式中过晚退出，或对日益严重的资产泡沫和信贷膨胀漠然视之，则必然会为中长期的金融稳定埋下祸根。Blanchard 等（2010）发现，危机前大多数发达经济体的产出缺口和核心通胀均基本稳定，但资产价格和信贷水平却存在明显问题，这意味着金融失衡和价格稳定共存，也即价格稳定并不意味着金融稳定。彭文生（2018a）指出，传统的物价稳定代表经济稳定这样的理念被证明有误区，政策目标不仅要维护物价稳定也要维护金融稳定。

有鉴于此，部分学者认为维护宏观金融稳定需要专门的宏观金融稳定政策，实行宏观审慎监管可对单纯以货币政策为主的宏观金融调控形成有效补充。Agenor 和 Silva（2012）发现，有效的宏观审慎监管能够在一定程度上缓解货币政策对金融稳定的负面影响，并为货币政策创造更多的操作空间。彭文生（2018b）认为，国际金融危机的重要启示在于审慎监管需要增加宏观视角，传统微观视角的审慎监管无法关注到金融体系的总体风险以及其与宏观经济的关系，引入宏观审慎监管极其重要。范从来和高洁超（2018）指出，宏观审慎政策的产生正是为了解决长期以来货币宏观调控和微观金融调控所忽视的系统性金融风险问题，宏观审慎政策是对传统货币政策和微观审慎政策的有力补充。但部分学者亦指出，单纯依赖宏观审慎政策无法完全实现金融稳定，货币政策除盯住价格稳定外仍需关注金融稳定。王爱俭和王璟怡（2014）指出，宏观审慎政策不能完全达到金融稳定的目标，不能完全消除金融冲击和扭曲，需要货币政策来发挥补充作用。Woodford（2012）指出，货币政策长期锚定物价稳定是必要的，但若因此忽略金融稳定风险无疑是不恰当的。马勇等（2017）则提出，中央银行需要考虑将维护金融体系的整体稳定纳入货币政策的考量范畴。彭文生（2018b）亦认为，货币政策必须在抑制资产泡沫、维护金融稳定中发挥关键作用，且需在短期稳增长和中期控制金融风险之间取得平衡。

对于"双支柱"框架建构，李斌和吴恒宇（2019）指出，2008年国际金融危机后，金融稳定在中央银行政策目标中的重要性得以强化，币值稳定和金融稳定"双目标"的重要性越发凸显，需要形成由货币政策和宏观审慎政策"双支柱"支撑起"双目标"的基本框架。郑联盛（2018）指出，在"双支柱"政策框架目标权衡中，货币政策独木难支，无法完成金融稳定尤其是系统性风险的应对任务，宏观审慎政策应作为金融稳定最核心的支撑。李拉亚（2019）认为，"双支柱"调控框架不仅仅要实现经济系统稳定和金融系统稳定这两大目标，更要实现防范系统性风险这一最终目标。李义举和梁斯（2018）认为，"双支柱"调控框架的核心在于货币政策与宏观审慎政策的协调，在经济周期与金融周期一致情形下，"双支柱"调控政策会同向作用于信贷渠道，二者的金融稳定调控存在强化效应；在经济周期与金融周期不一致情形下，"双支柱"调控政策会相互制约，监管当局应积极正视并审慎权衡。张露文和连飞（2019）指出，"双支柱"调控政策的落实需要较强的执行力以及相关政策的协调配合，未来的监管主体应从对特定问题的监管以及监管部门之间的协同监管等方面进行转变，力求从更宏观的视角统筹兼顾，妥善解决监管越位、监管不足和交叉监管等问题，健全金融监管体系。叶莉等（2021）提出，健全"双支柱"调控框架需要深入研究货币政策与各种具体的宏观审慎政策在不同经济金融背景下的传导机制差异，据此制定适应不同经济金融周期的金融稳定调控政策。卞志村等（2021）研究认为，"双支柱"调控框架可与财政政策配合，纳入财政政策的"三支柱"调控框架对经济与金融稳定的促进作用更加明显。

对于"双支柱"框架的金融稳定效应，学术界从数值模拟视角展开较多讨论。程璐（2015）构建包含金融加速器的 DSGE 模型，发现央行采用加强的泰勒规则与宏观审慎政策机制组合能更有效地缓和金融冲击、房地产需求冲击及生产力冲击等造成的经济波动，更有利于维护金融稳定。罗娜和程方楠（2017）构建以房价波动为基础的 DSGE 模型，通过数值模拟发现，货币政策与宏观审慎政策协调不仅能形成对房价波动的有效调控，还能实现社会福利损失最小化。赵胜民和张瀚文（2018）构建非线性 DSGE 模型探究了面临正、负向房价冲击时"双支柱"政策的经济效应，发现宏观审慎政策和货币政策的组合有助于改善社会福利，但房价上涨时期的政策效果弱于同等幅度的房价下跌时期。郭娜等（2019）构建 DSGE 模型探究了不同外生冲击下"双支柱"调控政策的有效性，发现面临技术冲击时"双支柱"政策能改善金融市场体系，面临货币政策冲击时加入宏观审慎政策之后系统性金融风险的波动幅度略有增加，面临房价冲击时"双支柱"调控框架能够有效降低系统性金融风险。马勇和付莉（2020）构建 DSGE 模型考察"双支柱"调控政策组合在不同经济金融冲击下的宏观经济和金融稳定效应，发现纳入宏观审慎政策的"双支柱"调控框架确实比单一使用货币政策具有更强的经济和金融稳定效应。

综上所述，已有文献关于"双支柱"调控的必要性、"双支柱"调控框架的建构已展开较多有益探讨。但客观而言，这些文献的讨论大多基于定性分析或基于 DSGE 模型的数值模拟分析，结合实际经济数据系统审视"双支柱"调控政策的金融稳定效应的研究则较为欠缺。与此同时，现有文献在讨论"双支柱"调控框架时多以单一工具表征宏观审慎政策或货币政策，这无疑使得研究结果存在片面性和以偏概全问题。有鉴于此，笔者认为，客观、全面审视中国"双支柱"调控政策的金融稳定效应需要立足现实经济数据，且需基于结构性视角展开，如此得到的研究结果方能为中国"双支柱"调控框架正确建构提供有效的政策参考。为此，本章基于 2010 年第 1 季度至 2021 年第 2 季度的现实数据，构建实证分析模型分别从资本类工具和流动性工具双重视角探究宏观审慎政策的金融稳定效应，从价格型工具和数量型工具双重视角探究货币政策的金融稳定效应。考虑到传统线性模型难以捕捉经济结构的突然变化，本章主要构建马尔可夫区制转移模型来探究各类"双支柱"调控工具的时变金融稳定效应。

第二节 金融资产状况指数的构建

Levine 等（2000）、陈雨露等（2016）指出，私人部门信贷/GDP 或

M2/GDP 均是衡量金融活动较好的指标，可作为一国金融周期的表征变量。李斌和吴恒宇（2019）指出，资产价格是衡量金融周期抑或金融稳定性较为合适的变量。Goodhart（1995）提出，资产价格是一种有用的通货膨胀指标，中央银行应构建包含资产价格在内的更为广泛的价格总体水平来刻画经济金融周期波动。Adarov（2018）、马永谈等（2021）选择信贷市场、房地产市场、债券市场和股票市场四个金融市场的指标来衡量金融周期。与此同时，李波（2018）、Schularick 和 Taylor（2012）指出，信贷过度扩张可在一定程度上反映金融不稳定特征，但信贷过度扩张仅是金融不稳定可能的促成因素，资产价格波动才是金融不稳定的具体表现。根据欧洲中央银行的定义，"金融稳定是指这样一种金融环境：在这种环境中，金融中介、金融市场以及市场基础设施均处于良好状态，面对各种冲击，都不会降低储蓄向投资转化的资源配置效率"。就此而言，若金融资产市场持续高涨，其带来的高收益率势必会导致银行信贷资金流入金融资产领域，以致储蓄资金难以有效向实体经济投资转化。有鉴于此，本章构建金融资产状况指数以捕捉中国金融市场的波动特征。

伴随金融业的蓬勃发展及其与实体经济的深度交融，金融资产价格在整个宏观经济稳定中的意义日渐凸显。目前，对于股票价格指数、人民币汇率指数、房地产价格指数等单类金融资产价格指数的编制已较为成熟，而关于综合金融资产状况指数（FACI）的构建却极为有限。客观而言，某一类金融资产指数所反映的金融资产状况信息极为片面，难以真实全面地反映整体金融资产状况。有鉴于此，本章尝试依托几种主要金融资产演变情况构建综合金融资产状况指数，以此反映我国金融市场的波动特征。

一　样本基础数据选取

结合中国金融市场发展实际，本章主要遴选股票、房地产、债券、外汇、大宗商品五大金融资产作为综合金融资产状况指数的构建基础。具体而言，主要选取股票价格指数、房地产价格指数、债券指数、人民币汇率指数以及大宗商品价格指数等作为原始观测样本数据。考虑到上证综合指数是中国A股市场最具代表性的宽基指数，本章选取上证综合指数每月末收盘价刻画股票资产状况；由于全国房地产开发景气指数覆盖价格、资金融通等多维度信息，能较为全面地反映房地产市场演变情况，本章选取全国房地产开发景气指数刻画房地产状况；中债综合指数是完美反映中国金融市场中债券市场价格波动趋势的一种新型指数，由中央国债登记结算有限责任公司发布，本章选取中债综合指数刻画债券市场波动状况。与此同时，本章选取人民币实际有效汇率和中国大宗商品价格指数分别刻画外汇资产和大宗商品资产状况。对于以上所有子类指数，均以2010年1月数值进行定基处理（当月数值定基为100），并做季节因素调整。所有数据均来源于Wind金融资讯数据库，样本数据周期为2010年第1季度至2021年第2季度。

二 FACI 的构建

参照 Goodhart 和 Hofmann（2000）、高洁超和孟士清（2014）构建金融状况指数（FCI）的思路，本章构建了包含股票、房地产、债券、外汇、大宗商品等金融资产的五因素FACI。设定FACI的构成方程如下：

$$FACI_t = \omega_1 H\_GAP_t + \omega_2 S\_GAP_t + \omega_3 B\_GAP_t + \omega_4 E\_GAP_t + \omega_5 C\_GAP_t \quad (10.1)$$

其中，H_GAP_t、S_GAP_t、B_GAP_t、E_GAP_t、C_GAP_t 分别为房地产价格指数、股票价格指数、债券指数、人民币汇率指数、大宗商品价格指数相对其各自稳态偏离的缺口值，ω_1、ω_2、ω_3、ω_4、ω_5 分别为五大子类金融资产要素在FACI指数中的构成权重。为不失一般性，本章通过HP滤波方法过滤得到五大因素变量的稳态趋势值。对得到的百分比缺口值进行单位根检验，可发现如表10.1所示的结果，五大因素变量缺口均至少在5%的置信水平上显著，即均为平稳序列。

表 10.1 五大因素变量缺口值的单位根检验结果

变量	t 值	p 值	5% 置信水平临界值
H_GAP_t	−3.5158	0.0091	−2.8849
S_GAP_t	−3.9589	0.0022	−2.8827
B_GAP_t	−3.2839	0.0175	−2.8827
E_GAP_t	−3.5159	0.0035	−2.8827
C_GAP_t	−2.9614	0.0412	−2.8829

三 权重 ω_j 的确定

借鉴 Goodhart 和 Hofmann（2000）、丁慧等（2020）的思路，本章使用 VAR 方法确定各因素变量在 *FACI* 中的权重。各变量权重按照如下形式予以确定：

$$\omega_j = \sum_{t=1}^{N} Z_{j,t} / \left(\sum_{j=1}^{5} \left| \sum_{t=1}^{N} Z_{j,t} \right| \right), \quad \sum_{j=1}^{5} |\omega_j| = 1 \qquad (10.2)$$

其中，ω_j 是金融资产变量 j 的权重系数；$Z_{j,t}$ 表示变量 j 的单位 Cholesky 冲击滞后 t 期对通货膨胀的影响程度值。也即，计算各子类金融资产变量冲击对 CPI 脉冲影响累积值占所有子类金融资产变量冲击影响累积值之和的比重，并作为各金融资产变量在 *FACI* 中的权重。

有鉴于此，本章构建包含股票价格指数缺口、房地产价格指数缺口、债券指数缺口、人民币汇率指数缺口、大宗商品价格指数缺口等五变量 VAR 模型。根据 LR、FPE、AIC、HQ 原则，确定五变量 VAR 模型滞后阶数为 2 阶，图 10.1 即为各子类金融资产变量 Cholesky 冲击对 CPI 通胀率的累积脉冲影响结果。

将图 10.1 所示的累积脉冲影响结果代入公式（10.2）即可求得各子类金融资产变量冲击对 CPI 脉冲影响累积值占所有子类金融资产变量冲击影响累积值之和的比重，也即各子类金融资产变量在 *FACI* 中的权重，具体结果如表 10.2 所示。从中可以发现，房地产价格指数、股票价格指数、债券指数、大宗商品价格指数的权重均为正，而人民币汇率指数的权重为负。这基本符合金融市场运行实际，若人民币汇率呈现正向波动，则意味着外汇资产贬值，外汇市场投资形势相对低迷；而房地产价格指数缺口、股票价格指数缺口、债券指数缺口、大宗商品价格指数缺口为正，则说明对应金融资产受到市场资金追捧，投资形势火爆。也即，人民币汇率正向波动会对金融资产市场产生负向影响，房地产价格指数、股票价格指数、债券指数以及大宗商品价格指数正向波动则会对金融资产市场产生正向影响。

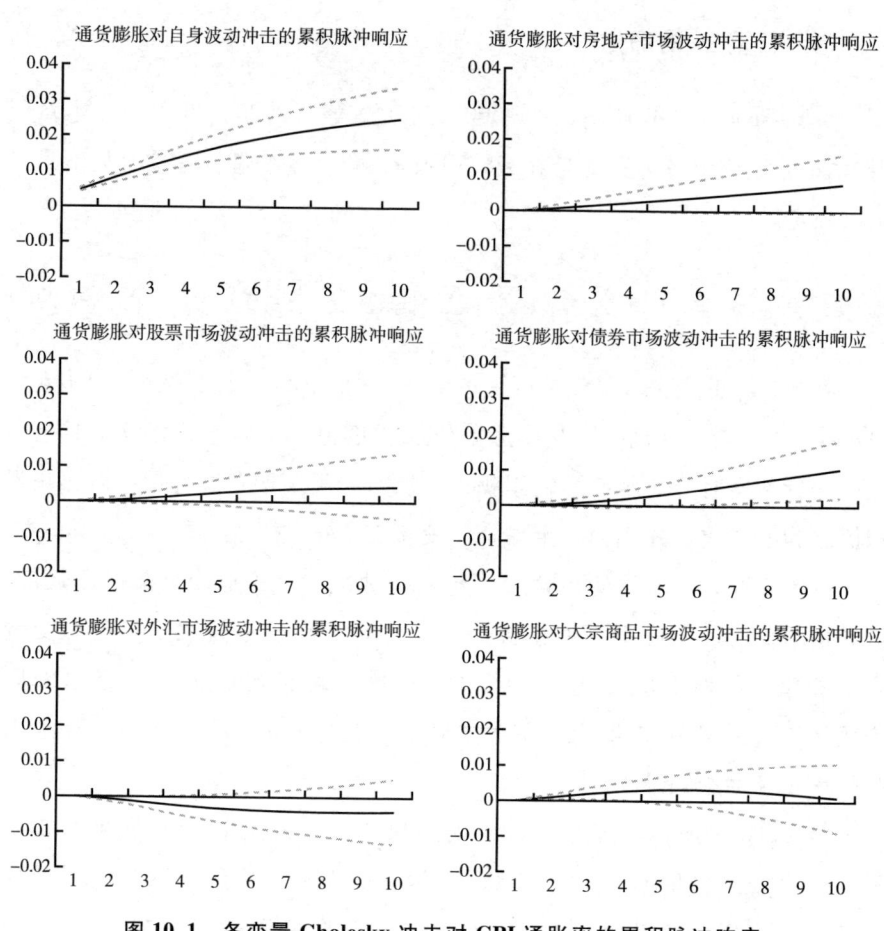

图 10.1　各变量 Cholesky 冲击对 CPI 通胀率的累积脉冲响应

表 10.2　各子类金融资产变量缺口在 *FACI* 中的权重

变量	H_GAP_t	S_GAP_t	B_GAP_t	E_GAP_t	C_GAP_t
权重	0.2777	0.1587	0.3794	−0.1458	0.0384

四　*FACI* 的测算

将表 10.2 所示的各子类金融资产变量缺口权重代入公式（10.1）即可得到 2010 年第 1 季度至 2021 年第 2 季度的金融资产状况指数时序数据，如图 10.2 所示。从中可以发现，我国金融资产状况指数呈正向波动的区间主要为2010年第4季度至2012年第2季度、2012年第4季度至2013年第1季度、2013年第3季度至2014年第3季度、2016年第4季度至2018年第4季度以及2021年第1季度至2021年第2季度；我国金融资产状况指数呈负向波动的区间主要为2010年第2季度至2010年第3季度、2012年第3季度、2013年第2季度、2014年第4季度至2016年第3季度、2019年第1季度至2020年第4季度。这与中国经济金融形势基本相符，2010年第2季度至2010年第3季度中国股票市场以及大宗商品市场均出现大幅萎缩，导致金融资产状况指数下滑。而后伴随房地产市场持续繁荣以及股票市场和大宗商品市场回暖，中国金融市场保持相当长一段时间的高涨状态，金融资产状况指数长期保持正向波动。而由于2015年第2季度末中国股票市场泡沫开始逐渐破灭，中国金融市场重回低迷态势。从2016年开始，房地产市场越发受到市场追捧，房地产价格及开发投资持续攀升，进而引领中国金融资产状况指数转向高企。2018年美国贸然挑起中美贸易争端，导致股票市场及大宗商品市场持续萎靡，2020年新冠疫情肆虐全球以及国际石油价格大战的发生进一步拉低了金融资产状况指数。最后，中国新冠疫情有效防控及宏观经济的回暖引致2021年后金融资产状况指数总体为正。

结合由各金融资产市场指数缺口加权构成的综合金融资产状况指数的演变情况，可发现中国金融市场周期波动较为频繁，且呈现交替演化趋势。

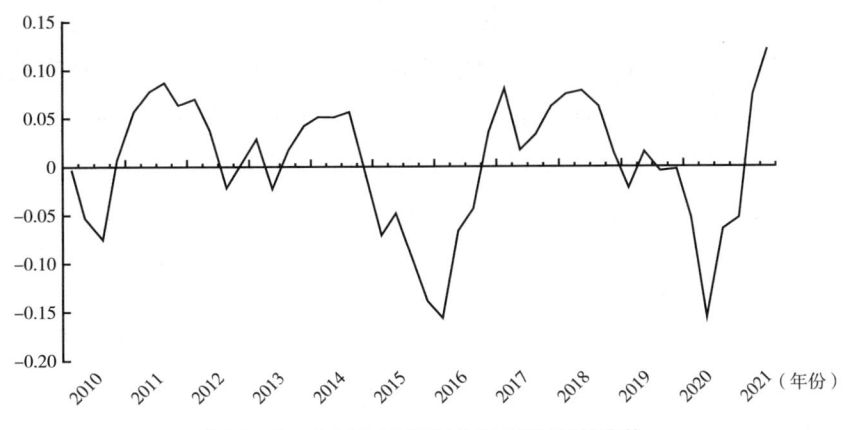

图 10.2 中国金融资产状况指数演变趋势

第三节 货币政策与宏观审慎政策的金融稳定效应分析

2010年,巴塞尔银行监管委员会宣布,27个成员国银行业监管部门及中央银行高级代表就《巴塞尔协议Ⅲ》内容达成一致,全球自此正式进入《巴塞尔协议Ⅲ》监管时代。《巴塞尔协议Ⅲ》的突出贡献是将宏观审慎监管纳入考量,并重点提高关于资本充足率的监管要求,宏观审慎政策逐步成为各国宏观金融稳定调控的重要工具。而以资本充足率、贷款价值比要求等为代表的宏观审慎工具是否有效发挥了金融稳定效应,以货币供应量、利率等为代表的货币政策工具对金融稳定发挥了何种作用,现有文献对此展开的经验论证较为有限且缺乏系统性。有鉴于此,本章尝试基于2010年第1季度至2021年第2季度现实经济运行数据,系统探究宏观审慎政策与货币政策的金融稳定效应。考虑到传统固定系数的宏观计量模型难以捕捉变量间交互关系的阶段性变化,且难以避免卢卡斯批判问题,本章构建马尔可夫区制转移(Markov-Switch)模型以探究货币政策与宏观审慎政策的金融稳定效应变化。

一 Markov-Switch 模型构建

具体而言,本章构建包含宏观审慎政策工具以及货币政策工具变量在内的马尔可夫区制转移(两区制,即 $s_t = 1,2$)模型,考察政府宏观金融调控的金融稳定效应。对于宏观审慎政策工具,本章主要遴选资本充足率、抵押贷款价值比率两大指标刻画监管当局宏观审慎调控动态演变;对于货币政策工具,本章主要遴选广义货币供给增长率、名义利率两大指标刻画央行货币政策调控动态演变。基于此,两区制马尔可夫区制转移模型形式如下:

$$FACI_t = \varphi_{CAR}(s_t)CAR_t + \varphi_{LTV}(s_t)LTV_t + \varphi_M(s_t)M_t + \varphi_R(s_t)R_t + \varepsilon_t, s_t = 1,2$$
(10.3)

其中,因变量 $FACI_t$ 为基于股票价格指数缺口、房地产价格指数缺口、债券指数缺口、人民币汇率指数缺口以及大宗商品价格指数缺口等赋权构建的季度金融资产状况指数。考虑到 $FACI_t$ 为基于缺口数据构建的金融资产指数,为保持数据维度的统一性,解释变量亦均为缺口数据。CAR_t 为季度商业银行资本充足率相对其稳态偏离的缺口数据;LTV_t 为季度房地产抵押贷款价值比率相对其稳态偏离的缺口数据,其中房地产抵押贷款价值比率数据由新增房地产贷款除以当期房地产开发企业商品房销售额得到;M_t 为季度 M2 的增长率相对其稳态偏离的缺口数据;R_t 为季度加权平均名义利率相对其稳态偏离的缺口数据,其中名义利率数据根据央行公布的银行间同业拆借量和拆借平均利率的月度数据加权得到。与金融资产状况指数一致,回归样本数据区间设定为 2010 年第 1 季度至 2021 年第 2 季度,所有数据均来源于 Wind 金融资讯数据库。

二 宏观金融调控的金融稳定效应实证分析

立足以上两区制模型设定以及数据处理过程,采用马尔可夫区制转移方法对公式(10.3)所示的回归方程进行估计,即可得到 $\varphi_{CAR}(s_t)$、$\varphi_{LTV}(s_t)$、$\varphi_M(s_t)$、$\varphi_R(s_t)$ 等转移参数的估计值,具体回归结果如表 10.3 所示。表 10.3 具体罗列了两种不同区制下转移系数的估计值、90% 置信区间、标准误以及不同区制对应的平均持续期。

在区制 1 状态下,φ_{CAR} 的估计值为 -6.0605,置信区间稳定在 -9.8252 ~ -2.2958,且在 1% 的水平下显著,表明资本充足率对金融资产状况指数的影响为负,即监管当局利用资本充足率工具有效抑制了金融资产泡沫化演进,维护了金融稳定;φ_{LTV} 的估计值为 0.5346,置信区间稳定在 0.3292 ~ 0.7401,并在 1% 的水平下显著,表明抵押贷款价值比率对金融资产状况指数的影响为正,这也客观表明监管当局使用 LTV 工具调控并未达到抑制金融资产泡沫化的目的;φ_M 的估计值为 -0.0035,置信区间介于 -0.0235 和 0.0165 之间,且不具有显著性,这表明央行数量型货币政策调控对金融资产状况指数的影响不稳定,作用不显著;φ_R 的估计值为 -5.6128,置信区间稳定在 -8.7884 ~ -2.4372,并在 1% 的水平下显著,表明名义利率调整对金融资产状况指数的影响为负,也即央行价格型货币政策调控能有效抑制金融资产泡沫化演进。

表 10.3　金融资产状况指数的 Markov-Switch 参数估计结果

		$\varphi_{CAR}(s_t)$	$\varphi_{LTV}(s_t)$	$\varphi_M(s_t)$	$\varphi_R(s_t)$	平均持续期（季度）	对数似然值
区制 1	系数	−6.0605***	0.5346***	−0.0035	−5.6128***	5.57	81.2884
	90%置信区间	[−9.8252, −2.2958]	[0.3292, 0.7401]	[−0.0235, 0.0165]	[−8.7884, −2.4372]		
	标准误	2.2245	0.1214	0.0118	1.8764		
区制 2	系数	−6.5960*	−0.0261	−0.0016	11.5470***	5.63	
	90%置信区间	[−12.9200, −0.2719]	[−0.1229, 0.0707]	[−0.0152, 0.0119]	[9.1781, 13.9160]		
	标准误	3.7368	0.0572	0.0080	1.3998		

注：*、***分别表示在 10%、1% 的水平下显著。

第十章 金融稳定视角下货币政策与宏观审慎政策协调研究

在区制 2 状态下，φ_{CAR} 的估计值为 -6.5960，置信区间稳定在 -12.9200~-0.2719，且在 10% 的水平下显著，表明资本充足率对金融资产状况指数的影响为负，监管当局借由资本充足率工具进行的宏观审慎调控有效抑制了金融资产泡沫化演进；φ_{LTV} 的估计值为 -0.0261，置信区间稳定在 -0.1229~0.0707，但在统计水平上不具有显著性，表明监管当局的 LTV 工具调整对金融稳定的调控不具有稳定性；φ_M 的估计值为 -0.0016，置信区间介于 -0.0152 和 0.0119 之间，也不具有显著性，这再次表明央行数量型货币政策调控对金融资产状况指数的影响不稳定；φ_R 的估计值为 11.5470，置信区间稳定在 9.1781~13.9160，并在 1% 的水平下显著，表明在区制 2 阶段名义利率调整对金融资产状况指数的影响为正，这一时期央行价格型货币政策调控未起到维护金融稳定的作用。

表 10.4 进一步列出了宏观金融调控效应回归的马尔可夫区制转移概率情况。可以发现，区制 1 保持自我状态不变的概率高达 0.8206，而由区制 1 转向区制 2 的概率仅为 0.1794；区制 2 保持自我状态不变的概率为 0.8226，而由区制 2 转向区制 1 的概率亦仅为 0.1774。这表明，区制 1 和区制 2 所刻画的变量关系均显著存在。结合表 10.3，区制 1 的平均持续期为 5.57 个季度，区制 2 的平均持续期则为 5.63 个季度。

表 10.4　金融资产状况指数区制转移概率

	区制 1	区制 2
区制 1	$P(1,1) = 0.8206$	$P(1,2) = 0.1794$
区制 2	$P(2,1) = 0.1774$	$P(2,2) = 0.8226$

图 10.3 具体刻画了 2010 年第 1 季度至 2021 年第 2 季度货币政策与宏观审慎政策的金融稳定效应概率区制。可以发现，我国货币政策与宏观审慎政策的金融稳定效应在 2010 年第 1 季度、2011 年第 4 季度至 2015 年第 1 季度、2016 年第 4 季度至 2017 年第 1 季度以及 2021 年第 1 季度至 2021 年第 2 季度等时期呈现区制 1 特征，以资本充足率为代表的宏观审慎政策工具和以名义利率为代表的价格型货币政策工具均可显著抑制金融

资产泡沫化，促进金融稳定可持续发展，但监管当局关于资本充足率的严格要求对金融稳定的促进作用更强。我国货币政策与宏观审慎政策的金融稳定效应在 2010 年第 2 季度至 2011 年第 3 季度、2015 年第 2 季度至 2016 年第 3 季度以及 2017 年第 2 季度至 2020 年第 4 季度等时期呈现区制 2 特征，以资本充足率为代表的宏观审慎政策工具显著抑制了金融资产泡沫化，LTV 工具对金融市场的稳定作用不显著，货币政策工具不能有效发挥金融稳定作用。进一步统计发现，2010 年第 1 季度至 2021 年第 2 季度表现为区制 1 特征的概率为 41.30%，而表现为区制 2 特征的概率为 58.70%。综合来看，宏观审慎政策调控的金融稳定效应较为持续和稳定，货币政策调控亦具有金融稳定作用但仅表现在部分时期。从结构性来看，宏观审慎政策工具中资本充足率动态调整的金融稳定效应较为显著，货币政策工具中名义利率动态调整的金融稳定效应则较为显著。与此同时，通过将金融资产状况指数的演化趋势与"双支柱"调控政策金融稳定效应的马尔可夫转移区制进行对比，可发现金融上升周期与区制 1 时期的重合度高达 67%，金融下行周期与区制 2 时期的重合度高达 80%。这表明，在金融上升周期，宏观金融"双支柱"调控政策的金融稳定效应主要表现为区制 1 所示的关系特征；在金融下行周期，宏观金融"双支柱"调控政策的金融稳定效应则主要表现为区制 1 所示的关系特征。

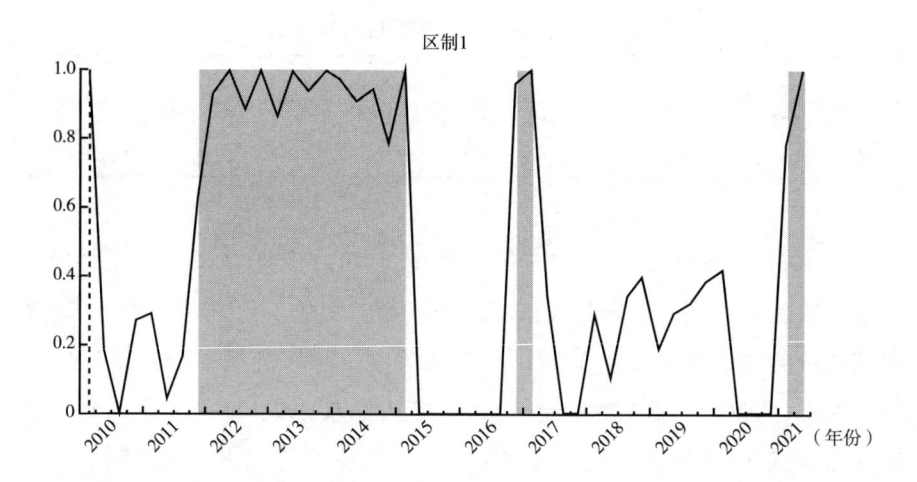

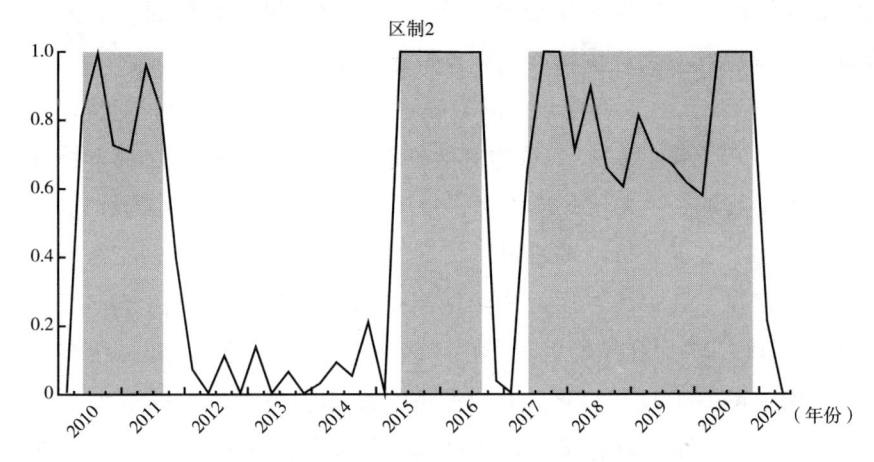

图 10.3　货币政策与宏观审慎政策的金融稳定效应概率区制

第四节　研究结论与政策建议

本章基于现实经济运行数据，构建了反映中国金融市场波动特征的金融资产状况指数，并建立马尔可夫区制转移模型从结构性视角系统审视了不同类型宏观审慎政策工具以及不同类型货币政策工具的非线性金融稳定效应。综合本章研究，主要得到如下几点结论与政策建议。

第一，金融资产市场波动剧烈且正负周期交替演化，金融脆弱性日趋明显，政府需将金融稳定作为宏观政策调控的常态化锚定目标。本章综合股票、房地产、债券、外汇、大宗商品五大主要金融资产的演变信息构建了包含五因素的中国金融资产状况指数，发现金融资产市场波动剧烈且正负周期交替演化。具体而言，2010 年第 4 季度至 2012 年第 2 季度、2012 年第 4 季度至 2013 年第 1 季度、2013 年第 3 季度至 2014 年第 3 季度、2016 年第 4 季度至 2018 年第 4 季度以及 2021 年第 1 季度至 2021 年第 2 季度等时期为正向波动的金融周期；2010 年第 2 季度至 2010 年第 3 季度、2012 年第 3 季度、2013 年第 2 季度、2014 年第 4 季度至 2016 年第 3 季度、2019 年第 1 季度至 2020 年第 4 季度等时期为负向波动的金融周期。本章认为，金融资产极易波动的特性决定了金融市场极具脆弱性，有必要根据金融资产波动情况识别金融风险水平抑或金融周期特征，以为"稳金融"宏观调控实践提供精准、有效指导。

第二，"双支柱"调控政策的金融稳定效应具有明显的时变特性，且不同结构"双支柱"调控工具的有效性存在明显异质性，宏观审慎调控中资本类工具的金融稳定效应占优，货币政策调控中价格型工具的金融稳定效应占优。实证分析结果表明，"双支柱"调控政策的两区制金融稳定效应显著存在，其中样本期内位于区制1的概率为41.30%，位于区制2的概率为58.70%。从结构上看，在区制1时期，以资本充足率为代表的资本类宏观审慎工具能显著、有效平抑金融周期波动，而以LTV为代表的流动性宏观审慎工具并未起到抑制金融周期波动的作用，反而呈现越紧缩金融资产市场越上涨的窘境；以名义利率为代表的价格型货币政策工具可有效抑制金融周期波动，而以货币供给增长率为代表的数量型货币政策工具对金融周期指标的影响弹性较小且不显著。在区制2时期，以资本充足率为代表的资本类宏观审慎工具亦能显著、有效平抑金融周期波动，而以LTV为代表的流动性宏观审慎工具能抑制金融周期波动，但不显著；以名义利率为代表的价格型货币政策工具反而显著加剧了金融周期波动，而以货币供给增长率为代表的数量型货币政策工具对金融周期指标的影响弹性依然较小且不显著。整体而言，资本类宏观审慎工具可以持续发挥较强的金融稳定效应，而价格型货币政策在部分时期具有金融稳定效应，价格型货币政策可对宏观审慎政策的金融稳定调控发挥补充作用。对此，本章认为需进一步审视流动性宏观审慎工具的金融稳定调控效应，实施定向、精准调控以有效引导资金"脱虚向实"，并推动货币政策调控范式由数量型调控为主向价格型调控为主转变，以更有效地发挥宏观金融调控的金融稳定效应。

第三，"双支柱"调控政策的金融稳定效应在不同金融周期具有非对称效应，资本类宏观审慎工具在金融下行周期抑制金融资产价格高企的作用更强，价格型货币政策工具在金融上升周期能有效抑制金融资产泡沫化演进，但在金融下行周期价格型货币政策调整反而会刺激金融资产市场。通过将金融资产状况指数的演化趋势与"双支柱"调控政策金融稳定效应的马尔可夫转移区制进行对比，可发现金融上升周期与区制1时期的重合度高达 67%，金融下行周期与区制 2 时期的重合度高达 80%。这表明，在金融上升周期以资本类工具为主的宏观审慎政策和以价格型工具为主的货币政策均能有效抑制金融资产泡沫化演进，二者呈现同向的金融稳定效应；而在金融下行周期仅有宏观审慎政策能显著维护金融稳定，货币政策会对金融稳定造成负面效应，二者呈现相反的金融稳定效应。有鉴于此，本章认为，在金融上升周期，货币政策与宏观审慎政策可有效配合以形成政策合力，更好地发挥金融稳定作用，但应避免出现政策超调；在金融下行周期，货币政策与宏观审慎政策应妥善协调，避免宏观审慎政策力度过大而削弱货币政策支持实体经济的效果，亦应避免货币政策力度过大而增加宏观审慎政策"稳金融"的压力。

整体而言，由宏观审慎政策和货币政策构成的宏观金融"双支柱"调控总体有效，可为中国经济高质量发展提供稳定的金融环境。但不同"双支柱"调控政策的金融稳定效应存在结构性差异，金融监管当局需在有效识别金融周期波动特征基础上审慎遴选适合不同金融周期阶段的"双支柱"调控工具以及"双支柱"政策协调范式，更好实现"稳金融"的宏观调控任务。

第十一章

经济稳定视角下货币政策与财政政策协调研究

2019年2月，习近平总书记在主持中共中央政治局关于完善金融服务、防范金融风险第十三次集体学习时强调，"金融活，经济活；金融稳，经济稳。经济兴，金融兴；经济强，金融强。经济是肌体，金融是血脉，两者共生共荣"。这一重要讲话深刻阐明了经济与金融的关系：一方面，"问渠哪得清如许，为有源头活水来"，经济发展之"渠"离不开金融"活水"的滋养；另一方面，"皮之不存，毛将焉附"，经济的稳定与繁荣，也是金融的立身之本。这意味着，充分实现金融稳定不能仅单纯关注金融市场稳定，还需重视经济稳定，以"经济稳"促"金融稳"。据此，本章构建新凯恩斯DSGE模型，采用Markov-Switch方法对我国财政货币政策搭配体制进行估计识别，并采用数值模拟方法系统考察不同政策搭配下的经济波动性，最后探讨保障经济行稳致远的最优政策组合。经验估计表明，改革开放以来我国主要遵循以主动型财政政策和被动型货币政策组合为主的宏观调控范式。数值模拟发现，充分考虑物价稳定的主动型货币政策和充分考虑债务稳定的被动型财政政策组合更易消化外生冲击导致的经济波动，而主动型财政政策和被动型货币政策组合"熨平"经济周期的效果最差。为此，未来政府宏观调控应从以主动型财政政策和被动型货币政策为主的协调配合范式逐步转向以主动型货币政策和被动型财政政策为主的协调配合范式，据此为推动新时代中国经济与金融高质量发展营造稳定的宏观经济环境。本章具体内容安排如下：第一节为研究背景与文献回顾，第二节为理论机理分析与DSGE模型构建，第三节为宏观政策协调配合范式识别与参数设定，第四节为最优财政货币政策协调配合范式选择，第五节为研究结论与政策建议。

第一节 研究背景与文献回顾

一 研究背景

自 2008 年国际金融危机以来，世界政治经济格局深度调整和国内深层次矛盾交叉叠加，使得我国经济发展不确定性不断增强，如何有效促进经济"稳中求进"发展已成为学界和实务界关注的热点。改革开放以来，以经济高增长为目标的财政货币政策调控成功促进了我国长达近 40 年的高速发展。但历经多年快速发展之后，经济高速增长态势难以为继。党的十八届三中全会之后，中共中央明确指出我国经济步入新常态阶段，增长速度要从高速转向中高速。与此同时，党的十九大报告进一步指出，我国经济已由高速增长阶段转向高质量发展阶段，正处在转变发展方式、优化经济结构、转换增长动力的攻关期，推动经济高质量发展是确定发展思路、制定经济政策、实施宏观调控的根本要求。这意味着，经济高速增长不再是政府制定宏观政策的首要目标，宏观调控将更加关注经济稳定以及防范化解经济风险。传统宏观政策调控遵循何种范式？我国宏观调控又应做出何种调整以适应新时代经济高质量发展的要求？显然，有效厘清和把握这些问题对当前经济转型至关重要。

财政货币政策因其灵活性和相机抉择性而被各国政府广泛运用，但多项研究亦表明，试图稳定宏观经济的财政货币政策本身也是经济波动的内在源泉，政府宏观调控的随意性和盲目性反而会放大和延长经济周期（Fatás and Mihov，2004；Christiano et al.，2018）。为应对国际金融危机的负面冲击，我国于 2008 年底出台 4 万亿财政刺激政策，用于大量基础设施建设和产业振兴计划，但经济软着陆之后宏观经济渐显物价剧烈波动、债务积聚过多、产能过剩凸显等诸多问题。这无疑与政府意图强化宏观调控以稳定宏观经济、推动经济高质量发展的初衷相悖。而从现有文献来看，学界关于宏观政策本身如何影响经济波动着墨甚少。当前所面临的诸多问题和潜在风险提醒学界和实务界亟须对前期财政货币政策操作进行重新审视和深入研究，并探寻以"稳增长、控物价、防风险"为目标的最优宏观调控范式。

针对我国当前面临的经济转型挑战和各类潜在风险，习近平总书记多次强调当前宏观经济政策应坚持稳中求进的工作总基调，要用稳定的宏观经济政策稳定社会预期。与此同时，党的十八届五中全会审议通过《中共中央关于制定国民经济和社会发展第十三个五年规划的建议》，明确提出要健全宏观调控体系，增强财政货币政策的协调配合；更加注重引导市场行为和社会预期，为结构性改革营造稳定的宏观经济环境。因此，稳定的宏观经济环境是新常态经济转型和结构性改革深化的重要前提和基本保障。已有研究亦表明，增强宏观政策协调有助于更好地降低宏观经济风险并提高宏观调控有效性（陈小亮、马啸，2016）。

综上所述，深入考察不同财政货币政策搭配的宏观效应差异，据此遴选最有利于经济行稳致远的财政货币政策搭配组合，对有效引导公众预期以减小经济波动、降低宏观经济风险从而更好地引领新时代经济发展具有重要现实意义。而作为宏观调控两大重要支柱的财政和货币政策应如何深化协调以促进经济高质量可持续发展？目前，国内文献鲜有对此展开深入探讨，基于中国现实经济数据进行实证和模拟分析的更是屈指可数。有鉴于此，本章在构建新凯恩斯DSGE模型的基础上，首先基于现实经济数据对我国财政货币政策协调配合范式进行估计识别，然后针对不同财政货币政策组合的调控效率展开深入比较分析，最后根据研究结论尝试为完善新常态下宏观调控体系、增强财政货币政策协调性提出切实合理的政策建议。

二 文献回顾

当前学界关于财政货币政策效应及调控转型的单独研究俯拾皆是（王立勇，2010；Bian and Yang，2017；郭豫媚等，2016；徐忠，2018b），但将二者置于同一框架系统探讨的文献较为匮乏。中国人民银行研究局局长徐忠（2018c）指出，当前财政政策大有可为，财政当局应切实整顿地方债务，避免"财政风险金融化"。这引起了学界和实务界对"财政风险货币化""财政风险金融化"的广泛关注，深刻反映出宏观调控两大政策系统的协调配合出现明显问题（贾康，2018），并揭示出系统探讨我国财政货币政策协调效应的重要性和迫切性。

关于财政货币政策协调效应的系统研究最早可追溯到价格水平决定的财政理论（Fiscal Theory of Price Level，FTPL）。该理论认为，"通货膨胀不仅仅是一种货币现象，更是一种财政现象"（Leeper，1991；杨源源，2017；Jia，2018）。国外学者对财政货币政策相互作用及搭配问题日益重视，并从不同角度探究二者相互关系。Alesina 和 Tabellini（1987）基于博弈论讨论了财政货币政策最优组合问题。Muscatelli 等（2004）基于模拟分析发现，财政货币政策互补或替代取决于经济冲击类型以及经济结构假设。Davig 和 Leeper（2011）基于财政冲击视角研究财政货币政策交互搭配效应，发现"主动货币、被动财政"搭配的政策体制引致的经济波动最小，而"主动财政、被动货币"搭配的政策体制易引致经济剧烈波动。Leeper（2016）探讨了财政货币政策相互作用特征，认为货币政策管理通胀时需要适当的财政政策支持。

国内学者关于财政货币政策协调配合的研究起步较晚且结论莫衷一是，总体来说主要存在两种研究视角。一是对财政货币政策操作属性进行检验，如张志栋和靳玉英（2011）通过检验财政货币政策在价格决定中的作用区制发现，1980~1997年为货币政策主导区制，之后为财政政策主导区制；而尹雷和赵亮（2016）则发现我国财政调控主要遵循被动型的李嘉图制度属性；朱军（2016）发现，财政政策对货币政策响应、货币政策对财政政策不响应是符合我国经济特征的模式选择。二是探究财政货币政策之间的相互作用，如贾俊雪和郭庆旺（2012）基于财政支出冲击模拟了不同财政货币政策的效应，结果发现，旨在实现物价和债务稳定的政策规则下社会福利损失最小；杨源源和于津平（2017）基于三种不同的财政货币政策互动视角讨论了最优货币政策范式选择问题，发现不对财政政策响应的"独立型"货币调控范式最为有效。

建立在不完全竞争基础上的新凯恩斯模型从一般均衡理论出发，通过最优化方法推导出各经济主体跨期最优条件，所得最优行为方程拥有较强微观基础且表现出前瞻性特点，逐步成为近年来宏观政策分析的重要框架（卞志村、高洁超，2014）。综合现有文献，不难发现国内外关于财政货币政策互动效应的研究均有不同程度的涉及，并已有不少文献采用较为前沿的 DSGE 研究方法。但对此类文献进行比较，即可发现 Davig 和 Leeper（2011）、Jia（2018）、贾俊雪和郭庆旺（2012）、杨源源和于津平（2017）基于 DSGE 模型的研究主要聚焦于财政冲击下的财政货币政策互动效应问题，研究视角较为单一。而现实中经济冲击较为多元化，单纯基于财政扰动冲击得出最优财政货币政策组合范式未必适用于其他经济冲击情形。为此，本章尝试系统探讨两大政策扰动冲击（利率扰动和公共支出冲击）以及两大主要经济冲击（总需求和总供给冲击）四种不同冲击下的最优财政货币政策组合范式选择问题。

此外，已有经验研究表明，NKPC 曲线和动态 IS 曲线能较好地描述经济波动特征（范从来，2000），且兼具前瞻性和后顾性特征的混合 NKPC 曲线更符合当前中国现实经济特征（卞志村、胡恒强，2016）。价格粘性的存在使得经济在短期难以有效出清，以致政府需辅以财政货币政策相机调控，因此，忽略对现实经济价格粘性的准确刻画无疑会对宏观调控效应的认识产生偏误（陈彦斌、陈惟，2017）。虽然研究财政货币政策搭配问题的文献不少是基于 DSGE 模型，但鲜有文献在建模时系统刻画混合 NKPC 曲线。为此，区别于已有文献，本章尝试对混合 NKPC 曲线进行拓展推导，并以此探究财政政策与价格之间的理论联系。同时，为增强宏观政策交互效应研究的系统性，本章将马尔可夫区制转移（Markov-Switch）方法与新凯恩斯 DSGE 模型相结合，首先基于现实经济数据识别 1980~2017 年我国财政货币政策操作属性，然后在此基础上将不同类型的政策组合引入 DSGE 模型，并基于脉冲响应和福利损失数值模拟分析，以系统探究和比较不同财政货币政策组合范式的宏观调控效率。

综上所述，当前国内外关于财政货币政策互动效应的研究逐步展开，但关于二者协调搭配的研究还缺乏深入性和系统性，针对中国不同财政货币政策组合的调控效果系统分析和比较的研究更为匮乏。从宏观政策实践来看，增强财政货币政策协调性并非对二者进行盲目协调，过去以推动经济高增长为目标的政策组合调控未必适应经济高质量发展的内涵要求,当前央行和财政部学者关于财政货币政策彼此溢出的争论提醒学界亟须对宏观政策协调问题进行反思和探讨。为此,本章立足于习近平总书记关于"宏观政策调控坚持'稳中求进'工作总基调"论述以及"十三五"规划关于"健全宏观调控体系,增强财政货币政策协调性"的重要理念,并贯彻新时代中国经济高质量发展的内在要求,尝试基于反映中国经济特征的数据和参数对财政货币政策协调问题展开系统分析,为完善和优化宏观调控提供切实依据和合理建议。

第二节 理论机理分析与 DSGE 模型构建

本节首先基于简单的政策行为方程阐明财政货币政策协调搭配的类型及相应的宏观作用机理,然后在此基础上构建新凯恩斯 DSGE 模型。

一 理论机理分析

政府财政政策操作通常面临跨期约束:$G_t = T_t + (B_t - R_{t-1}B_{t-1})/P_t + (M_t - M_{t-1})/P_t$。其中,$G_t$、$T_t$、$B_t$、$M_t$ 分别为实际政府支出、税收、名义债务、货币余额,P_t、R_t 分别表示价格和毛利率。该式表示政府通过征税、发行债券和货币为赤字融资,对其无限期迭代即得政府现值预算约束(Present Value of Budget Constraint,PVBC):

$$(M_{t-1} + R_{t-1}B_{t-1})/P_t = E_t \sum_t^T q_{t,T}[T_t - G_t + (1 - 1/R_t)M_t/P_t] \quad (11.1)$$

式(11.1)表示政府总负债通过未来财政盈余和铸币税偿还。维持财政可持续意味着式(11.1)成立。根据 PVBC,考虑以下四种可能的财政货币政策搭配情形。

情形一:被动型财政政策(PF)和被动型货币政策(PM)。被动型财政政策指财政当局调控时完全考虑预算平衡,税收会对政府支出调整充分反应;被动型货币政策指央行在货币调控时不对通胀偏离充分反应,而是被动配合财政政策以保证预算约束平衡(即被动调整铸币税)。

此情形下财政政策和货币政策均严格遵循预算约束平衡,由此 PVBC 等式成立。

情形二:被动型财政政策(PF)和主动型货币政策(AM)。此情形下财政当局在调控时完全考虑财政预算平衡;央行保持独立性,货币政策变量不对财政政策操作进行被动反应。虽然货币政策独立,但财政当局自身会严格遵循预算约束平衡以致 PVBC 等式依然成立。

情形三:主动型财政政策(AF)和被动型货币政策(PM)。此情形下财政当局较为激进,不考虑预算平衡,税收不对支出充分反应;货币政策被动配合财政政策以保证预算平衡。因货币变量总对财政政策被动配合,PVBC 等式也能成立,该情形下会发生"赤字货币化"。

情形四:主动型财政政策(AF)和主动型货币政策(AM)。该情形下财政调控不考虑预算平衡,税收不对政府支出调整充分反应;央行保持自身独立性,货币政策变量不对财政政策进行被动调整。由于财政货币政策操作均不致力于预算约束平衡,此时只能通过价格内生调整(改变实际总债务)以使 PVBC 等式成立。

针对四种搭配情形,Leeper(1991,1993)早在研究 FTPL 理论时便对各种财政货币政策搭配体制进行研究,结果如表 11.1 所示。在 AF-AM 搭配中,模型解不存在:尽管央行试图通过主动型货币政策达到产出和物价稳定目标,但在政府同时采取主动型财政政策时,由于政府支出的相对任意性,且不致力于稳定债务,最终通过预算平衡约束影响到物价,以致整个经济系统难以达到稳定状态。在 PF-AM 搭配中,模型存在唯一理性预期均衡解:主动型货币政策在稳定产出和物价的同时,被动型财政政策通过足够的税收为支出融资,从而确保债务稳定。在 AF-PM 搭配中,模型亦存在唯一理性预期均衡解:主动型财政政策下外生的政府支出意味着赤字具有相对任意性,以致政府债务非稳定扩张;债务规模扩张对物价产生向上压力,但在被动型货币政策支持下实际利率会下降,从而实际上减轻债务利息负担,最终维持债务稳定;债务稳定会削弱其对物价的影响。这种政策组合最终使得债务和物价维持在相对稳定状态。在 PF-PM 搭配中,模型存在不确定性泡沫解:尽管被动型财政政策能保证债务稳定,但由于被动型货币政策无法引导公众产生稳定通胀的预期，预期不确定性最终导致物价不稳定波动，进而也会对债务稳定产生影响。

表 11.1 组合解及其性质

政策类型	AM	PM
AF	非稳定性爆炸性解	唯一理性预期均衡解
PF	唯一理性预期均衡解	不确定性泡沫解

基于以上理论机理分析，本章尝试构建新凯恩斯 DSGE 模型以深入讨论财政货币政策不同情形的协调配合范式对中国经济稳定的作用。

二 DSGE 模型的构建与求解

DSGE 模型主要包含家庭、厂商、财政当局、央行四类经济主体，家庭和厂商分别根据自身效用和利润最大化原则决策，财政当局和央行根据经济形势内生调整政策变量以进行宏观调控。

（一）家庭部门的经济问题

考虑到政府公共支出具有效用正外部性，本章将公共产品引入家庭效用函数以更好地描述家庭部门行为决策。假设家庭满足同质、理性且无限存活特性，其最终目标为生命期内效用最大化。代表性家庭目标效用函数为：$E_t \sum_{i=0}^{\infty} \beta^i \left[\frac{Z_{t+i}^{1-\sigma}}{1-\sigma} + \frac{\gamma}{1-\lambda} \left(\frac{M_{t+i}}{P_{t+i}} \right)^{1-\lambda} - \chi \frac{N_{t+i}^{1+\eta}}{1+\eta} \right]$。其中，$\beta$ 为主观贴现因子，σ、λ、η 分别为跨期消费替代弹性、货币需求利率弹性、劳动力供给弹性的倒数，γ、χ 为对应的效用偏好参数；Z_t、N_t 分别为总消费水平和劳动时长。Z_t 遵循如下定义：当 $\varphi \neq 1$ 时，$Z_t = [\omega C_t^{1-\varphi} + (1-\omega) G_t^{1-\varphi}]^{\frac{1}{1-\varphi}}$；当 $\varphi = 1$ 时，$Z_t = C_t^{\omega} G_t^{1-\omega}$。其中，$\omega$ 为一般产品权重，φ 为一般产品和公共产品替代弹性的倒数。代表性家庭面临的预算约束为：

$$C_t + M_t/P_t + B_t/P_t + T_t = W_t N_t/P_t + M_{t-1}/P_t + R_{t-1} B_{t-1}/P_t \quad (11.2)$$

其中，B_t 为一年期债券，W_t 为名义工资，R_t 为毛利率。在预算约束下可求解代表性家庭跨期最优消费选择、最优货币持有、最优劳动供给的欧拉方程，依次线性化处理可得：

$$c_t = E_t(c_{t+1}) - [\sigma - (\sigma - \varphi)\kappa]^{-1}[i_t - E_t(\pi_{t+1})] + (\sigma - \varphi)\kappa[E_t(g_{t+1}) - g_t]/[\sigma - (\sigma - \varphi)\kappa] \quad (11.3)$$

$$m_t - p_t = [(\sigma\omega - \varphi\omega + \varphi)c_t + (\sigma - \varphi)(1 - \omega)g_t]/\lambda - i_t/(\lambda i_{ss}) \quad (11.4)$$

$$w_t - p_t = \eta n_t + [(\sigma - \varphi)\omega + \varphi]c_t + (\sigma - \varphi)(1 - \omega)g_t \quad (11.5)$$

其中，c_t、g_t、m_t、p_t、w_t、n_t 等小写字母表示变量对各自稳态的偏离，下同；i_{ss} 为名义利率稳态值，$\pi_t = p_t - p_{t-1}$ 为通胀率，$\kappa = (1 - \omega) \times (G_{ss}/C_{ss})^{1-\varphi}/[\omega + (1 - \omega)(G_{ss}/C_{ss})^{1-\varphi}]$。

（二）厂商部门的经济问题

假定厂商生产函数为 $Y_{jt} = A_t N_{jt}$，A_t 为生产技术。根据 Calvo（1983）的研究，假定每期有 $1 - f$ 比例企业可调整价格，其余 f 比例企业无法对其产品调价。据此粘性假定，可得经线性化处理的价格演变方程（p_t^* 为调价企业新定价格对其稳态的偏离）为：

$$p_t = f p_{t-1} + (1 - f) p_t^* \quad (11.6)$$

卞志村和胡恒强（2016）系统比较了简单粘性价格模型、粘性信息模型、双粘性模型以及混合 NKPC 模型对我国经济的拟合情况，发现兼具前瞻和后顾特征的混合 NKPC 曲线更符合现实经济粘性特质。为此，本章放松调价厂商完全按照利润最大化原则更新价格的假设，假定一部分厂商按照最大化原则调整价格，另一部分厂商依据简单原则调整价格。也即，有 $1 - \delta$ 比例的前瞻性企业，有 δ 比例的后顾性企业。前瞻性企业按最大化利润现值原则确定其产品价格 P_t^f，而后顾性企业只依据简单规则来定价 P_t^b。从而有：

$$p_t^* = \delta p_t^b + (1 - \delta) p_t^f \quad (11.7)$$

前瞻性企业定价遵循最大化利润现值原则：$\max_{p_t^f} E_t \sum_{i=0}^{\infty} f^i \Delta_{i, t+i} [(P_t^f/P_{t+i} - MC_{t+i}) Y_{jt+i}]$。其中，贴现因子 $\Delta_{i, t+i}$ 由 $\beta^i (Z_{t+i}/Z_t)^{\varphi-\sigma} (C_{t+i}/C_t)^{\varphi}$ 决定，MC_t 为实际边际成本。在需求约束条件下求解，可得前瞻性企业最优定价方程，线性化处理后即得：

$$p_t^f = (1 - f\beta) \sum_{i=0}^{\infty} (f\beta)^i E(mc_{t+i} + p_{t+i}) \qquad (11.8)$$

对于后顾性厂商,其价格为上期新定价格与通胀率之和,亦即:

$$p_t^b = p_{t-1}^* + \pi_{t-1} \qquad (11.9)$$

联立式(11.6)至式(11.9)可得:$\pi_t = \zeta_1 E_t \pi_{t+1} + \zeta_2 \pi_{t-1} + \zeta_3 x_t$。其中,$\zeta_1 = \dfrac{f\beta}{f + (1-\omega)\delta + f\beta\delta}$,$\zeta_2 = \dfrac{\delta}{f + (1-\omega)\delta + f\beta\delta}$,$\zeta_3 = \dfrac{(1-\omega+\omega\sigma+\eta\ell)(1-f)(1-\delta)(1-f\beta)}{(f+\delta-\delta\omega+f\beta\delta)\ell}$,$\ell = C_{ss}/Y_{ss}$,$x_t$ 为产出缺口。对联立所得式进一步转换,可将 NKPC 曲线表示为含有政府公共支出、消费和技术进步的形式:$\pi_t = \zeta_1 E_t \pi_{t+1} + \zeta_2 \pi_{t-1} + \zeta_3(\nu g_t + \ell c_t - \vartheta a_t) + s_t$。其中,$\nu = \dfrac{(\eta+\sigma)\ell}{1-\omega+\omega\sigma+\eta\ell} - \ell$,$\vartheta = \dfrac{(\eta+1)\ell}{1-\omega+\omega\sigma+\eta\ell}$;$s_t = \rho_s s_{t-1} + \varepsilon_t^s$ 表示总供给冲击,ρ_s 为自回归参数,ε_t^s 为冲击扰动项。可发现,若满足 $\zeta_3 \nu > 0$,则说明政府支出的当期正向冲击必然带来通胀水平的当期正向波动。

此外,基于 $Y_t = C_t + G_t$ 这一均衡条件,转化式(11.3)可得产出缺口形式的动态 IS 曲线:

$$x_t = E_t(x_{t+1}) - \ell[i_t - E_t(\pi_{t+1})]/[\sigma - (\sigma - \varphi)\kappa] + d_t \qquad (11.10)$$

其中,$d_t = \rho_d d_{t-1} + \varepsilon_t^d$ 为总需求冲击,ρ_d 为自回归参数,ε_t^d 为冲击扰动项。

(三) 财政当局的决策问题

财政当局通过税收、发行货币和债券为其公共产品支出融资,满足如下政府预算平衡式:

$$G_t = T_t + (B_t - R_{t-1}B_{t-1})/P_t + (M_t - M_{t-1})/P_t \qquad (11.11)$$

参照 Davig 和 Leeper (2011) 的研究,本章假定财政税收政策反应函数满足如下形式:

$$r\tau_t = l_1(s_t^f) r\tau_{t-1} + l_2(s_t^f) r b_{t-1} + l_3(s_t^f) x_t + l_4(s_t^f) r g_t + \varepsilon_{ft} \qquad (11.12)$$

其中，$r\tau_t$、rb_t、rg_t 分别表示税收、债务、政府支出比例对各自稳态的偏离；$l_1(s_t^f)$、$l_2(s_t^f)$、$l_3(s_t^f)$、$l_4(s_t^f)$ 分别为当期税收对上期税收、债务、产出、政府支出偏离的反应弹性；s_t^f 表示对应财政政策区制，ε_{ft} 为冲击扰动项。根据 Leeper (1991) 的研究，当 l_2 足够小且 $l_4 < 1$ 时财政政策遵循主动型操作范式，政府对债务和财政可持续性的重视程度较低；而当 l_2 较大且 $l_4 \geq 1$ 时财政政策遵循被动型操作范式，政府充分考虑债务稳定和财政可持续性。同时，本章假定财政支出满足 $g_t = \rho_g g_{t-1} + \varepsilon_{gt}$，其中 ρ_g 为自回归参数，ε_{gt} 为冲击扰动项。

（四）中央银行的决策问题

本章采用如下形式刻画央行货币政策实践：

$$i_t = k_1(s_t^m) i_{t-1} + k_2(s_t^m) \pi_t + k_3(s_t^m) x_t + \varepsilon_{it} \tag{11.13}$$

其中，$k_1(s_t^m)$ 为利率平滑参数，$k_2(s_t^m)$、$k_3(s_t^m)$ 分别为利率对通胀和产出偏离的反应弹性；s_t^m 表示对应货币政策区制，ε_{it} 为冲击扰动项。同理，根据利率对通胀反应弹性大小可区分货币政策类型：当 $k_2 < 1$ 时，货币政策调控遵循被动型操作范式，表示利率对通胀反应不足；而当 $k_2 \geq 1$ 时，货币政策调控遵循主动型操作范式，即央行利率调整充分考虑物价稳定。

第三节　宏观政策协调配合范式识别与参数设定

我国宏观政策调控究竟遵循何种政策搭配范式？本章基于现实经济运行数据采用 Markov-Switch 方法进行估计识别，同时对模型其余结构性参数予以校准。

一　参数估计：财政货币政策协调配合范式识别

本章在政策方程式（11.12）、式（11.13）基础上采用马尔可夫区制（两区制，即 $s_t^f = 1, 2$，$s_t^m = 1, 2$）转移方法对转移参数予以估计。本章主要选取税收、政府支出、债务余额、利率、产出、通货膨胀等变量作为参数估计的基本观测变量；考虑到我国国债余额季度数据无法获取，本章选取年度层面数据，通过对央行历年存款基准利率调整加权平均得到年度利率数据。对于所有观测变量，均采用 HP 滤波处理后再用来估计参数。

综上，本章分别对财政、货币政策规则模型进行马尔可夫区制转移估计，估计结果如表 11.2、表 11.3 所示。根据前文定义的财政货币政策操作范式判定标准，当财政政策操作不考虑政府预算约束以及非致力于保持债务稳定时，该类财政政策即为"主动型财政政策"，具体表现为税收调整对支出偏离反应不足并且对债务偏离反应系数较小（即 $l_4 < 1$ 且 l_2 较小时），反之即为"被动型财政政策"；当央行名义利率调整对通胀偏离做出充分反应时，这类货币政策即为"主动型货币政策"，具体表现为名义利率变动能促使真实利率据经济周期调整（即 $k_2 \geq 1$ 时），反之即为"被动型货币政策"。参照上述关于财政货币政策类型的定义，本章对两种政策规则下的两种区制进行了属性区分，表 11.2 中区制 1 属于被动型财政政策区制，区制 2 属于主动型财政政策区制；表 11.3 中区制 1 为被动型货币政策区制，区制 2 为主动型货币政策区制。

表 11.2 估计结果还显示，被动型财政政策区制保持自我状态的概率为 58.13%，由"被动型财政政策"转换至"主动型财政政策"区制的概率达到 41.87%；而主动型财政政策区制保持自我状态的概率高达 91.28%，由"主动型财政政策"转换至"被动型财政政策"区制的概率仅为 8.72%。从平均持续期来看，被动型财政政策区制的平均持续期为 2.3883 年，而主动型财政政策区制的平均持续期达到 11.4694 年。由此可见，改革开放以来我国财政政策主要遵循"主动型"操作范式。进一步观察表 11.3，可发现主动型货币政策区制保持自我状态的概率仅为 40.55%，由"主动型货币政策"转换至"被动型货币政策"区制的概率达到 59.45%；而被动型货币政策区制保持自我状态的概率高达 86.51%，由"被动型货币政策"转换至"主动型货币政策"区制的概率仅为 13.49%。从平均持续期来看，主动型货币政策区制的平均持续期为 1.6820 年，而被动型货币政策区制的平均持续期达到 7.4135 年。据此可判断改革开放以来我国货币政策主要遵循"被动型"操作范式。

表 11.2　财政政策规则 Markov-Switch 参数估计结果

区制	$l_1(s_t^f)$	$l_2(s_t^f)$	$l_3(s_t^f)$	$l_4(s_t^f)$	区制转移概率	平均持续期（年）	对数似然值
区制 1 PF	−0.0342 [−0.4684, 0.4001]	0.5051 [0.0838, 0.9264]	0.4635 [−0.0472, 0.9743]	1.6644 [0.9386, 2.3902]	$P(1,1)=0.5813$ $P(1,2)=0.4187$	2.3883	71.8285
区制 2 AF	0.0395 [−0.2326, 0.3115]	0.0510 [−0.0326, 0.1347]	0.2376 [0.0003, 0.4749]	0.5024 [0.2169, 0.7880]	$P(2,1)=0.0872$ $P(2,2)=0.9128$	11.4694	

注：方括号内为各参数估计的 90% 置信区间。下同。

表 11.3　货币政策规则 Markov-Switch 参数估计结果

区制	$k_1(s_t^m)$	$k_2(s_t^m)$	$k_3(s_t^m)$	区制转移概率	平均持续期（年）	对数似然值
区制 1 PM	0.4849 [0.1922, 0.7775]	0.6297 [−0.1795, 1.4390]	0.9155 [−0.0129, 1.8440]	$P(1,1)=0.8651$ $P(1,2)=0.1349$	7.4135	24.7736
区制 2 AM	0.6447 [0.6232, 0.6662]	1.3220 [1.2644, 1.3796]	1.5944 [1.5131, 1.6757]	$P(2,1)=0.5945$ $P(2,2)=0.4055$	1.6820	

第十一章 经济稳定视角下货币政策与财政政策协调研究

图 11.1、图 11.2 分别刻画了 1980 年以来财政和货币政策操作概率区制，可发现我国财政政策主要遵循"主动型"操作范式，仅在 1985~1986 年以及 1994~1996 年满足"被动型"特征；货币政策主要遵循"被动型"操作范式，仅在 1980~1981 年、1984 年、1992~1993 年、2001 年、2012~2013 年满足"主动型"特征。也即，我国宏观政策调控主要采取以主动型财政政策和被动型货币政策为主的搭配体制。这与我国财政货币政策实践基本一致，改革开放以来政府为促进经济快速增长主要实行了赤字型财政政策，且对债务稳定的重视不足导致当前我国债务风险不断积聚；大量经验分析也表明利率对通胀缺口的反应系数一般在 0.5 和 1.0 之间，我国利率对通货膨胀反应不足（刘金全、张小宇，2012）。

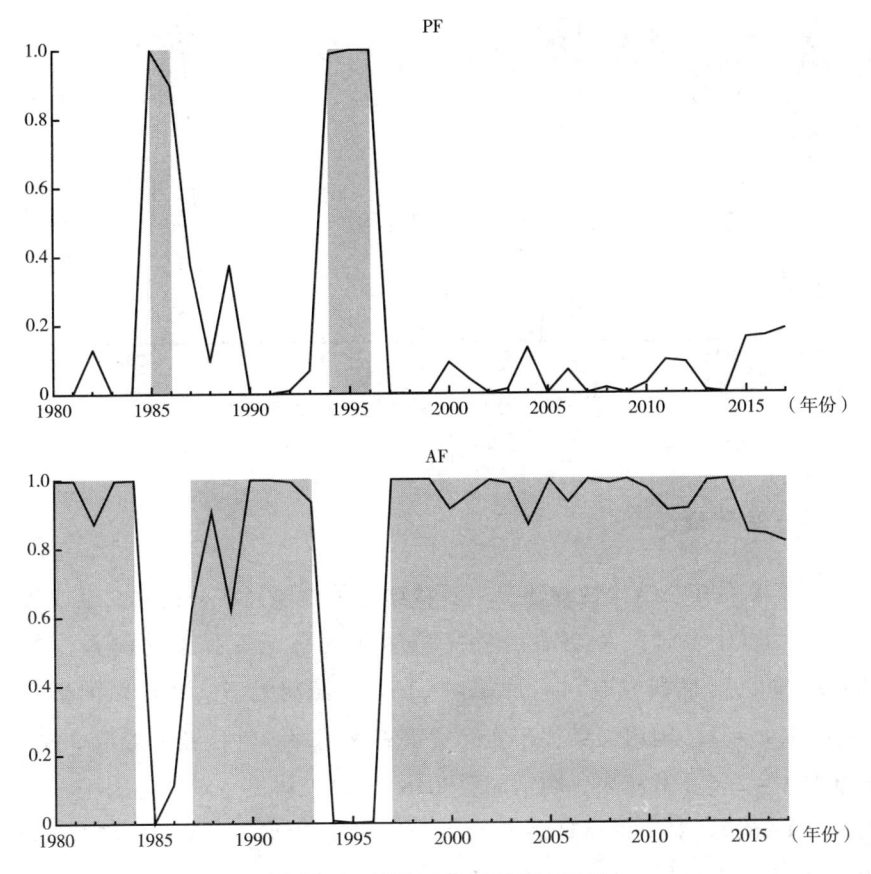

图 11.1 财政政策规则概率区制

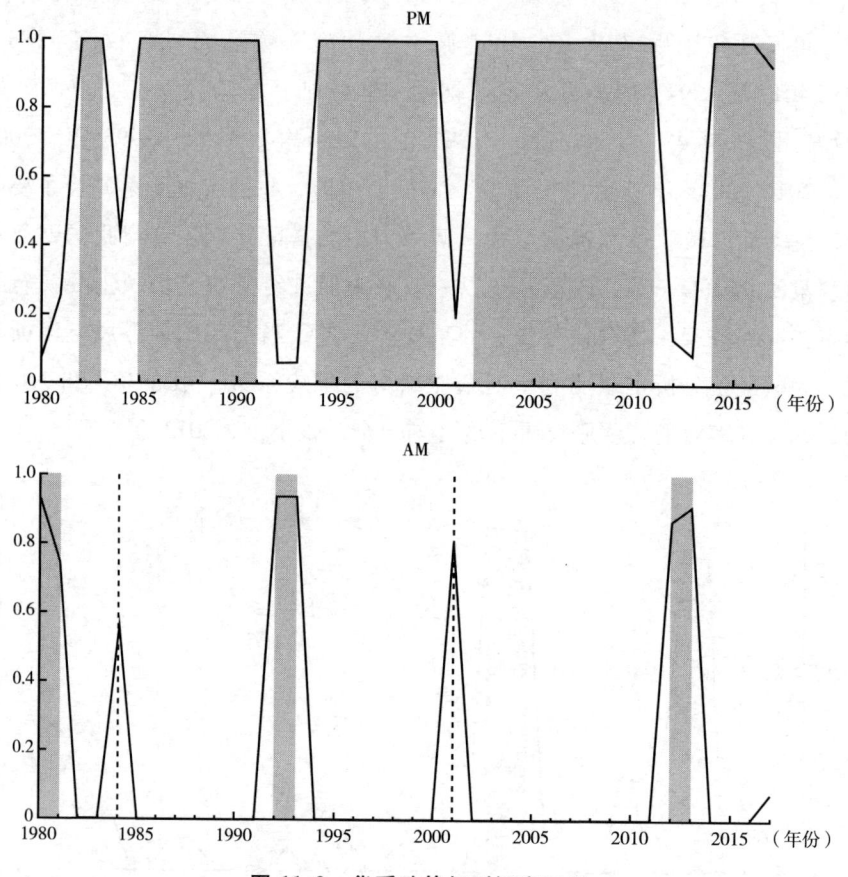

图 11.2 货币政策规则概率区制

二 参数校准

对于模型其余结构性参数,主要根据有关中国经济分析的文献或数据校准而得。对于居民跨期消费替代弹性和效率工资弹性的倒数,参照 Zhang (2009) 的研究取 $\sigma = 2$, $\eta = 6.16$。参照胡爱华 (2013) 的研究取 $\omega = 0.9$, $\varphi = 1$。国内文献关于实际货币需求利率弹性倒数一般取 3 左右,本章取 $\lambda = 2.6$ (范从来、高洁超,2018)。对于居民主观贴现因子,本章取 $\beta = 0.9629$。对于价格稳态 P_{ss},为不失一般性取 1。参照刘斌 (2009) 的研究,本章取 $C_{ss}/Y_{ss} = 0.7385$, $T_{ss}/Y_{ss} = 0.2692$, $B_{ss}/(P_{ss}Y_{ss}) = 0.2$, $M_{ss}/(P_{ss}Y_{ss}) = 2$。对于一阶自回归系数,本章统一取 $\rho = 0.7$。

第四节 最优财政货币政策协调配合范式选择

在参数估计与校准的基础上,本章进一步结合脉冲响应和福利损失数值模拟分析以探讨不同财政货币政策组合"熨平"经济周期的能力,并据此遴选最优财政货币政策协调配合范式。

一 外生冲击动态脉冲响应分析

根据 Leeper(1991,1993)的研究,本章主要对存在唯一理性预期均衡解的两种政策组合(AF-PM 以及 PF-AM)进行模拟比较分析。图 11.3 至图 11.6 分别刻画不同政策组合下外生政策性冲击(利率扰动冲击、公共支出冲击)以及总需求、总供给冲击对通胀、产出等主要经济变量的影响。

(一)利率扰动冲击

图 11.3 描述利率扰动冲击在两种政策组合下对主要经济变量的脉冲响应结果。当对利率施加单位标准差的正向冲击时,两种政策组合体制下通胀均会明显下降,产出、私人消费、总消费均会大幅挤出。其中,通货膨胀约在 10 期后回归稳态,产出约在 6 期后回归稳态,私人消费和总消费均约在 7 期后收敛于稳态。进一步对比利率冲击在两种政策组合下造成的经济均衡偏离程度,可发现 PF-AM 组合下的通胀、产出、消费偏离程度低于 AF-PM 组合。这表明,以 PF-AM 搭配为主的组合体制能更好地吸收货币政策意外冲击对经济波动的影响。

(二)政府公共支出冲击

图 11.4 刻画了公共支出冲击在两种政策组合下对主要经济变量的脉冲响应结果。当对政府支出施加单位标准差正向冲击时,两种政策组合下通胀均显著增加,在需求乘数作用下产出正向偏离,但对私人消费具有负向偏离效应。进一步从经济均衡偏离的稳态收敛速度来看,两种组合下产出约在 12 期后回归稳态,私人消费约在 13 期后回归稳态,总消费约在 15 期后回归稳态;但两种政策组合下通胀向稳态收敛的速度则呈现差异性,其中 AF-PM 搭配下通胀约在 16 期后回归稳态,而 PF-AM 组合下则

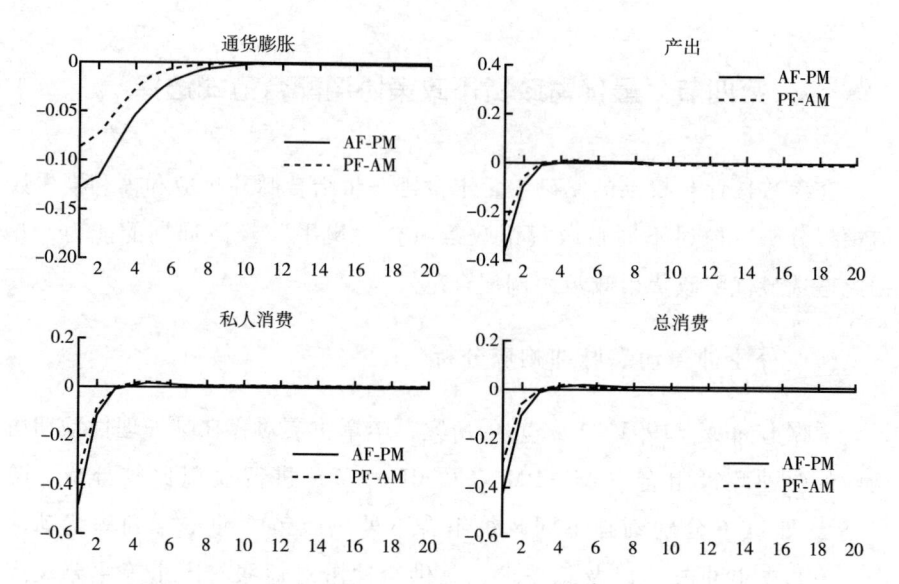

图 11.3 不同政策搭配组合下利率扰动冲击对主要经济变量的脉冲响应

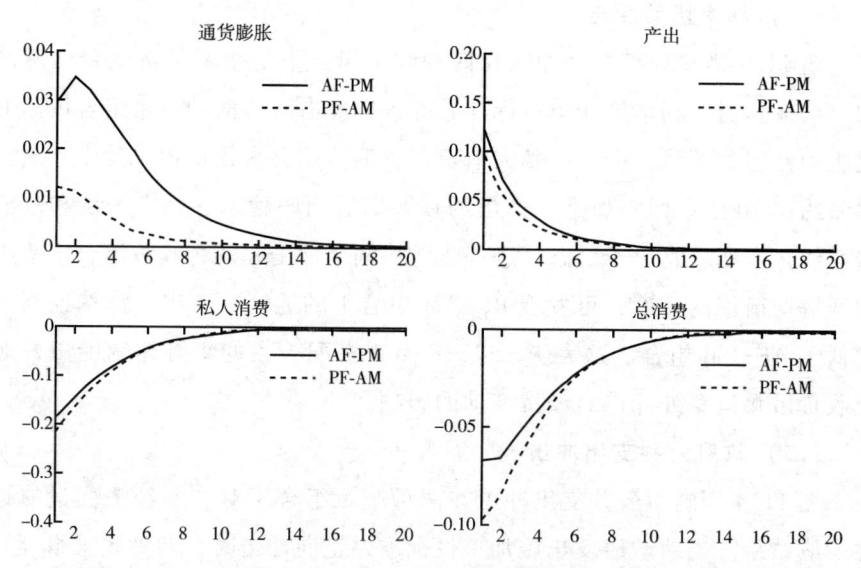

图 11.4 不同政策搭配组合下公共支出冲击对主要经济变量的脉冲响应

在 10 期后回归稳态（较前者提前 37.50%）。这表明政府支出对经济存在长期效应，政府随意的财政支出扩张本身即为经济波动的内在根源；同时也表明当经济面临政府支出意外冲击时，PF-AM 组合能更快促进通胀回归稳态均衡。

从经济均衡偏离程度来看，政府支出冲击在 AF-PM 搭配情形下导致通胀和产出均衡偏离较大，但其对私人消费和总消费的挤出小于 PF-AM 搭配情形。这主要是因为：政府支出增加需大量债务融资支持，而理性的居民认为政府当期债务发行无非是延期的税收，最终需通过税收来偿还，在"负财富效应"心理定律作用下理性居民会减少私人消费，这也是多年来我国经济持续高增长而居民消费长期萎靡的原因；而在 PF-AM 搭配情形下，政府因无法通过发行铸币税以维持财政可持续性，财政当局便会严格遵循预算约束以致政府税收对公共支出的随机冲击反应敏感，也即增加政府公共支出意味着增税，这种增税效应的直接性和即时性便会导致短期内政府支出冲击在 PF-AM 搭配情形下较 AF-PM 搭配情形下对私人消费造成更大挤出。

（三）总需求冲击

观察图 11.5，正向总需求冲击发生时通胀、产出、消费均正向偏离。从变量向稳态收敛的速度来看，AF-PM 组合下通胀在冲击发生 16 期后回归稳态，产出和消费均在 7 期后收敛于稳态；而 PF-AM 组合下通胀在 11 期后回归稳态（较前者提前 31.25%），产出和消费在 3 期后回归稳态（较前者提前 57.14%）。这表明总需求冲击对通胀存在长期效应，而对产出和消费主要表现为短期影响；同时也表明总需求冲击发生时 PF-AM 能更快促进经济收敛于稳态。进一步从经济均衡偏离程度视角分析，可知总需求冲击在 PF-AM 组合下引致的通胀、产出、消费偏离明显低于 AF-PM 组合，也即 PF-AM 搭配能更好地缓解总需求冲击导致的经济波动。

（四）总供给冲击

图 11.6 刻画了总供给冲击的脉冲响应结果。首先从变量偏离的方向来看，当经济体面临单位标准差的正向总供给冲击时，通胀明显负向偏离，产出和消费均正向偏离。从变量向稳态收敛速度来看，通胀、产出和消费均约在冲击发生 17 期后回归稳态，这表明总供给冲击对经济存在长期影响。而从变量偏离程度视角分析，可知总供给冲击在两种政策体制组合下造成的偏离程度存在异质性：AF-PM 组合下引致的通胀偏离程度显著大于 PF-AM 组合，但引致的产出和消费偏离程度则低于 PF-AM 组合。这主要是因为总供给冲击对通胀和产出的影响方向截然相反，且对价格下行的影响更

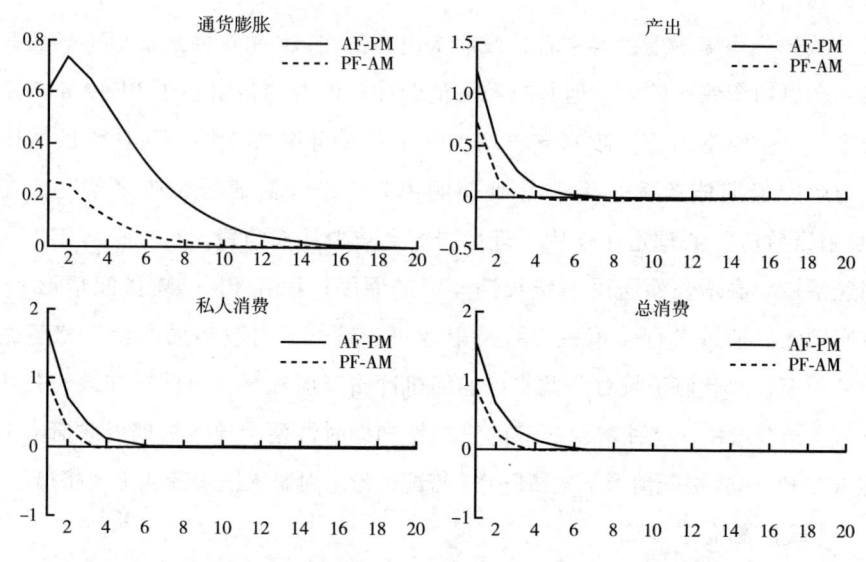

图 11.5　不同政策搭配组合下总需求冲击对主要经济变量的脉冲响应

大，央行出于稳定物价的考虑会下调名义利率。根据前文定义，显然 PF-AM 组合下名义利率下行调整更加充分，由此促使经济遭遇通缩的程度得到更有效的缓解，而利率的充分下降则会进一步加剧产出和消费的正向偏离。

二 宏观经济波动和社会福利损失分析

（一）多种冲击下的宏观经济波动

在脉冲响应分析基础上，本章进一步参照李春吉和孟晓宏（2006）的研究思路，系统考察单位标准差的外生冲击对经济变量波动程度的影响。表 11.4 具体刻画 AF-PM 以及 PF-AM 两种政策组合下外生冲击引致的经济变量波动标准差。可发现与 PF-AM 搭配体制相比，AF-PM 搭配体制下利率扰动冲击引致的通胀、产出、私人消费波动标准差分别为前者的 1.58 倍、1.38 倍、1.38 倍，公共支出冲击造成的通胀、产出和私人消费波动标准差分别为前者的 3.48 倍、1.26 倍、0.87 倍，总需求冲击导致的通胀、产出和私人消费的波动标准差分别为前者的 3.47 倍、1.87 倍、1.87 倍，总供给冲击导致的通胀、产出和私人消费波动标准差分别为前者的 1.63 倍、0.61 倍、0.61 倍。据此，不难发现 AF-PM 搭配体制更易

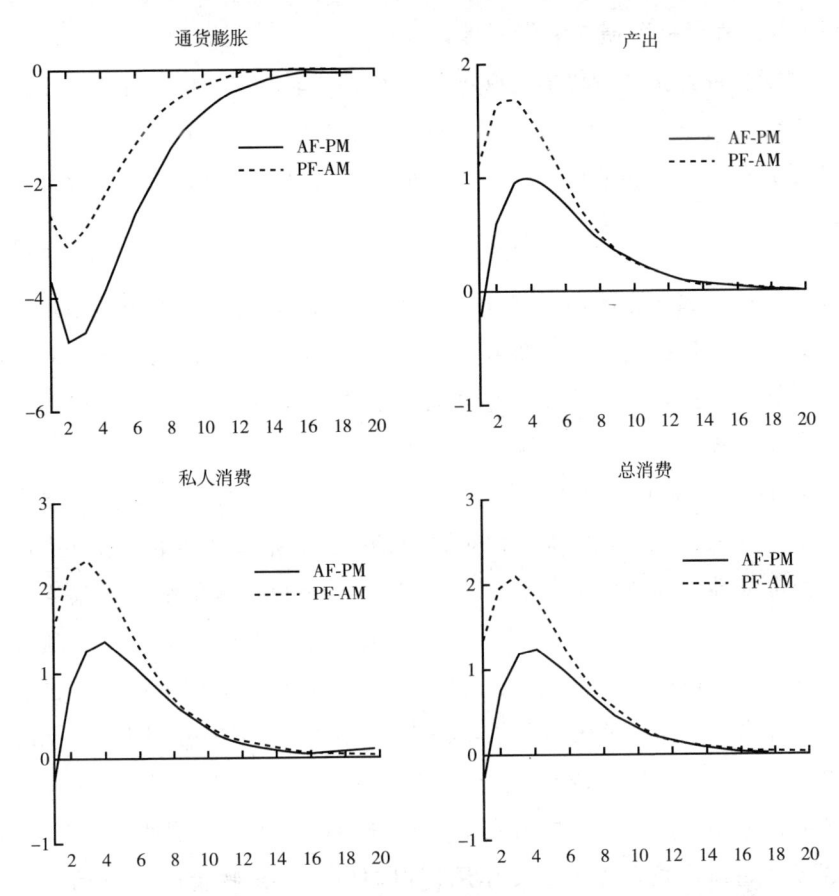

图 11.6　不同政策搭配组合下总供给冲击对主要经济变量的脉冲响应

放大外生政策扰动和总需求冲击对宏观经济波动的影响，而 PF-AM 组合体制更易减小外生政策扰动和总需求冲击造成的经济波动；总供给冲击情形下 PF-AM 组合亦能更有效地管理通胀，但会引发意外产出波动。

表 11.4　各经济冲击下主要经济变量的波动标准差

冲击类型	AF-PM 组合			PF-AM 组合		
	通货膨胀	产出	私人消费	通货膨胀	产出	私人消费
利率扰动冲击	0.2025	0.3778	0.5115	0.1280	0.2740	0.3710
公共支出冲击	0.0671	0.1538	0.2920	0.0193	0.1218	0.3342
总需求冲击	1.4236	1.3758	1.8630	0.4100	0.7356	0.9960
总供给冲击	9.9596	2.1263	2.8792	6.1000	3.5063	4.7478

（二）社会福利损失量化分析

判断宏观经济政策优劣的标准之一在于其能否有效应对外生冲击造成的宏观经济波动，也即"熨平"经济周期的能力。为此，本章采用综合反映通胀和产出波动的社会福利损失指标来量化不同政策组合消化外生冲击的能力。假设福利损失函数为：$L = E_t \sum_{i=1}^{20} \beta^i (\pi_{t+i}^2 + \psi x_{t+i}^2)$。其中，$\psi$ 度量政府稳定产出和通胀的偏好程度，ψ 越大表示政府越倾向于产出稳定，反之越倾向于物价稳定。本章取 ψ 分别为 0.5、1.0、1.5，代表政府对通胀和产出缺口关注程度的差异，并据此考察 20 期内不同政策搭配组合下各经济冲击的社会福利损失情况。

表 11.5 刻画了各经济冲击在不同政策组合下造成的相对福利损失情况。不难发现，无论政府拥有何种目标偏好，利率扰动冲击、公共支出冲击、总需求冲击和总供给冲击在 AF-PM 组合下所造成的福利损失均明显高于 PF-AM 组合，AF-PM 组合消化总需求冲击的能力最差。单独考察政府同等关注通胀和产出稳定的情形，AF-PM 组合下利率扰动冲击、公共支出冲击、总需求冲击、总供给冲击引致的福利损失分别为 PF-AM 搭配组合的 2.0089 倍、1.8515 倍、5.5265 倍、2.0951 倍。毋庸置疑，改革开放以来以 AF-PM 搭配为主的需求管理调控，对实现我国长达近 40 年的经济高速增长发挥了重要作用，但同时也导致物价剧烈波动、债务积聚、产能过剩、消费萎靡等诸多现实问题。为此，在当前推进经济发展方式从"规模速度型"转向"质量效率型"的背景下，宏观调控应考虑从以 AF-PM 组合为主的搭配范式逐步向以 PF-AM 组合为主的搭配范式转型，以进一步提高宏观调控效率，更好推动新时代经济高质量稳健发展。

表 11.5 各经济冲击下不同政策组合的社会福利损失比较

指标	偏好参数	利率扰动冲击	公共支出冲击	总需求冲击	总供给冲击
$\dfrac{L_{AF-PM}}{L_{PF-AM}}$	$\psi = 0.5$	2.0840	2.0962	6.7777	2.3400
	$\psi = 1.0$	2.0089	1.8515	5.5265	2.0951
	$\psi = 1.5$	1.9776	1.7672	4.9664	1.9043

第五节 研究结论与政策建议

立足党的十九大报告关于推动新时代经济高质量发展的现实要求，本章系统探讨了如何深化财政货币政策协调配合以促进宏观经济行稳致远。综合本章研究，主要得到如下结论与政策建议。

第一，财政政策在价格决定中同样发挥着重要作用，政府管理通胀时不应仅盯住货币政策。通过推导混合NKPC曲线，可发现政府公共支出对价格有直接决定作用；基于政府公共支出冲击的数值模拟分析也表明，通货膨胀不仅仅是一种货币现象。鉴于近年来货币政策在管理通胀时屡屡失效，本章认为政府今后在治理通胀时不应仅依赖货币政策，还应考虑财政政策以及政策组合搭配的作用，构建财政政策、货币政策与价格政策相协调的政策体系。

第二，政府以公共支出扩张为主的积极性财政政策对居民消费存在较大挤出效应，未来财政宏观调控可考虑向结构性减税转型，以促进需求结构改善和供给侧优化升级。脉冲响应分析表明，无论在何种政策组合下，政府公共支出扩张均会挤出私人消费，且在主动型货币政策和被动型财政政策组合下对消费造成的挤出更大。有鉴于此，本章认为在当前投资动力不足、出口表现差的形势下，未来政府财政宏观调控应由大规模支出扩张政策向结构性减税转型，以降低居民"负财富效应"的心理预期，有效促进需求结构向消费驱动转型，并通过降低居民、企业税负助力供给侧优化升级。而由于我国特殊的财政分权体制，中央和地方财权事权的长期不匹配在相当程度上导致当前债务风险积聚和财政风险金融化转移。为此，政府完善财政宏观调控尚需注重加快推进中央和地方财权事权的合理划分，并有效规范和约束地方政府非理性财政支出扩张行为，以避免债务风险过度积聚而导致金融不稳定发生。

第三，政府宏观调控应考虑从以主动型财政政策和被动型货币政策组合为主的搭配范式逐步向以主动型货币政策和被动型财政政策组合为主的搭配范式转型，以进一步提高宏观调控效率，更好引领新常态经济稳健可持续发展。对财政货币政策规则方程的转移参数估计结果表明，改革开放以来我国宏观调控主要采取了以主动型财政政策和被动型货币政策组合为主的搭配体制。但通过动态脉冲响应和社会福利损失分析，本章发现无论经济发生何种外生冲击，主动型货币政策和被动型财政政策组合消化外生冲击导致的宏观经济波动能力均明显占优，而主动型财政政策和被动型货币政策组合"熨平"经济周期的效果相对较差。

随着中国经济步入高质量发展阶段，宏观调控思路理应及时做出优化调整和创新。本章认为在当前推进经济发展方式从"规模速度型"转向"质量效率型"的新时代背景下，主动型货币政策和被动型财政政策搭配组合是促进宏观经济行稳致远的最优财政货币政策协调配合范式。未来财政政策调控在关注经济增长的同时还应综合考虑债务和物价稳定，通过强化财政政策操作的规则性和硬化预算约束等，有效引导公众形成合理预期，推进财政可持续演进；央行应强化货币政策主动作为的能力，具体可通过明确并减少货币政策关注目标、提高政策透明度、强化预期管理等增强央行独立性、提升货币政策调控效率。

第十二章
"稳金融"宏观调控框架建构的政策思路研究

2008年后,中国经济伴随国际金融危机的深刻影响而进入深度调整阶段,经济高速增长态势难以为继,长期经济高增长背后隐藏的各类风险显性化,金融杠杆日益高企、政府债务风险不断积聚、影子银行规模快速扩张、房地产市场投机日盛等问题越发凸显。在此背景下,党的十九大报告强调,要坚决打好防范化解重大风险、精准脱贫、污染防治三大攻坚战,并明确指出要健全金融监管体系,守住不发生系统性金融风险的底线。2017年12月,中央经济工作会议进一步指出,打好防范化解重大风险攻坚战,重点是防控金融风险,要服务于供给侧结构性改革这条主线,促进形成金融和实体经济、金融和房地产、金融体系内部的良性循环,做好重点领域风险防范和处置工作,坚决打击违法违规金融活动,加强薄弱环节监管制度建设。党的二十大报告进一步强调,要加强和完善现代金融监管,强化金融稳定保障体系,守住不发生系统性风险底线。

与此同时,继2010年中国GDP超过日本成为仅次于美国的世界第二大经济体之后,美国频繁掀起中美冲突,先于奥巴马执政时期推行"亚太再平衡战略",意图遏制中国发展;并于特朗普执政时期对华挑起贸易争端,明确将中国视为头号威胁和战略竞争对手,频频对华展开极限施压;拜登执政时期仍保持将中国视为头号战略竞争对手和最大外部挑战的定位不变,推出"全面竞争、有限合作、重点对抗"的策略,试图削弱中国的竞争优势。这些外部政治经济环境的急剧变化使得中国经济发展不确定性不断增强,如何在当前复杂内外部环境下实现中国经济高质量发展,考验着各级政府及各市场主体的集体智慧。值此之际,2018年7月

31日，中共中央政治局召开会议，首次提出"六稳"方针；2018年12月13日，中共中央政治局召开会议，分析研究2019年经济工作，再次强调"六稳"政策目标；2019年12月6日，习近平总书记主持中共中央政治局会议研究2020年经济工作，强调要坚决打赢三大攻坚战，全面做好"六稳"工作；2020年12月、2021年12月，习近平总书记主持中共中央政治局会议研究部署2021年、2022年经济工作时，继续强调要做好"六稳"工作，落实"六保"任务。"六稳"工作指稳就业、稳金融、稳外贸、稳外资、稳投资、稳预期工作。"稳金融"被置于仅次于"稳就业"的第二要位，由此可见促进金融稳定无疑是现阶段宏观调控的工作重点。

鉴于当前中国经济发展面临的金融高杠杆、影子银行快速扩张、地方政府债务风险积聚、房地产泡沫化演进等主要金融风险日益显性化，以及中国面临的外部政治经济环境日趋复杂，笔者认为需加快完善宏观金融稳定调控框架，促进宏观金融治理体系不断优化，据此为实现中国经济高质量发展保驾护航。具体而言，本书认为应全面立足中国经济金融发展实践特征，着力从以下八大路径出发，致力于建构科学高效的"稳金融"宏观调控框架：一是有效确立系统重要性金融机构名单，实施差异化重点监管；二是深化金融领域供给侧结构性改革，引导金融杠杆合理演进；三是加强对影子银行风险常态化监管，促进影子银行规范可持续发展；四是强化地方政府显隐性债务综合管理，推动地方政府财政可持续演进；五是科学建构房地产金融审慎监管制度，有效防范房地产金融风险；六是健全低利率时代货币政策调控体系，有效应对低利率困境约束；七是加强货币政策与宏观审慎政策合理协调，防范化解系统性金融风险；八是加强货币政策与财政政策协调配合，以"经济稳"促"金融稳"。

一 加强金融机构风险溢出与传染效应监测评估，有效确立系统重要性金融机构名单，实施差异化重点监管

金融机构风险传染与溢出是导致系统性金融风险骤升的重要推动剂，甄别具有显著金融风险外溢效应的金融机构并加强监管至关重要。第三章运用分位数回归的CoVaR方法测度了我国96家公开上市的金融机构系统性风险贡献程度。实证结果表明，我国金融行业的关联性很强，银行业和

保险业金融机构与整个金融行业的关联性较大，证券业金融机构的相关系数相对较小，这主要与各金融机构的资产规模有关；分位数回归结果表明，金融机构风险传染具有普遍性，且金融机构规模越大风险传染程度越高，但风险传染均呈现衰减特性；根据风险溢出测度结果，金融机构对整个金融体系风险溢出强弱与金融机构资产规模大小不完全具有协同性，资产规模并不突出的宁波银行、渝农商行、长江证券、东北证券等中小型金融机构风险溢出排名反而靠前，国有大型商业银行系统性风险贡献度并非最高，规模庞大的银行业金融机构对金融体系的风险溢出也并不像想象中那么明显。为此，本书的研究亦提醒学界在探究系统性风险时不应仅盯住大规模的银行业金融机构，还应关注经营波动性较大的保险业和证券业金融机构。

基于此，本书认为应准确评估金融机构风险溢出与传染效应，有效确立系统重要性金融机构名单，实施差异化重点监管。具体而言，可凝练为以下三点政策建议。①金融机构风险传染具有普遍性，监管部门在监管时不应仅关注金融机构个体层面的微观审慎合规监管，还应更多考虑金融机构彼此间的风险溢出影响，加强对金融风险跨机构、跨市场、跨行业传染的监测评估，完善基于系统层面和整体层面的宏观审慎监管。②金融机构系统性风险溢出在很大程度上与机构自身的经营管理水平有较强关联，并非完全取决于资产规模，监管部门在进行监管时应加强对金融机构本身经营能力、管理水平的监管，重视经营波动性较强、稳定性较差的中小型金融机构风险，以美国硅谷银行破产倒闭为警示，防范个体风险敞口演变为共同风险敞口。③根据金融机构风险溢出的实际贡献程度而非资产规模大小，正确确立我国系统重要性金融机构名单，重点加强对高风险溢出行业及高风险溢出区域的监管，尤其重视银行业与保险业的金融风险溢出以及东部与东北地区的金融风险溢出。

2020年12月，中国人民银行、中国银保监会联合发布《系统重要性银行评估办法》，明确了我国系统重要性银行认定的基本规则、评估目的、评估方法和流程。它们每年发布名单，根据名单对系统重要性银行进行差异化监管，切实维护金融稳定。为完善宏观审慎政策框架，加强对系统重要性银行的监管。中国人民银行、中国银保监会已于2021年10月

15日立足2020年数据发布我国系统重要性银行名单，评估认定19家国内系统重要性银行，包括6家国有商业银行、9家股份制商业银行和4家城市商业银行。按系统重要性得分，这19家银行被从低到高分为五组：第一组8家，包括平安银行、光大银行、华夏银行、广发银行、宁波银行、上海银行、江苏银行、北京银行；第二组4家，包括浦发银行、中信银行、民生银行、邮储银行；第三组3家，包括交通银行、招商银行、兴业银行；第四组4家，包括工商银行、中国银行、建设银行、农业银行；第五组暂无银行进入。鉴于当前保险业及证券业市场发展迅猛，保险机构及证券机构数量激增而质量参差不齐，且银证保混业经营趋势越发明显、隐性或显性交叉业务日渐增多，建议中国人民银行、国家金融监督管理总局、中国证监会等相关部门进一步制定《系统重要性保险机构评估办法》及《系统重要性证券机构评估办法》，定期发布我国系统重要性保险机构名单和系统重要性证券机构名单，关注非银金融机构系统性风险积聚及溢出情况，深层次实施差异化重点监管。

二 深化金融领域供给侧结构性改革，引导金融杠杆合理演进，推动金融资金"脱虚向实"

金融杠杆攀升容易导致资金在金融市场空转，进而引发资产价格泡沫及资金"脱实向虚"问题，引导金融杠杆维持在合理区间有助于提升金融服务实体经济的效率。第四章采用数值模拟和经验分析双重检验方法，尝试构建探讨金融杠杆恶化影响两类主要资产价格波动的系统性框架。首先，通过构建包含家庭、企业、零售商、金融中介、中央银行等多部门经济主体的开放经济 DSGE 模型，从方差分解、乘数效应、脉冲响应分析等多维度研究了金融杠杆恶化对房产价格和汇率波动的影响；其次，通过利用 TVP-VAR-SV 模型的经验分析进一步讨论了我国金融杠杆波动的演变以及金融杠杆波动对房产价格和汇率波动的时变影响。综合第四章研究，发现金融杠杆是影响我国房产价格和汇率波动的重要因素，金融杠杆攀升显著推高了房地产价格并增大了人民币汇率贬值压力。

2008年国际金融危机以来，我国金融杠杆率明显攀升，房地产市场投机属性日益凸显，资金空转和资产价格泡沫化演进等经济"脱实向虚"

现象层出不穷，导致金融对实体经济的"供血"作用日渐式微。从现实来看，房地产价格的持续高企不仅导致居民负债压力增大和有效需求下降，还在一定程度上导致信贷部门不良贷款率恶化，亦不利于中国经济增长方式的转型升级。此外，现阶段亦是人民币国际化的关键时期，保持人民币币值稳定至关重要。立足中国经济发展现实以及第四章研究发现，本书认为政府在制定房地产调控政策和推行人民币国际化时应充分考虑金融杠杆的潜在影响，在推行供给侧结构性改革过程中，除加强实体经济部门去杠杆外，还应注重深化金融部门去杠杆改革，由此避免金融杠杆恶化对房产价格合理运行与汇率稳定造成不良影响。尽管自2018年"资管新规"出台以来，金融部门杠杆率有所回落，但以负债方口径统计的金融部门杠杆率仍处于高位，为此对金融杠杆的合理管控应持续化且长期化。

客观而言，金融杠杆恶化主要指金融机构盲目扩张其资产负债表，并以短期低利率负债撬动长期高回报率资产。就此而言，导致金融杠杆高企的主要原因在于两个方面：一是负债端利率下降，二是资产端回报率攀升。有鉴于此，本书认为合理管控金融杠杆以防范金融风险积聚，具体应遵循如下政策调控逻辑。①加强对金融机构资产负债规模扩张的资本金监管，合理限制金融机构资产投资范围以及投资集中度（特别是房地产贷款集中度），借由窗口指导等工具引导高杠杆金融机构重视资产质量及效率提高，抑制金融机构资产过快扩张，推动金融机构由"规模速度型"向"质量效率型"发展转变。②货币政策应对金融杠杆非合意波动予以适当关注，使用稳健中性的货币政策稳定金融机构短端负债利率，在不触发流动性风险的前提下可适度温和抬升短端负债利率，引导市场形成合理预期，避免短端负债利率过低而触发金融机构资产负债过度扩张。③综合应用微观与宏观审慎政策工具抑制各类金融资产价格泡沫化演进，防范金融资产市场过度投机行为，引导金融资产回报率在合理区间浮动，避免金融资产回报率过高而刺激金融杠杆大幅攀升，促进金融资源在金融资产领域和实体经济领域合理配置。

三 辩证看待影子银行发展演进,加强对影子银行风险常态化监管,促进影子银行规范可持续发展

影子银行风险是当前政府防范金融风险的重点,并被学术界视为中国金融领域的重要"灰犀牛"。第五章具体针对金融风险中影子银行问题展开系统研究,从微观和宏观双重视角深入探究了影子银行规模扩张对金融风险承担的影响。从微观视角来看,第五章首先构建了一个包含银行和企业两部门经济主体的三期动态理论框架,以探究商业银行从事影子银行活动的动机以及为何亟须加强影子银行监管等现实问题;然后运用现实经济数据构建非线性面板回归模型,以检验商业银行影子银行业务扩张对经营绩效和风险承担的影响。区别于微观视角聚焦于商业银行的影子银行业务风险研究,宏观视角研究则关注全社会整体的影子银行资产扩张对系统性金融风险的影响。第五章首先采用主成分分析方法构建了包含七大主要维度因素的宏观系统性金融风险指数,然后构建 TVP-VAR-SV 模型检验了影子银行资产占比对宏观系统性金融风险指数的脉冲影响。通过微观视角的研究,第五章发现高额风险投资收益是驱动商业银行从事影子银行业务的重要动机,但会导致商业银行的过度风险承担,且不同类型商业银行从事影子银行业务造成的风险承担影响存在异质性。通过宏观视角的研究,第五章发现党的十九大以前我国系统性金融风险指数整体呈不断上升趋势,党的十九大以后我国系统性金融风险企稳并大为缓解,而影子银行资产占比变化对系统性金融风险演化存在显著正向影响。

基于微观与宏观双重视角的研究表明,商业银行的影子银行业务扩张会导致其风险承担水平上升,且整体层面的影子银行规模扩张亦会导致宏观系统性金融风险上升。但研究结果也表明,在一定限度内扩张其影子银行业务有利于促进微观金融机构经营绩效提升。从现实金融发展演变来看,伴随多元化市场主体的蓬勃发展,传统信贷渠道已难以满足当前日益复杂的金融需求,影子银行体系正日渐成为现代金融体系不可或缺的组成部分。为此,学界和实务界应理性认识影子银行活动,资本流动性紧缩情形下商业银行的影子银行活动在提升银行自身收益的同时也有利于缓解商业银行所面临的资本约束,进而促使实体经济获得急需的信贷融资。也

即，金融环境恶化情形下商业银行适度的影子银行活动有助于强化银行业金融机构服务实体经济的能力。有鉴于此，笔者认为应充分意识到影子银行活动对金融风险承担的负面外溢影响，但不应对影子银行活动完全报以消极态度。本书认为防范影子银行风险、引导影子银行可持续健康发展，具体应遵循如下政策逻辑。①政府和金融监管部门应辩证看待影子银行业务活动，积极正视影子银行发展带来的正面效应以及潜在风险，尝试建立并逐步完善影子银行监管体系，加强对影子银行业务资产的动态统计监测和信息披露，促进宏观审慎监管与微观审慎监管相结合。②依据"资管新规"引导金融机构影子银行活动规范发展，使其逐步告别过去依赖规避监管套利以实现快速发展的模式，鼓励银保市场和资本市场积极探索影子银行业务创新和产品创新，通过引导影子银行长期可持续发展以促进中国经济实现高质量发展。③充分认识中国影子银行体系与国外发达经济体影子银行体系的区别，重点加强对商业银行影子银行业务的监管，扩大资本金对商业银行表外业务的覆盖面，引导商业银行杠杆率维持在合理区间。④影子银行业务活动具有复杂性、交叉性和隐蔽性，传统分业监管与机构监管模式难以实现对影子银行风险的充分监管，监管部门应推动金融监管体制逐步向集中监管和功能监管体制过渡，加强跨市场、跨机构、跨产品的金融监管协调。

四 强化地方政府显隐性债务综合管理，健全绩效评价和考核问责机制，推动地方政府财政可持续演进

地方政府长期以来的财权与事权不匹配以及官员晋升"锦标赛"竞争机制，造成地方政府债务规模日益膨胀，地方政府债务风险不断累积成为威胁整个财政金融体系安全稳定的巨大"灰犀牛"。第六章系统探究了地方政府债务演化的现状及风险积聚成因，并基于现实数据测算了东部、中部、西部、东北四大地区共31个省区市的地方政府债务违约风险，同时比较不考虑隐性债务和考虑隐性债务两种情形下地方政府债务风险违约情况，据此全面透视我国地方政府债务风险。研究发现，不同地区的地方政府债务风险问题存在显著差异，其中，西部地区和东北地区较为严重，东部地区和中部地区相对较轻。在仅考虑地方政府一般债务和专项债务偿

还的情形下，全国约32.26%的地区存在严重的债务违约风险，具体为天津、青海、贵州、云南、宁夏、广西、甘肃、吉林、黑龙江、辽宁10个地区。伴随隐性债务承担比例不断攀升，地方政府面临的债务违约风险也随之上升，若地方政府承担50%的隐性债务偿还责任，全国约有51.61%的地区存在严重的债务违约风险，其中显性负债率较低的江苏、重庆、湖南、江西等地因隐性债务过度扩张而面临严重的债务风险。若地方政府完全承担隐性债务偿还责任，全国约有77.42%的地区面临着严重的债务违约风险，其中东部高风险地区达到5个（占该区域的50.00%），中部高风险地区达到5个（占该区域的83.33%），西部高风险地区达到11个（占该区域的91.67%），东北高风险地区为3个（占该区域的100.00%）。

立足当前地方政府债务风险持续恶化的态势，本书认为应从中央政府和地方政府两大层级系统审视地方政府债务演化机制与现实状况，强化地方政府债务管理与风险防范。在中央政府层面，应遵循缓解地方政府财政压力、确保财政资金直达基层、严控地方政府低效投资及三公经费预算、定期开展地方债务专项检查等政策逻辑，切实提升地方政府债务管理成效，防范化解地方政府债务风险。具体而言：①针对地方政府对转移支付的依赖问题，中央应多渠道安排资金以弥补地方财政缺口，通过采取新增财政赤字、压减中央本级支出等措施，加大对地方财力支持力度；②优化资金管理方式，确保财力下沉基层，阶段性提高地方财政资金留用比例，加强对库款调度的监测，完善"中央到省、省到市县"的监控机制，及时跟踪监测各级库款情况，逐月通报地方基层财政库款保障情况；③严格执行预算法，强化主体责任，坚决杜绝虚列支出、擅自调整预算等现象发生，督促地方政府切实履行责任，同时健全绩效指标制度、提升绩效目标的设置与评价科学性、理顺预算绩效管理工作中的相关流程；④定期开展项目专项检查，切实加强对地方债务问题严重、举债投资效率低下地区的指导和检查，因地制宜建立健全制度机制，对西部地区和东北地区重点加强一般债务和专项债务管控，对东部地区和中部地区则应逐步开展隐性债务风险监测与预警。

在地方政府层面，应从规范财政预算编制及执行、合理分配各级部门财权与事权、建立财政支出绩效评价体系、严格落实考核问责机制、构建债务风险监测预警机制等方面加强地方政府债务管理，促进地方政府财政可持续演进。具体而言：①地方政府应科学编制财政规划，精细化编制项目支出预算，压缩年中部门预算追加比例，严格执行预算刚性约束，有效解决各级部门预算编制不完整、执行度不高、资金使用效益低、预算绩效管理缺乏刚性约束等问题，改变财政资金重投入、轻管理的现象，密切关注投资项目的运营情况，提高预算执行的规范性和有效性；②完善地方财政体制机制，以法律的形式规范各级政府部门的事权和财权，将政府所承担的多余事权逐步分离，在充分考虑各地实际的情况下拓展地方财政收入来源，科学地划分各税种税收收入在中央和地方的分配比例；③建立覆盖各层级政府部门的财政支出绩效评价体系，通过绩效评价引导各级政府部门优化财政支出结构，鼓励因地制宜推行适合地方发展实际的政府投资战略，削减低效政府投资和政府消费支出，并将绩效评价结果与预算安排挂钩，打破传统财政预算资金分配的固化格局，推动财政支出资金的使用提质增效；④地方政府应增强履职担当与风险意识，建立具有激励约束机制的考核问责制度，抓好预算绩效管理的重点环节，加大财政专项资金整合力度，提高政府投资基金的运作效率，多渠道统筹盘活存量，切实监督自身的举债行为；⑤加强对地方债务的规范化、透明化管理，全方位摸排所辖地区各地级市、县级市的地方债务规模与结构，并对外公布地方债券发行的用途及经济效果，构建同时纳入显性债务和隐性债务的债务风险监测预警体系，实现债务风险定期动态评估，推动主管部门及时问责与相关部门合理纠错。

五 科学建构房地产金融审慎监管制度，稳步推进房产税征收制度，有效防范房地产金融风险

房地产与金融业深度关联，金融资源过多集中于房地产部门，房地产金融风险是现阶段中国金融风险最大的"灰犀牛"（郭树清，2020）。第七章通过构建同时包含李嘉图家庭、非李嘉图家庭、产品制造商、投资品制造商、财政当局、货币当局以及宏观审慎当局等经济主体在内的多部门动态随机一般均衡模型，形成探讨防范化解房地产风险的系统性研究框架。研究发现，宏观审慎政策和房产税政策对房地产市场而言均具有长效

调控属性，二者均能有效抑制房地产泡沫化演进。具体而言，降低LTV的宏观审慎政策冲击主要通过紧缩抵押信贷渠道以遏制房价上涨，由此造成信贷大幅降低，资本投资及资本品价格亦随之下降；增加房地产税率的政策冲击则主要通过增加房产所有人的持有成本以发挥房价抑制效应，对社会总信贷表现为短期刺激、长期抑制的效应，并会带来资本品投资及价格的下降。单从抑制房地产泡沫的政策效果来看，房产税政策较宏观审慎政策更能有效抑制房地产泡沫。具体而言，标准化处理后的房产税政策冲击对房地产泡沫的抑制效应显著优于降低LTV的宏观审慎政策冲击，其引致的房价下降幅度约为宏观审慎政策的4.1437倍。而从促进"房住不炒"的政策效果来看，宏观审慎政策更符合中共中央关于房地产市场"房住不炒"的长效发展定位。具体而言，标准化处理后的房产税政策冲击对投机性房产投资和住房型房产投资均表现为挤出效应，宏观审慎政策冲击对投机性房产投资呈现挤出效应，而对住房型房产投资表现为挤入效应。

有鉴于此，笔者认为在当前房地产风险逐步显现以及以"限"为主的短期应急调控政策渐显乏力之际，政府应加快构建促进房地产健康发展的长效调控机制，建构渐趋完善的房地产金融审慎监管制度和现代房产税征收制度，在充分把握政策可能的负面效应基础上综合运用宏观审慎政策和房产税政策以有效抑制房地产泡沫化演进。本书认为抑制房地产泡沫化演进、防范房地产金融风险，具体应遵循如下政策逻辑。①政府应根据市场发展特征相机遴选合意的房地产调控政策，在房地产泡沫过于严重时，应采取以房产税政策为主的调控范式；在房价高企且呈现温和上涨态势时，则应强化以宏观审慎政策为主的调控范式。②金融监管当局应加强房地产金融审慎监管，强化房地产贷款集中度管理，限制金融资源过度集聚在房地产部门，并针对不同类型购房需求设置差异化贷款价值比、贷款数量限制政策，通过丰富和完善房地产金融审慎政策，有效弱化房地产金融资产属性、抑制房地产市场投机活动。③全面落实不动产登记制度，稳步有序、因地制宜推行房产税政策，科学合理地建立并不断完善房产税征收制度，根据各省份不同发展等级以及不同房地产泡沫化程度实行差异化房产税征收政策，并应遵循先试点后推广的政策实施原则，避免盲目推进而对实体经济造成冲击或大幅震荡。④充分认识到房地产调控的复杂性、艰难性以及反复性，统筹运用房产税政策、货币政策、宏观审慎政策等多类政策并加强协调配合，严格遵循"房子是用来住的、不是用来炒的"和"不将房地产作为短期刺激经济的手段"的发展定位，引导市场主体各方形成"房住不炒"的长效发展预期。

六　充分关注低利率金融风险，健全低利率时代货币政策调控体系，有效应对低利率困境约束

低利率下的流动性风险以及"资产荒"问题导致金融主体持有高风险资产的偏好上升，由此引发资金"脱实向虚"问题进一步加剧，实体经济实际资金利率不降反升，社会有效投资萎缩导致宏观经济波动加剧。本书第八章立足央行货币政策实践以及当前经济周期特征，构建数量型和价格型工具相互支撑的混合型货币政策框架，并将零利率下限约束引入新凯恩斯动态随机一般均衡模型以探究"有约束"和"无约束"两种情形下宏观经济波动异质性以及低利率时代货币政策调控工具选择问题。研究发现，零利率下限约束的存在加剧了负面经济冲击引致的经济衰退程度和通货紧缩程度，并延长了宏观经济向稳态均衡收敛的时间。具体来看，通过数值模拟、脉冲响应分析和央行福利损失量化分析，比较外生经济总需求冲击、总供给冲击在常规利率情形下和低利率情形下的宏观经济波动情况，发现负向总需求冲击在存在和不存在零利率下限约束两种情形下造成的宏观经济波动存在显著差异，存在零利率约束情形下的总需求冲击导致经济更大程度的衰退和弱复苏，从而导致央行福利损失程度更大；由负向总供给冲击导致的"成本推动型"通货膨胀大于产出下降程度，名义利率的内生正向调整使其并不会触及零利率下限，以致两种利率约束情形下总供给冲击引致的宏观经济波动和社会福利损失并无显著差异。进一步的长期动态模拟分析也表明，存在零利率下限约束情形下的产出低迷和通货紧缩程度明显大于不存在零利率下限约束情形。此外，第八章还发现无论是数量型工具还是价格型工具，零利率约束均会降低其有效性，但低利率环境下数量型工具的有效性明显优于价格型工具。与此同时，无论是短期脉冲响应还是长期经济动态模拟，结果均表明零利率约束情形下名义和实

际货币余额均明显高于不考虑零利率约束的情形,此亦表明在价格型调控受限情形下经济会内生依赖数量型调控以平抑经济波动。

当前我国经济发展面临"需求收缩、供给冲击、预期转弱"三重压力,而名义利率已处于历史最低水平,价格型货币政策调控空间越发收窄。立足中国经济发展面临的多重压力以及当前货币政策调控面临利率下限约束的现实,本书认为应对低利率困境约束、提高低利率环境下宏观经济治理能力,应遵循如下政策逻辑。①政府需对低利率问题予以充分关注和足够重视,充分认识低利率环境潜在的利率下限约束对经济周期恶化抑或经济弱复苏所造成的负面影响,并系统审视导致中国低利率环境形成的因素,防范和避免陷入欧元区、日本等发达经济体所面临的超低利率困境。②央行应强化市场预期管理,将通货膨胀率、就业率等作为预期管理的核心指标,借鉴美国多次成功摆脱利率下限约束的经验,通过引入前瞻性指引工具、加强与市场主体和媒体的沟通等方式,引导微观主体形成对未来经济的乐观预期,据此缓解长期低利率带来的有效需求不足和传统货币政策调控失效问题,逐步推动宏观经济恢复至常规利率环境下的状态。③央行在低利率环境下仍应采取"数量型调控为主,价格型调控为辅"的货币政策调控范式,保持定力、不搞竞争性的零利率政策或负利率政策,进一步致力于优化和完善数量型调控方式,继续灵活运用PSL、MLF、TMLF等新型货币投放工具为实体经济匹配合理的流动性。④央行应加强与财政当局的协调配合,在货币政策调控空间和有效性受到抑制的背景下,应充分发挥财政政策的作用,通过实施更加积极有效的财政政策以扩大有效需求,且财政政策应充分发挥总量调控作用,货币政策应最大限度地发挥结构性调控作用,据此提高低利率时代的宏观经济治理能力。

七 厘清宏观金融"双支柱"调控政策的相互关系,加强货币政策与宏观审慎政策合理协调,防范化解系统性金融风险

金融稳定具有系统性和综合性,除聚焦主要领域存在的具体金融风险展开精准调控及强化监管外,还需建构有效防范系统性金融风险的宏观金融稳定调控框架。第九章从辩证视角全面审视和深入探讨了宏观审慎政策和货币政策这两大宏观金融"双支柱"调控政策的交互关系;第十章通过构建金融资产状况指数和马尔可夫区制转移模型，从结构性视角系统探究了不同"双支柱"调控工具对金融周期的非线性影响，全面剖析了宏观金融"双支柱"调控的金融稳定效应。通过第九章的研究，可以发现宏观审慎政策与货币政策既存在共性亦存在明显异质性，二者间既具有正向外溢和协同强化的互补效应，也具有相互冲突和彼此对抗的替代效应，这也客观凸显出加强货币政策与宏观审慎政策协调配合的必要性和重要性。通过第十章的研究，可以发现"双支柱"调控政策的金融稳定效应具有明显的时变特性，且不同类型"双支柱"调控工具的有效性存在明显异质性，宏观审慎调控中资本类工具的金融稳定效应占优，货币政策调控中价格型工具的金融稳定效应占优；"双支柱"调控政策的金融稳定效应在不同金融周期具有非对称效应，资本类宏观审慎工具在金融上升周期抑制金融资产价格高企的效应较金融下行周期更强，价格型货币政策工具在金融上升周期能有效抑制金融资产泡沫，但在金融下行周期价格型货币政策紧缩性调整反而会刺激金融资产市场。

货币政策与宏观审慎政策均属于宏观金融调控政策，二者均肩负着维护金融稳定、提高金融服务实体经济效率的重要使命。党的十九大报告明确提出要健全货币政策和宏观审慎政策"双支柱"调控框架。根据中国经济运行实际，正确建构并持续优化"双支柱"调控框架，对有效维护金融安全、提高宏观金融风险治理能力极为重要。立足于守住不发生系统性风险底线以及有效维护金融安全与稳定的重要使命，本书认为货币政策与宏观审慎政策"双支柱"调控框架建构应遵循如下政策逻辑。①政府应将金融稳定作为常态化锚定目标，探索构建合理的金融风险监测评估体系，加强对宏观金融波动的常态化动态监测，准确识别整体金融市场及子金融市场风险水平与周期状态，为"稳金融"宏观调控实践提供精准、有效指导。②宏观审慎政策调控应遵循"资本类为主、流动性为辅"的调控范式，应继续强化资本类宏观审慎监管，并系统审视流动性宏观审慎监管的金融稳定效应；货币政策调控应遵循"价格型为主、数量型为辅"的调控范式，逐步推动货币政策调控范式由数量型调控为主向价格型调控为主转型。③货币政策与宏观审慎政策在金融上升周期应协同配合，搭配实行趋严的宏观审慎监管以及趋紧的货币政策调控，以充分发挥宏观金融

"双支柱"政策的协同治理效应，形成有效的"稳金融"政策合力；但应合理把握宏观审慎监管与货币政策调控的紧缩力度，通过预先模拟和提前压力测试，合理确定政策实施力度，避免出现政策超调。④货币政策应与宏观审慎政策在金融下行周期妥善协调，尽可能搭配中性抑或适度宽松的宏观审慎监管以及偏宽松的货币政策调控，且此时的宏观审慎政策实践应突出分层精准调控和结构性调控，避免宏观审慎政策力度过大抑或紧缩过于全面而削弱货币政策支持实体经济的效果。⑤提高货币政策与宏观审慎政策"双支柱"框架的宏观金融风险治理能力，仍需加强与财政、汇率等领域调控的有效沟通与合作，部分经济金融风险本质上属于财政及汇率问题，若仍过度依赖货币政策和宏观审慎政策可能"治标不治本"，不仅会对其他经济主体产生外溢紧缩影响，还会造成自身宏观审慎监管负担加重及货币政策调控环境恶化。

八 加强货币政策与财政政策协调配合，促进宏观经济行稳致远，以"经济稳"促"金融稳"

经济与金融表现为共生共荣关系，宏观经济若出现大幅波动，势必导致金融市场不确定性更加明显，金融脆弱性增强。经济稳定是金融稳定的重要依托，金融稳定目标的实现需要一个稳定的宏观经济环境提供有力支撑。也即，"稳金融"宏观调控框架的建构，除需单纯关注宏观金融稳定外，还需关注宏观经济稳定。第十一章将马尔可夫区制转移模型与新凯恩斯 DSGE 模型有机结合，首先基于现实经济运行数据识别我国财政货币政策搭配的体制类型，然后系统探究不同类型的货币政策与财政政策组合"熨平"宏观经济波动的效果，据此甄别促进宏观经济行稳致远的最优财政货币政策协调配合范式。研究发现，改革开放以来我国宏观经济调控主要采取了以主动型财政政策和被动型货币政策为主的搭配体制，财政政策对债务扩张的反应弹性以及货币政策对通货膨胀的反应弹性均不充分；财政政策在价格决定中同样发挥着重要作用，政府管理通货膨胀时不应仅盯住货币政策，还需考虑财政政策实施对通货膨胀的影响；无论发生何种外生冲击，主动型货币政策和被动型财政政策组合消化外生冲击导致的宏观经济波动能力均明显占优，而主动型财政政策和被动型货币政策组合

"熨平"经济周期的效果相对较差。

　　金融稳定与经济稳定互为前提、互相支撑，经济形势不佳势必会对金融波动产生影响，进而导致金融风险积聚甚至爆发。就此而言，金融稳定目标的充分实现，在一定程度上也要求宏观经济稳定。有鉴于此，本书认为提高宏观经济治理能力、促进宏观经济行稳致远，具体应遵循如下政策逻辑。①政府维护物价稳定时不应仅依赖货币政策，通货膨胀不完全是一种货币现象，还是一种财政现象，为此在治理通货膨胀时还应考虑财政政策以及政策组合搭配的作用，构建财政政策、货币政策与价格政策相协调的政策体系，据此更有效地实现物价稳定目标。②在实现经济发展方式由"规模速度型"向"质量效率型"转变的长期目标下，政府宏观调控思路应当适应经济高质量发展的内涵要求进而做出调整，逐步向旨在实现物价稳定的主动型货币政策与旨在实现债务稳定的被动型财政政策搭配组合转型：财政政策调控在关注经济增长的同时还应综合考虑债务和物价稳定，通过强化财政政策操作的规则性和硬化预算约束等，有效引导公众形成合理预期，推进财政可持续演进；货币政策调控应强化主动作为，具体可通过明确并减少货币政策关注目标、提高政策透明度、强化预期管理等，增强央行独立性，提升货币政策服务实体经济的能力。③在当前面临需求收缩、供给冲击、预期转弱等多重挑战下，财政宏观调控应由大规模支出扩张政策向结构性深化减税转型，缩减本级非必要支出，加大补贴和退税力度，降低微观主体"负财富效应"的心理预期，有效促进需求结构向消费驱动转型，并通过降低企业税负助力供给侧优化升级；货币宏观调控应提高货币政策直达实体经济的效率，避免货币资金在金融体系空转或发生"脱实向虚"演化，强化精准调控和预期管理，在全面降息空间收窄背景下通过结构性降息，降低中小企业实际融资利率以及减轻家庭部门存量债务负担，以释放有效投资需求和消费需求。

参考文献

[1] 卞志村,高洁超.适应性学习、宏观经济预期与中国最优货币政策[J].经济研究,2014,49(4):32-46.

[2] 卞志村,胡恒强.粘性价格、粘性信息与中国菲利普斯曲线[J].世界经济,2016,39(4):22-43.

[3] 卞志村,毛泽盛,许立成.宏观审慎视角下财政货币政策体制选择[M].北京:中国金融出版社,2015.

[4] 卞志村,杨源源.结构性财政调控与新常态下财政工具选择[J].经济研究,2016,51(3):66-80.

[5] 卞志村,张运,毛泽盛.金融稳定视角下财政货币政策与宏观审慎政策三支柱调控框架研究[J].金融评论,2021,13(5):1-19+123.

[6] 卜林,郝毅,李政.财政扩张背景下我国货币政策与宏观审慎政策协同研究[J].南开经济研究,2016(5):55-73+88.

[7] 曹婧,毛捷,薛熠.城投债为何持续增长:基于新口径的实证分析[J].财贸经济,2019,40(5):5-22.

[8] 畅军锋.房产税试点以来对房价影响之实证分析与探讨[J].经济体制改革,2013(5):153-157.

[9] 陈创练,郑挺国,姚树洁.时变参数泰勒规则及央行货币政策取向研究[J].经济研究,2016,51(8):43-56.

[10] 陈棋.基于KMV模型的我国地方政府债务风险评价[D].厦门大学,2014.

[11] 陈小亮,马啸."债务-通缩"风险与货币政策财政政策协调[J].经济研究,2016,51(8):28-42.

[12] 陈彦斌,陈惟.从宏观经济学百年简史看"宏观经济学的麻烦"[J].经济学动态,2017(1):4-13.

[13] 陈彦斌,刘哲希,郭豫媚.经济新常态下宏观调控的问题与转型[J].中共中央党校学报,2016(1):106-112.

[14] 陈雨露,马勇,阮卓阳.金融周期和金融波动如何影响经济增长与金融稳定?[J].金融研究,2016,428(2):1-22.

[15] 陈雨露,马勇.泡沫、实体经济与金融危机:一个周期分析框架[J].金融监管研究,2012(1):1-19.

[16] 陈忠阳,刘志洋.国有大型商业银行系统性风险贡献度真的高吗——来自中国上市商业银行股票收益率的证据[J].财贸经济,2013(9):57-66.

[17] 程璐.货币政策与宏观审慎政策的效用结果研究——基于新凯恩斯DSGE模型[J].当代经济科学,2015,37(6):34-41+123.

[18] 刁伟涛."十三五"时期我国地方政府债务风险评估:负债总量与期限结构[J].中央财经大学学报,2016(3):12-21.

[19] 刁伟涛.债务率、偿债压力与地方债务的经济增长效应[J].数量经济技术经济研究,2017,34(3):59-77.

[20] 丁慧,杨瑞琪,毛泽盛,卞志村.中国资产价格波动与货币政策调控[J].会计与经济研究,2020,167(5):89-106.

[21] 董凯,许承明.利率扭曲、房产价格与汇率波动[J].世界经济研究,2017(10):111-122+137.

[22] 范从来,高洁超.适应性学习与中国通货膨胀非均衡分析[J].经济研究,2016,51(9):17-28.

[23] 范从来,高洁超.银行资本监管与货币政策的最优配合:基于异质性金融冲击视角[J].管理世界,2018,34(1):53-65+191.

[24] 范从来.菲利普斯曲线与我国现阶段的货币政策目标[J].管理世界,2000(6):122-129.

[25] 范科才,郑建峡,喻微锋.银行高管薪酬支付方式与影子银行——基于中国银行业的实证研究[J].宏观经济研究,2022(1):27-42.

[26] 范小云,王道平,方意.我国金融机构的系统性风险贡献测度与监

管——基于边际风险贡献与杠杆率的研究 [J]. 南开经济研究, 2011 (4): 3-20.

[27] 方磊, 聂桂博, 张雪薇, 宋星辰, 王一栋. 2009~2018年中国省级政府债务水平的动态演进 [J]. 经济地理, 2021, 41 (4): 23-29+99.

[28] 方先明, 谢雨菲, 权威. 影子银行规模波动对金融稳定的溢出效应 [J]. 经济学家, 2017, 217 (1): 79-87.

[29] 方意, 韩业, 荆中博. 影子银行系统性风险度量研究——基于中国信托公司逐笔业务的数据视角 [J]. 国际金融研究, 2019 (1): 57-66.

[30] 方意, 赵胜民, 谢晓闻. 货币政策的银行风险承担分析——兼论货币政策与宏观审慎政策协调问题 [J]. 管理世界, 2012 (11): 9-19+56+187.

[31] 付敏杰. 中国的政府存款: 口径、规模与宏观政策含义 [J]. 财贸经济, 2016, 37 (1): 92-105.

[32] 高国华, 潘英丽. 银行系统性风险度量——基于动态 CoVaR 方法的分析 [J]. 上海交通大学学报, 2011, 45 (12): 1753-1759.

[33] 高洁超, 范从来, 杨冬莞. 企业动产融资与宏观审慎调控的配合效应 [J]. 金融研究, 2017 (6): 111-125.

[34] 高洁超, 孟士清. FCI 可以作为货币政策的良好指示器吗——基于信息预测检验与工具变量选择的分析 [J]. 金融监管研究, 2014 (11): 61-77.

[35] 高然, 陈忱, 曾辉, 龚六堂. 信贷约束、影子银行与货币政策传导 [J]. 经济研究, 2018, 53 (12): 68-82.

[36] 高智贤, 李文乐. 利率市场化与社会存量资金盘活: 理论分析与实证检验 [J]. 经济学家, 2015, 204 (12): 54-61.

[37] 谷福云. 对地方政府债务风险管理问题的分析研究 [J]. 中国管理信息化, 2020, 23 (13): 140-141.

[38] 管涛. 有舍才有得的选择题: 人民币汇率政策反思与前瞻 [J]. 国际金融研究, 2018 (9): 3-12.

[39] 郭娜, 彭玉婷, 徐卉杉. 我国系统性金融风险与"双支柱"调控有效性研究——基于 DSGE 模型的分析 [J]. 中央财经大学学报,

2019，386（10）：30-40.

[40] 郭树清．坚定不移打好防范化解金融风险攻坚战［J］．求是，2020（16）：53-60.

[41] 郭玉清，薛琪琪，姜磊．地方政府债务治理的演进逻辑与转型路径——兼论中国地方政府债务融资之谜［J］．经济社会体制比较，2020（1）：34-43.

[42] 郭豫媚，陈伟泽，陈彦斌．中国货币政策有效性下降与预期管理研究［J］．经济研究，2016，51（1）：28-41+83.

[43] 郭子睿，张明．货币政策与宏观审慎政策的协调使用［J］．经济学家，2017（5）：68-75.

[44] 韩笑．基于KMV模型的我国地方政府债务风险评估［D］．安徽财经大学，2018.

[45] 贺力平，马伟．论发展中国家的通货膨胀、汇率变动与贸易增长［J］．金融评论，2016，8（6）：1-19+121.

[46] 洪源，胡争荣．偿债能力与地方政府债务违约风险——基于KMV修正模型的实证研究［J］．财贸经济，2018，39（5）：21-37.

[47] 胡爱华．中国财政政策效应分析：基于新凯恩斯DSGE模型的研究［M］．北京：光明日报出版社，2013.

[48] 胡利琴，陈思齐．利率市场化改革背景下影子银行发展及其风险效应——基于商业银行风险承担的分析视角［J］．中央财经大学学报，2020（1）：34-44.

[49] 胡志鹏．中国货币政策的价格型调控条件是否成熟？——基于动态随机一般均衡模型的理论与实证分析［J］．经济研究，2012，47（6）：60-72.

[50] 黄益平，曹裕静，陶坤玉，余昌华．货币政策与宏观审慎政策共同支持宏观经济稳定［J］．金融研究，2019（12）：70-91.

[51] 吉富星．地方政府隐性债务的实质、规模与风险研究［J］．财政研究，2018（11）：62-70.

[52] 纪敏，李宏瑾．影子银行、资管业务与货币调控方式转型——基于银行表外理财数据的实证分析［J］．金融研究，2018（12）：1-18.

[53] 贾俊雪，郭庆旺．财政支出类型、财政政策作用机理与最优财政货币政策规则 [J]．世界经济，2012，35（11）：3-30．

[54] 贾康．"央财互怼"背后深层难题是软预算约束 [N]．新京报，2018-07-19．

[55] 姜春海．中国房地产市场投机泡沫实证分析 [J]．管理世界，2005（12）：71-84+171-172．

[56] 蒋忠元．地方政府债券发行过程中的信用风险度量和发债规模研究——基于KMV模型分析江苏省地方政府债券 [J]．经济研究导刊，2011（19）：61-62．

[57] 况伟大，朱勇，刘江涛．房产税对房价的影响：来自OECD国家的证据 [J]．财贸经济，2012（5）：121-129．

[58] 况伟大．预期、投机与中国城市房价波动 [J]．经济研究，2010，45（9）：67-78．

[59] 李斌，吴恒宇．对货币政策和宏观审慎政策双支柱调控框架内在逻辑的思考 [J]．金融研究，2019（12）：1-17．

[60] 李波．构建货币政策和宏观审慎政策双支柱调控框架 [M]．北京：中国金融出版社，2018．

[61] 李春吉，孟晓宏．中国经济波动——基于新凯恩斯主义垄断竞争模型的分析 [J]．经济研究，2006（10）：72-82．

[62] 李芳，李秋娟．人民币汇率与房地产价格的互动关系——基于2005~2012年月度数据的MS-VAR模型分析 [J]．国际金融研究，2014（3）：86-96．

[63] 李拉亚．双支柱调控框架的新目标制研究 [J]．管理世界，2020，36（10）：27-41．

[64] 李腊生，耿晓媛，郑杰．我国地方政府债务风险评价 [J]．统计研究，2013，30（10）：30-39．

[65] 李若愚．中国式影子银行规模测算与风险评估 [J]．金融与经济，2013（9）：32-36+45．

[66] 李淑芳，熊傲然．地方政府债务风险成因及防范化解 [J]．地方财政研究，2020（10）：82-89．

[67] 李淑萍, 徐英杰. 互联网金融、系统重要性与商业银行风险承担 [J]. 宏观经济研究, 2020 (12): 38-46+151.

[68] 李文喆. 中国影子银行的经济学分析: 定义、构成和规模测算 [J]. 金融研究, 2019 (3): 53-73.

[69] 李扬. 影子银行体系发展与金融创新 [J]. 中国金融, 2011 (12): 31-32.

[70] 李义举, 梁斯. "双支柱" 调控框架下的政策协调机制研究 [J]. 南方金融, 2018 (11): 41-48.

[71] 李永友, 丛树海. 居民消费与中国财政政策的有效性: 基于居民最优消费决策行为的经验分析 [J]. 世界经济, 2006 (5): 54-64.

[72] 李志辉, 樊莉. 中国商业银行系统性风险溢价实证研究 [J]. 当代经济科学, 2011, 33 (6): 13-20+122.

[73] 刘斌. 物价水平的财政决定理论与实证研究 [J]. 金融研究, 2009 (8): 35-51.

[74] 刘昊, 陈工. 制度安排与变迁下的中国地方政府债务形成机制——基于博弈分析的一个完整框架 [J]. 云南财经大学学报, 2019, 35 (12): 3-15.

[75] 刘甲炎, 范子英. 中国房产税试点的效果评估: 基于合成控制法的研究 [J]. 世界经济, 2013, 36 (11): 117-135.

[76] 刘金全, 张小宇. 时变参数 "泰勒规则" 在我国货币政策操作中的实证研究 [J]. 管理世界, 2012 (7): 20-28.

[77] 刘尚希, 赵全厚. 政府债务: 风险状况的初步分析 [J]. 管理世界, 2002 (5): 22-32+41.

[78] 刘少波, 黄文青. 我国地方政府隐性债务状况研究 [J]. 财政研究, 2008 (9): 64-68.

[79] 刘伟. 当前中国金融面临的机遇和挑战 [J]. 中国经济评论, 2021 (1): 50-53.

[80] 刘晓蕾, 吕元稹, 余凡. 地方政府隐性债务与城投债定价 [J]. 金融研究, 2021, 498 (12): 170-188.

[81] 刘晓星, 姚登宝. 金融脱媒、资产价格与经济波动: 基于DNK-

DSGE 模型分析 [J]. 世界经济, 2016, 39 (6): 29-53.

[82] 吕龙, 刘海云. 城市房价溢出效应的测度、网络结构及其影响因素研究 [J]. 经济评论, 2019 (2): 125-139.

[83] 罗娜, 程方楠. 房价波动的宏观审慎政策与货币政策协调效应分析——基于新凯恩斯主义的 DSGE 模型 [J]. 国际金融研究, 2017 (1): 39-48.

[84] 骆婉琦, 杨思齐. 我国影子银行业务对于商业银行风险承担的影响——区分表内外影子银行与不同类型商业银行 [J]. 中国林业经济, 2019 (6): 137-140.

[85] 骆永民, 伍文中. 房产税改革与房价变动的宏观经济效应——基于 DSGE 模型的数值模拟分析 [J]. 金融研究, 2012 (5): 1-3+5-14.

[86] 马骏, 何晓贝. 货币政策与宏观审慎政策的协调 [J]. 金融研究, 2019 (12): 58-69.

[87] 马理, 娄田田. 基于零利率下限约束的宏观政策传导研究 [J]. 经济研究, 2015, 50 (11): 94-105.

[88] 马永谈, 鲁静怡, 林萍, 谢权斌. 全球金融发展与经济增长的结构性关联效应——基于金融周期和金融稳定机制的分析 [J]. 财经科学, 2021, 403 (10): 1-14.

[89] 马勇, 陈雨露. 宏观审慎政策的协调与搭配: 基于中国的模拟分析 [J]. 金融研究, 2013 (8): 57-69.

[90] 马勇, 陈雨露. 金融杠杆、杠杆波动与经济增长 [J]. 经济研究, 2017, 52 (6): 31-45.

[91] 马勇, 付莉. "双支柱"调控、政策协调搭配与宏观稳定效应 [J]. 金融研究, 2020, 482 (8): 1-17.

[92] 马勇, 田拓, 阮卓阳, 朱军军. 金融杠杆、经济增长与金融稳定 [J]. 金融研究, 2016 (6): 37-51.

[93] 马勇, 杨栋, 陈雨露. 信贷扩张、监管错配与金融危机: 跨国实证 [J]. 经济研究, 2009 (12): 94-106.

[94] 马勇, 张靖岚, 陈雨露. 金融周期与货币政策 [J]. 金融研究, 2017 (3): 33-53.

参考文献

[95] 马勇. "双支柱"调控框架的理论与经验基础 [J]. 金融研究, 2019 (12): 18-37.

[96] 牛晓健, 陶川. 外汇占款对我国货币政策调控影响的实证研究 [J]. 统计研究, 2011, 28 (4): 11-16.

[97] 潘敏, 魏海瑞. 提升监管强度具有风险抑制效应吗?——来自中国银行业的经验证据 [J]. 金融研究, 2015 (12): 64-80.

[98] 裴平, 印文. 中国影子银行的信用创造及其规模测算 [J]. 经济管理, 2014, 36 (3): 98-107.

[99] 彭文生. 从金融周期角度看宏观政策框架 [N]. 金融时报, 2018a-01-17 (002).

[100] 彭文生. 中国双支柱调控框架下宏观金融调控的着力点 [J]. 清华金融评论, 2018b (2): 21-23.

[101] 钱雪松, 杜立, 马文涛. 中国货币政策利率传导有效性研究: 中介效应和体制内外差异 [J]. 管理世界, 2015 (11): 11-28+187.

[102] 钱雪松, 谢晓芬, 杜立. 金融发展、影子银行区域流动和反哺效应——基于中国委托贷款数据的经验分析 [J]. 中国工业经济, 2017 (6): 60-78.

[103] 裘翔, 周强龙. 影子银行与货币政策传导 [J]. 经济研究, 2014, 49 (5): 91-105.

[104] 任羽菲. 经济"脱实向虚"的流动性风险——基于货币增速剪刀差与资产价格相互作用的分析 [J]. 财经研究, 2017, 43 (10): 31-42.

[105] 盛雯雯, 栗亮. 货币政策与宏观审慎政策协调配合的研究评述 [J]. 国际金融研究, 2019 (4): 24-34.

[106] 宋群英. 基于 Copula 函数的系统重要性银行的传染性研究 [J]. 金融与经济, 2011 (10): 12-17.

[107] 苏嘉胜, 王曦. 宏观审慎管理的有效性及其与货币政策的协调 [J]. 财贸经济, 2019, 40 (9): 65-83.

[108] 孙大超, 王博, Wang Gang. 银行业垄断是导致货币政策抑制中小企业的原因吗 [J]. 金融研究, 2014 (6): 99-114.

[109] 孙俊. 货币政策转向与非对称效应研究 [J]. 金融研究, 2013 (6):

60-73.

[110] 谭小芬. 引导影子银行长期可持续发展 [Z]. 经济, 2019-4-22.

[111] 童中文, 范从来, 朱辰, 张炜. 金融审慎监管与货币政策的协同效应——考虑金融系统性风险防范 [J]. 金融研究, 2017 (3): 16-32.

[112] 涂晓枫, 李政. 银行的影子: 风险分担还是风险传染 [J]. 当代经济科学, 2016, 38 (2): 20-29+124.

[113] 王爱俭, 王璟怡. 宏观审慎政策效应及其与货币政策关系研究 [J]. 经济研究, 2014, 49 (4): 17-31.

[114] 王国刚. 金融脱实向虚的内在机理和供给侧结构性改革的深化 [J]. 中国工业经济, 2018 (7): 5-23.

[115] 王国静, 田国强. 金融冲击和中国经济波动 [J]. 经济研究, 2014, 49 (3): 20-34.

[116] 王锦阳, 刘锡良. 住宅基本价值、泡沫成分与区域溢出效应 [J]. 经济学 (季刊), 2014, 13 (4): 1283-1302.

[117] 王立勇. 我国财政政策调控有效性的定量评价 [J]. 财贸经济, 2010 (9): 52-57+138.

[118] 王猛, 李勇刚, 王有鑫. 土地财政、房价波动与城乡消费差距——基于面板数据联立方程的研究 [J]. 产业经济研究, 2013 (5): 84-92.

[119] 王敏, 黄滢. 限购和房产税对房价的影响: 基于长期动态均衡的分析 [J]. 世界经济, 2013, 36 (1): 141-159.

[120] 王频, 侯成琪. 预期冲击、房价波动与经济波动 [J]. 经济研究, 2017, 52 (4): 48-63.

[121] 王涛, 高珂. 我国地方政府隐性债务风险与化解对策研究 [J]. 西南金融, 2019 (11): 3-12.

[122] 王曦, 汪玲, 彭玉磊, 宋晓飞. 中国货币政策规则的比较分析——基于 DSGE 模型的三规则视角 [J]. 经济研究, 2017, 52 (9): 24-38.

[123] 王信, 贾彦东. 货币政策和宏观审慎政策的关联及启示——基于英格兰银行的经验 [J]. 金融研究, 2019 (12): 38-57.

[124] 王永钦, 包特. 异质交易者、房地产泡沫与房地产政策 [J]. 世界

经济，2011（11）：84-102.

[125] 王宇哲. 负利率时代：政策创新与宏观风险 [J]. 国际经济评论，2016（4）：115-127+7.

[126] 王振，曾辉. 影子银行对货币政策影响的理论与实证分析 [J]. 国际金融研究，2014（12）：58-67.

[127] 魏加宁，宁静，朱太辉. 我国政府性债务的测算框架和风险评估研究 [J]. 金融监管研究，2012（11）：43-59.

[128] 魏强，陈华帅. 关于我国央行独立性与通货膨胀的研究 [J]. 数量经济技术经济研究，2009，26（9）：32-42.

[129] 伍戈，连飞. 中国货币政策转型研究：基于数量与价格混合规则的探索 [J]. 世界经济，2016，39（3）：3-25.

[130] 项后军，周雄. 流动性囤积视角下的影子银行及其监管 [J]. 经济研究，2022，57（3）：100-117.

[131] 肖鹏，刘炳辰，王刚. 财政透明度的提升缩小了政府性债务规模吗？——来自中国29个省份的证据 [J]. 中央财经大学学报，2015（8）：18-26.

[132] 肖崎，阮健浓. 我国银行同业业务发展对货币政策和金融稳定的影响 [J]. 国际金融研究，2014（3）：65-73.

[133] 肖争艳，陈彦斌. 中国通货膨胀预期研究：调查数据方法 [J]. 金融研究，2004（11）：1-18.

[134] 谢百三，王巍. 我国商业银行在房地产热潮中的两难选择 [J]. 国际金融研究，2005（3）：52-58.

[135] 熊琛，周颖刚，金昊. 地方政府隐性债务的区域间效应：银行网络关联视角 [J]. 经济研究，2022，57（7）：153-171.

[136] 徐海霞，吕守军. 我国货币政策与宏观审慎监管的协调效应研究 [J]. 财贸经济，2019，40（3）：53-67.

[137] 徐蕾，刘小川. 地方政府债务违约风险测度 [J]. 上海经济研究，2018（1）：84-93.

[138] 徐忠. 新时代背景下中国金融体系与国家治理体系现代化 [J]. 经济研究，2018a，53（7）：4-20.

[139] 徐忠. 经济高质量发展阶段的中国货币调控方式转型 [J]. 金融研究, 2018b (4): 1-19.

[140] 徐忠. 当前形势下财政政策大有可为 [R]. 第一财经日报, 2018c-7-13.

[141] 徐忠. 中国稳健货币政策的实践经验与货币政策理论的国际前沿 [J]. 金融研究, 2017 (1): 1-21.

[142] 闫力, 刘克官, 张次兰. 货币政策有效性问题研究——基于1998~2009年月度数据的分析 [J]. 金融研究, 2009 (12): 59-71.

[143] 杨灿明, 鲁元平. 我国地方债数据存在的问题、测算方法与政策建议 [J]. 财政研究, 2015 (3): 50-57.

[144] 杨源源, 高洁超. 合理协调财政货币政策 [N]. 中国社会科学报, 2020-08-05 (003).

[145] 杨源源, 于津平, 高洁超. 国际技术竞争与利率"L型"演化之谜 [J]. 中国工业经济, 2020 (3): 44-62.

[146] 杨源源, 于津平, 尹雷. 中国财政货币政策协调配合范式选择 [J]. 财贸经济, 2019, 40 (1): 20-35.

[147] 杨源源, 于津平. 新常态下中国最优货币调控范式选择——基于财政货币政策互动视角 [J]. 世界经济文汇, 2017 (2): 72-86.

[148] 杨源源, 张晓林, 于津平. 异质性预期、宏观经济波动与货币政策有效性——来自数量型和价格型工具的双重检验 [J]. 国际金融研究, 2017 (9): 25-34.

[149] 杨源源. 财政支出结构、通货膨胀与非李嘉图制度——基于DSGE模型的分析 [J]. 财政研究, 2017 (1): 64-76+88.

[150] 姚鹏, 张峰. 基于KMV修正模型的地方政府债务违约风险评估研究 [J]. 中国资产评估, 2019 (12): 29-35.

[151] 姚涛. 房产税能抑制房价泡沫吗?——基于因子实验的检验 [J]. 中央财经大学学报, 2013 (12): 1-6.

[152] 叶莉, 王苗, 许文立. "双支柱"政策协调搭配与货币政策选择 [J]. 金融监管研究, 2021, 116 (8): 82-97.

[153] 尹雷, 杨源源. 中国货币政策调控效率与政策工具最优选择——

基于 DSGE 模型的分析 [J]. 当代经济科学, 2017, 39 (4): 19-28+124-125.

[154] 尹雷, 赵亮. 我国财政政策的制度属性识别——基于 TVP-VAR-SV 方法 [J]. 财政研究, 2016 (6): 57-65+113.

[155] 于震. 银行家情绪、影子银行与经济周期波动 [J]. 经济学 (季刊), 2021, 21 (6): 2153-2172.

[156] 余应敏, 杨野, 陈文川. 财政分权、审计监督与地方政府债务风险——基于 2008~2013 年中国省级面板数据的实证检验 [J]. 财政研究, 2018 (7): 53-65.

[157] 袁东, 何秋谷, 赵波. 实际有效汇率、"热钱"流动与房屋价格——理论与实证 [J]. 金融研究, 2015 (9): 17-33.

[158] 袁曦, 陈长权, 石德金. 基于 GARCH-Copula-CoVar 方法的我国银行系统性风险的度量研究 [J]. 科技和产业, 2014 (1): 155-159.

[159] 袁志刚, 樊潇彦. 房地产市场理性泡沫分析 [J]. 经济研究, 2003 (3): 34-43+90.

[160] 岳树民, 李静. 对我国劳动、资本、消费课税的比较及分析 [J]. 涉外税务, 2011 (6): 48-54.

[161] 臧旭恒, 裴春霞. 流动性约束理论与转轨时期的中国居民储蓄 [J]. 经济学动态, 2002 (2): 14-18.

[162] 曾繁荣. 房产税和房价波动关系研究——来自美国的证据 [J]. 金融发展评论, 2017 (3): 65-79.

[163] 战明华, 张成瑞, 沈娟. 互联网金融发展与货币政策的银行信贷渠道传导 [J]. 经济研究, 2018, 53 (4): 63-76.

[164] 张川川, 贾珅, 杨汝岱. "鬼城"下的蜗居: 收入不平等与房地产泡沫 [J]. 世界经济, 2016, 39 (2): 120-141.

[165] 张海星, 靳伟凤. 地方政府债券信用风险测度与安全发债规模研究——基于 KMV 模型的十省市样本分析 [J]. 宏观经济研究, 2016, 210 (5): 48-60.

[166] 张莉, 年永威, 刘京军. 土地市场波动与地方债——以城投债为例 [J]. 经济学 (季刊), 2018, 17 (3): 1103-1126.

[167] 张露文,连飞.双支柱金融调控政策框架思考[J].中国金融,2019(8):95-96.

[168] 张娜娜,陈超.基于Shapley值方法的中国上市银行系统重要性研究[J].广东金融学院学报,2012,27(1):55-63.

[169] 张晓慧.宏观审慎政策在中国的探索[J].中国金融,2017(11):23-25.

[170] 张宇,刘洪玉.美国住房金融体系及其经验借鉴——兼谈美国次贷危机[J].国际金融研究,2008(4):4-12.

[171] 张志栋,靳玉英.我国财政政策和货币政策相互作用的实证研究——基于政策在价格决定中的作用[J].金融研究,2011(6):46-60.

[172] 赵胜民,张瀚文.我国宏观审慎政策与货币政策的协调问题研究——基于房价波动的非对称性影响[J].国际金融研究,2018,375(7):12-21.

[173] 赵伟,耿勇,何雅静.媒体报道、预期与房价波动[J].经济评论,2018(2):133-146.

[174] 郑联盛.防范化解系统性金融风险[N].中国社会科学报,2019-03-20(004).

[175] 郑联盛.货币政策与宏观审慎政策双支柱调控框架:权衡与融合[J].金融评论,2018,10(4):25-40+119.

[176] 郑淑霞.影子银行业务规模是否会增加银行系统性风险?——基于14家上市银行的实证分析[J].金融与经济,2017(11):20-26.

[177] 中国经济增长前沿课题组.城市化、财政扩张与经济增长[J].经济研究,2011,46(11):4-20.

[178] 钟军委,郝秀琴.逻辑与路径:对中国地方政府债务问题的反思与规制[J].财政科学,2020(5):64-71.

[179] 仲凡,杨胜刚,成程.地方政府竞争、市场化、土地财政与地方政府债务——基于中国省级面板数据的经验证据[J].湖南社会科学,2017(2):139-147.

[180] 周京奎.房地产泡沫生成与演化——基于金融支持过度假说的一种解释[J].财贸经济,2006(5):3-10+96.

[181] 周京奎. 信念、反馈效应与博弈均衡: 房地产投机泡沫形成的一个博弈论解释 [J]. 世界经济, 2005 (5): 21-27+80.

[182] 周莉萍. 货币政策与宏观审慎政策研究: 共识、分歧与展望 [J]. 经济学动态, 2018 (10): 100-115.

[183] 周荣卫, 郝德勇, 王纯洁. 我国影子银行发展及其对经济金融的影响研究——以山东省为例 [J]. 金融发展研究, 2014 (10): 38-44.

[184] 周再清, 甘易, 胡月. 商业银行同业资产特性与风险承担行为——基于中国银行业动态面板系统 GMM 的实证分析 [J]. 国际金融研究, 2017 (7): 66-75.

[185] 朱军. 债权压力下财政政策与货币政策的动态互动效应——一个开放经济的 DSGE 模型 [J]. 财贸经济, 2016 (6): 5-17.

[186] 祝继高, 胡诗阳, 陆正飞. 商业银行从事影子银行业务的影响因素与经济后果——基于影子银行体系资金融出方的实证研究 [J]. 金融研究, 2016 (1): 66-82.

[187] Acerbi, C., Tasche, D. On the Coherence of Expected Shortfall [J]. Journal of Banking & Finance, 2002, 26 (7): 1487-1503.

[188] Acharya, V., Schnabl, P., Suarez, G. Securitization without Risk Transfer [J]. Journal of Financial Economics, 2013, 107 (3): 515-536.

[189] Adarov, A. Financial Cycles around the World [R]. WIIW Working Papers, No. 145, 2018.

[190] Adrian, T., Brunnermeier, M. K. CoVaR [J]. Social Science Electronic Publishing, 2016, 106 (7): 1705-1741.

[191] Agenor, P. R., Silva, L. A. P. D. Macroeconomic Stability, Financial Stability, and Monetary Policy Rules [J]. International Finance, 2012, 15 (2): 205-224.

[192] Aikman, D., Giese, J., Kapadia, S., McLeay, M. Targeting Financial Stability: Macroprudential or Monetary Policy? [R]. Bank of England Working Paper, No. 734, 2018.

[193] Alesina, A., Tabellini, G. Rules and Discretion with Non-Coordinated

Monetary and Fiscal Policies [J]. Economic Inquiry, 1987, 25 (4): 619-630.

[194] Allen, F., Gale, D. Bubbles Crises and Policy [J]. Oxford Review of Economic Policy, 1999, 15 (3): 9-18.

[195] Allen, F., Qian, Y., Tu, G., Yu, F. Entrusted Loans: A Close Look at China's Shadow Banking System [J]. Journal of Financial Economics, 2019, 133 (1): 18-41.

[196] Alpanda, S., Zubairy, S. Addressing Household Indebtedness: Monetary, Fiscal or Macroprudential Policy? [J]. European Economic Review, 2017, 92: 47-73.

[197] Ammer, J., Mei, J. Measuring International Economic Linkages with Stock Market Data [J]. Journal of Finance, 1996, 51 (5): 1743-1763.

[198] Angelini, P., Neri, S., Panetta, F. Grafting Macroprudential Policies in a Macroeconomic Framework: Choice of Optimal Instruments and Interaction with Monetary Policy [R]. Working Paper, Bank of Italy, 2010.

[199] Angelini, P., Neri, S., Panetta, F. Monetary and Macroprudential Policies [R]. ECB Working Paper, No. 1449, 2012.

[200] Barakova, I., Bostic, R. W., Calem, P. S. Does Credit Quality Matter for Homeownership [J]. Journal of Housing Economics, 2003, 12 (4): 318-336.

[201] Barbu, T. C., Boitan, I. A., Cioaca, S. I. Macroeconomic Determinants of Shadow Banking-Evidence from EU Countries [J]. Review of Economic and Business Studies, 2016, 9 (2): 111-129.

[202] Baurle, G., Kaufmann, D. Exchange Rate and Price Dynamics in a Small Open Economy—The Role of the Zero Lower Bound and Monetary Policy Regimes [R]. SNB Working Paper, No. 10, 2014.

[203] Bean, C., Paustian, M., Penalver, A., Taylor, T. Monetary Policy after the Fall [R]. Proceedings Economic Policy Symposium-Jackson Hole, Federal Reserve Bank of Kansas City, 2010.

[204] Benoit, S., Colletaz, G., Hurlin, C., Perignon, C. A Theoretical and Empirical Comparison of Systemic Risk Measures [J]. SSRN Electronic Journal, 2013.

[205] Berger, A. N. The Economic Effects of Technological Progress: Evidence from the Banking Industry [J]. Journal of Money Credit & Banking, 2003, 35 (2): 141-176.

[206] Bernanke, B., Gertler, M. Agency Costs, Net Worth, and Business Fluctuations [J]. The American Economic Review, 1989, 79 (1): 14-31.

[207] Bian, Z., Yang, Y. Structural, Fiscal Regulation and Choice of Instruments in the New Normal [J]. China Economist, 2017, 12 (5): 22-38.

[208] Blagrave, P., Elliott, P., Roberto, G. S., Hostland, D., Laxton, D., Zhang, F. Adding China to the Global Projection Model [R]. IMF Working Paper, No. 13/256, 2013.

[209] Blanchard, O., Dell' Ariccia, G., Mauro, P. Rethinking Macroeconomic Policy [R]. IMF Staff Position Note, 2010, SPN/10/03.

[210] Brownlees, C. T., Engle, R. F. Volatility, Correlation and Tails for Systemic Risk Measurement [J]. SSRN Electronic Journal, 2010, pp. 16-18.

[211] Brunnermeier, M., Crocket, A., Goodhart, C., Persaud, A., Shin, H. The Fundamental Principles of Financial Regulation [R]. Geneva Reports on the World Economy 11 (Preliminary Conference Draft), 2009.

[212] Bruno, V., Shim, I., Shin, H. S. Comparative Assessment of Macroprudential Policies [J]. Journal of Financial Stability, 2017, 28: 183-202.

[213] Calvo, G. A. Staggered Prices in a Utility-Maximizing Framework [J]. Journal of Monetary Economics, 1983, 12 (3): 383-398.

[214] Carlin, W., Soskice, D. How Should Macroeconomics Be Taught to

Undergraduates in the Post-crisis Era? A Concrete Proposal [J]. VoxEU Debate, 2012.

[215] Cecchetti, S. G., Kohler, M. When Capital Adequacy and Interest Rate Policy Are Substitutes (and When They Are Not) [J]. International Journal of Central Banking, 2014, 10 (3): 205-231.

[216] Chen, K., Ren, J., Zha, T. The Nexus of Monetary Policy and Shadow Banking in China [J]. The American Economic Review, 2018, 108 (12): 3891-3936.

[217] Christiano, L. J., Eichenbaum, M. S., Trabandt, M. On DSGE Models [R]. NBER Working Paper, No. 24811, 2018.

[218] Coenen, G., McAdam, P., Straub, R. Tax Reform and Labour-market Performance in the Euro Area: A Simulation-Based Analysis Using the New Area-Wide Model [J]. Journal of Economic Dynamics and Control, 2008, 32 (8): 2543-2583.

[219] Coibion, O., Gorodnichenko, Y., Wieland, J. The Optimal Inflation Rate in New Keynesian Models: Should Central Banks Raise Their Inflation Targets in Light of the Zero Lower Bound? [J]. Review of Economic Studies, 2012, 79 (4): 1371-1406.

[220] Crowe, C. W., Dell'Ariccia, G., Igan, D., Rabanal, P. How to Deal with Real Estate Booms: Lessons from Country Experiences [J]. Journal of Financial Stability, 2013, 9 (3): 300-319.

[221] Dang, T. V., Wang, H., Yao, A. Shadow Banking Modes: The Chinese versus US System [R]. Columbia University Working Paper, 2015.

[222] Davig, T., Leeper, E. M. Monetary-Fiscal Policy Interactions and Fiscal Stimulus [J]. European Economic Review, 2011, 55 (2): 211-227.

[223] Dell'Ariccia, G., Laeven, L., Suarez, G. A. Bank Leverage and Monetary Policy's Risk-Taking Channel: Evidence from the United States [J]. Journal of Finance, American Finance Association, 2017,

72 (2): 613-654.

[224] Edelstein, H., Paul, J. Japanese Land Prices: Explaining the Boom-Bust Cycle [J]. Asia's Financial Crisis and the Role of Real Estate, 2000, 65.

[225] Elliott, D., Kroeber, A., Qiao, Y. Shadow Banking in China: A Primer [R]. The Brookings Institution Research Paper, 2015.

[226] Fang, H., Gu, Q., Xiong, W., Zhou, A. Demystifying the Chinese Housing Boom [R]. NBER Macroeconomics Annual, No. 30, 2016.

[227] Fatás, A., Mihov, I. The Macroeconomic Effects of Fiscal Rules in the US States [J]. Journal of Public Economics, 2004, 90 (1): 101-117.

[228] Fernandez, V. J., Gordon, G., Guerrón-Quintana, P., Rubio-Ramirez, J. F. Nonlinear Adventures at the Zero Lower Bound [J]. Journal of Economic Dynamics and Control, 2015, 57 (8): 182-204.

[229] Forni, L., Monteforte, L., Sessa, L. The General Equilibrium Effects of Fiscal Policy: Estimates for the Euro Area [J]. Journal of Public Economics, 2009, 93 (3-4): 559-585.

[230] Friedman, M. The Role of Monetary Policy [J]. The American Economic Review, 1968, 58 (1): 1-17.

[231] FSB. Shadow Banking: Scoping the Issues [EB/OL]. https://www.fsb.org/wp-content/uploads/r_110412a.pdf, April 11, 2011.

[232] Geanakoplos, J., Zame, W. R. Collateral Equilibrium: A Basic Framework [J]. Economic Theory, 2014, 56 (3): 443-492.

[233] Geithner, T. F. Reducing Systemic Risk in a Dynamic Financial System [EB/OL]. Available at http://www.bis.org/review/r080612b.pdf, Bank of International Settlement, June 9, 2008.

[234] Gerali, A., Neri, S., Sessa, L. Credit and Banking in a DSGE Model of the Euro Area [J]. Journal of Money, Credit and Banking, 2010, 42 (Supplement s1): 107-141.

[235] Gertler, M., Kiyotaki, N., Queralto, A. Financial Crises, Bank Risk

Exposure and Government Financial Policy [J]. Journal of Monetary Economics, 2012, 59: S17-S34.

[236] Goodhart, C. A. E., Segoviano, M. A. Banking Stability Measures [J]. Social Science Electronic Publishing, 2009, 23 (2): 202-209.

[237] Goodhart, C. A. E. Price Stability and Financial Fragility [A]. In C. A. Goodhart (ed.). The Central Bank and the Financial System [M]. Cambridge: MIT Press, 1995, pp. 263-302.

[238] Goodhart, C. A. E. The Changing Role of Central Banks [J]. Financial History Review, 2011, 18 (2): 135-154.

[239] Goodhart, C. A. E., Hofmann, B. Do Asset Prices Help to Predict Consumer Price Inflation? [J]. The Manchester School, 2000, 68 (S1): 122-140.

[240] Herring, R., Wachter, M. Real Estate Booms and Banking Busts: An International Perspective [R]. Center for Financial Institutions Working Papers, 1999.

[241] Hirose, Y., Inoue, A. The Zero Lower Bound and Parameter Bias in an Estimated DSGE Model [J]. Journal of Applied Econometrics, 2016, 31 (4): 630-651.

[242] Holden, T., Paetz, M. Efficient Simulation of DSGE Models with Inequality Constraints [R]. Quantitative Macroeconomics Working Paper, No. 21207, 2012.

[243] Hull, J., Predescu, M., White, A. The Relationship between Credit Default Swap Spreads, Bond Yields, and Credit Rating Announcements [J]. SSRN Electronic Journal, 2010, 28 (11): 2789-2811.

[244] Jenkins, P., Masters, B. Shadow Banks Face Regulators' Scrutiny [N]. Financial Times, 2010-11-16.

[245] Iacoviello, M. House Prices, Borrowing Constraints and Monetary Policy in the Business Cycle [J]. The American Economic Review, 2005, 95 (3):739-764.

[246] IMF. Global Financial Stability Report: Responding to the Financial

Crisis and Measuring Systemic Risk. [J]. World Economic & Financial Surveys, 2009.

[247] Jermann, U., Quadrini, V. Macroeconomic Effects of Financial Shocks [J]. The American Economic Review, 2012, 102 (2): 238-271.

[248] Jia, P. The Macroeconomic Impact of Monetary-Fiscal Policy in a "Fiscal Dominance" World [J]. Macroeconomic Dynamics, 2018, 24 (3): 1-38.

[249] Justiniano, A., Primiceri, G. E., Tambalotti, A. Household Leveraging and Deleveraging [J]. Review of Economic Dynamics, 2015, 18 (1): 3-20.

[250] Kaplan, G., Violante, G. L., Weidner, J. The Wealthy Hand-to-Mouth [J]. Brookings Papers on Economic Activity, 2014, 2014 (1): 77-138.

[251] Koenker, R., Bassett, G. Regression Quantiles [J]. Econometrica, 1978, 46 (1): 33-50.

[252] Krugman, P. R. Balance Sheets, the Transfer Problem, and Financial Crises [J]. International Tax and Public Finance, 1999, 6 (4): 459-472.

[253] Kwark, N. S. Default Risks, Interest Rate Spreads, and Business Cycles: Explaining the Interest Rate Spread as a Leading Indicator [J]. Journal of Economic Dynamics & Control, 2002, 26 (2): 271-302.

[254] Laeven, L., Levine, R. Bank Governance Regulation and Risk Taking [J]. Journal of Financial Economics, 2009, 2: 259-275.

[255] Landau, J. P. Bubbles and Macroprudential Supervisor. Remarks at the Joint Conference on the Future of Financial Regulation [R]. Banque de France and Toulouse School of Economics (TSE), Paris, January 28th, 2009.

[256] Lang, K., Jian, T. Property Taxes and Property Values: Evidence from Proposition [J]. Journal of Urban Economics, 2004, 55 (3): 0-457.

[257] Leeper, E. M. Equilibria under "Active" and "Passive" Monetary and Fiscal Policies [J]. Journal of Monetary Economics, 1991, 27 (1): 129-147.

[258] Leeper, E. M. Should Central Banks Care about Fiscal Rules? [R]. NBER Working Papers, No. 22800, 2016.

[259] Leeper, E. M. The Policy Tango: Toward a Holistic View of Monetary and Fiscal Effects [J]. Economic Review, 1993, 78 (4): 1-27.

[260] Leeper, E. M., Plante, M., Traum, N. Dynamics of Fiscal Financing in the United States [J]. Journal of Econometrics, 2010, 156 (2): 304-321.

[261] Levine, R., Loayza, N., Beck, T. Financial Intermediation and Growth: Causality and Causes [J]. Journal of Monetary Economics, 2000, 46: 31-77.

[262] Linneman, P., Wachter, S. The Impacts of Borrowing Constraints on Homeownership [J]. Real Estate Economics, 1989, 17 (4): 389-402.

[263] Liu, L., Zhang, W. A New Keynesian Model for Analysing Monetary Policy in Mainland China [J]. Journal of Asian Economics, 2010, 21 (6): 540-551.

[264] Lo, A. W. The Feasibility of Systemic Risk Measurement: Written Testimony for the House Financial Services Committee Hearing on Systemic Risk Regulation [J]. SSRN Electronic Journal, 2009.

[265] Lopez-Garcia, M. A. Housing, Prices and Tax Policy in Spain [J]. Spanish Economic Review, 2004, 6 (1): 29-52.

[266] Maddaloni, A., Peydro, J. L. Monetary Policy, Macroprudential Policy, and Banking Stability: Evidence from the Euro Area [J]. International Journal of Central Banking, 2013, 9 (1): 121-169.

[267] Mayer, J. The Financialization of Commodity Markets and Commodity Price Volatility [J]. The Financial and Economic Crisis, 2008, 73 (3).

[268] Mayes, D., Pringle, R., Taylor, M. Towards a New Framework for

Financial Stability [R]. Central Banking Publications, 2009.

[269] Mazelis, F. Implications of Shadow Bank Regulation for Monetary Policy at the Zero Lower Bound [R]. SFB Discussion Paper, No. 649, 2016.

[270] Mc-Culley, P. Teton Reflections, PIMCO Global Central Bank Focus [EB/OL]. http//www.pimco.com, 2007.

[271] Meeks, R., Nelson, B., Alessandri, P. Shadow Banks and Macroeconomic Instability [R]. Bank of England Working Papers 487, 2014.

[272] Mendoza, E. G. Sudden Stops, Financial Crises, and Leverage [J]. The American Economic Review, 2010, 100 (5): 1941-1966.

[273] Merton, R. On the Pricing of Corporate Debt: The Risk Structure of Interest Rates [J]. Journal of Finance, 1974, 29 (2): 449-470.

[274] Miao, J., Wang, P., Zhou, J. Asset Bubbles, Collateral, and Policy Analysis [J]. Journal of Monetary Economics, 2015, 76 (1805): 57-70.

[275] Mishkin, F. S. Understanding Financial Crises: A Developing Country Perspective [R]. NBER Working Paper, No. 5600, 1996.

[276] Muscatelli, V. A., Tirelli, P., Trecroci, C. Fiscal and Monetary Policy Interactions: Empirical Evidence and Optimal Policy Using a Structural New-Keynesian Model [J]. Journal of Macroeconomics, 2004, 26 (2): 257-280.

[277] Nakajima, J. Time-Varying Parameter VAR Model with Stochastic Volatility: An Overview of Methodology and Empirical Applications [R]. IMES Discussion Paper Series, 2011.

[278] Nelson, B., Pinter, G., Theodoridis, K. Do Contractionary Monetary Policy Shocks Expand Shadow Banking? [J]. Journal of Applied Econometrics, 2018, 33 (2): 198-211.

[279] Oates, W. E. The Effects of Property Taxes and Local Public Spending on Property Values: An Empirical Study of Tax Capitalization and the Tiebout Hypothesis [J]. Journal of Political Economy, 1969, 77 (6): 957-971.

[280] Paoli, B. D., Paustian, M. Coordinating Monetary and Macroprudential Policies [J]. Journal of Money, Credit and Banking, 2017, 49 (2-3): 319-349.

[281] Patro, D. K., Qi, M., Sun, X. A Simple Indicator of Systemic Risk [J]. Journal of Financial Stability, 2013, 9 (1): 105-116.

[282] Pozsar, Z., Adrian, T., Ashcraft, A., Boesky, H. Shadow Banking [R]. Federal Reserve Bank of New York Staff Reports, No. 458, 2012.

[283] Primiceri, E. Time Varying Structural Vector Autoregressions and Monetary Policy [J]. The Review of Economic Studies, 2005, 72 (3): 821-852.

[284] Quint, D., Rabanal, P. Monetary and Macroprudential Policy in an Estimated DSGE Model of the Euro Area [J]. International Journal of Central Banking, 2014, 10 (2): 169-236.

[285] Rodriguez-Moreno, M., Pena, J. I. Systemic Risk Measures: The Simpler the Better? [J]. Journal of Banking & Finance, 2013, 37 (6): 1817-1831.

[286] Schularick, M., Taylor, A. M. Credit Booms Gone Bust: Monetary Policy, Leverage Cycles, and Financial Crises, 1870-2008 [J]. American Economic Review, 2012, 102 (2): 1029-1061.

[287] Smart, A., Lee, J. Financialization and the Role of Real Estate in Hong Kong's Regime of Accumulation [J]. Economic Geography, 2003, 79 (2): 153-171.

[288] Svensson, L. E. O. Cost-Benefit Analysis of Leaning Against the Wind: Are Costs Larger Also with Less Effective Macroprudential Policy? [J]. Journal of Monetary Economics, 2017, 90 (7): 193-213.

[289] Tarashev, N., Borio, C., Tsatsaronis, K. The Systemic Importance of Financial Institutions [J]. BIS Quarterly Review, 2009.

[290] Thomson, J. B. On Systemically Important Financial Institutions and Progressive Systemic Mitigation [J]. SSRN Electronic Journal, 2010, 27 (Aug.).

[291] White, W. Procyclicality in the Financial System: Do We Need a New

Macro Financial Stabilization Framework? [R]. BIS Working Paper, No. 193, 2006.

[292] Woodford, M. Inflation Targeting and Financial Stability [J]. NBER Working Papers, 2012, 52 (35): 171-192.

[293] Wu, M. W., Shen, C. H. Effects of Shadow Banking on Bank Risks from the View of Capital Adequacy [J]. International Review of Economics & Finance, 2019, 63: 176-197.

[294] Zhang, W. China's Monetary Policy: Quantity versus Price Rules [J]. Journal of Macroeconomics, 2009, 31 (3): 473-484.

[295] Zhou, C. Are Banks Too Big to Fail? Measuring Systemic Importance of Financial Institutions [J]. International Journal of Central Banking, 2010, 6 (34): 205-250.